Praxisleitfaden Kommunales Beteiligungsmanagement

André Tegtmeier

Praxisleitfaden Kommunales Beteiligungsmanagement

Unter Mitarbeit von Annett Hübner, Grit Peterson
und Robert Uhlemann

Mängelexemplar

 Springer Gabler

André Tegtmeier
Leipzig, Deutschland

ISBN 978-3-658-34242-5   ISBN 978-3-658-34243-2   (eBook)
https://doi.org/10.1007/978-3-658-34243-2

Die Deutsche Nationalbibliothek verzeichnet diese Publikation in der Deutschen Nationalbibliografie;
detaillierte bibliografische Daten sind im Internet über http://dnb.d-nb.de abrufbar

Planung/Lektorat: Vivien Bender
Springer Gabler ist ein Imprint der eingetragenen Gesellschaft Springer Fachmedien Wiesbaden GmbH und ist
ein Teil von Springer Nature.
Die Anschrift der Gesellschaft ist: Abraham-Lincoln-Str. 46, 65189 Wiesbaden, Germany

Grußwort

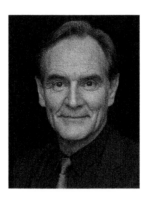

In fast allen deutschen Großstädten wird ein großer Teil der kommunalen Aufgaben heute nicht mehr von der Kernverwaltung erbracht, sondern von ausgelagerten kommunalen Unternehmen. Deren Aufgaben für die Bürgerinnen und Bürger sind vielfältig, beispielsweise zählen dazu die Versorgung mit Strom, Gas und Wasser, der öffentliche Personennahverkehr, ein Angebot an günstigen Wohnungen, die Vorhaltung von qualitativ hochwertigen Kulturangeboten, Krankenhäusern und sozialen Einrichtungen.

Das zeigt: Die Kommunalwirtschaft ist eine wesentliche Säule des öffentlichen Handelns in Deutschland. Deshalb haben sich viele kommunale Gebietskörperschaften die aktive Steuerung ihrer Unternehmen auf die Fahnen geschrieben und ein effizientes Beteiligungsmanagement aufgebaut. Schließlich gilt es nicht nur dafür zu sorgen, dass die kommunalen Unternehmen ihre Leistungen wirksam und sparsam erbringen, sondern auch, dass sie sich nicht vom kommunalen Gesellschafter abkoppeln.

Mit dem *Praxisleitfaden kommunales Beteiligungsmanagement* liegt eine Arbeitshilfe vor, die Städte, Gemeinden und Landkreise bei der effizienten Steuerung ihres Beteiligungsportfolios unterstützen soll. Es freut mich besonders, dass diese Arbeit der Initiative eines Leipziger Unternehmens entspringt: der Beratungsgesellschaft für Beteiligungsverwaltung Leipzig mbH (bbvl), einer hundertprozentigen

Tochtergesellschaft der Stadt Leipzig. Seit ihrer Gründung im Jahr 1993 bietet die bbvl der Verwaltung und der Politik wirksame Unterstützung bei der Steuerung des städtischen Beteiligungsvermögens. Die vielfältigen Fragen, mit denen die bbvl seitdem befasst war, und die unterschiedlichen Instrumente und Prozesse, die die bbvl als Beteiligungsmanagerin der Stadt Leipzig, aber auch als kommunale Beratungsgesellschaft im Auftrag anderer Städte und Bundesländer entwickelt hat, bilden die Grundlage für diesen Praxisleitfaden.

Ziel dieses Leitfadens ist es, interessierten Leserinnen und Lesern in Verwaltung, Politik, Wissenschaft und Kommunalwirtschaft das Leistungsspektrum des modernen Beteiligungsmanagements näherzubringen. Durch die Vorstellung der Instrumente soll auch kleineren Kommunen die Möglichkeit eröffnet werden, ihr Beteiligungsmanagement anhand individueller Anforderungen zu verbessern, neue Instrumente einzuführen und bestehende Prozesse zu optimieren.

Ich wünsche allen Leserinnen und Lesern des Praxisleitfadens eine anregende Lektüre.

Burkhard Jung
Oberbürgermeister der Stadt Leipzig,
Präsident des Deutschen Städtetages

Inhaltsverzeichnis

Über die Autoren

Das Autorenteam dieses Praxisleitfadens besteht aus folgenden Personen:

André Tegtmeier
- Geschäftsführer
- bei der bbvl von 1993 bis 2001 und seit 2006
- langjährige Erfahrungen in der Beteiligungssteuerung
- Vorsitzender der Arbeitsgemeinschaft Beteiligungsmanagement des Deutschen Städtetages

Annett Hübner
- Prokuristin und Kaufmännische Leiterin
- bei der bbvl seit 1999
- Spezialistin für Beteiligungsmanagement, Zielsysteme und Corporate Governance Kodizes, für betriebswirtschaftliche Fragen sowie für die Branche Kultur

Grit Peterson
• Seniorberaterin
• bei der bbvl seit 2009
• Spezialistin für Kommunalrecht, Rechtsformen kommunaler Unternehmen, Sparkassen und Abfallwirtschaft

Robert Uhlemann
• Berater
• bei der bbvl von 2012 bis 2018
• Spezialist für Kommunalrecht, Beihilfefragen, Steuerrecht, Europarecht, Verwaltungsmodernisierung und ÖPNV

Ferner haben folgende aktuelle oder frühere Mitarbeiterinnen und Mitarbeiter der bbvl am Praxisleitfaden oder an einzelnen Texten mitgearbeitet: Andreas Goldmann, Franziska Heinemann, Nicole Heller, Jana Hottenrott, Daniel Herrmann, Anke Jacobi, Michael Kubach, Cornelia Pauli, Daniel Pfeiffer, Jan Schleinitz, Tim Sehring, Torsten Schreiber und Ina Winter. Ihnen sei für ihre wertvolle Hilfe gedankt.

Abkürzungsverzeichnis

ABl.	Amtsblatt der Europäischen Union
Abs.	Absatz
AEUV	Vertrag über die Arbeitsweise der Europäischen Union
AG	Aktiengesellschaft
AGB	Allgemeine Geschäftsbedingungen
AGVO	Allgemeine Gruppenfreistellungsverordnung
AktG	Aktiengesetz
AO	Abgabenordnung
AöR	Anstalt (des) öffentlichen Rechts
ArbGG	Arbeitsgerichtsgesetz
Az.	Aktenzeichen
BayGO	Gemeindeordnung für den Freistaat Bayern
BbgKVerf	Kommunalverfassung des Landes Brandenburg
bbvl	Beratungsgesellschaft für Beteiligungsverwaltung mbH
BCG	Boston Consulting Group
BFH	Bundesfinanzhof
BgA	Betrieb gewerblicher Art
BGB	Bürgerliches Gesetzbuch
BGB-Gesellschaft	anderer Begriff für GbR
BGBl.	Bundesgesetzblatt
BGH	Bundesgerichtshof
BRRG	Beamtenrechtsrahmengesetz
BVerwG	Bundesverwaltungsgericht
bzw.	beziehungsweise
DAWI	Dienstleistungen von allgemeinem wirtschaftlichen Interesse
DCGK	Deutsche Corporate Governance Kodex
d. h.	das heißt
DrittelbG	Drittelbeteiligungsgesetz
D&O-Versicherung	Directors-and-Officers-Versicherung
ebd.	ebenda

EDV	elektronische Datenverarbeitung
EEX	European Energy Exchange
EH	Ergebnishaushalt
EnWG	Energiewirtschaftsgesetz
EStG	Einkommensteuergesetz
EU	Europäische Union
EUGH	Europäischer Gerichtshof
EUV	Vertrag über die Europäische Union
FAQ	Frequently Asked Questions
FH	Finanzhaushalt
GbR	Gesellschaft bürgerlichen Rechts
GDEKK	Dienstleistungs- und Einkaufgenossenschaft kommunaler Krankenhäuser eG im Deutschen Städtetag
GemO BW	Gemeindeordnung für Baden-Württemberg
GemO RP	Gemeindeordnung Rheinland-Pfalz
GenG	Genossenschaftsgesetz
GewStDV	Gewerbesteuer-Durchführungsverordnung
GmbH	Gesellschaft mit beschränkter Haftung
GmbHG	Gesetz betreffend die Gesellschaften mit beschränkter Haftung
GmbH & Co. KG	Gesellschaft mit beschränkter Haftung & Compagnie Kommanditgesellschaft
GO NRW	Gemeindeordnung für das Land Nordrhein-Westfalen
GO S-H	Gemeindeordnung für Schleswig-Holstein
GrEStG	Grunderwerbsteuergesetz
GrStG	Grundsteuergesetz
GuV	Gewinn- und Verlustrechnung
GWB	Gesetz gegen Wettbewerbsbeschränkungen
HGB	Handelsgesetzbuch
HGRG	Haushaltsgrundsätzegesetz
HGO	Hessische Gemeindeordnung
InsO	Insolvenzordnung
i. L.	in Liquidation
IT	Informationstechnologie
KAV	Verordnung über Konzessionsabgaben für Strom und Gas
KG	Kommanditgesellschaft
KGST	Kommunale Gemeinschaftsstelle für Verwaltungsmanagement
KSchG	Kündigungsschutzgesetz
KStG	Körperschaftsteuergesetz
KStR	Körperschaftsteuerrichtlinien
KSVG Saarland	Kommunalselbstverwaltungsgesetz Saarland
KUV NRW	Verordnung über kommunale Unternehmen und Einrichtungen als Anstalt des öffentlichen Rechts (Kommunalunternehmensverordnung)

KUVO S-H	Landesverordnung über Kommunalunternehmen als Anstalt des öffentlichen Rechtes des Landes Schleswig-Holstein
KVG LSA	Kommunalverfassungsgesetz des Landes Sachsen-Anhalt
KV M-V	Kommunalverfassung für das Land Mecklenburg-Vorpommern
LCGK	Leipziger Corporate Governance Kodex
LPX	Leipzig Power Exchange; Teilvorgänger der EEX
MitBestG	Mitbestimmungsgesetz
NKomVG	Niedersächsisches Kommunalverfassungsgesetz
o. ä.	oder ähnlich
OHG	Offene Handelsgesellschaft
OLG	Oberlandesgericht
ÖPNV	Öffentlicher Personennahverkehr
PCGK	Public Corporate Governance Kodex
Rn.	Randnummer
S.	Seite
SächsGemO	Sächsische Gemeindeordnung
SächsVergabeG	Sächsisches Vergabegesetz
SGB	Sozialgesetzbuch
SWOT	Strengths (Stärken), Weaknesses (Schwächen), Opportunities (Chancen) und Threats (Gefahren oder Risiken)
ThürKO	Thüringer Gemeinde- und Landkreisordnung (Thüringer Kommunalordnung)
TVöD	Tarifvertrag für den Öffentlichen Dienst
u. a.	unter anderem
u. ä.	und ähnliches
UmWG	Umwandlungsgesetz
UNESCO	United Nations Educational, Scientific and Cultural Organization – Organisation der Vereinten Nationen für Bildung, Wissenschaft und Kultur
UStG	Umsatzsteuergesetz
UVgO	Unterschwellenvergabeordnung
UWG	Gesetz gegen den unlauteren Wettbewerb
vGA	verdeckte Gewinnausschüttung
vgl.	vergleiche
VKA	Vereinigung der kommunalen Arbeitgeberverbände
VzÄ	Vollzeitäquivalent
z. B.	zum Beispiel
ZPO	Zivilprozessordnung

Abbildungsverzeichnis

Tabellenverzeichnis

Einleitung

1

1.1 Zielstellung des Leitfadens

Der vorliegende Leitfaden ist aus der täglichen Praxis des Beteiligungsmanagements für die Praxis geschrieben. Er stützt sich auf die langjährige Erfahrung der Beratungsgesellschaft für Beteiligungsverwaltung Leipzig mbH (bbvl). Als Beteiligungsmanagerin der Stadt Leipzig sind wir seit 1993 mit Fragen der Beteiligungssteuerung befasst und kennen darüber hinaus aus kollegialem Austausch und aus Beratungsprojekten das Beteiligungsmanagement vieler deutscher Großstädte und Bundesländer.

Der Praxisleitfaden richtet sich vor allem an zwei Adressatengruppen: einerseits an kommunale Beteiligungsmanager, die ihre Prozesse oder Instrumente optimieren wollen, andererseits an die Verwaltungsspitze kommunaler Gebietskörperschaften, die darüber nachdenkt, Organisation oder Aufgaben ihres Beteiligungsmanagements zu verändern. Darüber hinaus soll er allen Interessierten – etwa in Politik und Wissenschaft – einen Einblick geben, welche Anforderungen heute an ein modernes kommunales Beteiligungsmanagement gestellt werden.

Der Leitfaden ist wie folgt aufgebaut:

- Im 1. Kapitel werden vor allem die Entwicklung der Kommunalwirtschaft und ihre Bedeutung skizziert. Daraus werden Aufgaben und zukünftige Herausforderungen des Beteiligungsmanagements abgeleitet.
- Kap. 2 gibt einen Überblick über rechtliche Vorgaben, die kommunale Gebietskörperschaften hinsichtlich ihrer wirtschaftlichen Betätigung einzuhalten haben, insbesondere kommunalrechtliche Normen wie den öffentlichen Zweck, der ein konstituierendes Merkmal für jedes kommunale Unternehmen darstellt. Beschrieben werden ferner Rechtsformen von Unternehmen mit ihren Besonderheiten.

© Der/die Autor(en), exklusiv lizenziert durch Springer Fachmedien Wiesbaden GmbH, ein Teil von Springer Nature 2021
A. Tegtmeier, *Praxisleitfaden Kommunales Beteiligungsmanagement*,
https://doi.org/10.1007/978-3-658-34243-2_1

- Jedes Unternehmen hat einen eigenen Lebenszyklus: Es wird gegründet, Anteilsverhältnisse können sich ebenso verändern wie Aufgaben, Organisation oder Rechtsform, schließlich wird es beendet. In Kap. 3 wird beschrieben, welche Anforderungen sich in der jeweiligen Lebensphase für das Beteiligungsmanagement ergeben und welche Kriterien bei einer Rechtsformwahl geprüft werden können.
- Kap. 4 ist das Herzstück des Leitfadens: Hier werden eingehend Aufgaben und Instrumente des Beteiligungsmanagements beschrieben. Um beim Aufbau oder Ausbau eines Beteiligungsmanagements eine Orientierung zu erlauben, welcher Gegenstand im Zweifel wichtiger ist, wird in der Darstellung zwischen Pflicht-, Ergänzungs- und Küraufgaben unterschieden.
- Im 5. Kapitel stehen organisatorische Aspekte des Beteiligungsmanagements im Mittelpunkt: Es werden unterschiedliche Organisationsmodelle vorgestellt und Anforderungen an die Personal- und IT-Ausstattung beschrieben.
- Kap. 6 zeigt Wege zur Optimierung des Beteiligungsmanagements, insbesondere den erfolgreichen Umgang mit Widerständen, z. B. aus den Unternehmen.
- Im 7. Kapitel steht die bbvl als Beteiligungsmanagerin der Stadt Leipzig im Fokus. Dargestellt werden vor allem Organisation und Aufgaben der bbvl.

Der Leitfaden hat zum Ziel, hilfreiche Anregungen und Arbeitshilfen zur Verbesserung der Beteiligungssteuerung zu bieten. An verschiedenen Stellen werden Praxistipps gegeben, so etwa mögliche Formulierungen für Gesellschaftsverträge oder Anstellungsverträge für Mitglieder der Geschäftsführungen.

Anspruch des Praxisleitfadens ist es darüber hinaus, fundierte Informationen bereitzustellen, mit denen Entscheider einer kommunalen Gebietskörperschaft ermuntert werden können, ihr Beteiligungsmanagement zu stärken und auszubauen. Leider führt das Beteiligungsmanagement in den meisten kleinen und mittleren Städten sowie in vielen Landkreisen zu Unrecht ein Schattendasein (Bremeier et al. 2006). Oft ist Verwaltung und Politik nicht bewusst, welche Bedeutung die wirtschaftliche Betätigung ihrer kommunalen Gebietskörperschaft hat. Unterschätzt wird die Risikolage der Unternehmen, die zum Teil daher rührt, dass in fast allen Branchen Wettbewerb zu Privaten herrscht, teils gar ein Verdrängungswettbewerb.

Oftmals ist auch nicht bekannt, welche Unterstützung ein funktionierendes Beteiligungsmanagement bieten kann: die fundierte Vorbereitung und Umsetzung strategischer Entscheidungen, die Komprimierung komplexer Wirtschaftsdaten zu einem funktionierenden Risiko- und Frühwarnsystem, die wirksame Unterstützung von Aufsichtsratsmitgliedern und anderes mehr. Das erfordert ein serviceorientiertes Beteiligungsmanagement, dessen Ziel es ist, die kommunalen Entscheidungsträger umfassend bei der Steuerung ihres Beteiligungsportfolios zu unterstützen. Das Beteiligungsmanagement muss dazu über einen angemessen ausgestatteten Werkzeugkasten mit Steuerungsinstrumenten verfügen – und seine Mitarbeiterinnen und Mitarbeiter müssen in der Lage sein, die einzelnen Instrumente sicher und zum Nutzen der

kommunalen Gebietskörperschaft anzuwenden. Auch hierbei soll der vorliegende Praxisleitfaden helfen.

Im Jahr 2002 legte die bbvl mit der Publikation *Beteiligungsmanagement in Kommunen* (Otto et al. 2002) erstmals ein Handbuch vor, das auf unseren Erfahrungen als Beteiligungsmanager fußte und zum Ziel hatte, kommunale Gebietskörperschaften beim Aufbau und bei der Weiterentwicklung ihres Beteiligungsmanagements zu unterstützen. Mit dem Praxisleitfaden liegt nunmehr ein vollständig neues Überblickswerk zum kommunalen Beteiligungsmanagement vor.

1.2 Begriffsabgrenzung

In der täglichen Praxis des Beteiligungsmanagements werden gleiche Sachverhalte oft mit unterschiedlichen Begriffen charakterisiert, wodurch unter Umständen ein gemeinsames Verständnis erschwert wird. Um Missdeutungen auszuschließen, werden an dieser Stelle die dem vorliegenden Leitfaden zugrunde liegenden Begriffe erläutert.[1]

Beteiligungssteuerung
Beteiligungssteuerung meint die Wahrnehmung der grundlegenden Eigentümer-
funktionen in Bezug auf die Beteiligungsunternehmen: den Beschluss der Satzung bzw. des Gesellschaftsvertrages, die Setzung strategischer Vorgaben für die Unternehmen, das Fassen von Gesellschafterbeschlüssen und anderes mehr. Beteiligungssteuerung ist primär die Aufgabe von Verwaltungsspitze und Politik. *(= admin. /pol. Leitungsorg.)*

Beteiligungsmanagement
Dieser Begriff hat eine Doppelbedeutung:
Zum einen wird unter Beteiligungsmanagement die Organisationseinheit verstanden, welche die für die Beteiligungssteuerung verantwortlichen Entscheider unterstützt. An dieser Stelle sei hervorgehoben, dass das Beteiligungsmanagement in der Regel keine eigene Entscheidungskompetenz in Bezug auf die Beteiligungsunternehmen hat, sondern ausschließlich Entscheidungen anderer vorbereitet. Grundsätzlich steuert die Organisationseinheit die Beteiligungen nicht selbst, sondern versetzt die hierfür Verantwortlichen in die Lage, effektiv zu steuern. Das Beteiligungsmanagement ist jedoch in die Beteiligungssteuerung der kommunalen Gebietskörperschaft eingebettet.

Zum anderen ist Beteiligungsmanagement ein Sammelbegriff für alle Aufgaben und Instrumente, die zur Steuerungsunterstützung vorgehalten werden, beispielsweise die nachfolgend erläuterten Aufgaben Beteiligungsverwaltung und Beteiligungscontrolling.

---

[1] Die Begriffsdefinitionen orientieren sich teilweise am KGSt-Bericht *Steuerung kommunaler Beteiligungen* (2012) und teilweise an der Publikation des Deutschen Städtetages *Strategien guter Unternehmensführung* (2017). Die bbvl hat an beiden Papieren mitgearbeitet.

Beteiligungsverwaltung

Hierbei handelt es sich um eine operative Tätigkeit des Beteiligungsmanagements, die neben der Aktenverwaltung vor allem die Umsetzung rechtlicher Vorgaben bezüglich der Beteiligungsunternehmen umfasst. Diese Vorgaben betreffen sowohl Regelungsgegenstände des Kommunalwirtschaftsrechts als auch die Umsetzung von Beschlüssen der politischen Vertretungskörperschaft.

Früher wurde der Terminus Beteiligungsverwaltung auch als Name der Organisationseinheit genutzt. Hier hat sich aber mittlerweile eher der Begriff Beteiligungsmanagement durchgesetzt (KGSt 1985a bis 1988).[2]

Beteiligungscontrolling

Diese Tätigkeit des Beteiligungsmanagements erstreckt sich auf die Auswertung betriebswirtschaftlicher, leistungs- und wirkungsbezogener Daten zur Entscheidungs- und Führungsunterstützung. In der kommunalen Praxis und in der Literatur wird der Begriff Beteiligungscontrolling zum Teil auch synonym mit Beteiligungsmanagement verwendet (als Bezeichnung der Organisationseinheit und als Oberbegriff für deren Leistungen). In dieser Bedeutung wird der Terminus in diesem Leitfaden nicht genutzt.

Weitere Fachbegriffe

Aus Gründen der Vereinfachung wird in diesem Praxisleitfaden auf die folgenden Sammelbegriffe zurückgegriffen:

- **kommunale Gebietskörperschaft:** Stadt, Gemeinde, Gemeindeverband und Landkreis
- **politische Vertretungskörperschaft:** Ratsversammlung, Stadtrat, Stadtverordnetenversammlung, Gemeinderat, Gemeindevertretung, Kreistag etc.
- **Hauptverwaltungsbeamter:** Oberbürgermeister/-in, Bürgermeister/-in, Landrätin, Landrat und sonstige Hauptwahlbeamte
- **Verwaltungsspitze:** Hauptverwaltungsbeamter und sonstige kommunale Wahlbeamte (je nach Regelung in der Kommunalverfassung z. B. Beigeordnete, Dezernenten, Referenten) bzw. Magistrat
- **Dezernat:** Verantwortungsbereich eines kommunalen Wahlbeamten (Dezernat, Referat, Fachbereich etc.)
- **Kommunalverfassung:** Gemeindeordnung, Landkreisordnung, Kommunalverfassung, Kommunalverfassungsgesetz, Kommunalselbstverwaltungsgesetz

---

[2]Im Jahr 1985 („Organisation der Beteiligungsverwaltung") ist hier ausschließlich von Beteiligungsverwaltung die Rede, im Bericht aus dem Jahr 2012 („Steuerung kommunaler Beteiligungen") wird die Organisationseinheit dagegen als Beteiligungsmanagement bezeichnet, während Beteiligungsverwaltung nur als ein abgegrenzter Aufgabenbereich innerhalb des Beteiligungsmanagements dargestellt wird.

- **unmittelbare Beteiligung:** Unternehmen, an dem Geschäftsanteile direkt von der kommunalen Gebietskörperschaft gehalten werden (Mehrheits- oder Minderheitsbeteiligung)
- **mittelbare Beteiligung:** Unternehmen, an dem die kommunale Gebietskörperschaft lediglich indirekt beteiligt ist (z. B. die Tochtergesellschaft einer unmittelbaren Beteiligung)
- **Eigengesellschaft:** privatrechtliche Gesellschaft, die sich zu 100 % im Eigentum der kommunalen Gebietskörperschaft befindet *(syn.: Alleingesellschaft)*
- **Beteiligungsgesellschaft:** privatrechtliche Gesellschaft, an der neben der kommunalen Gebietskörperschaft weitere Gesellschafter beteiligt sind
- **Geschäftsführerangelegenheiten:** alle Aufgaben, die im Zusammenhang mit der Bestellung und Anstellung von Geschäftsführerinnen und Geschäftsführern (respektive der Mitglieder von Vorständen, Betriebsleitungen, Werkleitungen etc.) stehen

Die Formulierungen des Praxisleitfadens richten sich in der Regel an der Rechtsform der GmbH und ihrer Organe aus (Gesellschafterversammlung, Aufsichtsrat, Geschäftsführung). In Teilen gelten die Aussagen analog für andere Rechtsformen und deren Organe.

1.3   Entwicklung der Kommunalwirtschaft in Deutschland

1.3.1   Bedeutung der Kommunalwirtschaft

Viele kommunale Aufgaben werden heute nicht mehr in der Kernverwaltung erbracht, sondern in der Kommunalwirtschaft: in privatrechtlich oder öffentlich-rechtlich organisierten Unternehmen, deren Anteilseigner Städte, Gemeinden oder Landkreise sind (Bremeier 1997b, S. 330 f.; Röber 2012a, S.17 f.).[3] Dabei weist die Kommunalwirtschaft in vielen Städten eine große Branchenvielfalt auf: Unternehmen bieten in den Bereichen Ver- und Entsorgung, Verkehr, Wohnungswesen, Wirtschaftsförderung, Kultur und Soziales wesentliche Infrastruktur- und Dienstleistungen an. Von den Stadtwerken bis zur Sparkasse, von Messe- und Tagungszentren über das Theater bis zum Krankenhaus – die Vielfalt der Kommunalwirtschaft vor allem in größeren Städten übertrifft diejenige privatwirtschaftlicher Mischkonzerne deutlich.

Die Bedeutung kommunaler Unternehmen geht dabei über die reine Erfüllung öffentlicher Aufgaben weit hinaus. So haben sie oftmals eine wichtige Rolle als Arbeitgeber, Auftraggeber, Wertschöpfer und Investor. Kommunale Unternehmen stärken

---

[3] In den meisten deutschen Städten findet heute bereits ein Großteil der Wertschöpfung nicht mehr in der Kernverwaltung statt, sondern in den ausgelagerten Beteiligungsunternehmen (VKU 2018).

damit die Wirtschaftskraft und unterstützen die kommunalen Gebietskörperschaften bei der Umsetzung ihrer politischen Gesamtziele (Bremeier 1999, S. 10; Schäfer 2014, S. 52). Etliche kommunale Unternehmen leisten darüber hinaus insbesondere durch die Abführung von Gewinnen und Gewerbesteuerzahlungen sowie die Zahlung von Konzessionsabgaben wichtige Beiträge zur Finanzierung der kommunalen Haushalte.

Dennoch bilden kommunale Unternehmen nur eine vergleichsweise kleine Teilmenge der gesamten Wirtschaft. So liegt der Anteil der Kommunalwirtschaft an der Gesamtwirtschaft hinsichtlich der dort jeweils beschäftigten Personen bundesweit nur bei 2,34 %, wobei zwischen den einzelnen Bundesländern deutliche Unterschiede bestehen: Am geringsten ist der Anteil im Saarland (1,21 %), am höchsten in Sachsen-Anhalt (4,17 %) (Richter 2007, S. 133).[4]

1.3.2 Entwicklung der Kommunalwirtschaft

In den vergangenen Jahrzehnten hat es in der Kommunalwirtschaft vier wesentliche Trends gegeben: Ausgliederungen aus der Verwaltung, eine Intensivierung des Wettbewerbs, Privatisierungen und Rekommunalisierungen. →1-4

1) Ausgliederungen aus der Verwaltung
Insbesondere in den 1990er-Jahren zeigte sich ein starker Trend zur Verlagerung kommunaler Aufgaben aus der Kernverwaltung heraus: Zahlreiche Ämter und Verwaltungseinheiten wurden in Unternehmen einer öffentlich-rechtlichen oder privatrechtlichen Rechtsform umgewandelt (Cronauge und Pieck 2016, S. 143 ff.; Weiblen 2011, S. 597 ff.). Beispiele hierfür finden sich in vielen Branchen, insbesondere in der Abfallwirtschaft und der Abwasserbeseitigung, bei Krankenhäusern, Altenpflegeheimen, Behinderteneinrichtungen und Kindertageseinrichtungen, in der Wirtschafts- und Beschäftigungsförderung sowie der Stadtentwicklung, bei Volkshochschulen, IT-Dienstleistungen und im Gebäudemanagement.

In der Hochzeit der Ausgliederungen versprach man sich von der Ausweitung der Kommunalwirtschaft Folgendes: „Die Motivation einer Gemeinde für ein verstärktes

---

[4] In diesem Zusammenhang gibt es signifikante Unterschiede zwischen den alten Bundesländern (insgesamt 2,17 % Anteil der Kommunalwirtschaft hinsichtlich der beschäftigten Personen) und den neuen (3,16 %). Bei anderen Vergleichsgrößen wie Umsatz, Personalaufwand oder Zugang an Sachanlagen ist der Unterschied noch größer; ebd., S. 54. Das ist jedoch kein Beleg für einen vermeintlich überbordenden öffentlichen Sektor in den neuen Bundesländern, sondern eher für die Schwäche der dortigen Privatwirtschaft. Im Übrigen tragen gerade dort die vielfältigen Investitionen kommunaler Unternehmen in die öffentliche Infrastruktur maßgeblich zur Attraktivität der Städte und Regionen auch für private Investoren bei. Zur ungleich größeren Bedeutung des öffentlichen Sektors in den neuen Bundesländern (Bremeier 1997a).

kommunalwirtschaftliches Engagement ist eindeutig: Die kommunalen Unternehmen sollen die ihnen übertragenen Aufgaben schneller, besser und kostengünstiger erledigen, als dies in der Gemeindeverwaltung aufgrund der heute vorherrschenden Strukturen möglich wäre. Die wirtschaftliche Selbstständigkeit kann den Unternehmen helfen, flexibel auf veränderte rechtliche Rahmenbedingungen oder neue Marktentwicklungen zu reagieren. Die Kostentransparenz wird durch die Anwendung kaufmännischer Buchführung verbessert und oft noch durch eine Kosten- und Leistungsrechnung zusätzlich erhöht. Die Effizienz kann durch die Einrichtung einer eigenverantwortlichen Leitung deutlich steigen, Kapitalbeschaffung wird erleichtert, Kapitalerhaltung sichtbar, und eventuell können auch steuerliche Vorteile erzielt werden" (Bremeier 1998, S. 294; Ade 1997, S. 30 ff.).

Mittlerweile sind neue Ausgliederungen aus der Verwaltung jedoch eher selten geworden. Hierfür gibt es vor allem folgende Gründe:

- Erstens sind viele Einheiten bereits ausgegliedert worden, d. h. das Potenzial für weitere Maßnahmen ist deutlich gesunken.
- Zweitens ist die Herstellung von Kostentransparenz durch die kaufmännische Buchführung oder eine Kosten- und Leistungsrechnung heute kein Grund mehr für Ausgliederungen. Schließlich wurde mittlerweile in der Mehrzahl der Kommunalverwaltungen eine Buchführung installiert, die sich an der Doppik orientiert, und auch Elemente der Kosten- und Leistungsrechnung wurden in vielen Ämtern eingeführt.
- Drittens stehen etwaige negative Aspekte von Ausgliederungen – insbesondere mögliche Komplikationen im Zusammenhang mit dem Beihilfenrecht[5] und der Inhouse-Vergabe[6] sowie steuerliche Auswirkungen[7] – heute viel mehr im Fokus als früher.
- Nicht zuletzt ist mittlerweile den kommunalen Entscheidern zumeist klar, dass die Überführung einer Verwaltungseinheit in einen Eigenbetrieb oder eine GmbH allein zu keiner Verbesserung der Wirtschaftlichkeit führt, wenn nicht gleichzeitig auch wesentliche andere Hemmschuhe – wie schlechte Unternehmens- und Führungskultur, überholte Organisationsstrukturen, fehlende Motivation der Beschäftigen – abgebaut werden.

Wettbewerbsintensivierung
Anders als noch in den 1980er-Jahren herrscht heute in fast allen Branchen, in denen kommunale Unternehmen tätig sind, umfassender Wettbewerb. Das ist nicht allein eine Folge von Liberalisierungstendenzen der Europäischen Union, die vor allem den Strom- und Gasmarkt sowie den Verkehrssektor betrafen (Weber und Haase 1997). In vielen Branchen wurde die Wettbewerbslage auch aufgrund bundesdeutscher Gesetzesänderungen verschärft, von der Abschaffung der Wohnungsgemeinnützigkeit im Jahr

---

[5] Siehe auch Abschn. 2.4.2 EU-Beihilfenrecht.
[6] Siehe auch Abschn. 2.4.3 Das (europäische) Vergaberecht und die Inhouse-Vergabe.
[7] Siehe auch Abschn. 2.3.4 Steuerrecht.

1990[8] über das Kreislaufwirtschafts- und Abfallgesetz 1994[9] bis hin zu den zahlreichen Gesundheitsreformgesetzen. So handelt es sich heute in der Abfallwirtschaft, der Altenpflege oder der stationären Krankenversorgung um ausgebildete Märkte; in der Jugendhilfe und im Sozialbereich gibt es einen gesetzlichen Vorrang freigemeinnütziger vor öffentlicher Aufgabenerfüllung.[10]

Die Mehrzahl der kommunalen Unternehmen musste sich somit spätestens seit den 1990er-Jahren mit der (für sie zunächst neuen) Erkenntnis auseinandersetzen, dass sie sich direkt im Wettbewerb befinden und dieser Wettbewerb in letzter Konsequenz auch dazu führen kann, dass sie vom Markt verschwinden. Damit nicht genug, wirkte noch zusätzlicher Druck von der Kundenseite auf die Unternehmen ein, ausgelöst vor allem durch gewachsenes Verbraucherbewusstsein. All dies hat zwangsläufig zu massiven Veränderungen in vielen kommunalen Unternehmen geführt.

Vieles ist seitdem von den Unternehmen unternommen worden, um ihre Wettbewerbssituation dauerhaft zu verbessern. Zahlreiche Maßnahmen zur Kostensenkung und Erlössteigerung, zur Verbesserung der Produktivität und Effektivität wurden in Angriff genommen, neue Organisationsformen gesucht, Überlegungen zur Unterstützung der Konzentration auf das Kerngeschäft oder zur Kostensenkung vorgenommen, strategische Allianzen geknüpft, zum Teil auch neue Märkte und Geschäftsfelder erschlossen.

Folge dieser Anpassungen ist auch eine Diversifizierung der öffentlichen Wirtschaft durch die Gründung neuer Tochter- und Enkelgesellschaften. Das hat zusammen mit dem zuvor beschriebenen Trend zu Ausgliederungen aus der Verwaltung zu einem Anstieg der Komplexität der Beteiligungsportfolien der Kommunen geführt und damit die Anforderungen an die Beteiligungssteuerung erhöht (Bremeier 1999, S. 10).

3) **Materielle Privatisierungen[11]**

Der dritte wesentliche Trend innerhalb der Kommunalwirtschaft in den vergangenen Jahren ist die materielle Privatisierung, also der Verkauf von Geschäftsanteilen oder

---

[8] Vgl. Gesetz zur Überführung der Wohnungsgemeinnützigkeit in den allgemeinen Wohnungsmarkt vom 25. Juli 1988 (BGBl. I, S. 1093, 1136).

[9] Vgl. Gesetz zur Förderung der Kreislaufwirtschaft und Sicherung der umweltverträglichen Beseitigung von Abfällen (Kreislaufwirtschafts- und Abfallgesetz) vom 27. September 1994 (BGBl., I S. 2705), mittlerweile aufgehoben.

[10] Vgl. z. B. § 4 Abs. 2 SGB VIII („Soweit geeignete Einrichtungen, Dienste und Veranstaltungen von anerkannten Trägern der freien Jugendhilfe betrieben werden oder rechtzeitig geschaffen werden können, soll die öffentliche Jugendhilfe von eigenen Maßnahmen absehen.") oder § 5 Abs. 4 SGB XII („Wird die Leistung im Einzelfall durch die freie Wohlfahrtspflege erbracht, sollen die Träger der Sozialhilfe von der Durchführung eigener Maßnahmen absehen.").

[11] Findet eine Auslagerung in eine privatrechtliche Rechtsform statt – z. B. in eine GmbH, deren Anteile allein von der kommunalen Gebietskörperschaft gehalten werden –, spricht man auch von „formeller Privatisierung". Davon zu unterscheiden ist die „materielle Privatisierung", bei der die Gebietskörperschaft ihre Anteile ganz oder teilweise an private Dritte veräußert (Bremeier 1997a, S. 213). Siehe auch Abschn. 3.5 Materielle Privatisierung.

ganzen Unternehmen an private Dritte. Getragen von Haushaltszwängen oder ordnungs-politischen Überzeugungen wurden ab Anfang/Mitte der 1990er-Jahre zunehmend kommunale Unternehmen vollständig oder teilweise privatisiert. Zunächst betraf dies fast ausschließlich Stadtwerke, später auch Abfallentsorger, Krankenhäuser und Wohnungsgesellschaften; zuletzt gab es kaum eine Branche, in der es noch nicht zu einzelnen materiellen Privatisierungen gekommen war.[12]

Dieser Trend ist seit Mitte der 2000er-Jahre weitgehend zum Erliegen gekommen, auch infolge zahlreicher Bürger- und Volksbegehren, die gegen Privatisierungsmaßnahmen gerichtet waren.[13] In den vergangenen Jahren wurden daher – wenn überhaupt – meist nur kleinere kommunale Unternehmen privatisiert.

Rekommunalisierungen

In den letzten Jahren gibt es eine verstärkte Diskussion über Rekommunalisierungen. Darunter ist zu verstehen, dass ein früherer Rückzug der öffentlichen Hand von einer bestimmten Aufgabe wieder rückgängig gemacht wird.

Unter dem Slogan der „Renaissance der Daseinsvorsorge"[14] wird seit mehreren Jahren in Wissenschaft und Praxis über Rekommunalisierungen debattiert. Als Ursachen für diese Tendenzen in kommunalen Gebietskörperschaften können folgende Sachver-halte identifiziert werden (Lenk et al. 2011, S. 13; Röber 2012b, S. 81 ff.):

- Wahrung bzw. Erhöhung des Einflusses auf die Leistungserbringung bzw. die fehlende Kontrolle über private Erbringer
- kartellrechtliche Fragen[15]
- Durchsetzung strategischer Ziele der kommunalen Gebietskörperschaft (Umwelt-schutz, Sozialziele etc.)

---

[12] Siehe z. B. die Ausgliederung des Pflegebereichs der Anstalt öffentlichen Rechts pflegen & wohnen und die Veräußerung der pflegen & wohnen Betriebs GmbH 2007 (Hamburgische Bürger-schaft, Drs. 18/4856) und den im gleichen Jahr erfolgten Teilbörsengang der HHLA Hamburger Hafen und Logistik AG (Hamburgische Bürgerschaft, Drs. 18/6210).

[13] Erfolgreiche Bürgerentscheide gab es etwa 2002 in Münster (geplante Anteilsveräußerung Stadt-werke), 2008 in Leipzig (ebenfalls geplante Anteilsveräußerung Stadtwerke), in Dresden 2012 (geplante formelle Privatisierung der Krankenhäuser Friedrichstadt und Neustadt) oder 2014 in Berlin (Volksentscheid für den Erhalt des Tempelhofer Feldes). Auch die Europäische Bürger-initiative gegen eine befürchtete Privatisierungsverpflichtung der Wasserversorgung infolge einer Anpassung der europäischen Vergaberichtlinien aus den Jahren 2013/2014 kann dazu gezählt werden.

[14] So auch der Titel einer Studie des Kompetenzzentrums für öffentliche Wirtschaft und Daseins-vorsorge der Universität Leipzig (Universität Leipzig 2011).

[15] Siehe auch Abschn. 2.3.3 Kartell- und Wettbewerbsrecht.

- öffentlicher Druck (Bürgerentscheide)
- hoher Abstimmungsbedarf mit privaten Leistungserbringern und dementsprechend hohe Transaktionskosten
- Erhöhung der betriebswirtschaftlichen Kompetenzen innerhalb der Verwaltung und die Feststellung, dass privatwirtschaftliche Unternehmen nicht zwangsläufig wirtschaftlicher agieren
- fehlende Zielkongruenz von öffentlicher und privater Seite
- Furcht vor Aushöhlung der kommunalen Selbstverwaltung
- nicht zufriedenstellende Leistungserbringung (qualitativ und quantitativ) des privaten Partners
- erwartete eigene Einnahmen

Bei näherer Betrachtung gibt es aktuell insbesondere zwei Fallgruppen für Rekommunalisierungen in Deutschland:

- Die meisten Rekommunalisierungen gibt es in der Energieversorgung: Seit 2005 wurden in Deutschland etwa siebzig Stadt- und Gemeindewerke neu gegründet (Berlo und Wagner 2013, S. 6).[16] Ziel war es in diesen Fällen regelmäßig, Konzessionen zu erhalten, Stromnetze von den bisherigen Konzessionsnehmern zu erwerben und diese künftig zu betreiben.
- Viele Städte lassen die Trinkwasserversorgung ihrer Bevölkerung durch privatrechtliche Eigengesellschaften sicherstellen. Der Bundesgerichtshof hatte im Jahr 2010 mit einem Beschluss zur kartellrechtlichen Missbrauchskontrolle von Wasserpreisen eine Preissenkungsverfügung der Hessischen Landeskartellbehörde bestätigt, nach der der Wasserversorger der Stadt Wetzlar – die enwag Energie und Wassergesellschaft mbH – verpflichtet worden war, seine Wasserpreise um etwa 30 % zu senken.[17] Ähnliche Preissenkungsverfügungen gingen auch an andere kommunale Wasserversorger, so in Wiesbaden und Gießen. Da das Kartellrecht nicht für öffentlich-rechtliche Einheiten gilt, haben betroffene Städte in der Folge die formelle Privatisierung durch eine Rekommunalisierung rückgängig gemacht: In Wetzlar ist seitdem der Zweckverband Mittelhessische Wasserwerke für die Wasserversorgung zuständig.

---

[16] Beispiele hierfür sind die Gründung der Hamburg Energie als Stromerzeugungsunternehmen (100 % erneuerbare Energien) im Jahr 2009 und der Zusammenschluss verschiedener Stadtwerke und Gemeinden in Nordrhein-Westfalen zu den Stadtwerken Münsterland 2011.

[17] Vgl. Beschluss vom 2. Februar 2010, KVR 66/08.

Daneben gibt es immer wieder Einzelfälle von Rekommunalisierungen, etwa den Rück-kauf zuvor privatisierter Anteile an Stadtwerken und ähnlichen Unternehmen[18], die Übernahme der Mehrheit an der Gelsenwasser AG durch die Stadtwerke Dortmund und Bochum im Jahr 2003, den Aufkauf eines Großteils der Anteile der E.ON-Thüringen durch die KEBT Kommunale Energie Beteiligungsgesellschaft Thüringen AG 2012/2013, die Überführung des Wasser- und Abwassergeschäfts in Rostock von der privaten EURAWASSER Nord GmbH an die zu diesem Zweck neu gegründete kommunale Nordwasser GmbH oder die Rekommunalisierung der Westsächsischen Entsorgungs- und Verwertungsgesellschaft mbH im Jahr 2015.

1.3.3   Aufgaben des Beteiligungsmanagements

Wie jeder andere Anteilseigner steht die kommunale Gebietskörperschaft vor der Auf-gabe, ihre Unternehmen angemessen zu steuern. Oft ist die Gebietskörperschaft auch nicht nur Gesellschafterin, sondern zugleich Aufgabenträgerin, d. h. sie hat ein Unter-nehmen mit der Erfüllung von Aufgaben beauftragt, die ihr beispielsweise nach einem Gesetz zugeordnet worden sind.

Daraus ergibt sich ein besonderes Steuerungsinteresse: Kommunalen Unter-nehmen obliegt in erster Linie die Erfüllung eines öffentlichen Zwecks,[19] d. h. es findet eine primäre Orientierung auf Sachziele statt (die jedoch möglichst wirtschaftlich erbracht werden sollen). Hierin liegt eine Besonderheit des kommunalen Beteiligungs-managements, werden doch Unternehmen in Privatbesitz zuallererst am wirtschaft-lichen Erfolg gemessen. Das ist zwar auch ein wesentlicher Maßstab für kommunale Unternehmen, zusätzlich werden jedoch Instrumente zur Beurteilung der Erbringung des öffentlichen Zwecks, der Leistungen und der Leistungserstellung benötigt, um eine effektive Steuerung sicherzustellen (Bremeier 1999, S. 11).

Angesichts des zunehmenden Umfangs des kommunalen Beteiligungsportfolios und des veränderten Wettbewerbsumfeldes der meisten öffentlichen Unternehmen haben sich auch die Anforderungen an das kommunale Beteiligungsmanagement verändert. In den vergangenen Jahren haben viele Großstädte ihre Beteiligungssteuerung optimiert und neue Steuerungsinstrumente eingeführt.

---

[18] Beispiele: Rückkauf der Wasserversorgung und Abwasserentsorgung durch die Stadtwerke Pots-dam GmbH im Jahr 2000, Rückkauf des 40-%igen Anteils der enviaM an den Stadtwerken Leipzig GmbH durch die städtische LVV Leipziger Versorgungs- und Verkehrsgesellschaft mbH im Jahr 2003, vollständige Übernahme der Gesellschafteranteile durch die Stadt Kiel an 2003 privatisierten Verkehrsbetrieben im Jahr 2009, Rückkauf des Anteils von 35 % der EnBW an der DREWAG – Stadtwerke Dresden GmbH durch die Stadt Dresden 2010, Abschluss der Rekommunalisierung der Berliner Wasserbetriebe AöR durch das Land Berlin 2013.
[19] Siehe auch Kapitel Öffentlicher Zweck.

Dabei hat sich vielfach die Erkenntnis durchgesetzt, dass die klassische Beteiligungsverwaltung, die sich vor allem auf die Einhaltung der gesetzlichen Normen und die
Aktenführung konzentrierte, zu einem umfassenden Beteiligungsmanagement weiterentwickelt werden muss (Bremeier 1998, S. 294 ff.; Otto et al. 2002, S. 96 ff.; Bremeier
et al. 2006, S. 10, 42 ff.). Ein solches Beteiligungsmanagement muss die kommunalen
Entscheidungsträger bei allen wesentlichen Aspekten der Steuerung der Beteiligungen
unterstützen und sollte über einen breiten Instrumentenkasten verfügen, mit dem sowohl
strategische als auch operative Aufgaben bearbeitet werden können (Abb. 1.1):

Das strategische Beteiligungsmanagement setzt sich mit grundlegenden Fragen auseinander: Wie will die kommunale Gebietskörperschaft ihre Unternehmen steuern?
Welche Regeln gelten für die Unternehmensführung? Welche strategischen Ziele verfolgt
man hinsichtlich des gesamten Portfolios sowie einzelner Beteiligungen?

Darauf aufbauend steht bei der Strukturierung des Beteiligungsportfolios dessen
Optimierung oder Anpassung im Vordergrund. Das operative Beteiligungsmanagement
umfasst zudem alle regelmäßig anfallenden Fragen der Unternehmen, hierzu gehören
auch die Beteiligungsverwaltung sowie das Beteiligungscontrolling als Frühwarnsystem. Wichtige operative Aufgaben des Beteiligungsmanagements liegen ferner in der
Bearbeitung von Geschäftsführerangelegenheiten.

Die einzelnen Instrumente des Beteiligungsmanagements werden ausführlich in
Kap. 4 dieses Leitfadens dargestellt.

strategisches Beteiligungs- management	Struktur Beteiligungs- portfolio	operatives Beteiligungs- management	Geschäfts- führer- angelegenheiten
Corporate Governance Kodex	Gründung von Unternehmen	Beteiligungs- verwaltung	Rekrutierung
Zielvorgaben	Veränderung	Beteiligungs- bericht	Bestellung
Strategie- prüfungen	Privatisierung	Beteiligungs- controlling	Vertrags- gestaltung
Aufgabenkritik	Beendigung	Mandats- betreuung	Zielverein- barungen

Abb. 1.1 Aufgaben des kommunalen Beteiligungsmanagements

1.3.4 Zukünftige Herausforderungen

In den vergangenen Jahren haben viele Städte ihr Beteiligungsmanagement optimiert, neue Organisationsformen geschaffen, qualifiziertes Personal eingestellt, neue Steuerungsinstrumente eingeführt. Von einer „Untersteuerung" städtischer Beteiligungen, wie sie in den 1990er-Jahren häufig konstatiert wurde (Budäus 1993, S. 168), kann heute – zumindest bei der Mehrzahl der deutschen Großstädte – nicht mehr die Rede sein.

Trotzdem gibt es weiterhin Herausforderungen an die Beteiligungssteuerung und das Beteiligungsmanagement: Die Optimierung des Beteiligungsportfolios und der einzelnen Beteiligungsunternehmen ist eine dauerhafte Aufgabe, ebenso die Weiterentwicklung der Steuerungsinstrumente. Auch das komplexe rechtliche Umfeld infolge etwa der Einflüsse des europäischen und internationalen Rechts und die branchenspezifischen Rahmenbedingungen spielen permanent eine bedeutsame Rolle bei der Aufgabenerfüllung des Beteiligungsmanagements.

Zwei Anforderungen dürften jedoch vorrangig sein:

- Erstens die Verbesserung der Arbeit der Aufsichtsräte. Häufig ist der Aufsichtsrat das wichtigste Steuerungsorgan aus Sicht der kommunalen Gebietskörperschaft. Die Aufsichtsräte werden primär durch ehrenamtliche Politiker besetzt. Das Beteiligungsmanagement kann diese vornehmlich mit einer guten Mandatsbetreuung[20] in ihren Aufgaben unterstützen. Hierzu gehört auch die Koordinierung oder Durchführung von Schulungen zur Verbesserung der Arbeit der Aufsichtsratsmitglieder sowie die Unterstützung bei der Prüfung der Effektivität des Überwachungsorgans.
- Zweitens ist die strategische Steuerung der Beteiligungen durch Zielfestlegungen der Kommunen verbesserungsfähig. Klare Ziel- und Leistungsvorgaben, optimale Rechts- und Organisationsstrukturen sowie eine geschlossene Gesamtsteuerung sind maßgeblich für die Qualität der Beteiligungssteuerung. Die Zusammenfassung von Sachzielen, Finanzzielen und übergeordneten kommunalpolitischen Zielen in ein ganzheitliches Zielsystem kann viel zur weiteren Optimierung der Beteiligungssteuerung beitragen.[21]

Ein erfolgreiches Beteiligungsmanagement muss aktiv agieren sowie Chancen und Risiken der wirtschaftlichen Betätigung im Gesamtzusammenhang betrachten. Angesichts der sich fortlaufend ändernden Rahmenbedingungen gilt es, das Beteiligungsmanagement stets den sich wandelnden Anforderungen anzupassen.

---

[20] Siehe auch Abschn. 4.4 Das ABC der Mandatsbetreuung.
[21] Siehe auch Abschn. 4.2.4.2 Zielvorgaben durch Zielbilder oder Eigentümerziele.

Literatur

Ade, Klaus. 1997. *Handbuch Kommunales Beteiligungsmanagement.* München, Stuttgart: Richard Boorberg Verlag.

Berlo, Kurt und Oliver Wagner. 2013. Stadtwerke-Neugründungen und Rekommunalisierungen: Energieversorgung in kommunaler Verantwortung; Bewertung der 10 wichtigsten Ziele und deren Erreichbarkeit; Sondierungsstudie. Wuppertal: Wuppertal Institut für Klima, Umwelt, Energie.

Bremeier, Wolfram. 1997a. Erfahrungen mit der Privatisierung in Ostdeutschland. *Zeitschrift für öffentliche und gemeinwirtschaftliche Unternehmen (ZögU)* 2 (1997): 213–221.

Bremeier, Wolfram. 1997b. Wettbewerb und Wettbewerbsfähigkeit in verschiedenen Bereichen der Wirtschaft aus kommunaler Sicht. Zeitschrift Für Öffentliche Und Gemeinwirtschaftliche Unternehmen (ZögU) 3 (1997): 330–335.

Bremeier, Wolfram, Hans Brinckmann, und Werner Killian. 2006. Public Governance kommunaler Unternehmen. Vorschläge zur politischen Steuerung ausgegliederter Aufgaben auf der Grundlage einer empirischen Erhebung, Düsseldorf: Hans-Böckler-Stiftung.

Bremeier, Wolfram. 1999. Steuerung kommunaler Unternehmen. *Socialmanagement* 1 (1999): 10–13.

Budäus, Dietrich. 1993. Kommunale Verwaltungen in der Bundesrepublik Deutschland zwischen Leistungsdefizit und Modernisierungsdruck. In *Kommunale Managementkonzepte in Europa. Anregungen für die deutsche Reformdiskussion,* Hrsg. von Gerhard Banner und Christoph Reichard, 163–176. Köln: Dt. Gemeindeverl.

Cronauge, Ulrich und Stefanie Pieck. 2016. *Kommunale Unternehmen.* 6. Auflage. Berlin: Erich Schmidt Verlag.

KGSt. 1985a. Kommunale Beteiligungen I. Steuerung und Kontrolle der Beteiligungen, Bericht 8/1985, Köln: Kommunale Gemeinschaftsstelle für Verwaltungsmanagement (KGSt) – Verband für kommunales Management.

KGSt. 1985b. Kommunale Beteiligungen II. Organisation der Beteiligungsverwaltung, Bericht 9/1985, Köln: Kommunale Gemeinschaftsstelle für Verwaltungsmanagement (KGSt) – Verband für kommunales Management.

KGSt. 1986a. Kommunale Beteiligungen III. Verselbstständigung kommunaler Einrichtungen? Entscheidungshilfen, Bericht 7/1986, Köln: Kommunale Gemeinschaftsstelle für Verwaltungsmanagement (KGSt) – Verband für kommunales Management.

KGSt. 1986b. Kommunale Beteiligungen IV. Verselbstständigung kommunaler Einrichtungen? Arbeitshilfen, Bericht 8/1986, Köln: Kommunale Gemeinschaftsstelle für Verwaltungsmanagement (KGSt) – Verband für kommunales Management.

KGSt. 1988. Kommunale Beteiligungen V. Prüfung der Beteiligungen, Bericht 15/1988, Köln: Kommunale Gemeinschaftsstelle für Verwaltungsmanagement (KGSt) – Verband für kommunales Management.

KGSt. 2012. Steuerung kommunaler Beteiligungen, Bericht 3/2012, Köln: Kommunale Gemeinschaftsstelle für Verwaltungsmanagement (KGSt) – Verband für kommunales Management.

Leipzig, Universität, Kompetenzzentrum Öffentliche Wirtschaft, und HypoVereinsbank Daseinsvorsorge. 2011. *Renaissance der Kommunalwirtschaft - Rekommunalisierung öffentlicher Dienstleistungen.* Leipzig:Kompetenzzentrum für Öffentliche Wirtschaft und Daseinsvorsorger und HypoVereinsbank.

Lenk, Thomas, Oliver Rottmann, und Romy Albrecht. 2011. Renaissance der Kommunalwirtschaft. Rekommunalisierung öffentlicher Dienstleistungen. In *Public Sector. Eine intersektorale Studie.* München, Leipzig: Kompetenzzentrum für Öffentliche Wirtschaft und Daseinsvorsorge an der Universität Leipzig und HypoVereinsbank.

Meißner, Barbara und Stefan Ronnecker. 2017. Gute Unternehmenssteuerung: Strategien und Handlungsempfehlungen für die Steuerung städtischer Beteiligungen. Berlin, Köln: Deutscher Städtetag.

Otto, Raimund. et al., bbvl. 2002. *Beteiligungsmanagement in Kommunen.* Stuttgart: Deutscher Sparkassenverlag.

Richter, Peter. 2007. *Die Bedeutung der kommunalen Wirtschaft: Eine vergleichende Ost-West-Analyse.* Berlin: edition sigma.

Röber, Manfred. 2012a. Institutionelle Differenzierung und Integration im Kontext des Gewährleistungsmodells. In Institutionelle Vielfalt und neue Übersichtlichkeit. Zukunfts-perspektiven effizienter Steuerung öffentlicher Aufgaben zwischen Public Management und Public Governance, 15-27, Hrsg. von Manfred Röber. Berlin: BWV.

Röber, Manfred. 2012b. Rekommunalisierung lokaler Ver- und Entsorgung. Bestandsaufnahme und Entwicklungsperspektiven. In *Rekommunalisierung öffentlicher Daseinsvorsorge,* Hrsg. von Hartmut Bauer, Christiane Büchner, und Lydia Hajasch, 81–98. Potsdam: Universitätsverlag Potsdam.

Schäfer, Michael. 2014. *Kommunalwirtschaft.* Eine gesellschaftspolitische und volkswirtschaftliche Analyse. Wiesbaden: Springer Gabler.

Verband kommunaler Unternehmen (VKU). 2018. Zahlen, Daten, Fakten 2018. *Kommunale Ver- und Entsorgungsunternehmen in Zahlen.* Hrsg: Verband kommunaler Unternehmen e. V. Berlin, München: VKU Verlag.

Weber, Michael und Christian Haase. 1997. Die Liberalisierung des deutschen Strom- und Gasmarktes. *Sachsenlandkurier, Zeitschrift Des Sächsischen Städte- Und Gemeindetages* 6 (1997): 289–294.

Weiblen, Willi. 2011. Beteiligungscontrolling und –management. In *Unternehmen der öffentlichen Hand,* Hrsg. von Beatrice Fabry und Ursula Augsten, 596–658. Baden-Baden: Nomos.

Rechtliche Rahmenbedingungen der Kommunalwirtschaft

Die kommunale Wirtschaft unterliegt unterschiedlichen rechtlichen Gestaltungsmöglichkeiten und Grenzen. Im folgenden Kapitel wird dabei zunächst auf das Kommunalrecht eingegangen, das je nach Bundesland unterschiedlich ausgeprägt ist. Die Darstellungen zu den Rechtsformen und den bundes- sowie europarechtlichen Grundlagen gelten hingegen weitestgehend bundesweit.

2.1 Vorgaben des Kommunalrechts

Grundlage der Kommunalwirtschaft ist das Prinzip der kommunalen Selbstverwaltung, das es den Kommunen ermöglicht, alle Angelegenheiten der örtlichen Gemeinschaft in eigener Verantwortung zu regeln.[1] Gemeinden können dabei im Rahmen geltender Gesetze selbst entscheiden, in welcher Form sie die ihnen übertragenen Aufgaben erfüllen wollen. So kann die kommunale Gebietskörperschaft grundsätzlich wählen, ob sie ihre Aufgaben aus einem Amt heraus oder durch ein kommunales Unternehmen ausübt.

Allerdings existieren zahlreiche rechtliche Hürden für die wirtschaftliche Betätigung der Kommunen. Hierzu zählt insbesondere das Kommunalwirtschaftsrecht der Bundesländer, das trotz im Detail unterschiedlicher Vorgaben in den Grundzügen einheitlich geregelt ist. So sehen alle Kommunalverfassungen grundsätzlich die „kommunalwirtschaftliche Schrankentrias" vor, nach der die Kommunalwirtschaft nur unter drei grundsätzlichen Voraussetzungen möglich ist:

---

[1] Vgl. Art. 28 Abs. 2 GG.

© Der/die Autor(en), exklusiv lizenziert durch Springer Fachmedien Wiesbaden GmbH, ein Teil von Springer Nature 2021
A. Tegtmeier, *Praxisleitfaden Kommunales Beteiligungsmanagement*,
https://doi.org/10.1007/978-3-658-34243-2_2

- Es muss einen öffentlichen Zweck geben.
- Die wirtschaftliche Betätigung muss nach Art und Umfang in einem angemessenen Verhältnis zur Leistungsfähigkeit der kommunalen Gebietskörperschaft und zum örtlichen Bedarf stehen.
- Das Subsidiaritätsprinzip gegenüber privaten Dritten muss eingehalten werden.

Diese drei Elemente der Schrankentrias sowie weitere Regelungen, die Grenzen für die Kommunalwirtschaft ziehen, werden im Folgenden dargestellt.

Die Begrenzungen der Schrankentrias sind nur dann wirksam, wenn tatsächlich eine wirtschaftliche Betätigung vorliegt. Ob dies der Fall ist, wird in der Regel anhand spezieller Kataloge aus den Kommunalverfassungen der einzelnen Länder zu bewerten sein. Diese enthalten im Rahmen gesetzlicher Fiktionen Aufgabengebiete, die keine wirtschaftlichen, sondern vielmehr nichtwirtschaftliche Tätigkeiten darstellen.[2] Liegt demnach eine nichtwirtschaftliche Betätigung vor, so sind auch die Grenzen der wirtschaftlichen Betätigung nicht zu beachten. Es kommt hier nicht darauf an, ob die Tätigkeit wirtschaftlich durchgeführt wird oder damit Einnahmen oder gar Gewinne erzielt werden, sondern einzig, ob die Tätigkeit im jeweiligen Katalog aufgeführt ist oder nicht.

2.1.1 Öffentlicher Zweck

Konstituierendes Merkmal eines kommunalen Unternehmens ist die Erfüllung eines öffentlichen Zwecks.[3] Dieser stellt das aus der Aufgabe der Gebietskörperschaft abgeleitete konkrete Sachziel dar.

Allerdings existiert keine rechtsverbindliche Definition des Begriffes „öffentlicher Zweck", womit ein breiter Auslegungsspielraum möglich ist. Bereits im Jahr 1972 hat das Bundesverwaltungsgericht in einem Grundsatzbeschluss entschieden, dass die kommunale Gebietskörperschaft bzw. ihre politische Vertretung das Vorrecht einer eigenen Einschätzung im Hinblick auf die tatsächliche Gegebenheit eines öffentlichen Zwecks hat (Einschätzungsprärogative), die nur bedingt der Überprüfung durch Rechtsaufsicht und Verwaltungsgerichtsbarkeit unterliegt.[4] Demnach bestimmt die Kommunalpolitik im Einzelfall, ob ein öffentlicher Zweck vorliegt und inwieweit eine wirtschaftliche Betätigung der kommunalen Gebietskörperschaft erfolgen soll. Die Definition des öffentlichen Zwecks und damit die Festlegung, welche Leistung im

---

[2] Siehe Anlage 8.1 Übersicht Kommunalrecht.

[3] Siehe Anlage 8.1 Übersicht Kommunalrecht.

[4] Vgl. BVerwG, Urteil vom 22.02.1972, I C 24.69.

öffentlichen Interesse liegt und welche nicht, ist somit stark vom Ergebnis politisch legitimierter Entscheidungen geprägt (Schäfer 2014, S. 236 f.).

Hervorzuheben bleibt, dass eine ausschließliche Gewinnerzielungsabsicht kein öffentlicher Zweck ist bzw. die kommunalwirtschaftliche Aktivität über einem etwaigen erwerbswirtschaftlichen Gewinnstreben stehen muss. Kommunale wirtschaftliche Unternehmen sollen jedoch einen Ertrag für den Haushalt der kommunalen Gebietskörperschaft erwirtschaften, sofern es die wirtschaftliche Lage des Unternehmens zulässt und gleichzeitig die Erfüllung des öffentlichen Zwecks gesichert ist (Schäfer 2014, S. 65 f.).[5]

Ein öffentlicher Zweck findet sich in der kommunalen Sphäre unter anderem in folgenden Geschäftsbereichen: Energie- und Wasserversorgung, Abfall- und Abwasserentsorgung, Personennahverkehr, Wirtschaftsförderung, Kultur, Bildung, Wohnen, Gesundheitswesen, Soziales und Beschäftigungsförderung. Weiterhin wird nach herrschender Meinung ein öffentlicher Zweck solchen Tätigkeiten attestiert, die sozial-, umwelt- oder wettbewerbspolitische Absichten fördern (Uechtritz et al. 2012, S. 94). Dass diese Aufzählung weder vollständig, abschließend noch unbefristet gültig ist, zeigt der Wandel, den kommunale Unternehmen mit der Zeit genommen haben. Waren noch Ende des 19. Jahrhunderts Schlachthöfe mit dem Ziel der Versorgung der örtlichen Bevölkerung in kommunaler Hand, ist dieses heute nur noch in Einzelfällen vorzufinden (Ronellenfitsch und Ronellenfitsch 2012, S. 8). Dagegen ist gegenwärtig in der Diskussion, ob und inwieweit die Versorgung der Bevölkerung und der lokalen Wirtschaft mit Breitbandinternet einem öffentlichen Zweck dient. In mehreren Kommunalverfassungen ist dies bereits geregelt.[6] Die Wandlungsfähigkeit des Begriffes und der ihm zugrunde liegenden Aufgaben zeigt, dass eine regelmäßige „Aufgabenkritik" daher durchaus sinnvoll sein kann oder gar gesetzlich gefordert ist.[7]

2.1.2 Bezug zur Leistungsfähigkeit der Kommune

Eine kommunale Gebietskörperschaft darf sich nur dann wirtschaftlich betätigen, wenn dies ihrer personellen, materiellen und finanziellen Kraft – also ihrer Leistungsfähigkeit – entspricht. Wirtschaftliche kommunale Unternehmen müssen folglich im angemessenen Verhältnis zur Leistungsfähigkeit und zum voraussichtlichen Bedarf stehen.[8]

Die Leistungsfähigkeit der kommunalen Gebietskörperschaft dient vorrangig den Aufgaben, die ihr durch Gesetz übertragen sind oder die Gegenstand einer

---

[5] Siehe Anlage 8.1 Übersicht Kommunalrecht.

[6] Siehe Anlage 8.1 Übersicht Kommunalrecht.

[7] Siehe auch Abschn. 4.2.3.1 Aufgabenkritik – strategische Analyse des Unternehmensportfolios.

[8] Siehe Anlage 8.1 Übersicht Kommunalrecht.

grundlegenden Daseinsvorsorge sind. Unter und Überkapazitäten sind zu vermeiden. Die kommunale Gebietskörperschaft muss dazu ihre künftige Leistungsfähigkeit und auch den zukünftigen Bedarf prognostizieren können, wobei Finanzanalysen auf Basis des Finanzplans oder ein gegebenenfalls erstellter Gemeindeentwicklungsplan bzw. ein Stadt-/Kreisentwicklungskonzept und bestehende Fachkonzepte geeignete Hilfsmittel sind.

Bevor eine kommunale Gebietskörperschaft ein Unternehmen errichtet, müssen die künftigen Rahmenbedingungen der Leistungserstellung geklärt sein; beispielsweise sind die Chancen und Risiken sowie die Auswirkungen auf die private Wirtschaft darzustellen.[9] Da ein kommunales Unternehmen als Leistungserbringer einer dem öffentlichen Zweck zugeordneten Aufgabe regelmäßig nicht mehr Bestandteil der Kernverwaltung ist, ergibt sich ein Bedarf nach Steuerung und Kontrolle. Diese wiederum bringen entsprechenden Verwaltungsaufwand mit sich. Es sollen zudem Bedarfsprognosen angefertigt werden, um Umfang und Ausmaß der kommunalwirtschaftlichen Tätigkeit auf den derzeitigen und künftigen Bedarf im gemeindlichen Wirkungskreis ausrichten zu können.

Da sich allgemeine Haushaltsgrundsätze wie die der sparsamen und wirtschaftlichen Haushaltsführung auf die Leistungsfähigkeit der Kommune auswirken, kann es sein, dass sich eine kommunale Gebietskörperschaft etwa wegen nur geringem voraussichtlichen Bedarf für eine Aufgabenerfüllung durch eine überörtliche Einrichtung oder eine interkommunale Zusammenarbeit[10] entscheidet.

2.1.3 Subsidiarität gegenüber den Wirtschaftsaktivitäten Dritter

Die Nachrangigkeit kommunalwirtschaftlicher Betätigung gegenüber der wirtschaftlichen Betätigung von Privaten ist Inhalt der Subsidiaritätsklausel. Subsidiarität bezeichnet grundsätzlich die Nachrangigkeit einer kommunalen Betätigung. Dabei wird zwischen der sogenannten „echten" und der „unechten" Subsidiaritätsklausel unterschieden:

- Echte Subsidiaritätsklauseln sind in den Kommunalverfassungen der Bundesländer Hessen und dem Saarland enthalten. Sie bestimmen, dass eine wirtschaftliche Betätigung der Kommunen nicht erfolgen darf, wenn der Zweck ebenso gut und wirtschaftlich durch einen privaten Dritten erfüllt wird oder erfüllt werden kann. Bei

---

[9] Siehe ebd.
[10] Siehe auch Abschn. 2.2.5 Zweckverband.

Leistungsparität ist demnach der wirtschaftlichen Betätigung von Privaten der Vorrang zu gewähren.[11]

- Die einfache (unechte) Subsidiaritätsklausel bestimmt, dass Kommunen vor eigener wirtschaftlicher Betätigung prüfen müssen, ob andere Wirtschaftssubjekte nicht besser und wirtschaftlicher arbeiten können. Bei Leistungsparität dürfen die Kommunen wirtschaftlich tätig werden. Das ist zum Beispiel in den Kommunalverfassungen der Bundesländer Sachsen-Anhalt, Sachsen und Schleswig–Holstein verankert.[12]

Einige Kommunalverfassungen formulieren Ausnahmen von der Gültigkeit der Subsidiaritätsklausel hinsichtlich bestimmter Branchen.[13] In mehreren Kommunalverfassungen wird zudem eine Generalausnahme hinsichtlich der Aufgaben der Daseinsvorsorge formuliert, die vor dem Hintergrund begrifflicher Unklarheiten zu zahlreichen Interpretationsschwierigkeiten führen können.

Die Messung, ob eine Leistungsparität vorliegt oder nicht, erfolgt vor Errichtung bzw. Erwerb eines Unternehmens oder der Beteiligung an einem solchen mittels eines Leistungsvergleichs. Hierbei kommen neben wirtschaftlichen auch qualitative Kriterien zur Anwendung.

Aufgrund des hier zwangsläufig gegebenen Interpretationsspielraums sowie der bundesweit nur geringen Vergleichbarkeit wird die Subsidiaritätsklausel auch als „umstrittenste Zulässigkeitsschranke" (Gaß 2015, S. 64) bezeichnet.

2.1.4 Überörtliche Betätigung bzw. Örtlichkeitsgrundsatz

Zusätzlich zur Schrankentrias sind in einigen Kommunalverfassungen Regelungen zur überörtlichen Betätigung der öffentlichen Unternehmen enthalten, die sich auch in einem expliziten Örtlichkeitsgrundsatz manifestieren können. Grundsätzlich angelegt ist der Örtlichkeitsgrundsatz bereits in Artikel 28 Abs. 2 Grundgesetz, der die Beschränkung der gemeindlichen Tätigkeit auf den örtlichen Wirkungskreis, also auf das Gemeindegebiet, zum Inhalt hat. Dabei ist die Grundgesetzformulierung „Angelegenheiten der örtlichen Gemeinschaft" zunächst ein nicht genau definierter Begriff, bei dessen Auslegung die Länder einen gewissen Spielraum haben.

Die Regelungen zur überörtlichen Betätigung sind in den einzelnen Kommunalverfassungen vielfältig ausgestaltet. So formuliert etwa die Kommunalverfassung des Landes Brandenburg, dass die kommunale Gebietskörperschaft sich „zur Erledigung von

---

[11] Siehe Anlage 8.1 Übersicht Kommunalrecht.

[12] Siehe ebd.

[13] Siehe ebd.

Aufgaben der örtlichen Gemeinschaft wirtschaftlich betätigen" darf; gleichzeitig wird diese Regelung durch eine nachfolgende Formulierung abgeschwächt.[14] Ähnliche Vorgehensweisen sind aus den Ländern Nordrhein-Westfalen und Sachsen-Anhalt bekannt.[15] Beide Kommunalverfassungen erlauben unter bestimmten Voraussetzungen sogar explizit die Betätigung im Ausland. Eine andere Formulierung enthält die Gemeindeordnung des Landes Schleswig–Holstein.[16] Hier wird etwa formuliert, dass eine überörtliche Tätigkeit nur dann zulässig ist, wenn die berechtigten Interessen der betroffenen Gebietskörperschaft gewahrt sind und diese rechtzeitig informiert wurde. Die Sächsische Gemeindeordnung erwähnt die überörtliche Betätigung nur mittelbar, indem sie diese für Unternehmen in den Bereichen Strom-, Gas-, Wärme- und Wasserversorgung sowie Telekommunikation als zulässig beschreibt.[17]

Von den Regelungen zum Örtlichkeitsgrundsatz prinzipiell nicht betroffen sind die Formen der interkommunalen Kooperation. Hier werden kommunale Aufgaben zusammen mit anderen wahrgenommen. Dabei sind die jeweiligen landesrechtlichen Bestimmungen für interkommunale Zusammenarbeit zu beachten.[18]

2.1.5 Kommunalrechtliche Vorgaben für privatrechtliche Unternehmen

Neben öffentlich-rechtlichen Rechtsformen lassen die Kommunalverfassungen auch Unternehmen in privater Rechtsform zu (Cronauge und Pieck 2016, S. 161 ff.). Dies ist aber immer an einschränkende Voraussetzungen gebunden.

Ein wichtiges Kriterium für die privaten Rechtsformen ist die Begrenzung der Haftung der kommunalen Gebietskörperschaft, damit das finanzielle Risiko kalkulierbar bleibt: In der Regel muss die Haftung auf einen ihrer Leistungsfähigkeit angemessenen Betrag begrenzt sein.[19] Damit sind alle Privatrechtsformen ausgeschlossen, die keine Haftungsbegrenzung kennen, was die Wahl von Rechtsformen einengt. So kommen die Gesellschaft bürgerlichen Rechts (GbR, auch BGB-Gesellschaft), die Offene Handelsgesellschaft (OHG) oder ein Agieren als persönlich haftender Gesellschafter einer Kommanditgesellschaft (Komplementär) nicht infrage.

In einigen Bundesländern ist ferner die Gründung einer Aktiengesellschaft (AG) nur möglich, sofern der Gesellschaftszweck nicht besser durch eine andere Rechtsform

---

[14]Vgl. § 91 Abs. 2 und 4 BbgKVerf vom 15.10.2018.

[15]Vgl. § 107 Abs. 3, 4 und § 107a Abs. 3 GO NRW vom 05.01.2019 sowie §128 Abs. 3 bis 5 KVG LSA vom 22.06.2018.

[16]Vgl. § 101 Abs. 2 und 3 GO S-H vom 04.01.2018.

[17]Vgl. § 97 Abs. 1 SächsGemO vom 16.12.2020.

[18]Siehe auch Abschn. 2.2.5 Zweckverband.

[19]Siehe Anlage 8.1 Übersicht Kommunalrecht.

erbracht werden kann.[20] Einzig in Mecklenburg-Vorpommern ist die Errichtung einer AG nicht zugelassen.[21] Hintergrund der besonderen Regulierung zu dieser Rechtsform ist die Sicherung der Einflussmöglichkeiten der kommunalen Gebietskörperschaft auf ihre Unternehmen. Da der Vorstand einer AG eigenverantwortlich handelt, ist er grundsätzlich weisungsfrei, während Gesellschafter einer GmbH gegenüber der Geschäftsführung über ein Weisungsrecht verfügen.[22] Aus diesem Grund ist die GmbH die häufigste private Rechtsform für kommunale Unternehmen.

Die Kommunalverfassungen machen auch Vorgaben hinsichtlich der Steuerung privatrechtlicher Beteiligungen und der Ausgestaltung der Gesellschaftsverträge. Beispielsweise wird verlangt, dass sich die kommunale Gebietskörperschaft einen angemessenen Einfluss auf das Unternehmen sichert, etwa durch die Besetzung des Aufsichtsrats.[23] Das führt dazu, dass regelmäßig bei kommunalen Gesellschaften fakultative – also freiwillige – Aufsichtsräte eingerichtet werden.[24]

Ferner müssen die privatrechtlichen Beteiligungen regelmäßig eine Wirtschaftsplanung sowie eine fünfjährige Finanzplanung erstellen und ihren Jahresabschluss gemäß den Vorschriften des Dritten Buches des Handelsgesetzbuchs für große Kapitalgesellschaften aufstellen.[25] Für die Jahresabschlussprüfung und die Feststellung des Jahresabschlusses privatrechtlicher Gesellschaften sind in den Kommunalverfassungen ebenfalls Regelungen enthalten.[26] Zudem sind Prüfungen nach § 53 bzw. § 54 HGrG vorgeschrieben.[27] Außerdem regeln einzelne Kommunalverfassungen detailliert, welche Aufgaben insbesondere die Gesellschafterversammlung der GmbH wahrnehmen muss; die Vertreterinnen und Vertreter der Gemeinde in der Gesellschafterversammlung unterliegt wiederum oftmals dem Weisungsrecht der politischen Vertretungskörperschaft.[28]

---

[20] Sogenannte Subsidiarität der AG gegenüber anderen Rechtsformen, siehe Anlage 8.1 Übersicht Kommunalrecht.

[21] Vgl. § 68 Abs. 4 S. 2 kV M-V vom 13.07.2011.

[22] Vgl. § 76 Abs. 1 AktG bzw. § 37 GmbHG.

[23] Siehe Anlage 8.1 Übersicht Kommunalrecht.

[24] Rechtlich sind bei GmbHs mit in der Regel weniger als 500 Arbeitnehmern nach dem Gesetz über die Drittelbeteiligung der Arbeitnehmer im Aufsichtsrat (Drittelbeteiligungsgesetz – DrittelbG) bzw. dem Gesetz über die Mitbestimmung der Arbeitnehmer (Mitbestimmungsgesetz – MitbestG) keine Aufsichtsräte einzurichten (vgl. § 1 Abs. 1 Nr. 3 DrittelbG, § 6 Abs 1 i. V. m. § 1 MitbestG).

[25] Siehe Anlage 8.1 Übersicht Kommunalrecht.

[26] Siehe ebd.

[27] Siehe ebd.

[28] Siehe ebd.

2.1.6 Verhältnis von Kommunalrecht und Bundesrecht

Bei der Errichtung öffentlicher Unternehmen sind regelmäßig verschiedene Rechtsgebiete zu betrachten. So ist im Fall der Gründung eines Eigenbetriebs auf das durch
den Landesgesetzgeber festgeschriebene Eigenbetriebsrecht zu achten, während bei der
Gründung einer GmbH neben den Vorgaben der jeweiligen Kommunalverfassung die
diesbezüglichen bundesrechtlichen Normen zu beachten sind, welche über das GmbH-
Gesetz hinaus beispielsweise auch Bestimmungen aus dem Aktienrecht einschließen.

Demnach kann es – vor allem bei der Gründung privatrechtlicher kommunaler Unternehmen – zu einer Vermischung bundes- wie landesrechtlicher Regelungen kommen, die
nicht immer spannungsfrei ist. Das liegt darin begründet, dass das Gesellschaftsrecht der
konkurrierenden Gesetzgebungskompetenz des Bundes unterliegt, während die Länder
die Hoheit über das Kommunalrecht haben.[29] Daraus resultiert, dass kommunalverfassungsrechtliche Vorgaben für kommunale Unternehmen (etwa für die Ausgestaltung
des Gesellschaftsvertrages oder für spezielle Pflichten) als Verstoß gegen das höher-
rangige Bundesrecht angesehen werden können. Von kommunaler Seite wurde in der
Vergangenheit zudem die Frage aufgeworfen, ob die Vorgaben in den Kommunalverfassungen die garantierte kommunale Selbstverwaltung nach Artikel 28 Abs. 2 GG verletzen.

Beispiele für typische Spannungen zwischen Bundes- und Landesrecht sind:

- Weisungsrechte der politischen Vertretungskörperschaft einer kommunalen Gebietskörperschaft gegenüber durch sie in den Aufsichtsrat entsandte/gewählte Aufsichtsratsmitglieder
- in Unternehmenssatzungen festgeschriebene Gastrechte des Beteiligungsmanagements in Aufsichtsratssitzungen
- Berichtspflichten von Aufsichtsratsmitgliedern gegenüber der kommunalen Gebietskörperschaft bei Sachverhalten von wesentlicher Bedeutung
- Prüfungsrechte örtlicher und überörtlicher Prüfungseinrichtungen
- Berichtspflichten der kommunalen Gebietskörperschaften, etwa für die kommunalen
Beteiligungsberichte, die über bundesrechtliche Vorgaben für die Unternehmen
hinausgehen

---

[29]Vgl. Art. 70, 74 GG.

Für nicht alle dieser Fälle kann auf höchstrichterliche Rechtsprechung zurückgegriffen werden. Exemplarisch sei an dieser Stelle auf zwei Urteile verwiesen:

- Zur Frage der Weisungsgebundenheit von kommunalen Aufsichtsratsmitgliedern in der GmbH mit fakultativem Aufsichtsrat hat sich 2011 das Bundesverwaltungsgericht geäußert. Weisungen sind demnach zulässig, wenn die eigentliche aktienrechtliche Weisungsfreiheit[30] durch eine gesellschaftsvertragliche Regelung explizit abbedungen wurde oder sich dies aus der Auslegung des Gesellschaftsvertrages ergibt. Nicht zulässig bleibt sie dagegen bei Aktiengesellschaften (AktG gilt unmittelbar) oder bei Gesellschaften mit obligatorischem Aufsichtsrat aufgrund der Verweisungen zum Aktiengesetz.[31]
- Für andere Vorgaben – insbesondere die spezifische Ausgestaltung von Gesellschaftsverträgen kommunaler Beteiligungen in privater Rechtsform – kann beispielhaft auf ein Urteil des Sächsischen Verfassungsgerichtshofes aus dem Jahr 2005 verwiesen werden.[32] Darin wurde festgestellt, dass derartige Vorgaben zulässig sind und den Kernbereich der kommunalen Selbstverwaltung nicht verletzen. Vielmehr könnten diese Regelungen aus Gemeinwohlgründen dem Kommunalrecht zugeordnet werden.

2.2 Rechtsformen kommunaler Unternehmen

2.2.1 Überblick

Bei der Entscheidung über die Rechtsform eines kommunalen Unternehmens sind die Vorgaben der jeweiligen Kommunalverfassung zu beachten.[33] Nicht möglich sind beispielsweise privatrechtliche Rechtsformen, bei denen die Haftung der kommunalen Gebietskörperschaft nicht begrenzt ist. Hierunter fallen die Gesellschaft bürgerlichen Rechts (GbR) und die offene Handelsgesellschaft (OHG); auch die Stellung eines Komplementärs der Kommanditgesellschaft (KG) ist nicht möglich.[34] Dennoch stehen für kommunale Unternehmen grundsätzlich zahlreiche Rechtsformen zur Auswahl. Eine Übersicht ergibt sich aus der folgenden Abb. 2.1.

Nachfolgend werden die einzelnen Rechtsformen erläutert. Kriterien zur Auswahlentscheidung werden in Abschn. 3.2 „Rechtsformwahl" dargestellt.

---

[30] Vgl. § 111 Abs. 6 AktG.

[31] Vgl. BVerwG, Urteil vom 31.08.2011, 8 C 16.10.

[32] Vgl. VfGH des Freistaates Sachsen, Urteil vom 20.05.2005, 34-VIII-04.

[33] Siehe auch Abschn. 2.1 Vorgaben des Kommunalrechts.

[34] Siehe auch Abschn. 2.1.5 Kommunalrechtliche Vorgaben für privatrechtliche Unternehmen.

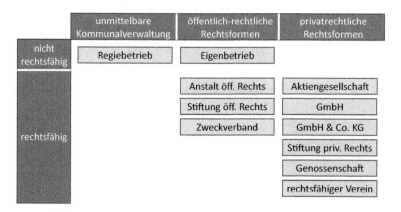

Abb. 2.1   Rechtsformen öffentlicher Unternehmen

2.2.2   Regiebetrieb

Der Regiebetrieb[35] ist Teil der unmittelbaren Kommunalverwaltung und damit rechtlich, organisatorisch und wirtschaftlich unselbstständig. Er ist vollständig in die kommunale Haushaltswirtschaft und die hierfür geltenden kommunalrechtlichen Vorgaben eingebunden. Der Regiebetrieb verfügt somit über keinen eigenen Wirtschaftsplan, sondern ist Teil des Haushalts- und Stellenplans der kommunalen Gebietskörperschaft. Aufgrund dieser Konstellation ist es der Kommunalverwaltung möglich, großen Einfluss auf alle Belange des Regiebetriebs zu nehmen. Andererseits hemmen die teils langwierigen verwaltungsinternen Entscheidungsprozesse, die durch die Einbindung der Anspruchsgruppen zustande kommen, die Flexibilität der Betriebstätigkeit (Fabry 2011, S. 38 f.).

In fast allen Bundesländern sind sämtliche Ein- und Ausgaben des Regiebetriebs im kommunalen Haushalt aufzuführen (Brutto-Etatisierung). Eine Ausnahme besteht im Land Niedersachsen, das auch einen Nettoregiebetrieb erlaubt, bei dem nur der Zahlungssaldo im Haushalt ausgewiesen wird.[36]

Für den Regiebetrieb existieren keine gesonderten rechtsformspezifischen Gesetze. Im Rahmen der Kommunalverfassung ist daher die kommunale Gebietskörperschaft in der internen Organisation des Regiebetriebs frei.

---

[35]In einigen Kommunalverfassungen wird der Regiebetrieb nicht so benannt, sondern mit Begriffen wie „Unternehmen nach den Vorschriften dieses Gesetzes über die Haushaltswirtschaft" oder ähnlichem umschrieben.

[36]Vgl. § 139 Abs. 1 NKomVG vom 20.06.2018.

Im 19. und zu Beginn des 20. Jahrhunderts wurde die Mehrzahl der kommunalen Unternehmen in Form eines Regiebetriebs geführt (Weber und Mrowka 1998; Bremeier und Ritschel 1998, S. 52). Diese Bedeutung hat er in der Praxis längst verloren. Heute wird die Bezeichnung einerseits für Hilfsbetriebe verwendet, die den Eigenbedarf der Verwaltungen abdecken (beispielsweise Bauhof oder Friedhofsgärtnerei), andererseits für kostendeckende Einrichtungen, die sich aus Benutzungsgebühren oder privatrechtlichen Entgelten finanzieren (Cronauge und Pieck 2016, S. 51 f.). Nur selten ist das Beteiligungsmanagement für diese Rechtsform zuständig. Auch in den Beteiligungsberichten kommunaler Gebietskörperschaften werden zumeist keine Regiebetriebe aufgeführt.[37]

2.2.3   Eigenbetrieb

Der Eigenbetrieb hat als Rechtsform für kommunale Unternehmen eine deutlich größere Bedeutung als der Regiebetrieb. Er ist nicht rechtsfähig (fehlende Rechtspersönlichkeit) und somit rechtlicher Teil der kommunalen Gebietskörperschaft. Allerdings ist er organisatorisch und finanzwirtschaftlich gegenüber der Verwaltung und dem Haushalt verselbstständigt.

Eine bundeseinheitliche Organisation von Eigenbetrieben gibt es nicht. Rechtsgrundlage ist die jeweilige Kommunalverfassung sowie zum Teil gesonderte Eigenbetriebsgesetze und/oder -verordnungen.

Der Eigenbetrieb wird durch Beschluss der politischen Vertretungskörperschaft gegründet und auch wieder aufgehoben. Seiner Tätigkeit liegt eine Betriebs- oder Werkssatzung zugrunde, in der Aufgaben, Organe und Zuständigkeiten geregelt werden. Er verfügt über ein eigenes Kassenwesen, eine kaufmännische Buchführung und einen differenzierten Wirtschaftsplan, der nachrichtlich als Anlage zum Trägerhaushalt aufgenommen wird. Der Eigenbetrieb ist nicht in die kommunale Haushaltsführung eingebunden, was nicht bedeutet, dass sich nicht etwa Zuwendungen an einen Eigenbetrieb oder andere finanzielle Verbindungen ihm im Haushalt der Trägerin wiederfinden können.

Der Eigenbetrieb verfügt über eigenes Vermögen, das bei der kommunalen Gebietskörperschaft als Sondervermögen geführt wird. Seine Kreditfähigkeit ist eingeschränkt; Kreditaufnahmen erfolgen über den kommunalen Haushalt. Die Gebietskörperschaft haftet für die Rechtsgeschäfte ihres Betriebes unbeschränkt und auch dann, wenn die Betriebs- bzw. Werkleitung ihre festgelegten Kompetenzen überschritten hat.

---

[37] Eine Ausnahme besteht u. a. für die Landeshauptstadt Hannover, in der die Städtischen Alten- und Pflegezentren als Nettoregiebetrieb geführt werden.

Die Übernahme von Geschäftsanteilen des Eigenbetriebs durch Dritte ist per Definition nicht möglich. Dem Eigenbetrieb kann ein Beteiligungsunternehmen der kommunalen Gebietskörperschaft wirtschaftlich zugeordnet werden; eine Gesellschafterstellung ist ihm mangels eigener Rechtspersönlichkeit jedoch verwehrt.

Organe

Der Eigenbetrieb verfügt über bis zu fünf Organe, wobei in den einzelnen Bundesländern Unterschiede hinsichtlich Bezeichnung und Aufgaben bestehen:

- Die **Betriebs- oder Werkleitung** führt den Eigenbetrieb selbstständig. Ihr obliegt insbesondere die laufende Betriebsführung, also regelmäßig wiederkehrende Entscheidungen (Tegtmeier und Otto 1998, S. 50).
- Der **Hauptverwaltungsbeamte** ist oberster Dienstherr, genießt weitgehende Unterrichtungsrechte und kann der Betriebs-/Werkleitung Weisungen im Interesse der ordnungsgemäßen Führung erteilen. Die Vertretung des Eigenbetriebs im Außenverhältnis ist auf den Hauptverwaltungsbeamten und die Betriebs-/Werkleitung im Rahmen ihrer Aufgaben verteilt.
- Der **Kämmerer** (Zuständiger für das Finanzwesen) hat in einigen Bundesländern Organstatus und verbriefte Unterrichtungsrechte.
- Der **Betriebs oder Werk(s)ausschuss** ist ein beschließender oder beratender Ausschuss der politischen Vertretungskörperschaft, der sich mit den Angelegenheiten des Eigenbetriebs befasst.
- Die **politische Vertretungskörperschaft** erlässt die Satzung des Eigenbetriebs, bestellt die Betriebs-/Werkleitung und entscheidet über wesentliche Gegenstände.

Steuerungsaspekte

Mit der Rechtsform des Eigenbetriebs wird versucht, das „Beste aus zwei Welten" miteinander zu verbinden: Aus der Privatwirtschaft die Installation einer Unternehmensleitung, die für die kaufmännischen Prozesse verantwortlich ist und die doppelte Buchführung nach dem Handelsgesetzbuch nutzt; aus der öffentlichen Sphäre die enge Anbindung des Eigenbetriebs an den Hauptverwaltungsbeamten und die politische Vertretungskörperschaft sowie die Koppelung wichtiger Entscheidungen an Verwaltung und Politik. Aus Steuerungssicht ist die politische Vertretungskörperschaft das oberste Steuerungsorgan, zumal es auch ein Weisungsrecht gegenüber dem Betriebs bzw. Werk(s)ausschuss hat.

Auch der Hauptverwaltungsbeamte hat eine sehr starke Stellung. Sein Weisungsrecht gegenüber der Betriebs- bzw. Werkleitung ist allerdings nicht unbeschränkt: „Es darf nur im Interesse der Einheitlichkeit der Verwaltungsführung ausgeübt werden und darf insbesondere nicht die festgeschriebenen Rechte der Werkleitung außer Kraft setzen, also etwa in die der Werkleitung allein vorbehaltene laufende Betriebsführung eingreifen" (Cronauge und Pieck 2016, S. 191).

Noch immer verfügen viele kommunale Gebietskörperschaften über Eigenbetriebe. „Im Zeitalter von Markt und Wettbewerb hat der Eigenbetrieb allerdings einen dramatischen Bedeutungsverlust hinnehmen müssen; fast 75 % aller kommunalen Unternehmen sind mittlerweile in der Rechtsform der GmbH organisiert (Cronauge und Pieck 2016, S. 158)."

2.2.4 Anstalt des öffentlichen Rechts (AöR)

Kommunen können die Rechtsform der Anstalt des öffentlichen Rechts[38] nur auf Basis einer landesrechtlichen Ermächtigung nutzen. So wird die AöR durch die Sparkassengesetze der Länder regelmäßig als Rechtsform ermöglicht bzw. vorgegeben. Daneben sehen derzeit elf Kommunalverfassungen diese Rechtsform explizit für die wirtschaftliche Betätigung der Kommunen vor.[39] Auch für die Bundesländer einschließlich der Stadtstaaten existiert sie schon lange. In Hamburg und Berlin wurden bestehende Ämter oder Landesbetriebe per Gesetz in die Anstaltsform überführt.[40]

Das Anstaltsrecht unterliegt als Landesrecht keinem höherrangigen Bundesrecht, sofern nicht auf selbiges verwiesen wird. Dies gilt freilich – wie bei anderen Rechtsformen auch – nicht für den Rechtsrahmen des Unternehmens als Akteur am Markt, also etwa hinsichtlich des Kartell- oder Wettbewerbsrechts. Prinzipiell können die Vorgaben für die Ausgestaltung der Anstalt und die Steuerung durch die kommunale Gebietskörperschaft vom Landesgesetzgeber flexibel gestaltet werden. Instrument der Wahl für die konkrete Regelung vor Ort ist die von der Trägerin zu erlassende Anstaltssatzung. Dadurch steht den Kommunen bei der Gründung einer Anstalt im Vergleich zu privatrechtlichen Organisationsformen ein großer Gestaltungsspielraum offen (Fabry 2011, S. 42 f.).

Der Anstalt können durch die kommunale Trägerin Aufgaben ganz oder teilweise übertragen werden; auch die Übertragung mehrerer Aufgaben ist möglich. Die Übertragung kann entweder in Form der Nutzung der Anstalt als Erfüllungsgehilfe oder durch vollständige Aufgabenübertragung mit allen damit zusammenhängenden Befugnissen erfolgen. Letzteres ist von den Zweckverbänden bereits länger bekannt. Die Aufgabenübertragung kann bei hoheitlichen Aufgaben – etwa der Abfallentsorgung oder der Abwasserbeseitigung – auch die Rechte zur Durchsetzung des Anschluss- und Benutzerzwangs sowie der Satzungshoheit implizieren (Cronauge und Pieck 2016, S. 218 ff.).

---

[38] Alternative Begriffe sind „Anstalt öffentlichen Rechts" oder „Kommunalunternehmen".

[39] Siehe Anlage 8.1 Übersicht Kommunalrecht. Daneben führen auch die drei Stadtstaaten Anstalten des öffentlichen Rechts auf Basis von Einzelgesetzen.

[40] Vgl. etwa das Gesetz zur Errichtung der Anstalt Stadtreinigung Hamburg vom 09.03.1994 oder das Berliner Eigenbetriebsreformgesetz vom 09.07.1993.

Die kommunale Gebietskörperschaft bleibt Gewährträger der Anstalt und haftet unbeschränkt für alle Verbindlichkeiten. Während Anstaltslast (regelt das Innenverhältnis zwischen Trägerin und Anstalt) und Gewährträgerhaftung (regelt das Außenverhältnis zwischen Anstalt und Gläubigern) bei den im Wettbewerb stehenden Sparkassen ab 2001 aus beihilfenrechtlichen Erwägungen abgeschafft wurden, bestehen die damit verbundenen Verpflichtungen bei den übrigen Anstalten in der Regel fort. Ausnahmen bilden hier die Länder Schleswig–Holstein und Niedersachsen, wo die Gewährträgerhaftung für die AöR gesetzlich ausgeschlossen wurde.[41]

Die Wirtschaftsführung erfolgt nach den Vorschriften des HGB. Die Verbindung zum Haushalt der kommunalen Gebietskörperschaft ist in den Landesgesetzen festgelegt, ebenso Details zu Fragen der Prüfung der Anstalt.

Organe

Die Organe sowie deren konkrete Rechte und Pflichten ergeben sich aus den Regelungen der jeweiligen Kommunalverfassung sowie der Anstaltssatzung. Gemeinsam ist diesen, dass die AöR über zwei Organe verfügt:

- Der **Vorstand** leitet die Anstalt in eigener Verantwortung und vertritt sie. Er kann aus einer oder mehreren Personen bestehen. Aufgabe des Vorstandes ist die laufende Geschäftsführung sowie die Vertretung der Anstalt nach außen. Es besteht im Gegensatz zum Vorstand der AG aber je nach landesrechtlichem Rahmen die Möglichkeit, Weisungsrechte gegenüber dem Vorstand vorzuhalten.[42] Die Bestellung erfolgt in der Regel durch den Verwaltungsrat.
- Der **Verwaltungsrat** ist einerseits Überwachungsorgan für die Tätigkeit des Vorstandes und damit dem Aufsichtsrat der GmbH oder der AG nachempfunden. Darüber hinaus ist er aber – nicht zuletzt aufgrund des Fehlens eines der Gesellschafter- bzw. Hauptversammlung nachempfundenen Organs – auch strategische Entscheidungsinstanz der Anstalt. Die konkrete Aufgabenfülle ergibt sich wiederum aus den landesrechtlichen Vorgaben und kann etwa den Erlass von Satzungen, die Festlegung von Gebühren oder die Entscheidung über die Beteiligung an einem Unternehmen beinhalten. Die Mitglieder des Verwaltungsrates werden in der Regel von der politischen Vertretungskörperschaft der Trägerin entsandt, wobei sie (je nach rechtlichen und satzungsspezifischen Vorgaben) auch weisungsgebunden gegenüber der politischen Vertretungskörperschaft sein können.

---

[41] Vgl. § 9 S. 2 KUVO S-H und § 144 Abs. 2 S. 2 NKomVG vom 20.06.2018.
[42] Vgl. z. B. § 145 Abs. 2 S. 1 NKomVG vom 20.06.2018.

Steuerungsaspekte

Die Steuerung der AöR ist nicht zuletzt von möglichen Weisungsrechten gegenüber den Mitgliedern des Vorstandes und des Verwaltungsrats determiniert. Auch wenn solche Rechte nur im Einzelfall ausgeübt werden dürften, kann damit entscheidender Einfluss auf die Ausgestaltung der Tätigkeit der Anstalt genommen werden. Aus diesem Grund erscheint auch eine hochrangige Besetzung des Verwaltungsrats – ausgestattet mit entsprechenden Weisungsrechten – zur Steuerung der Anstalt als zielführend. Zum Teil ist gesetzlich vorgeschrieben, dass der Hauptverwaltungsbeamte der Trägerkommune den Vorsitz des Verwaltungsrats zu führen hat. Die Weisungsrechte wären schon aus Gründen der rechtlichen Sicherheit mit entsprechenden Informationsrechten zu kombinieren, die auch die faktenbasierte Weisung ermöglichen.

Sollte ein Weisungsrecht gegenüber dem Vorstand nicht möglich sein, so bietet sich die Steuerung der Trägerin über Zustimmungspflichten des Verwaltungsrats an, die in der Satzung der Anstalt niedergeschrieben sind. Hierdurch kann eine mehr oder weniger enge Bindung des Vorstandes erfolgen.

Zu beachten ist im Zusammenhang mit der Steuerung zudem, dass diese je nach Form und Umfang der Aufgabenübertragung differieren kann. Grundsätzlich gilt dabei: Ein Erfüllungsgehilfe kann recht effektiv gesteuert werden, während bei einer AöR mit vollständig übertragener Aufgabe keine intensive Steuerung mehr möglich ist.

2.2.5   Zweckverband

Der Zweckverband ist die für Deutschland typische Organisationsform der interkommunalen Zusammenarbeit. Er ist eine Körperschaft des öffentlichen Rechts, jedoch keine Gebietskörperschaft. Rechtliche Grundlagen finden sich in den Kommunalverfassungen sowie in speziellen Zweckverbandsgesetzen oder Gesetzen über die kommunale Zusammenarbeit der Bundesländer. Die Haftung ist unbeschränkt.

Die kommunale Gebietskörperschaft ist zusammen mit anderen Gebietskörperschaften Mitglied des Zweckverbandes, der als Pflichtverband oder Freiverband organisiert werden kann.[43] Zum Teil können auch andere juristische und natürliche Personen Mitglied sein. Der Verband kann sich an Gesellschaften in privater Rechtsform beteiligen.

Typische Aufgabenfelder für Zweckverbände sind vor allem die Abwasserentsorgung, die Wasserversorgung und die Abfallwirtschaft, aber auch Kooperationen auf vielfältigen anderen Gebieten (Regional-, Planungs- und Schulverbände, Sparkassenzweckverbände

---

[43] Ein Freiverband schließt sich auf Wunsch der zukünftigen Mitglieder zusammen, um freiwillige und/oder Pflichtaufgaben zu erledigen. Ein Pflichtverband formiert sich dagegen auf der Basis einer aufsichtsbehördlichen Verfügung und soll zuvorderst Pflichtaufgaben der Gemeinden erfüllen (Bremeier und Hammer 1998, S. 44).

etc.). Der Zweckverband übernimmt in der Regel die Aufgabenträgerschaft von seinen Mitgliedern, das heißt bei der kommunalen Gebietskörperschaft verbleiben hinsichtlich der übertragenen Aufgaben keinerlei Rechte und Pflichten. Der Verband kann sich zur Aufgabenerledigung Dritter bedienen.

Je nach Satzungsvorgabe verfügt der Verband über eine kaufmännische Buchführung oder eine kommunale Wirtschaftsführung. Er kann Gebühren und Beiträge festsetzen (Satzungshoheit) und von seinen Mitgliedern Umlagen erheben. Kreditaufnahmen sind möglich.

Organe

Analog den Organen der kommunalen Gebietskörperschaft hat der Zweckverband in der Regel zwei Organe:

- Die **Verbandsversammlung** ist das Hauptorgan des Verbandes, in dem etwa über Satzungen, Wirtschaftsplan bzw. Haushaltssatzung und den Jahresabschluss beschlossen wird. Sie setzt sich aus Vertreterinnen und Vertretern der Verbandsmitglieder zusammen. In der Regel erfolgt die Vertretung durch den Hauptverwaltungsbeamten des jeweiligen Mitgliedes. Wenn die kommunale Gebietskörperschaft mehrere Personen entsenden kann, sind gesetzliche oder satzungsgemäße Vorgaben zum Gebot der einheitlichen Stimmabgabe zu beachten. Gleiches gilt für Weisungsrechte der politischen Vertretungskörperschaft gegenüber den entsandten Vertreterinnen und Vertretern.
- Der **Verbandsvorsteher oder -vorsitzende** wird von der Verbandsversammlung gewählt und ist für die Verbandsverwaltung und die laufenden Geschäfte des Verbandes zuständig. Er vertritt den Zweckverband nach außen und ist Dienstvorgesetzter aller Bediensteten.

Falls die Satzung es zulässt, kann auch ein Verwaltungsrat oder Verbandsausschuss gebildet werden, der einzelne Sachverhalte entscheidet oder für die Verbandsversammlung vorberät.

Keinen Organstatus hat dagegen die Geschäftsleitung oder eine anders benannte Person oder Personengruppe, die den Verbandsvorsteher bzw. -vorsitzenden bei der Leitung des Verbandes unterstützt. Die Mitglieder der Geschäftsleitung sind Angestellte des Verbandes – für den Fall, dass wegen Vertrauensverlust eine Trennung erforderlich wird, muss man den Weg einer ordentlichen Kündigung im Rahmen des Arbeitsrechts gehen.

Steuerungsaspekte

Sofern der Hauptverwaltungsbeamte der kommunalen Gebietskörperschaft die Position des Verbandsvorstehers bzw. -vorsitzenden innehat, verfügt er über eine relativ starke Stellung, beispielsweise ein Weisungsrecht gegenüber der Geschäftsleitung.

Die politische Vertretungskörperschaft wählt Vertreter in die Verbandsversammlung und hat diesen gegenüber ein Weisungsrecht. Ein unmittelbares Recht auf Information aus dem Zweckverband – ähnlich dem Gesellschafterrecht nach § 51a GmbHG – besteht jedoch nicht. Insbesondere kommunale Gebietskörperschaften, die über einen kleinen Stimmenanteil verfügen, haben daher oftmals nur eingeschränkte Möglichkeiten, steuernd auf den Zweckverband einzuwirken.

Eine Einwirkungsmöglichkeit auf die Tätigkeit des Verbandes besteht dann, wenn in der Satzung explizit Zustimmungspflichten der Verbandsversammlung geregelt werden, die zusätzlich mit bestimmten qualifizierten Mehrheiten versehen werden können. So kann etwa festgelegt werden, dass Satzungen nur beschlossen oder geändert werden dürfen, wenn alle Verbandsmitglieder in der Verbandsversammlung zustimmen oder wenn der Beschluss einer gesonderten Zustimmung aller Mitglieder bedarf, welche dann im Zweifelsfall einen Beschluss der politischen Vertretungskörperschaft erfordert.

2.2.6   Gesellschaft mit beschränkter Haftung (GmbH)

Die GmbH ist eine juristische Person des Privatrechts und somit voll rechtsfähig. Ihre rechtlichen Grundlagen sind im Gesetz betreffend die Gesellschaften mit beschränkter Haftung (GmbH-Gesetz, GmbHG) niedergelegt. Für die Gründung der GmbH und die Ausgestaltung des Gesellschaftsvertrages sind die Bestimmungen der Kommunalverfassung zu beachten.

Die GmbH verfügt über einen oder mehrere Gesellschafter. Gesellschafter können öffentliche oder privatrechtliche Körperschaften oder Einzelpersonen sein; auch die Minderheitsbeteiligung einer kommunalen Gebietskörperschaft ist grundsätzlich zulässig.

Hält eine kommunale Gebietskörperschaft an einer GmbH sämtliche Anteile, so spricht man von einer „Eigengesellschaft"; sind noch andere Gesellschafter beteiligt, nutzt man den Begriff „Beteiligungsgesellschaft".

Die GmbH haftet gegenüber ihren Gläubigern mit ihrem gesamten Vermögen. Die Haftung der Gesellschafter ist auf deren Anteil am Stammkapital beschränkt. Das Stammkapital beträgt mindestens 25.000 €.[44] Es ist von den Gesellschaftern aufzubringen, deren Gesellschaftsanteile sich nach der Höhe ihrer Anteile am Stammkapital bestimmen.

Gesellschaftsvertrag
Die Grundlagen der GmbH werden im Gesellschaftsvertrag festgelegt. Er stellt sozusagen die Verfassung der Gesellschaft dar. Der Gesellschaftsvertrag bedarf der

---

[44] Vgl. § 5 Abs. 1 GmbHG.

notariellen Beurkundung und ist von sämtlichen Gesellschaftern zu unterzeichnen.[45] Änderungen werden von der Gesellschafterversammlung mit mindestens einer Drei-viertelmehrheit beschlossen (satzungsändernde Mehrheit) und bedürfen ebenfalls der notariellen Beurkundung.[46]

Der Gesellschaftsvertrag regelt auch die Aufgabenverteilung zwischen den Organen der Gesellschaft. Laut Gesetz muss die GmbH zwingend über zwei Organe verfügen: die Gesellschafterversammlung[47] und die Geschäftsführung[48]. Der Gesellschaftsvertrag kann auch die Bildung eines Aufsichtsrats als weiteres Organ vorsehen.[49] Verpflichtend ist ein Aufsichtsrat einzurichten, wenn die GmbH über eine bestimmte Anzahl an regelmäßigen Arbeitnehmern verfügt.[50]

Gesellschafterversammlung

Die Gesellschafterversammlung repräsentiert die Gesamtheit aller Gesellschafter und ist das zentrale Organ der GmbH. Sie vertritt unmittelbar die Interessen des oder der Gesellschafter und gibt durch ihre Entscheidungen in Form von Gesellschafter-beschlüssen die grundsätzliche Ausrichtung des Unternehmens vor.

Die Gesellschafterversammlung hat gegenüber der Geschäftsführung ein Weisungs-recht.[51] Die Geschäftsführung muss jede Weisung ausführen. Im Haftungsfall führt die Befolgung der Weisung zu einem Haftungsausschluss für die Geschäftsführung.

Die Aufgaben der Gesellschafterversammlung ergeben sich teilweise aus dem GmbH-Gesetz, wobei zunächst folgende zwingende, nicht auf andere Organe übertragbare Auf-gaben zu benennen sind:

- Änderung des Gesellschaftsvertrages[52]
- Einforderung etwaiger Nachschüsse (zusätzliche Einzahlungen über den Betrag der Stammeinlage hinaus, sofern im Gesellschaftsvertrag solche Nachschusspflichten festgeschrieben sind)[53]
- Auflösung der Gesellschaft[54]

---

[45] Vgl. § 2 Abs. 1 GmbHG.

[46] Vgl. § 53 GmbHG.

[47] Vgl. § 48 Abs. 1 GmbHG: „Die Beschlüsse der Gesellschafter werden in Versammlungen gefasst."

[48] Vgl. § 6 Abs. 1 GmbHG: „Die Gesellschaft muss einen oder mehrere Geschäftsführer haben."

[49] Vgl. § 52 GmbHG.

[50] Näheres findet sich bei der Darstellung des Organs.

[51] Vgl. §§ 37 Abs. 1 und 46 Nr. 6 GmbHG.

[52] Vgl. § 53 Abs. 1 GmbHG.

[53] Vgl. § 26 GmbHG.

[54] Vgl. § 60 GmbHG.

- Errichtung eines Aufsichtsrats sowie Wahl, Abberufung und Entlastung von Aufsichtsratsmitgliedern, soweit diese nicht direkt von den Gesellschaftern in den Aufsichtsrat entsandt oder bei mitbestimmten Aufsichtsräten von den Arbeitnehmern gewählt werden[55]

Das GmbH-Gesetz legt weitere Aufgaben der Gesellschafterversammlung fest;[56] diese Rechte können jedoch durch den Gesellschaftsvertrag auch auf den Aufsichtsrat übertragen werden. Weitere Rechte oder Zuständigkeiten der Gesellschafterversammlung können sich aus dem Gesellschaftsvertrag ergeben.[57]

Die Gesellschafterversammlung kann einzelne Angelegenheiten auch anders regeln als im Gesellschaftsvertrag vorgesehen und zum Beispiel Beschlussgegenstände an sich ziehen, die dem Aufsichtsrat zugeordnet sind („satzungsdurchbrechender Beschluss"). Handelt es sich bei der Satzungsdurchbrechung um eine punktuelle Regelung, die keine Dauerwirkung entfaltet, ist für den Beschluss weder die notarielle Beurkundung noch eine Eintragung im Handelsregister erforderlich (Lutter und Hommelhoff 2012, § 53 Rn. 31). Soll durch die Entscheidung der Gesellschafterversammlung jedoch dauerhaft eine vom Gesellschaftsvertrag abweichende Kompetenzzuweisung erfolgen, ist die Eintragung dieses satzungsändernden Beschlusses im Handelsregister Voraussetzung für seine Wirksamkeit (Lutter und Hommelhoff 2012, § 53 Rn. 30).

Jeder einzelne Gesellschafter der GmbH hat ferner gesetzlich festgelegte Auskunfts- und Einsichtsrechte. So hat die Geschäftsführung auf Verlangen jedem Gesellschafter unverzüglich Auskunft über die Angelegenheiten der Gesellschaft zu geben und Einsicht in Bücher und Schriften zu gestatten.[58]

Geschäftsführung

Die Geschäftsführung ist für das operative Geschäft der Gesellschaft verantwortlich. Sie vertritt die Gesellschaft nach außen.[59]

Das GmbH-Gesetz weist der Geschäftsführung eine Reihe von Aufgaben und Zuständigkeiten zu, etwa die Aufstellung des Jahresabschlusses.[60] Durch den

---

[55]Vgl. § 52 Abs. 1 GmbHG i. V. m. § 101 Abs. 1 Satz 1 AktG.

[56]Vgl. § 46 GmbH-Gesetz.

[57]Vgl. § 45 GmbH-Gesetz.

[58]Vgl. § 51a Abs. 1 GmbHG. Aber: „Die Geschäftsführer dürfen die Auskunft und die Einsicht verweigern, wenn zu besorgen ist, dass der Gesellschafter sie zu gesellschaftsfremden Zwecken verwenden und dadurch der Gesellschaft oder einem verbundenen Unternehmen einen nicht unerheblichen Nachteil zufügen wird. Die Verweigerung bedarf eines Beschlusses der Gesellschafter."; § 51a Abs. 2 GmbHG.

[59]Vgl. § 35 GmbHG.

[60]Vgl. § 42 a Abs. 1 GmbHG.

Gesellschaftsvertrag können der Geschäftsführung im Rahmen der gesetzlichen Möglichkeiten weitgehende oder eingeschränkte Befugnisse eingeräumt werden.

Nach dem organschaftlichen Grundprinzip des GmbH-Gesetzes ist die Geschäftsführung für Leitung und Führung des Unternehmens verantwortlich (Leitungsautonomie) und verfügt daher auch über die Befugnis, die innerbetriebliche Organisation im Hinblick auf Aufbau und Abläufe im Rahmen der im Gesellschaftsvertrag vorgesehenen Zustimmungstatbestände autonom zu regeln (Lutter und Hommelhoff 2012, § 37 Rn. 3 f.).

Als Sachwalter der Interessen der Gesellschafter ist die Geschäftsführung an Weisungen der Gesellschafterversammlung gebunden.[61]

Die Geschäftsführung der GmbH kann aus einem oder mehreren Geschäftsführern bestehen. Mitglieder der Geschäftsführung können jederzeit ohne Angabe von Gründen aus ihrer Organstellung abberufen werden.[62] Eine Ausnahme bildet die GmbH, die unter das Mitbestimmungsgesetz fällt – hier ist die Abberufung nur bei Vorliegen eines wichtigen Grundes (z. B. einer Pflichtverletzung) möglich.[63]

Das GmbH-Gesetz selbst kennt explizit keinen Vorsitzenden oder Sprecher der Geschäftsführung. Eine solche Position kann nach vorliegender Rechtsprechung folglich auch nicht in das Handelsregister eingetragen werden, da dies im Rechtsverkehr einen falschen Eindruck erwecken könnte.[64] Bezüglich der Wahrnehmung der Geschäftsführungsbefugnis – also des Wirkens der Geschäftsführung nach innen – können nach überwiegender Auffassung die entsprechenden aktienrechtlichen Regelungen analog angewandt werden, da es keinen sachlichen Grund für eine unterschiedliche Handhabung bei Aktiengesellschaft und GmbH gibt (Zöllner und Hueck 2017, § 37 Rn. 29). Daher sind bei einem mehrköpfigen Geschäftsführungsgremium grundsätzlich die gemeinschaftliche Geschäftsführung und die Einstimmigkeit von Beschlüssen vorgesehen (Seibt 2010, § 77 Rn. 8). Durch Regelung im Gesellschaftsvertrag und der Geschäftsordnung der Geschäftsführung können jedoch für mehrköpfige Geschäftsführungen besondere Positionen geschaffen werden.[65] Der Vorsitzende/Sprecher der Geschäftsführung kann bei Stimmengleichheit im Verhältnis zu seinen Geschäftsführerkollegen über ein doppeltes Stimmrecht verfügen, sodass im Rahmen der gremieninternen Entscheidungsfindung die Stimme des Vorsitzenden entscheidendes Gewicht hat (Zöllner und Hueck 2017, § 37 Rn. 30). Ungeachtet der unterschiedlichen Stimmgewichtung im

---

[61] Vgl. §§ 37 Abs. 1 und 46 Nr. 6 GmbHG.

[62] Vgl. § 38 Abs. 1 GmbHG. Hinweis: Laut § 38 Abs. 2 GmbHG kann im Gesellschaftsvertrag die Zulässigkeit des Widerrufs der Bestellung darauf beschränkt werden, dass hierfür ein wichtiger Grund vorliegt (insbesondere grobe Pflichtverletzung oder Unfähigkeit zur ordnungsmäßigen Geschäftsführung).

[63] Vgl. § 31 Abs. 1 MitbestG i. V. m. §§ 84, 85 AktG.

[64] Vgl. OLG München, Beschluss vom 05.03.2012, 31 Wx 47/12.

[65] Vgl. § 77 Abs. 1 Satz 2 AktG i. V. m. § 84 Abs. 2 AktG.

Innenverhältnis sind alle Geschäftsführer im haftungsrechtlichen Sinn gemeinschaftlich für das Unternehmen verantwortlich. Die Rolle des Sprechers der Geschäftsführung ist demgegenüber klassischerweise auf die Kommunikation nach außen gerichtet und in der Regel nicht mit herausgehobenen Kompetenzen verbunden.

Aufsichtsrat
Hier ist zwischen obligatorischem (verpflichtendem) und fakultativem (freiwilligem) Aufsichtsrat zu unterscheiden:

- Obligatorischer Aufsichtsrat: Ein Aufsichtsrat ist verpflichtend ab einer bestimmten Mitarbeiterzahl zu bilden: Für eine GmbH mit mehr als 500 Arbeitnehmern regelt dies das Drittelbeteiligungsgesetz[66], bei mehr als 2000 Arbeitnehmern das Gesetz über die Mitbestimmung der Arbeitnehmer (Mitbestimmungsgesetz)[67]. Vorgaben hinsichtlich Organisation, Aufgaben, Rechten und Pflichten des Aufsichtsrats enthält insbesondere das Mitbestimmungsgesetz, aber auch das Drittelbeteiligungsgesetz.
- Fakultativer Aufsichtsrat: Für eine GmbH, die weder unter das Mitbestimmungsgesetz noch unter das Drittelbeteiligungsgesetz fällt, ist ein Aufsichtsrat gesetzlich nicht vorgeschrieben. In diesen Fällen kann aber durch den Gesellschaftsvertrag die Bildung eines fakultativen Aufsichtsrats vorgesehen sein. Öffentliche Gesellschafter sind aufgrund kommunalrechtlicher Vorgaben regelmäßig gehalten, einen solchen freiwilligen Aufsichtsrat einzurichten, um über diesen Einfluss auf die Steuerung des Unternehmens zu gewinnen.[68]

In kommunalen Eigen- und Beteiligungsgesellschaften ist daher die Einrichtung eines Aufsichtsrats der Regelfall.

Wird in der GmbH ein fakultativer Aufsichtsrat gebildet, so sind gemäß § 52 Abs. 1 GmbHG „soweit nicht im Gesellschaftsvertrag ein anderes bestimmt ist" einige Vorgaben des Aktiengesetzes hinsichtlich Organisation, Aufgaben, Rechten und Pflichten des Aufsichtsrats maßgeblich. Der Gesellschaftsvertrag kann also von den Vorschriften dieses Absatzes abweichen und bestimmte Passagen des Aktiengesetzes müssen nicht angewendet werden. Im Umkehrschluss heißt das: Enthält der Gesellschaftsvertrag keine Einschränkungen, gelten die in § 52 Abs. 1 GmbHG aufgeführten Regelungen des Aktiengesetzes entsprechend. Das bedeutet auch, dass sich in diesem Fall die betreffenden Rechte und Pflichten des Aufsichtsrats unmittelbar aus den gesetzlichen Regelungen des Aktiengesetzes ergeben.

---

[66] Vgl. § 1 Abs. 1 Nr. 3 DrittelbG.
[67] Vgl. § 1 Abs. 1 MitbestG.
[68] Siehe auch Abschn. 2.1.5 Kommunalrechtliche Vorgaben für privatrechtliche Unternehmen.

Der Aufsichtsrat hat folgende Aufgaben:

- Überwachung der Geschäftsführung,[69] insbesondere die Überwachung der Einhaltung von Rechtmäßigkeit, Ordnungsmäßigkeit, Zweckmäßigkeit und Wirtschaftlichkeit im Rahmen des Handelns der Geschäftsführung
- Beratung der Geschäftsführung
- Prüfung des Jahresabschlusses, des Lageberichts und des Vorschlages zur Verwendung des Bilanzgewinns sowie der Bericht über die Prüfung an die Gesellschafterversammlung[70]
- Vertretung der Gesellschaft gegenüber der Geschäftsführung[71]
- bei der GmbH, die unter das Mitbestimmungsgesetz fällt, die Bestellung und Abberufung der Mitglieder der Geschäftsführung[72]

Steuerungsaspekte
Hinsichtlich der Steuerung der GmbH fallen der politischen Vertretungskörperschaft der kommunalen Gebietskörperschaft in der Regel folgende wichtige Aufgaben zu:

- Beschlüsse über die Gründung bzw. den Anteilserwerb, wesentliche Veränderungen und die Liquidation der GmbH
- Beschluss des Gesellschaftsvertrages
- strategische Vorgaben gegenüber dem Unternehmen
- Bestimmung der Mitglieder der kommunalen Gebietskörperschaft im Aufsichtsrat

Außerdem besteht ein kommunalrechtlich verbrieftes Weisungsrecht gegenüber den von der kommunalen Gebietskörperschaft entsandten Mitgliedern der Gesellschafterversammlung.[73] In einigen Bundesländern besteht ein Weisungsrecht auf kommunalverfassungsrechtlicher Basis auch gegenüber den durch die kommunale Gebietskörperschaft

---

[69]Vgl. § 111 Abs. 1 AktG i. V. m. § 52 Abs. 1 GmbHG, § 25 Abs. 1 Nr. 2 MitbestG, § 1 Abs. 1 Nr. 3 DrittelbG. Es sei darauf hingewiesen, dass nach § 52 Abs. 1 GmbHG im Gesellschaftsvertrag ein anderes bestimmt werden kann.

[70]Vgl. § 171 AktG i. V. m. § 52 Abs. 1 GmbHG, § 25 Abs. 1 Nr. 2 MitbestG, § 1 Abs. 1 Nr. 3 DrittelbG. Es sei darauf hingewiesen, dass nach § 52 Abs. 1 GmbHG im Gesellschaftsvertrag ein anderes bestimmt werden kann.

[71]Vgl. § 112 AktG i. V. m. § 52 Abs. 1 GmbHG, § 25 Abs. 1 Nr. 2 MitbestG, § 1 Abs. 1 Nr. 3 DrittelbG. Es sei darauf hingewiesen, dass nach § 52 Abs. 1 GmbHG im Gesellschaftsvertrag ein anderes bestimmt werden kann. Ist kein Aufsichtsrat eingerichtet, vertritt die Gesellschafterversammlung nach § 35 Abs. 1 S. 2 GmbHG die Gesellschaft.

[72]Vgl. § 31 MitbestG. Die Anstellung wird im Gesetz zwar nicht explizit genannt, sie liegt dann jedoch immer bei dem Organ, das für die Bestellung zuständig ist.

[73]Siehe Anlage 8.1 Übersicht Kommunalrecht.

bestimmten Aufsichtsratsmitgliedern,[74] wobei die Zulässigkeit bei Mitgliedern obligatorischer Aufsichtsräte höchst umstritten ist.[75]

Der Hauptverwaltungsbeamte bzw. eine von ihm benannte Vertretung ist gemäß etlicher Kommunalverfassungen Mitglied der Gesellschafterversammlung (Gesellschaftervertreter).[76] In dieser Funktion hat er eine wichtige Steuerungsrolle, da die Gesellschafterversammlung als höchstes Organ der GmbH – wie oben erläutert – mit dem Weisungsrecht gegenüber der Geschäftsführung, der Möglichkeit, satzungsdurchbrechende Beschlüsse zu fassen, und den weiteren verbrieften Rechten eine machtvolle Funktion ausübt. Einschränkungen des Weisungsrechts wie beim Eigenbetrieb[77] gibt es bei der GmbH im Übrigen nicht. Zudem stehen jedem einzelnen Gesellschafter Auskunfts- und Einsichtsrechte nach § 51a GmbHG zu.

Heute ist die GmbH die am häufigsten gewählte Organisationsform eines kommunalen Unternehmens, denn sie vereint ein hohes Maß an wirtschaftlicher Flexibilität mit ausreichenden Möglichkeiten der Steuerung durch die Kommune.

2.2.7 Aktiengesellschaft (AG)

Die Aktiengesellschaft ist ebenso wie die GmbH eine juristische Person des Privatrechts; ihre rechtliche Grundlage ist das Aktiengesetz. Sie verfügt immer über drei Organe:

- **Vorstand:** Er leitet die Gesellschaft unter eigener Verantwortung (Geschäftsführung und Vertretung).[78] Weder Hauptversammlung noch Aufsichtsrat können ihm Weisungen erteilen. Der Vorstand der Aktiengesellschaft hat im Vergleich ein deutlich stärkeres Gewicht als die Geschäftsführung der GmbH.
- **Aufsichtsrat:** Anders als bei der GmbH ist der Aufsichtsrat im Aktiengesetz für die AG zwingend vorgeschrieben.[79] Seine wesentlichen Funktionen sind die Bestellung und

---

[74] Ebd.

[75] Das VG Köln stellte – soweit ersichtlich – als bislang einziges Gericht im Jahr 2014 fest, dass auch bei Mitgliedern eines obligatorischen Aufsichtsrats ein Weisungsrecht der Kommune bestehen kann. Hierbei differenziert das Gericht zwischen dem Innenverhältnis des Aufsichtsratsmitgliedes gegenüber der entsendenden Kommune (hier bestünde Weisungsgebundenheit und auch ein Abberufungsrecht bei Zuwiderhandlung) und dem Außenverhältnis des Aufsichtsratsmitgliedes gegenüber Dritten (wo auch weiterhin keine Weisungsgebundenheit herrsche); vgl. dazu VG Köln, Urteil vom 10.12.2014, 4 K 948/14.

[76] Siehe Anlage 8.1 Übersicht Kommunalrecht.

[77] Siehe auch Abschn. 2.2.3 Eigenbetrieb.

[78] Vgl. §§ 76 Abs. 1, 77 und 78 AktG.

[79] Vgl. §§ 95 ff. AktG.

Abberufung des Vorstandes[80] sowie dessen laufende Überwachung und Kontrolle.[81] Die Bestellung kann nur widerrufen werden, wenn ein wichtiger Grund vorliegt.[82] Der Vorstand hat dem Aufsichtsrat regelmäßig und umfassend zu berichten.[83]

- **Hauptversammlung:** Die Aktionäre üben ihre Rechte in der Hauptversammlung aus. Dabei hat die Hauptversammlung der AG eine weniger starke Stellung als die Gesellschafterversammlung der GmbH. Sie entscheidet beispielsweise nicht über die Bestellung des Vorstandes und hat gegenüber dem Vorstand kein Weisungsrecht. Die Hauptversammlung gibt dem Aktionär nur geringe Möglichkeiten zur direkten Einflussnahme auf den Vorstand und dessen Tätigkeit.

Steuerungsaspekte

Aufgrund des geringen Einflusses der Aktionäre und der starken Position des Vorstandes ist die Aktiengesellschaft zumeist nicht die ideale Organisationsform für ein kommunales Unternehmen. In einigen Bundesländern darf die AG nur dann als Rechtsform genutzt werden, wenn der öffentliche Zweck des Unternehmens nicht ebenso gut in einer anderen Rechtsform erfüllt werden kann (Subsidiarität bezogen auf die Aktiengesellschaft).[84] In Mecklenburg-Vorpommern ist die Errichtung einer Aktiengesellschaft sowie die Umwandlung bestehender Unternehmen und Einrichtungen in eine solche sogar gesetzlich ausgeschlossen.[85]

2.2.8 Gesellschaft mit beschränkter Haftung & Compagnie Kommanditgesellschaft (GmbH & Co. KG)

Die GmbH & Co. KG ist eine besondere Form der Kommanditgesellschaft und zählt damit zu den Personengesellschaften. Für die Kommanditgesellschaft finden rechtlich die Vorschriften des Handelsgesetzbuches für die Offene Handelsgesellschaft (OHG) Anwendung; letztlich gehen die Regelungen auf die Grundform der Personengesellschaften – die Gesellschaft bürgerlichen Rechts[86] – zurück, sodass im Zweifel auch diese Normen zu beachten sind.[87] Dies gilt vor allem für die Mindestanforderungen an

---

[80]Vgl. § 84 AktG.

[81]Vgl. § 111 AktG.

[82]Vgl. § 84 Abs. 4 Satz 1 AktG.

[83]Vgl. § 90 AktG.

[84]Siehe Anlage 8.1 Übersicht Kommunalrecht.

[85]Vgl. § 68 Abs. 4 S. 2 kV M-V 13.07.2011.

[86]Vgl. §§ 705 ff. BGB.

[87]Vgl. § 161 Abs. 2 HGB.

den Gesellschaftsvertrag.[88] Dabei sind gegebenenfalls auch vorhandene Vorgaben der jeweiligen Kommunalverfassung zu beachten.

Wie oben dargestellt, ist die OHG wegen ihrer unbegrenzten Haftung als kommunales Unternehmen ausgeschlossen.[89] Für die GmbH & Co. KG gilt das jedoch grundsätzlich nicht, da die Kommanditgesellschaft zwei Formen von Gesellschaftern hat:

- **Komplementäre:** Sie sind voll haftende Gesellschafter der KG, das heißt sie haften persönlich mit ihrem Vermögen gegenüber den Gläubigern der Gesellschaft als Gesamtschuldner.[90] Bei der GmbH & Co. KG ist der Komplementär keine natürliche Person, sondern eine GmbH, um die Haftungsrisiken für die Gesellschafter zu begrenzen. Wegen der kommunalrechtlichen Vorgabe der Haftungsbeschränkung könnte eine kommunale Gebietskörperschaft nie direkter Komplementär einer Kommanditgesellschaft sein.
- **Kommanditisten:** Diese sind teilweise haftende Gesellschafter. Sie haften den Gläubigern der Kommanditgesellschaft nur bis zur Höhe ihrer Einlage unmittelbar; die Haftung ist ausgeschlossen, soweit die Einlage geleistet und die Haftung nicht (teilweise) wiederaufgelebt ist.[91]

Da Personengesellschaften wie die Kommanditgesellschaft anders als Kapitalgesellschaften (GmbH, AG) keine juristischen Personen sind und daher regelmäßig nicht der Körperschaftsteuer unterliegen,[92] kann die GmbH & Co. KG als Rechtsform für kommunale Unternehmen durchaus Vorteile haben. Sie wird im kommunalen Bereich vornehmlich im Bereich der Vermögensverwaltung eingesetzt.

Grundsätzlich besteht bei der KG die Selbstorganschaft, Geschäftsführung und Vertretung erfolgen also durch die Gesellschafter. Bei der GmbH & Co. KG existiert eine Besonderheit dahingehend, dass beide Kompetenzen grundsätzlich dem Komplementär (hier also der GmbH und bei dieser aufgrund der dort herrschenden Fremdorganschaft wiederum ihrer Geschäftsführung) zugeschrieben werden. Der Kommanditist ist von der Geschäftsführung und der Vertretung ausgeschlossen, wobei der Geschäftsführungsausschluss im Gesellschaftsvertrag abbedungen werden kann, der Vertretungsausschluss nach herrschender Meinung jedoch nicht (Becker 2015, S. 234). Allerdings kann ein Kommanditist zum Prokuristen ernannt werden.

Anders als bei Kapitalgesellschaften finden sich in HGB und BGB keine weitreichenden Regelungen über Aufsichtsrat oder Gesellschafterversammlung der GmbH und Co. KG. Aufgrund der Vertragsautonomie sind aber diesbezügliche Regelungen in

---

[88] Vgl. §§ 705 BGB, 105 HGB.

[89] Siehe auch Abschn. 2.1.5 Kommunalrechtliche Vorgaben für privatrechtliche Unternehmen.

[90] Vgl. § 128 HGB.

[91] Vgl. §§ 171 Abs. 1, 172 Abs. 4 HGB.

[92] Vgl. § 1 Abs. 1 KStG.

den Gesellschaftsverträgen möglich. Um einerseits die nach der jeweiligen Kommunalverfassung notwendigen Informations- und Kontrollrechte herzustellen und andererseits
ein hohes Maß an Einheitlichkeit der Regelungen im Beteiligungsportfolio zu erzeugen,
empfiehlt es sich für die kommunale Gesellschafterin, ihr bereits aus anderen Eigengesellschaften bekannten Regelungen (etwa aus einer GmbH mit fakultativem Aufsichtsrat) auch auf die GmbH & Co. KG anzuwenden. Dies betrifft auch Regelungen
zur Abhaltung von Sitzungen, die ähnliche formale Standards erfüllen sollten. Das hilft
letztlich auch, die Steuerung der Gesellschaft so zu gestalten, wie es dem Anspruch für
andere kommunale Unternehmen entspricht.

2.2.9 Rechtsfähige Stiftung des öffentlichen oder des privaten Rechts

Das Prinzip der Stiftung – eine Stifterin oder ein Stifter engagiert sich für einen langfristigen gemeinnützigen Zweck und bringt dazu Vermögen in eine Stiftung ein – gibt
es schon sehr lange, insbesondere im privaten Raum. Einzelne Kommunalverfassungen
und Landesstiftungsgesetze eröffnen zudem die Möglichkeit, kommunale Stiftungen zu
bilden. Dies sind Stiftungen, deren Zweck im Rahmen der jeweiligen kommunalen Aufgaben liegt. Sie entstehen durch den Satzungsbeschluss der kommunalen Gebietskörperschaft und die Anerkennung der Stiftung als rechtsfähig durch die Stiftungsbehörde. Die
dauernde und nachhaltige Erfüllung des Stiftungszwecks aus den Erträgen des Stiftungs-
vermögens muss gesichert erscheinen. Die Vertretung und Verwaltung der kommunalen
Stiftungen obliegt – soweit nicht durch die Satzung etwas anderes bestimmt ist – den für
die Vertretung und Verwaltung der kommunalen Gebietskörperschaft zuständigen Organen.

Grundsätzlich gibt es zwei unterschiedliche Formen der kommunalen Stiftung, die
sich im Rahmen der Landesstiftungsgesetze bewegen:

- **Rechtsfähige Stiftung des öffentlichen Rechts:** Sie entsteht durch einen Gesetz-
  gebungsakt. Eine kommunale Gebietskörperschaft kann also – ebenso wie bei der
  Anstalt öffentlichen Rechts – nur dann eine solche Stiftung gründen, wenn es eine
  entsprechende gesetzliche Ermächtigung gibt. Aus diesem Grund ist diese Rechtsform in der kommunalen Praxis von geringerer Bedeutung. Beispiele für Stiftungen
  des öffentlichen Rechts sind die Stiftung Preußischer Kulturbesitz, die Berliner Philharmoniker sowie die Museen der Freien und Hansestadt Hamburg.[93]
- **Rechtsfähige Stiftung des Privatrechts:** Ihre Ausgestaltung richtet sich nach §§
  80 bis 88 BGB. Die Stiftung des Privatrechts ist im kommunalen Bereich häufiger

---

[93] Vgl. Gesetz zur Errichtung einer Stiftung „Preußischer Kulturbesitz" und zur Übertragung von
Vermögenswerten des ehemaligen Landes Preußen auf die Stiftung, Gesetz über die „Stiftung
Berliner Philharmoniker", Hamburgisches Museumsstiftungsgesetz.

anzutreffen als die des öffentlichen Rechts. Oftmals ist sie auch im Beteiligungsbericht der kommunalen Gebietskörperschaft abzubilden.

In beiden Fällen handelt es sich um rechtlich verselbständigtes Vermögen, das einem bestimmten Zweck gewidmet ist. Die Widmung erfolgt meist auf unbestimmte Zeit, es ist jedoch auch eine Stiftung auf Zeit möglich (Verbrauchsstiftung). Die kommunale Gebietskörperschaft ist Stiftungsgeberin. Obligatorisch ist neben der staatlichen Anerkennung die laufende Aufsicht durch die Stiftungsbehörde.

Die Stiftung haftet mit ihrem Vermögen und es werden Anforderungen an die satzungsrechtlichen Regelungen zum Schutz des Vermögens gestellt (Verfügungsbeschränkungen). Das Vermögen entspricht der Haftungsmasse.

Die Art der Wirtschaftsführung wird in der Satzung festgelegt; in der Regel ist es die kaufmännische Buchführung. Die Zuständigkeit zur Beschlussfassung über Jahresabschluss und Wirtschaftsplan ist satzungsabhängig.

Zustiftungen durch Dritte sind je nach Satzung möglich. Die Stiftung kann sich an privatrechtlichen Gesellschaften beteiligen.

Organe der rechtsfähigen Stiftung können Stiftungsrat, Vorstand und Kuratorium sein.

Steuerungsaspekte

Das Machtgefüge zwischen den Stiftungsorganen lässt sich in der Satzung frei gestalten, allerdings ist zu beachten, dass die Satzung genehmigt werden muss.

Die politische Vertretungskörperschaft ist für die Wahl der Mitglieder von Kuratorium und Stiftungsrat zuständig, zu denen in der Regel auch die Verwaltungsspitze gehört.

Als wirtschaftliches Unternehmen ist die rechtsfähige Stiftung „aufgrund ihrer bereits begrifflich eingeschränkten Zwecksetzung (ausschließlicher Wille des Stifters) und organisatorischen Ausgestaltung kaum in Betracht zu ziehen" (Cronauge und Pieck 2016, S. 168).

2.2.10 Genossenschaft

Bei der Genossenschaft handelt es sich um eine Rechtsform, die ihren Zweck nicht in der eigenen Gewinnerzielung sieht, sondern in der Förderung des Erwerbs oder der Wirtschaft ihrer Mitglieder oder deren soziale oder kulturelle Belange durch gemeinschaftlichen Geschäftsbetrieb.[94]

Die Rechtsform der Genossenschaft stammt nicht aus der kommunalen Praxis, sondern ist für gleichberechtigte Personen und Betriebe entwickelt worden, etwa im Bereich des Wohnungsbaus oder der Landwirtschaft. Auch im Handwerk, zur

---

[94]Vgl. § 1 Abs. 1 GenG.

Zusammenführung von Einkaufskapazitäten oder zur gemeinsamen Nutzung teurer Investitionsgüter wurden und werden Genossenschaften gegründet. Ihre Ursprünge gehen bis in das Mittelalter zurück; weite Verbreitung fanden sie in Deutschland ab Mitte des 19. Jahrhunderts. Mittlerweile ist die Genossenschaftsidee von der UNESCO in die Liste des immateriellen Weltkulturerbes aufgenommen worden.

Eine Genossenschaft hat entsprechend der Regelungen des Genossenschaftsgesetzes mindestens drei Mitglieder bzw. Genossen aufzuweisen;[95] für eine einzelne kommunale Gebietskörperschaft scheidet sie demnach als Form der wirtschaftlichen Betätigung aus (keine Genossenschaft als Eigengesellschaft möglich). Die Mitgliederzahl der Genossenschaft ist nicht beschränkt; alle Mitglieder sind grundsätzlich gleichberechtigt.[96] Darüber hinaus sind nach § 8 Abs. 2 GenG auch sogenannte investierende Genossen möglich. Die Genossenschaft wird mit Satzungsbeschluss (Mindestinhalte nach §§ 6 f. GenG) gegründet und ist anschließend ins Genossenschaftsregister einzutragen. Erst mit der Eintragung wird sie zur eingetragenen Genossenschaft und verfügt über entsprechende Rechte inklusive Rechtsfähigkeit.

Die Genossenschaft verfügt qua Gesetz über drei Organe: die Generalversammlung (Hauptorgan, gebildet durch alle Mitglieder)[97], den Vorstand (Vertretungsorgan der Genossenschaft)[98] sowie den Aufsichtsrat[99]. Die gesetzlichen Regelungen zu den Organen sind in weiten Teilen dispositiv, können also durch Satzungsgestaltung abbedungen werden. Vorstands- und Aufsichtsratsmitglieder können nur Mitglieder der Genossenschaft sein, um die Verbindung zwischen Genossen und Genossenschaft zu stärken (Selbstorganschaft). Eine Ausnahme gilt nur für den Arbeitsdirektor, sofern selbiger nach den Vorgaben des MitbestG zu bestellen ist.

Eine Besonderheit stellt die verpflichtende Mitgliedschaft der Genossenschaft in einem speziellen Prüfungsverband dar.[100] Zudem gelten für Genossenschaften hinsichtlich des Jahresabschlusses besondere Regelungen.[101] Die Genossenschaft ist sogenannter Formkaufmann, wodurch Genossenschaften als Kaufleute im Sinne des HGB gelten.[102]

Eine Genossenschaft darf aus kommunalrechtlicher Perspektive nicht betrieben werden, wenn eine unbeschränkte Nachschusspflicht besteht bzw. selbige in der Satzung nicht ausgeschlossen wurde.[103] Da es sich um eine Privatrechtsform handelt, sind zudem

---

[95]Vgl. § 4 GenG; Mitglieder können sowohl natürliche als auch juristische Personen sowie rechtsfähige Personengesellschaften sein.

[96]Vgl. § 1 Abs. 1 S. 1 GenG.

[97]Vgl. §§ 43 ff. GenG.

[98]Vgl. §§ 24 ff. GenG.

[99]Vgl. §§ 36 ff. GenG.

[100]Vgl. § 54 GenG.

[101]Vgl. §§ 336 ff. HGB.

[102]Vgl. § 17 Abs. 2 GenG; § 6 Abs. 2 HGB.

[103]Vgl. die Ausführungen zur sogenannten Schrankentrias in Abschn. 2.2.1 Überblick.

die besonderen Anforderungen zu beachten, die dazu in den einzelnen Kommunalverfassungen normiert sind. Daneben gelten selbstverständlich die allgemeinen Grundvoraussetzungen der Schrankentrias. So kann es also vorkommen, dass kommunale Gebietskörperschaften nicht Mitglied einer Genossenschaft werden dürfen, da sie gegebenenfalls über keine den Vorgaben entsprechende Informations- und Kontrollrechte verfügen. Eine Mitgliedschaft wird also nur dann möglich sein, wenn von diesen Vorgaben Ausnahmen gemacht werden können.

Kommunale Beteiligungen an Genossenschaften sind selten; die Kommunalpolitik ist eher auf die Förderung von Genossenschaften als auf eine direkte Mitgliedschaft ausgerichtet. In der Praxis haben jedoch die Einkaufgenossenschaften kommunaler Unternehmen eine gewisse Bedeutung erlangt.[104] Darüber hinaus steht in Zeiten der Energiewende und des bürgerschaftlichen Engagements hierfür die Etablierung von Bürgerenergiegenossenschaften in vielen Orten auf der Tagesordnung. Häufig wird dabei auch über eine kommunale Beteiligung hieran debattiert, um der Kommune kleinere Haushaltsbeiträge zu bescheren. Auch im Bereich des Erhalts oder der Schaffung lokaler Infrastruktur wird unter dem Stichwort der Infrastrukturgenossenschaft zuweilen über die Gründung von Genossenschaften berichtet, wenngleich nicht immer auch Kommunen selbst Mitglieder sind.

2.2.11 Verein

Der Verein stellt eine Form der Zusammenarbeit juristischer und natürlicher Personen sowie rechtsfähiger Personengesellschaften dar und hat seine rechtlichen Grundlagen in den §§ 21 ff. BGB. Es handelt sich folglich um eine Privatrechtsform. Zu unterscheiden ist zwischen dem sogenannten Idealverein (erkennbar am Kürzel „e. V."; § 21, 65 BGB) und einem wirtschaftlichen Verein. Letzterer wird nur durch staatliche Verleihung überhaupt rechtsfähig[105] und ist ferner mit dem Manko versehen, dass darüber hinaus die Vorschriften für die Gesellschaft – gemeint ist hier die BGB-Gesellschaft bzw. GbR – Anwendungen finden. Hieraus ergibt sich eine unbegrenzte Haftung der Mitglieder, was nicht den Vorgaben der Schrankentrias entspricht.[106]

---

[104] Ein Beispiel hierfür ist die Dienstleistungs- und Einkaufgenossenschaft kommunaler Krankenhäuser eG im Deutschen Städtetag (GDEKK, Köln) oder die ProVitako Marketing- und Dienstleistungsgesellschaft der Kommunalen IT-Dienstleister e. G. mit Sitz in Berlin.

[105] Vgl. § 22 BGB.

[106] Vgl. § 54 i. V. m. §§ 705 ff. BGB sowie Abschn. 2.1.5.

Der eingetragene Verein ist infolge seiner Eintragung ins Vereinsregister rechtsfähig und die Haftung der Mitglieder ist auf das Vereinsvermögen begrenzt (Hellermann 2012, § 7 Rn. 129). Allerdings ist zu beachten, dass eine kommunale Gebietskörperschaft einen Verein nicht allein gründen kann, da das Gesetz bei Vereinsgründung eine Mindestmitgliederzahl von sieben Mitgliedern vorsieht.[107] Später kann die Mitgliederzahl auf bis zu drei Personen absinken; eine weitere Reduzierung würde den Verlust der Rechtsfähigkeit nach sich ziehen.[108] In der Mitgliederversammlung hat jedes Mitglied eine Stimme, ungeachtet dessen, ob etwa das kommunale Mitglied dem Verein in besonderem Maße Mittel zuwendet. Ein gesondertes Stimmrecht kann allerdings als Sonderrecht in der Satzung verankert werden.

In der kommunalen Praxis findet der Verein nur wenig Verwendung. Das liegt neben den Gründungsvoraussetzungen auch darin begründet, dass eine primär wirtschaftliche Tätigkeit des eingetragenen Vereins nicht vorgesehen ist. Im sozialen oder kulturellen Bereich hat der Verein hingegen durchaus Verbreitung gefunden und zählt auch kommunale Gebietskörperschaften zu seinen Mitgliedern. Städte, Landkreise und Gemeinden sind ferner Mitglieder in einer Vielzahl ideeller Vereine, die sich unter anderem Transparenz, dem Schutz der Menschenrechte oder der Bewahrung der Umwelt verschrieben haben. Hierbei handelt es sich jedoch nicht um Beteiligungen im eigentlichen Sinne.

2.3 Bundesrechtliche Regelungsgegenstände

Für die Errichtung und Führung öffentlicher Unternehmen sind neben den zuvor dargestellten kommunalrechtlichen Vorgaben verschiedene bundesgesetzliche Regelungen relevant, etwa im Mitbestimmungs-, Wettbewerbs- und Steuerrecht.[109] Die Umsetzung dieser Gesetze fällt in der Regel allein in die Zuständigkeit der Unternehmen, nicht des Beteiligungsmanagements. Trotzdem ist dieses immer wieder mit Teilen dieser Rechtsgebiete konfrontiert, beispielsweise in der Gründungsphase eines Unternehmens oder bei der Mandatsbetreuung. Im Folgenden werden daher die wichtigsten bundesrechtlichen Regelungsgegenstände als Überblick dargestellt.

---

[107] Vgl. § 56 BGB.

[108] Vgl. § 73 BGB.

[109] Auf die ebenfalls wichtigen gesellschaftsrechtlichen und rechtsformspezifischen Vorgaben (Aktiengesetz, GmbH-Gesetz etc.) wird bei den entsprechenden Rechtsformen eingegangen; siehe Abschn. 2.2 Rechtsformen kommunaler Unternehmen.

2.3.1 Ausgewählte Aspekte des Arbeits-, Tarif- und Mitbestimmungsrechts

Hier sind unter anderem die nachfolgend dargestellten Sachverhalte relevant:

Dienstherrenfähigkeit (Beamtenrecht)

Dienstherrenfähigkeit bezeichnet die Möglichkeit, Beamtinnen und Beamte einzustellen. Sie steht juristischen Personen des öffentlichen Rechts zu: Bund, Ländern, Gemeinden und Gemeindeverbänden, aber auch sonstigen Körperschaften, Anstalten und Stiftungen des öffentlichen Rechts, denen die Dienstherrenfähigkeit verliehen wurde.[110]

Bei einem Beamtenverhältnis handelt es sich um ein öffentlich-rechtliches Dienst- und Treueverhältnis zum Dienstherren, das mit einem Verwaltungsakt begründet wird. Es ist frei von privatrechtlichen, insbesondere arbeitsrechtlichen Bestandteilen und unterliegt nicht den Vorgaben des Arbeitsrechts. Rechte und Pflichten, Besoldung (nach Besoldungsgruppe) und Versorgung der Beamtinnen und Beamten werden durch staatliche Rechtsnormen bestimmt. Für Personen im Beamtenverhältnis gilt das Streikverbot als Ausdruck der besonderen Treuepflicht. Ein wirksam begründetes Beamtenverhältnis kann nur in den gesetzlich zugelassenen Fällen (z. B. Eintritt in den Ruhestand) beendet werden. Zuständig für Rechtsstreitigkeiten sind die Verwaltungsgerichte.

Arbeitsrecht

Grundlage der Beschäftigung von nichtverbeamteten Arbeitnehmerinnen und Arbeitnehmern sind privatrechtliche Arbeitsverträge, auf welche die allgemeinen arbeitsrechtlichen Vorschriften der §§ 611 ff. BGB und des übrigen Arbeitsrechts Anwendung finden. Die Verletzung arbeitsvertraglicher Pflichten kann der Arbeitgeber ahnden (z. B. durch Abmahnung oder Kündigung des Arbeitsverhältnisses). Zur Durchsetzung ihrer Forderungen im Rahmen von Tarifverhandlungen steht den Arbeitnehmerinnen und Arbeitnehmern das Streikrecht zu. Für Rechtsstreitigkeiten sind die Arbeitsgerichte zuständig.

Tarifrecht

Die wesentlichen Arbeitsbedingungen nichtverbeamteter Arbeitnehmerinnen und Arbeitnehmer sind in Tarifverträgen niedergelegt, die zum Beispiel zwischen einem Arbeitgeberverband und den zuständigen Gewerkschaften ausgehandelt werden. In der Regel sind öffentliche Unternehmen frei in der Entscheidung, ob und welchem Arbeitgeberverband sie angehören. Zumeist sind sie Mitglied des Arbeitgeberverbandes ihres Arbeits-, Betriebs- und Produktionsbereichs; auch die Mitgliedschaft in mehreren Arbeitgeberverbänden ist nicht unüblich (z. B. bei Krankenhäusern und Kulturbetrieben). Nichtrechtsfähige kommunale Unternehmen wie Eigenbetriebe gehören in jedem Fall dem gleichen

---

[110]Vgl. § 121 BRRG.

Arbeitgeberverband bzw. den gleichen Arbeitgeberverbänden an wie die entsprechende kommunale Gebietskörperschaft (in der Regel ist dies der kommunale Arbeitgeberverband des jeweiligen Bundeslandes).

Sofern keine Mitgliedschaft in einem Arbeitgeberverband besteht, können von den Unternehmen eigene Haustarifverträge verhandelt werden.

Personalvertretungs- und Betriebsverfassungsgesetz

Die betriebliche Mitbestimmung ist Teil der deutschen Wirtschafts- und Sozialordnung. Betriebliche Mitbestimmung meint das Recht der Beschäftigten und ihrer Vertretungen, auf Unternehmensentscheidungen Einfluss zu nehmen, etwa in Fragen der betrieblichen Organisation sowie in sozialen oder personellen Angelegenheiten. Hierbei bestehen gesetzliche Unterschiede zwischen öffentlich-rechtlichen und privatrechtlichen Unternehmen.

- Für Unternehmen des Privatrechts erfolgt die Mitbestimmung anhand der Regelungen des Betriebsverfassungsgesetzes (BetrVG), das die Einrichtung von Betriebsräten vorsieht. Das Betriebsverfassungsgesetz findet jedoch keine Anwendung auf Verwaltungen und Betriebe des Bundes, der Länder, der Gemeinden und sonstiger Körperschaften, Anstalten und Stiftungen des öffentlichen Rechts.[111]
- Die kollektiven Interessen der Beschäftigten im öffentlichen Dienst werden durch die Personalvertretungsgesetze der Länder und des Bundes geregelt. Auf deren Grundlage werden Personalräte gebildet.

In der Praxis sind die Unterschiede zwischen Personal- und Betriebsrat eher marginal, dies allein aus dem Grund, dass die Betriebsverfassung für die Privatwirtschaft und das Personalvertretungsrecht der öffentlichen Verwaltung die gleiche Zielsetzung haben (Schaub et al. 2002, § 262 Rn. 1). Beide vertreten die Interessen der Beschäftigten und verfügen über Mitbestimmungs-, Initiativ- und Schutzrechte (Appel 2017, § 3 Rn. 24 und § 98 Rn. 55).Betriebs- bzw. Personalräte bestimmen bei der Gestaltung von Arbeitsplätzen und Arbeitszeiten mit sowie bei der Einstellung und Versetzung von Beschäftigten. Sie müssen vor jeder Kündigung gehört werden und achten gegebenenfalls auf die korrekte Umsetzung eines Tarifvertrages (Vossen 2017, § 87 Rn. 12). Unmittelbarer Einfluss auf Betriebsführung und Wirtschaftsentscheidungen besteht jedoch nicht. Unterschiede ergeben sich vor allem in der gerichtlichen Durchsetzung von Rechten – so kann etwa der Personalrat Handlungs- oder Unterlassungsansprüche nicht durchsetzen, was für den Betriebsrat jedoch möglich ist.

---

[111]Vgl. § 130 BetrVG.

2.3.2 Mitbestimmungsgesetz und Drittelbeteiligungsgesetz

Das Mitbestimmungsgesetz gilt für Aktiengesellschaften, Kommanditgesellschaften auf Aktien, Gesellschaften mit beschränkter Haftung und Genossenschaften, die in der Regel mehr als 2000 Arbeitnehmer beschäftigen.[112] Bei diesen Unternehmen ist ein Aufsichtsrat zu bilden, der zur Hälfte aus Arbeitnehmervertretern besteht (paritätische Mitbestimmung).[113]

Das Drittelbeteiligungsgesetz gilt für Aktiengesellschaften, Kommanditgesellschaften auf Aktien, Gesellschaften mit beschränkter Haftung, Versicherungsvereine auf Gegenseitigkeit und Genossenschaften mit in der Regel mehr als 500 Arbeitnehmern.[114] Sie verfügen über einen drittelparitätischen Aufsichtsrat, das heißt ein Drittel der Aufsichtsratsmitglieder sind Arbeitnehmervertreter.[115]

Ordnung, Rechte und Pflichten des Aufsichtsrats werden jeweils im Mitbestimmungsgesetz und im Drittelbeteiligungsgesetz festgeschrieben. Beide Gesetze verweisen auf einzelne Vorgaben des Aktiengesetzes, die zwingend gelten.[116] Ein Abbedingen im Gesellschaftsvertrag ist anders als beim fakultativen Aufsichtsrat nach § 52 Abs. 1 GmbHG nicht möglich.

Tendenzbetrieb

Bestimmte Vorschriften des Betriebsverfassungs-, des Mitbestimmungs- und des Drittelbeteiligungsgesetzes finden keine Anwendung bei Unternehmen, die unmittelbar und überwiegend politischen, koalitionspolitischen, konfessionellen, karitativen, erzieherischen, wissenschaftlichen oder künstlerischen Bestimmungen dienen.[117] Solche Unternehmen werden als „Tendenzbetriebe" bezeichnet. Wegen der grundrechtlichen Gewährleistung der betroffenen Zwecke und deren Verwirklichung sind die erfassten Unternehmen aus der Geltung der benannten Vorschriften ausgenommen. Sie müssen nicht zwingend über eine betriebliche Mitbestimmung verfügen; insbesondere muss kein mitbestimmter Aufsichtsrat gebildet werden.

Viele kommunale Gebietskörperschaften haben diese Vorschrift genutzt und zum Beispiel ihre Krankenhaus- oder Altenpflegeheimgesellschaften von der Vorgabe befreit, einen mitbestimmten Aufsichtsrat einzurichten. Derartige Konstrukte sind in der Vergangenheit auf Antrag von Arbeitnehmerseite bereits mehrfach gerichtlich überprüft worden. Dabei wurde gerichtlich in Einzelfällen bestätigt, dass es sich vor allem bei

---

[112] Vgl. § 1 Abs. 1 MitbestG.

[113] Vgl. §§ 6, 7 MitbestG.

[114] Vgl. § 1 Abs. 1 DrittelbG.

[115] Vgl. § 4 DrittelbG.

[116] Vgl. § 1 Abs. 1 Nr. 3 DrittelbG sowie § 25 Abs. 1 Nr. 2 MitbestG.

[117] Vgl. § 118 Nr. 1 BetrVG, § 1 Abs. 4 MitbestG, § 1 Abs. 2 DrittelbG.

Altenheimen und Werkstätten für Behinderte um Tendenzbetriebe handelt.[118] Ebenso vom Tendenzschutz erfasst sind Unternehmen mit künstlerischer Bestimmung wie Theater.[119]

Demgegenüber wurde ein Tendenzschutz in bestimmten Konstellationen abgelehnt. Unternehmen oder Betriebe, die bei der Zweckverfolgung des eigentlichen Tendenzunternehmens lediglich dienende Funktion haben, können sich nicht auf den Tendenzschutz berufen (Richardi 2018, § 118 Rn. 47). Ein Unternehmen, das pharmazeutische Produkte herstellt, dient daher selbst nicht unmittelbar wissenschaftlichen Bestimmungen.[120] Ebenso ist ein Rechenzentrum, das lediglich Hilfsmittel zur wissenschaftlichen Forschung anderer bereitstellt, nicht tendenzgeschützt.[121] Nach Teilen des Schrifttums soll die Tendenzeigenschaft auch dann nicht mehr gegeben sein, „wenn rein kommerzielle Gesichtspunkte im Vordergrund stehen" (Richardi 2018, § 118 Rn. 60).

2.3.3 Kartell- und Wettbewerbsrecht

Kartell- und Wettbewerbsrecht verfolgen das Ziel, den für die wirtschaftliche Entwicklung notwendigen fairen und freien Wettbewerb zwischen den Marktteilnehmern zu gewährleisten. Hierzu dient neben dem Gesetz gegen Wettbewerbsbeschränkungen (GWB), das auch das Vergaberecht normiert[122], das Gesetz gegen den unlauteren Wettbewerb (UWG). Das GWB ist als Kartellrecht für den Schutz der Institution Wettbewerb (Naendrup 2015, S. 551) an sich gedacht, während das UWG das konkrete Verhalten im Wettbewerb normiert bzw. sanktioniert.

Kartellrechtliche Grundlagen und GWB

Grundsätzlich entfalten die Regelungen des GWB Wirkung für alle Unternehmen, unabhängig vom jeweiligen Eigentümer. § 185 GWB formuliert zudem die Verpflichtung, die Vorschriften des Ersten bis Dritten Teils des Gesetzes auch auf Unternehmen der öffentlichen Hand anzuwenden, wobei hier Ausnahmen für öffentlich-rechtliche Gebühren und Beiträge gelten.[123] Darüber hinaus bestehen Sonderregelungen für bestimmte Wirtschaftsbereiche, wobei aus kommunaler Sicht neben den Vorschriften für die Energiewirtschaft (§ 29 GWB) auch die Regelungen zur Wasserwirtschaft (§§ 31 ff. GWB) von besonderem Interesse sind. Keine Anwendung findet das GWB bei Leistungen, deren Basis in hoheitlichen Bestimmungen oder Vorgaben liegt.

---

[118]Vgl. BAG, Urteil vom 22.07.2014, 1 ABR 93/12.

[119]Vgl. BAG, Urteil vom 04.08.1981, 1 ABR 106/79.

[120]Vgl. BAG, Beschluss vom 21.06.1989, 7 ABR 58/87.

[121]Vgl. BAG, Beschluss vom 20.11.1990, 1 ABR 87/89.

[122]Siehe auch Abschn. 2.4.3 Das (europäische) Vergaberecht und die Inhouse-Vergabe.

[123]Vgl. § 185 Abs. 1 S. 2 GWB.

Das GWB ist nicht auf bestimmte Rechtsformen beschränkt, sondern nutzt den auch aus dem Europarecht bekannten funktionalen Unternehmensbegriff. Folglich gilt es nicht nur für die rechtlich selbstständigen Unternehmen, sondern ebenso für unselbständige Formen. Eine Gewinnerzielungsabsicht ist nicht notwendig, sodass auch gemeinnützige Unternehmen dem GWB unterliegen (Naendrup 2015, S. 554).

Ziel des Gesetzes ist – wie bereits erwähnt – der Schutz des Wettbewerbs als Institution. Dazu verbietet das Gesetz horizontale wettbewerbsbeschränkende Vereinbarungen zwischen Unternehmen der gleichen Wirtschaftsstufe (z. B. Preis- und Submissionsabsprachen von Anbietern einer bestimmten Leistung, Gebietsschutzbeschränkungen, Einkaufskooperationen mit Bezugszwang). Jüngere Beispiele, die zu einem Schaden für die öffentliche Hand und kommunale Unternehmen geführt haben, sind das „Feuerwehrkartell" sowie das „Schienenkartell" (auch unter dem Begriff „Schienenfreunde" bekannt).[124] Auch im vertikalen Verhältnis zwischen Unternehmen – dieses besteht zwischen Marktteilnehmern unterschiedlicher Wirtschaftsstufen, also etwa zwischen Herstellern und Händlern – greifen die Regelungen des GWB. Hier wird zwischen Inhaltsbindungen (der Vertrag zwischen Hersteller und Händler macht Vorgaben für die Ausgestaltung des Vertrages zwischen Händler und Konsument) und Abschlussbindungen (der Hersteller beschränkt die Möglichkeiten, ob überhaupt ein Vertrag zustande kommt) unterschieden. Zudem ist das wettbewerbswidrige Verhalten einzelner Unternehmen Gegenstand kartellrechtlicher Regeln und kann zu entsprechenden Sanktionen führen. Darunter fallen Vorgaben zum Missbrauchs-, Behinderungs-, Diskriminierungs- und Boykottverbot. Darüber hinaus unterliegen Zusammenschlüsse von Unternehmen den Regelungen des GWB, sofern hieraus eine Wettbewerbsbeschränkung resultieren kann.

Das Kartellrecht kann demnach für die öffentliche Hand und kommunale Unternehmen sowohl positive als auch negative Wirkungen haben. Einerseits gewährleistet es, dass öffentliche Auftraggeber, die ihre Beschaffungen ausschreiben müssen, einen wettbewerblichen und wirtschaftlichen Preis ermitteln können. Wie bei den beiden oben genannten Kartellen beispielhaft dargestellt, lässt sich ein Missbrauch zwar nicht gänzlich verhindern, wird aber im Fall der Aufdeckung sanktioniert. Andererseits müssen sich öffentliche Hand und öffentliche Wirtschaft an den gleichen Maßstäben messen lassen, dürfen also gleichfalls den Wettbewerb nicht verletzten. Das hat insbesondere im Rahmen der Preisprüfungskompetenz des Bundeskartellamts zu Entscheidungen über Preissenkungen geführt.[125] Darüber hinaus können Unternehmenszusammenschlüsse

---

[124] In beiden Fällen hatten Hersteller kartellrechtswidrige Absprachen getroffen, in deren Rahmen auch kommunale Gebietskörperschaften bzw. deren Unternehmen geschädigt wurden. Die Kartelle wurden 2011 (Feuerwehr) bzw. 2012 (Schienen) entdeckt; die juristische Aufarbeitung dauert zum Teil noch an.

[125] So mussten beispielsweise die Stadtwerke Leipzig 2015 infolge einer Prüfung des Bundeskartellamts ihre Fernwärmepreise senken (Bundeskartellamt 2015).

oder sonstige Verbindungen von Unternehmen dann kartellrechtlich relevant sein, wenn Grenzwerte zur Auslösung der Fusionskontrolle überschritten werden.[126]

Relevant ist zudem der Ausschluss der kartellrechtlichen Missbrauchsaufsicht über Gebühren, die ausschließlich der Rechtsaufsicht der jeweiligen Körperschaft unterliegen. Die daraus resultierende Möglichkeit der „Flucht in die Gebühr" wird durch das Bundeskartellamt regelmäßig moniert (Bundeskartellamt 2016).[127] Ein Vorstoß, die kartellrechtlichen Aufsichtskompetenzen explizit dementsprechend auszuweiten, war 2013 gescheitert.[128]

Ferner sind gewisse landesrechtliche Vorgaben zu beachten. So sind in einer Vielzahl von Kommunalverfassungen Regelungen zum Verbot des Monopolmissbrauchs enthalten.[129]

Verstöße gegen das GWB können zur Nichtigkeit geschlossener Verträge im Sinne des § 134 BGB führen. Darüber hinaus können kartellrechtliche Eingriffe und Sanktionen vorgenommen werden, welche neben Untersagung/Abstellungen auch Zuwiderhandlungsverbote und Bußgelder beinhalten können.[130]

Lauterkeit des Wettbewerbs und UWG

Ziel des UWG ist der Schutz der Lauterkeit, mithin also der Funktionsfähigkeit des Wettbewerbs. Demnach sind unlautere wettbewerbliche Handlungen gegenüber Mitbewerbern, Verbrauchern und sonstigen Marktteilnehmern unzulässig.[131]

Dabei gilt das UWG für alle privatrechtlichen Rechtsbeziehungen zwischen öffentlicher Hand oder Kommunalwirtschaft und anderen Marktteilnehmern, jedoch nicht für öffentlich-rechtliche Beziehungen (Naendrup 2015, S. 584). Besondere Vorgaben gelten bei geschäftlichen Handlungen gegenüber Verbrauchern.[132]

Insbesondere wird das Verhalten gegenüber Mitbewerbern am Markt normiert, wobei der Mitbewerber vor unlauteren Tätigkeiten, etwa herabsetzenden Wertungen von Konkurrenzprodukten, schädigenden Aussagen über Unternehmen oder deren Behinderung, geschützt wird. Auch irreführende Handlungen – bekannt sind etwa die Darstellung sogenannter Mondpreise zur Bewerbung eigener geringerer Preise – sind verboten. Enge Grenzen werden für die Werbung formuliert, was vor allem mit Blick

---

[126]Vgl. §§ 35 ff., insbesondere § 37 GWB. Auch das vom Bundeskartellamt bereitgestellte „Merkblatt zur Fusionskontrolle" kann hilfreich sein.

[127]Siehe auch Abschn. 1.3.2 Entwicklung der Kommunalwirtschaft.

[128]Vgl. die noch immer bestehende Regelung des § 185 Abs. 1 S. 2 GWB. Im Rahmen der 8. GWB-Novelle war von der Bundesregierung zunächst vorgesehen, die Missbrauchskontrolle des Bundeskartellamts auf öffentlich-rechtliche Gebühren auszuweiten.

[129]Siehe Anlage 8.1 Übersicht Kommunalrecht.

[130]Vgl. §§ 32 ff. GWB.

[131]Vgl. § 1 i. V. m. § 3 Abs. 1 UWG.

[132]Vgl. § 3 Abs. 2–4 UWG.

auf vergleichende Werbung oder die Überschreitung der Grenzen zur unzumutbaren Belästigung zu beachten ist.

Die Rechtsfolgen beim Verstoß gegen das UWG formuliert das Gesetz selbst.[133] Möglich sind neben Beseitigung und Unterlassung der Schadenersatz sowie die Gewinnabschöpfung zugunsten des Bundeshaushalts.

Wie das Kartellrecht des GWB kann das Wettbewerbsrecht des UWG der kommunalen Wirtschaft sowohl Schranken setzen als auch Schutzwirkung entfalten. So sind etwa Vertriebsaktionen durch Kundendirektansprache stets im Rahmen der noch nicht unzumutbaren Belästigung zu halten. Ferner können Schadenersatz oder gar Gewinnabschöpfung negative Folgen auf die Wirtschaftlichkeit der Unternehmen und damit auf den Haushalt der kommunalen Gesellschafterin haben. Im Umkehrschluss sind kommunale Unternehmen aber auch im Wettbewerb geschützt, manche sogar besonders. Exemplarisch kann hierfür das Verbot „falscher Stadtwerkevertreter" genannt werden. Der BGH hat hierzu mit Blick auf § 5 Abs. 1 S. 3 Nr. 3 UWG im Jahr 2012 wie folgt geurteilt: „Der durchschnittlich informierte Verbraucher wird regelmäßig annehmen, dass ein Unternehmen, in dessen Firma der Bestandteil ‚Stadtwerke' enthalten ist, zumindest mehrheitlich in kommunaler Hand ist, sofern dem entgegenstehende Hinweise in der Unternehmensbezeichnung fehlen."[134] Ist dem nicht der Fall, so kann ein entsprechender Titel irreführend sein und folglich eine unlautere Tätigkeit im Sinne des UWG vorliegen.

Da das Beteiligungsmanagement in der Regel nicht selbst am Wettbewerb teilnimmt, sind die Regelungen des UWG durch selbiges nicht zu beachten. Vielmehr haben die Unternehmen und deren Geschäftsführungen für die Lauterkeit des Wettbewerbs zu sorgen. Berührungspunkte können also dann auftreten, wenn im Rahmen der Mandatsbetreuung[135] Aufsichtsratsvorlagen bewertet werden, die eine neue und gegebenenfalls aggressive Vertriebsstrategie oder die mit einem privaten Dritten geplante gemeinsame Gründung einer Minderheitsbeteiligungsgesellschaft mit irreführendem Titel zum Gegenstand haben.

2.3.4 Steuerrecht

Im Vorfeld der Gründung oder gesellschaftsrechtlichen Umstrukturierung eines kommunalen Unternehmens ist die Betrachtung der steuerlichen Auswirkungen von wesentlicher Bedeutung. Denn die Frage, ob Steuern anfallen oder nicht, ist zum Teil je nach Rechtsform unterschiedlich zu beantworten.[136]

---

[133] Vgl. §§ 8 bis 11 UWG.

[134] BGH, Urteil vom 13.06.2012, I ZR 228/10.

[135] Siehe auch Abschn. 4.4 Das ABC der Mandatsbetreuung.

[136] Siehe auch Abschn. 3.2 Rechtsformwahl.

Im Folgenden werden zunächst die grundsätzlichen steuerrechtlichen Vorgaben für die kommunale Gebietskörperschaft sowie für öffentliche und privatrechtliche Rechtsformen skizziert. Später werden die Sonderthemen Querverbund und Gemeinnützigkeit separat betrachtet.

Besteuerung der kommunalen Gebietskörperschaft

Für die Besteuerung der Gebietskörperschaft war bis Ende 2015 vor allem die Unterscheidung zwischen Betrieb gewerblicher Art (BgA) und Hoheitsbetrieb relevant. Ersterer unterlag der Körperschaft- und Umsatzbesteuerung, letzterer nicht. Dieser unbedingte Zusammenhang zwischen beiden Steuerarten wurde mit dem Steueränderungsgesetz 2015 abgeschafft. Zwar ist die kommunale Gebietskörperschaft auch weiterhin nur im Rahmen ihrer BgA körperschaftsteuerpflichtig, allerdings hat das Gesetz wesentliche Änderungen in der Umsatzbesteuerung von Leistungen erbracht, die eine juristische Person des öffentlichen Rechts erbringt.

Betrieb gewerblicher Art Der Begriff BgA entstammt dem Körperschaftsteuerrecht. Hierbei handelt es sich ausschließlich um eine steuerrechtliche Konstruktion, das heißt es handelt sich nicht um die Bezeichnung der Rechtsform eines Unternehmens. Der BgA wird definiert als Einrichtung einer juristischen Person des öffentlichen Rechts (hierunter zählen Städte, Gemeinden und Landkreise, aber auch beispielsweise Zweckverbände), die einer nachhaltigen wirtschaftlichen Tätigkeit zur Erzielung von Einnahmen außerhalb der Land- und Forstwirtschaft dient und sich innerhalb der Gesamtbetätigung der Körperschaft wirtschaftlich heraushebt; demgegenüber ist weder eine Gewinnerzielungsabsicht notwendig noch die Beteiligung am allgemeinen wirtschaftlichen Verkehr.[137]

Ziel der Besteuerung des BgA ist die Wettbewerbsneutralität zwischen dessen gewerblicher Tätigkeit und jener privater Unternehmen. Hinsichtlich der Grundlagen der Besteuerung gilt Folgendes:[138]

- Körperschaftsteuer: Der Betrieb gewerblicher Art ist unbeschränkt steuerpflichtig.[139] Seine Gewinne sind demnach zu versteuern. Hierbei gilt ein Freibetrag von 5000 €.[140]

---

[137]Vgl. § 4 Abs. 1 KStG. Die einzelnen Bestandteile der Definition sowie Abgrenzungen zwischen BgA und Hoheitsbetrieb werden in den Körperschaftsteuerrichtlinien (KStR) eingehend beschrieben.

[138]Ausnahmen gelten zum Teil für den gemeinnützigen BgA; siehe hierzu weiter unten.

[139]Vgl. § 1 Abs. 1 Nr. 6 KStG.

[140]Vgl. § 24 KStG.

- Gewerbesteuer: Der BgA unterliegt nicht automatisch der Gewerbesteuer, sondern nur dann, wenn er gemäß Gewerbesteuerdurchführungsverordnung als sogenannter stehender Gewerbebetrieb anzusehen ist.[141]
- Umsatzsteuer: Der Automatismus zwischen der Existenz eines BgA und der Umsatzbesteuerung wurde mit dem Steueränderungsgesetz 2015 abgeschafft. Ob und inwieweit die erbrachten Leistungen des BgA umsatzsteuerbar und umsatzsteuerpflichtig sind, ist je nach erbrachter Leistung gesondert zu betrachten. Wichtig ist, dass insbesondere der Bereich der Vermögensverwaltung[142] – aufgrund der fehlenden gewerblichen Tätigkeit bildet er keinen BgA – spätestens ab 01.01.2021 umsatzsteuerbar sein wird (Goldmann et al. 2018, S. 15).
- Grunderwerbsteuer: Grundstücksübergänge von kommunalen Gebietskörperschaften sind teilweise von der Grunderwerbsteuer befreit – es sei denn, das Grundstück dient überwiegend einem Betrieb gewerblicher Art.[143]
- Grundsteuer: Grundbesitz, der von einer kommunalen Gebietskörperschaft für einen „öffentlichen Dienst oder Gebrauch" benutzt wird, ist zwar von der Grundsteuer befreit, das gilt jedoch nicht für Betriebe gewerblicher Art.[144]

Hoheitsbetrieb Der Hoheitsbetrieb dient in Abgrenzung zum BgA überwiegend der Ausübung der öffentlichen Gewalt.[145] Er ist nicht steuerbar.[146] Eine Umsatzbesteuerung kann dann ausgeschlossen werden, wenn die Bedingungen des § 2b UStG erfüllt sind. Sollte eine Umsatzsteuerpflicht bestehen, ist grundsätzlich auch eine Vorsteuerabzugsberechtigung gegeben.

Eine Abgrenzung, ob es sich bei bestimmten Aktivitäten um einen Betrieb gewerblicher Art oder um einen Hoheitsbetrieb handelt, kann der folgenden Tab. 2.1 entnommen werden.

---

[141] Vgl. § 2 Abs. 1 GewStDV.

[142] § 14 AO definiert den Unterschied zwischen einem wirtschaftlichen Geschäftsbetrieb und der Vermögensverwaltung: „Ein wirtschaftlicher Geschäftsbetrieb ist eine selbständige nachhaltige Tätigkeit, durch die Einnahmen oder andere wirtschaftliche Vorteile erzielt werden und die über den Rahmen einer Vermögensverwaltung hinausgeht. Die Absicht, Gewinn zu erzielen, ist nicht erforderlich. Eine Vermögensverwaltung liegt in der Regel vor, wenn Vermögen genutzt, zum Beispiel Kapitalvermögen verzinslich angelegt oder unbewegliches Vermögen vermietet oder verpachtet wird." Ferner ist das bloße Erwerben, Halten und Veräußern von gesellschaftsrechtlichen Beteiligungen keine unternehmerische Tätigkeit und damit grundsätzlich als steuerfreie Vermögensverwaltung zu beurteilen; vgl. auch Ziffer 2.3 Abs. 2 UStAE.

[143] Vgl. § 4 Nr. 1 GrEStG.

[144] Vgl. § 3 Abs. 1 Nr. 1 i. V. m. § 3 Abs. 3 GrStG.

[145] Vgl. § 4 Abs. 5 KStG.

[146] Vgl. § 4 Abs. 5 i. V. m. § 1 Abs. 1 Nr. 6 u. § 2 KStG, § 2 Abs. 2 GewStDV, § 2b Abs. 1 UStG, § 4 Nr. 1 GrEStG, § 3 Abs. 1 Nr. 1 GrStG.

Tab. 2.1 Beispiele für Betriebe gewerblicher Art und Hoheitsbetriebe (Oberfinanzdirektion Nordrhein-Westfalen 2014)

Betrieb gewerblicher Art	Hoheitsbetrieb
Abfallentsorgung, soweit aus anderen Herkunftsbereichen als privaten Haushalten	Abfallentsorgung aus privaten Haushalten
Versorgungsbetriebe für Gas, Strom und Wasser	Abwasserbeseitigung
öffentliche Badebetriebe	Schulschwimmbad
Verkehrsbetriebe, Häfen, Parkhäuser, bewachte Parkplätze	Parkuhren/Parkscheinautomaten im Sinne der Straßenverkehrsordnung
Friedhofsgärtnereien, Grabpflege	Friedhofsverwaltung
Krankenhäuser, Pflegeheime, Altenwohnheime	
Messen, Stadthallen	
Theater, Museen, Musikschulen, Kulturzentren	

Besteuerung öffentlich-rechtlicher Unternehmen

Für die grundsätzliche Frage, ob es sich um einen Betrieb gewerblicher Art oder einen Hoheitsbetrieb handelt, ist es unerheblich, ob die entsprechende Einheit als Sachgebiet, Amt, Regiebetrieb, Eigenbetrieb oder in einer anderen öffentlichen Rechtsform organisiert ist:

- Regiebetriebe und Eigenbetriebe sind rechtlich unselbstständig, damit also rechtlich Teil einer juristischen Person des öffentlichen Rechts. Für sie gelten daher dieselben steuerlichen Vorgaben wie für die kommunale Gebietskörperschaft.
- Zweckverbände und Anstalten öffentlichen Rechts sind juristische Personen des öffentlichen Rechts. Auch bei ihnen können BgA und Hoheitsbetriebe bestehen.

Somit ist die Besteuerung öffentlich-rechtlicher Unternehmens identisch mit jener der kommunalen Gebietskörperschaft. Wird eine Einheit aus der Kernverwaltung in ein öffentlich-rechtliches Unternehmen ausgelagert, ändert sich an den Grundlagen der Besteuerung nichts.

Besteuerung privatrechtlicher Kapitalgesellschaften

Privatrechtliche Kapitalgesellschaften wie die GmbH oder die Aktiengesellschaft haben im Rahmen der entsprechenden Gesetze und Verordnungen Körperschaft-, Gewerbe-, Umsatz-, Grunderwerb- und Grundsteuer zu entrichten. Eine GmbH mit rein öffentlichen Gesellschaftern genießt keinerlei steuerliche Vorteile gegenüber einer GmbH mit privaten Gesellschaftern.

Vergleicht man die Besteuerung einer privatrechtlichen Kapitalgesellschaft mit der der kommunalen Gebietskörperschaft oder eines öffentlich-rechtlichen Unternehmens, ergeben sich folgende wesentliche Unterschiede:

- Einnahmen aus rein hoheitlicher Tätigkeit sind im öffentlich-rechtlichen Sektor nicht zu versteuern, da hier – wie oben dargestellt – zwischen BgA und Hoheitsbetrieb differenziert wird. Eine solche Unterscheidung kennt das Körperschaftsteuergesetz für die Kapitalgesellschaft jedoch nicht. Im Gegenteil unterliegt eine Kapitalgesellschaft aufgrund ihrer Rechtsform einer unbeschränkten Körperschaftbesteuerung.[147] Selbst wenn die Gesellschaft allein hoheitliche Aufgaben erledigen sollte, wären somit ihre Einkünfte steuerpflichtig.

- Umsatzsteuer fällt dann an, wenn zwischen einem Unternehmer und einem Dritten ein Leistungsaustausch stattfindet und das Entgelt die Gegenleistung für eine zielgerichtete, konkrete Leistung darstellt.[148] Derartig umsatzsteuerbare Umsätze können jedoch der Steuerbefreiung unterliegen, wobei in bestimmten Fällen eine Rückoptierung zur Umsatzsteuer möglich ist.[149] Zwischen Unternehmern können unter Umständen Vorsteuerabzüge geltend gemacht werden.[150]
Wenn eine privatrechtliche Kapitalgesellschaft eine solche Leistung für die kommunale Gebietskörperschaft erbringt (z. B. Lieferung von IT-Dienstleistungen), ist auf das entsprechende Entgelt Umsatzsteuer zu zahlen, sofern keine umsatzsteuerliche Organschaft vorliegt. Wenn dieselbe Leistung innerhalb der kommunalen Gebietskörperschaft erbracht wird (sei es von einem Amt oder einem Eigenbetrieb), so erfolgt unter Beachtung der Neuregelung der Umsatzbesteuerung der öffentlichen Hand ein rein innerhalb der juristischen Person des öffentlichen Rechts ablaufender Leistungsaustausch, der nicht steuerbar ist. Die Leistungen eines IT-Eigenbetriebs an die kommunale Trägerin sind daher nicht umsatzsteuerbar.

Aus beiden Gründen kann die Verwendung einer Kapitalgesellschaft wie der GmbH als Unternehmenskonstruktion steuerliche Nachteile aufweisen.

Falls in einer Kapitalgesellschaft hoheitliche und gewerbliche Aufgaben in Personalunion ausgeführt werden, sollte die Leistungserbringung beider Bereiche getrennt werden, um einen umsatzsteuerpflichtigen Eigenverbrauch bei Leistungen von Personal des gewerblichen Bereiches für den hoheitlichen Bereich zu vermeiden. Das kann per Stellenplan oder durch prozentuale Aufteilung erfolgen.

---

[147]Vgl. § 1 Abs. 1 Nr. 1 KStG: „Unbeschränkt körperschaftsteuerpflichtig sind die folgenden Körperschaften […], die ihre Geschäftsleitung oder ihren Sitz im Inland haben: 1. Kapitalgesellschaften (insbesondere Europäische Gesellschaften, Aktiengesellschaften, Kommanditgesellschaften auf Aktien, Gesellschaften mit beschränkter Haftung)."

[148]Vgl. Umsatzsteuer-Anwendungserlass 1.1. Abs. 1 S. 1/2: „Ein Leistungsaustausch setzt voraus, dass Leistender und Leistungsempfänger vorhanden sind und der Leistung eine Gegenleistung (Entgelt) gegenübersteht. Für die Annahme eines Leistungsaustauschs müssen Leistung und Gegenleistung in einem wechselseitigen Zusammenhang stehen."

[149]Vgl. §§ 4, 9 UStG.

[150]Vgl. § 15 UStG.

Verdeckte Gewinnausschüttung (vGA)

Bei der verdeckten Gewinnausschüttung handelt es sich um eine steuerliche Konstruktion, welche die unversteuerte Verlagerung von Vermögen von einer Gesellschaft an die Anteilseignerin verhindern soll. Es findet seine Grundlage in § 8 Abs. 3 KStG und beschreibt, dass eine Verteilung von Gewinnen nicht die steuerliche Bemessungsgrundlage der steuerbaren Körperschaften reduziert. Die Grundsätze der vGA wurden nicht durch den Gesetzgeber, sondern durch die Rechtsprechung des BFH entwickelt und finden sich auch in den Körperschaftssteuer-Richtlinien.[151]

Steuerliche Organschaft

Bei einer steuerlichen Organschaft werden Unternehmen zum Zweck der Besteuerung zu einer Besteuerungseinheit zusammengefasst. Steuerliche Organschaften sind sowohl in der Umsatzsteuer[152], der Körperschaftsteuer[153] als auch der Gewerbesteuer[154] und der Grunderwerbsteuer[155] bekannt. Zu unterscheiden sind die Organgesellschaft(en) und der Organträger: Erstere werden aus steuerlicher Perspektive in letztere integriert, sodass die gegenständlichen steuerlichen Sachverhalte dem Organträger zugeordnet werden.

Je nach Organschaft sind unterschiedliche Voraussetzungen zu erfüllen, deren Einhaltung die Finanzverwaltung erfahrungsgemäß sehr streng prüft und die aufgrund ihrer Fülle an dieser Stelle nicht im Einzelnen erläutert werden sollen.

Steuerlicher Querverbund

Ein steuerlicher Querverbund bezeichnet die Zusammenfassung von Betrieben zur Saldierung von Gewinnen und Verlusten. Ziel ist das Erreichen von Steuervorteilen. Der Querverbund kann innerhalb der Verwaltung, als Eigenbetrieb, als Eigengesellschaft oder als Konzern mit selbstständigen Beteiligungen geführt werden.

Der klassische kommunale Querverbund fasst Betriebe zusammen, die der Versorgung der Bevölkerung mit Wasser, Gas, Elektrizität oder Wärme, dem öffentlichen Verkehr oder einem Hafenbetrieb dienen.[156] Die Versorgungssparten erwirtschaften in der Regel Gewinne, der öffentliche Verkehr Verluste – der Querverbund ermöglicht deren steuerliche Verrechnung. Innerhalb eines Querverbundkonzerns werden dann z. B. die Gewinne einer Versorgungstochter nicht direkt bei dieser versteuert, sondern durch einen Ergebnisabführungsvertrag an die Konzernmutter abgeführt; gleiches gilt für den Ausgleich der Verluste der Verkehrstochter. Die steuerliche Veranlagung erfolgt dann auf der

---

[151] Vgl. R 36 KStR 2004.

[152] Vgl. § 2 Abs. 2 Nr. 2 UStG.

[153] Vgl. §§ 14 ff. KStG.

[154] Vgl. § 2 Abs. 2 S. 2 GewStG.

[155] Vgl. § 1 Abs. 4 Nr. 2 lit. b GrEStG.

[156] Vgl. § 4 Abs. 6 Nr. 3 i. V. m. § 4 Abs. 3 KStG.

Ebene der Konzernmutter: Sie kann die Gewinne und Verluste im Rahmen der gesetzlichen Vorgaben saldieren, woraus sich in der Regel ein steuerlicher Vorteil ergibt.

Wenn der steuerliche Querverbund innerhalb einer Kapitalgesellschaft durchgeführt wird, sind die einzelnen Tätigkeiten der Gesellschaft in die Sparten Dauerverlustgeschäfte, gewinnbringende Geschäfte im Rahmen des Querverbunds und sonstige Tätigkeiten zu trennen.[157]

Der steuerliche Effekt des Querverbunds ist insbesondere für mittlere und große Städte von herausragender finanzieller Bedeutung. Aus diesem Grund gab es auf kommunaler Seite immer wieder Überlegungen, den Querverbund durch die Aufnahme weiterer Betriebe auszudehnen. Rechtlich besteht jedoch nur dann die Möglichkeit Betriebe zusammenzufassen, wenn zwischen ihnen nach dem Gesamtbild der tatsächlichen Verhältnisse objektiv eine enge wechselseitige technisch-wirtschaftliche Verflechtung von einigem Gewicht besteht.[158] In diesem Rahmen ist eine Zusammenfassung von Versorgungs- und Bäderbetrieben unter bestimmten Voraussetzungen möglich.

In den letzten Jahrzehnten gab es von verschiedener Seite Vorstöße zur Abschaffung des steuerlichen Querverbunds. Nach einer Entscheidung des Bundesfinanzhofes[159] im Jahr 2007, der zufolge Dauerverluste kommunaler Betriebe steuerpflichtig sind, war zunächst mit einem Ende des Querverbunds zu rechnen. Die Befürchtungen erwiesen sich jedoch als verfrüht, da zunächst mittels eines Nichtanwendungserlasses[160] und später durch das Jahressteuergesetz 2009 die bis dahin geltende Praxis des steuerlichen Querverbunds rechtlich konkretisiert wurde. Wesentlich ist die Festlegung im Körperschaftsteuergesetz, nach der Dauerverlustgeschäfte, wie sie etwa bei Verkehrs- oder Bäderbetrieben regelmäßig vorliegen, nicht automatisch zu einer verdeckten Gewinnausschüttung führen und daher diese Verluste grundsätzlich für die Verrechnung im Querverbund zur Verfügung stehen.[161]

---

[157] Vgl. § 8 Abs. 9 KStG.

[158] Vgl. § 4 Abs. 6 Nr. 2 KStG. Der Vollständigkeit halber sei erwähnt, dass die Zusammenfassung gleichartiger Betriebe ebenfalls steuerlich anerkannt wird; § 4 Abs. 6 Nr. 1 KStG. Eine Zusammenfassung von BgA und Hoheitsbetrieb ist dagegen unzulässig.

[159] Vgl. BFH, Urteil vom 22.08.2007, I R 32/06.

[160] Vgl. BMF Nichtanwendungserlass vom 07.12.2007, BStBl I 2007, S. 905.

[161] Vgl. § 8 Abs. 7 KStG: „Die Rechtsfolgen einer verdeckten Gewinnausschüttung im Sinne des Absatzes 3 Satz 2 sind 1. bei Betrieben gewerblicher Art im Sinne des § 4 nicht bereits deshalb zu ziehen, weil sie ein Dauerverlustgeschäft ausüben; 2. bei Kapitalgesellschaften nicht bereits deshalb zu ziehen, weil sie ein Dauerverlustgeschäft ausüben. Satz 1 gilt nur bei Kapitalgesellschaften, bei denen die Mehrheit der Stimmrechte unmittelbar oder mittelbar auf juristische Personen des öffentlichen Rechts entfällt und nachweislich ausschließlich diese Gesellschafter die Verluste aus Dauerverlustgeschäften tragen. Ein Dauerverlustgeschäft liegt vor, soweit aus verkehrs-, umwelt-, sozial-, kultur-, bildungs- oder gesundheitspolitischen Gründen eine wirtschaftliche Betätigung ohne kostendeckendes Entgelt unterhalten wird oder in den Fällen von Satz 1 Nr. 2 das Geschäft Ausfluss einer Tätigkeit ist, die bei juristischen Personen des öffentlichen Rechts zu einem Hoheitsbetrieb gehört."

Durch ein Urteil des Bundesfinanzhofs vom 10. Mai 2017[162] war der Querverbund für Stadtwerkekonzerne gefährdet, bei denen ein privater Dritter eine Minderheitsbeteiligung am Energieversorger hält. Da dies eine Bestätigung vorheriger Rechtsprechung darstellt, wurde anstelle des Nichtanwendungserlasses eine Gesetzesänderung vorgesehen. Im August 2018 legte die Bundesregierung einen Gesetzentwurf vor, der den steuerlichen Querverbund absichern soll und mittlerweile verabschiedet worden ist.[163] Hiernach erlaubt das Körperschaftsteuergesetz neben einer festen, aktienrechtlich zwingenden Zahlung die Vereinbarung einer variablen Ausgleichszahlung. Jedoch darf diese Zahlung den Betrag, der auf den Minderheitsgesellschafter entsprechend seiner Beteiligungsquote entfallen würde, nicht überschreiten.[164]

Im Jahr 2019 übermittelte der Bundesfinanzhof dem EUGH die Frage der Vereinbarkeit des steuerlichen Querverbundes mit dem europäischen Beihilferecht.[165] Aufgrund der Rücknahme der zugrunde liegenden Revision wurde das Verfahren jedoch eingestellt.[166] Somit bleibt ungewiss, inwieweit die Finanzverwaltungen die künftige Anerkennung des steuerlichen Querverbundes gestalten. Neue Gerichtsverfahren sind wahrscheinlich und werden zu erneuten Vorlagen beim EUGH führen. Außerdem kann die Europäische Kommission von sich aus eine Beihilfe-Prüfung gemäß Art. 108 AEUV vornehmen (Helm und Bischoff 2020).

Nach wie vor entspricht der steuerliche Querverbund geltenden Recht und kann angewendet werden. Solange jedoch keine abschließende Entscheidung des EUGH vorliegt, besteht keine Rechtssicherheit. Die Etablierung neuer Querverbünde sollte deshalb genau geprüft und gegebenenfalls noch aufgeschoben werden.

Gemeinnützige Unternehmen

Gemeinnützigkeit als Begriff des Steuerrechts meint die unmittelbare und ausschließliche Verfolgung gemeinnütziger Zwecke durch eigenständige Körperschaften (z. B. Kapitalgesellschaften, Genossenschaften oder eingetragene Vereine), aber auch durch Betriebe gewerblicher Art einer juristischen Person des öffentlichen Rechts und damit auch durch Regie- und Eigenbetriebe. Sofern die entsprechenden Vorgaben der

---

[162] Vgl. BFH, Urteil vom 10.05.2017, I R 93/15.

[163] Vgl. Gesetz zur Vermeidung von Umsatzsteuerausfällen beim Handel mit Waren im Internet und zur Änderung weiterer steuerlicher Vorschriften vom 11.12.2018.

[164] Vgl. § 14 Abs. 2 KStG: „Der ganze Gewinn gilt auch dann als abgeführt im Sinne des Absatzes 1 Satz 1, wenn über den mindestens zugesicherten Betrag im Sinne des § 304 Absatz 2 Satz 1 des Aktiengesetzes hinausgehende Ausgleichszahlungen vereinbart und geleistet werden. Dies gilt nur, wenn die Ausgleichszahlungen insgesamt den dem Anteil am gezeichneten Kapital entsprechenden Gewinnanteil des Wirtschaftsjahres nicht überschreiten, der ohne Gewinnabführungsvertrag hätte geleistet werden können. Der über den Mindestbetrag nach § 304 Absatz 2 Satz 1 des Aktiengesetzes hinausgehende Betrag muss nach vernünftiger kaufmännischer Beurteilung wirtschaftlich begründet sein."

[165] Vgl. EuGH vom 24.10.2019, C-797/19.

[166] Vgl. BFH, Pressemitteilung Nr. 8/20 vom 06.02.2020 zum Beschluss I R 4/20 vom 29.01.2020.

Abgabenordnung (AO)[167] eingehalten werden, genießen gemeinnützige Betriebe steuerliche Vergünstigungen im Bereich der Körperschaft-, Gewerbe- und Grundsteuer[168], allerdings nicht bei der Umsatzsteuer[169].

Ein Unternehmen verfolgt dann gemeinnützige Zwecke, wenn seine Tätigkeit darauf gerichtet ist, die Allgemeinheit auf materiellem, geistigem oder sittlichem Gebiet selbstlos zu fördern.[170] Hierzu zählen unter anderem die Förderung von Wissenschaft und Forschung, öffentlichem Gesundheitswesen, Jugend- und Altenhilfe, Kunst und Kultur, Erziehung, Bildung und Sport.[171]

In der Satzung bzw. im Gesellschaftsvertrag müssen der Zweck des gemeinnützigen Unternehmens – der den Vorgaben der Abgabenordnung entsprechen muss – und die Art seiner Verwirklichung genau bestimmt sein.[172] Außerdem ist hier die Selbstlosigkeit zu verankern. Selbstlos wird das gemeinnützige Unternehmen nach § 55 AO dann tätig, wenn es nicht in erster Linie eigenwirtschaftliche Zwecke verfolgt (z. B. gewerbliche Zwecke oder sonstige Erwerbszwecke) und gleichzeitig verschiedene Voraussetzungen erfüllt sind, unter anderem:

- Mittel des gemeinnützigen Unternehmens dürfen nur für die satzungsmäßigen Zwecke verwendet werden.
- Die Gesellschafter bzw. Träger des gemeinnützigen Unternehmens dürfen weder Gewinnanteile noch sonstige Zuwendungen erhalten.
- Bei ihrem Ausscheiden oder bei Auflösung des gemeinnützigen Unternehmens dürfen die Gesellschafter bzw. Träger nicht mehr als ihre eingezahlten Kapitalanteile und den gemeinen Wert ihrer geleisteten Sacheinlagen zurückerhalten.

Bei gemeinnützigen Unternehmen ist folglich keine Gewinnausschüttung zulässig. Es besteht jedoch die Möglichkeit, Mittel an die Träger- bzw. Gesellschafterkommune

---

[167] Vgl. §§ 51 bis 68 AO.

[168] Vgl. § 64 Abs. 3 AO: „Übersteigen die Einnahmen einschließlich Umsatzsteuer aus wirtschaftlichen Geschäftsbetrieben, die keine Zweckbetriebe sind, insgesamt nicht 35.000 € im Jahr, so unterliegen die diesen Geschäftsbetrieben zuzuordnenden Besteuerungsgrundlagen nicht der Körperschaftsteuer und der Gewerbesteuer." Nach § 5 Abs. 1 Nr. 9 KStG, § 3 Nr. 6 GewStG und § 3 Abs. 1 Nr. 3 GrStG sind gemeinnützige Körperschaften von der Steuer befreit, wobei für die Körperschaft- und Gewerbesteuer gilt, dass kein wirtschaftlicher Geschäftsbetrieb – ausgenommen Land- und Forstwirtschaft – unterhalten werden darf.

[169] Wenn eine gemeinnützige Körperschaft zur Erreichung ihrer gemeinnützigen Zwecke unternehmerisch tätig wird – das wird bei gemeinnützigen Unternehmen die Regel sein –, fällt Umsatzsteuer an; es sei denn, es liegt eine Steuerbefreiung nach § 4 UStG oder eine umsatzsteuerliche Organschaft vor.

[170] Vgl. § 52 Abs. 1 AO.

[171] Vgl. § 52 Abs. 2 AO.

[172] Vgl. §§ 59, 60 Abs. 1 AO.

weiterzuleiten, sofern diese die Mittel ausschließlich für ebenfalls steuerbegünstigte Zwecke verwendet.[173]

Empfehlenswert ist es, rechtzeitig vor Errichtung eines gemeinnützigen Unternehmens die Satzung bzw. den Gesellschaftsvertrag mit der Finanzverwaltung abzustimmen, um sicherzugehen, dass die einzelnen Formulierungen den Vorgaben der Abgabenordnung entsprechen.[174]

PRAXISTIPP: Mustertext für den Gesellschaftsvertrag einer gemeinnützigen GmbH (vorbehaltlich einer Abstimmung mit der Finanzverwaltung)

§ … Gemeinnützigkeit

1. Die Gesellschaft verfolgt ausschließlich und unmittelbar gemeinnützige Zwecke im Sinne des Abschnitts „Steuerbegünstigte Zwecke" der Abgabenordnung. Zweck der Gesellschaft ist …[175]
   Der Satzungszweck wird verwirklicht durch …[176]
2. Die Gesellschaft ist selbstlos tätig; sie verfolgt nicht in erster Linie eigenwirtschaftliche Zwecke.
3. Die Mittel der Gesellschaft und etwaige Überschüsse dürfen nur für die satzungsmäßigen Zwecke verwendet werden. Die Gesellschafter dürfen keine Gewinnanteile und in ihrer Eigenschaft als Gesellschafter auch keine sonstigen Zuwendungen aus Mitteln der Gesellschaft erhalten. Die Gesellschaft kann Mittel im Rahmen des § 58 Nr. 2 Abgabenordnung anderen, ebenfalls steuerbegünstigten Körperschaften oder juristischen Personen des öffentlichen Rechts zur Verwendung zu steuerbegünstigten Zwecken zuwenden.
4. Es darf keine Person durch Ausgaben, die dem Zweck der Gesellschaft fremd sind, oder durch unverhältnismäßig hohe Vergütungen begünstigt werden.

---

[173] Siehe zum Thema Mittelweiterleitung auch Abschn. 4.6.3.3 Haushaltsbeiträge von Beteiligungsunternehmen.

[174] Vgl. Anlage 1 zu § 60 AO.

[175] Zur Erfüllung der formalen Anforderungen für die Gewährung der Steuerbegünstigungen muss sich der Satzungszweck gemäß § 59 AO zwingend aus der Satzung ergeben. Das ist notwendig, um die Prüfung zu ermöglichen, dass dieser Zweck den Anforderungen der §§ 52–55 AO entspricht. Hier ist einer bzw. sind mehrere der in § 52 Abs. 2 Nr. 1–25 AO aufgelisteten und als gemeinnützig anerkannten Zwecke entsprechend dem Gesetzeswortlaut aufzuführen (z. B. Förderung der Jugendhilfe, der Altenhilfe, der Kunst, des öffentlichen Gesundheitswesens und der öffentlichen Gesundheitspflege).

[176] Hier sind die Maßnahmen anzugeben (nicht zwingend abschließend), durch welche die gemeinnützige Zweckverfolgung erfolgen soll (z. B. Betrieb eines Krankenhauses, Kinder-, Jugend-oder Altenheims, Durchführung wissenschaftlicher Veranstaltungen, Pflege von Kunstsammlungen). Es dürfen jedoch keine Tätigkeiten aufgeführt werden, die einen wirtschaftlichen Geschäftsbetrieb begründen (z. B. Museumscafé, Souvenirshop).

5. Bei Auflösung der Gesellschaft oder bei Wegfall steuerbegünstigter Zwecke fällt das Vermögen der Gesellschaft, soweit es die eingezahlten Kapitalanteile der Gesellschafter und den gemeinen Wert der von den Gesellschaftern geleisteten Sacheinlage übersteigt, an die Gesellschafter, die es unmittelbar und ausschließlich für gemeinnützige Zwecke zu verwenden haben.
6. Die Gesellschafter erhalten bei ihrem Ausscheiden oder bei Auflösung der Gesellschaft oder bei Wegfall steuerbegünstigter Zwecke nicht mehr als ihre eingezahlten Kapitalanteile und den gemeinen Wert ihrer geleisteten Sacheinlagen zurück.

2.4 Regelungsgegenstände des Europarechts

Bei der wirtschaftlichen Betätigung der kommunalen Gebietskörperschaft sind neben den bundes- und landesrechtlichen Regelungen auch Regelungsgegenstände des Europarechts zu beachten. Das gilt zwar auch für die laufende Unterhaltung der Unternehmen, sollte aber bei deren Gründung bereits entsprechende Beachtung finden. Neben dem EU-Beihilfenrecht sind im Speziellen auch das europäische Vergaberecht und dessen nationale Umsetzung einschlägig.

2.4.1 Dienstleistungen von allgemeinem wirtschaftlichen Interesse (DAWI)

In der europarechtlichen Terminologie findet sich der bundesweit verbreitete Begriff der Daseinsvorsorge oder Kommunalwirtschaft nicht. Vielmehr wird auf europäischer Ebene der Terminus der „Dienstleistung von allgemeinem wirtschaftlichen Interesse" genutzt, *DAWI* der in der Praxis zumeist synonym zu den deutschen Begriffen Verwendung findet.

Der Terminus fand sich bereits in den Römischen Verträgen (1957)[177], wurde jedoch in der Folge lange Zeit nicht beachtet. Erst mit dem in der Einheitlichen Europäischen Akte (1986) primärrechtlich festgeschriebenen Binnenmarkt geriet auch die öffentliche wirtschaftliche Betätigung in den Fokus der europäischen Integration. Weitere Integrationsinstanzen waren der Vertrag von Amsterdam (1997), die Charta der Grundrechte der Europäischen Union (2000) und letztlich auch der gescheiterte Vertragsentwurf für eine Verfassung der Europäischen Union (2005).

---

[177] Vgl. Artikel 90 des Vertrages über die Gründung der Europäischen Wirtschaftsgemeinschaft von 1957.

Heute sind gleich drei maßgebliche Regelungen im Vertrag von Lissabon auszu-
machen, der 2009 in Kraft trat und der Daseinsvorsorge/DAWI einen hohen primärrechtlichen Status einräumte. Dabei handelt es sich um folgende Regelungen:

- Artikel 14 des Vertrages über die Arbeitsweise der Europäischen Union (AEUV)
- Protokoll Nr. 26 „Über Dienste von allgemeinem Interesse" als Konkretisierung des
  Artikels 14 AEUV
- Artikel 36 der Grundrechtecharta der Europäischen Union

Mit dem Vertrag von Lissabon und der Regelung in Artikel 6 des Vertrages über die
Europäische Union (EUV) erlangte die Grundrechtecharta rechtliche Verbindlichkeit und
wird nunmehr gleichrangig zu den übrigen primärrechtlichen Regelungen behandelt.

Neben diesen primärrechtlichen Regelungen von hervorgehobener Bedeutung
sind die öffentlichen Unternehmen als Erbringer der DAWI selbstverständlich auch
den Regelungen des Wettbewerbsrechts unterworfen, das ebenfalls Eingang in den
AEUV fand. Weitere die DAWI mittelbar betreffende Regelungen enthalten etwa
Artikel 3 (Binnenmarkt), 4 (lokale Selbstverwaltung) und 5 (Subsidiarität und
Verhältnismäßigkeit) EUV sowie Artikel 9 (soziale Verpflichtung), 11 (Umweltschutz)
und 18 (Nichtdiskriminierung) AEUV.

2.4.2 EU-Beihilfenrecht

Das europäische Beihilfenrecht bildet einen der Grundpfeiler der Europäischen Verträge und damit einen wichtigen Tätigkeitsschwerpunkt der Wettbewerbspolitik der
Europäischen Kommission. Sein Ziel ist die Gewährleistung eines unverfälschten Wettbewerbs als Kernbestandteil des Binnenmarktes. Artikel 106 AEUV schreibt explizit
vor, dass die Mitgliedsstaaten in Bezug auf öffentliche Unternehmen den Wettbewerbsregeln widersprechende Maßnahmen weder durchführen noch beibehalten dürfen.
Unternehmen, die mit dem Erbringen von DAWI betraut sind, werden hier explizit einbezogen, wenngleich für diese ein Ausnahmetatbestand formuliert ist, der durch die EU-
Kommission zwingend zu beachten ist.[178]

---

[178]Vgl. Artikel 106 Abs. 2 S. 1 AEUV: „Für Unternehmen, die mit Dienstleistungen von allgemeinem wirtschaftlichen Interesse betraut sind oder den Charakter eines Finanzmonopols haben,
gelten die Vorschriften der Verträge, insbesondere die Wettbewerbsregeln, soweit die Anwendung
dieser Vorschriften nicht die Erfüllung der ihnen übertragenen besonderen Aufgabe rechtlich oder
tatsächlich verhindert."

Beihilfetatbestand und Beihilfefolgen

Entsprechend der Normen der Artikel 107 ff. AEUV sind staatliche Beihilfen, „soweit in diesem Vertrag nichts anderes bestimmt ist", mit dem gemeinsamen Markt unvereinbar und daher grundsätzlich verboten. Maßgeblicher Reglungsgegenstand ist hier Artikel 107 Abs. 1 AEUV. Dieser normiert: „Soweit in den Verträgen nicht etwas anderes bestimmt ist, sind staatliche oder aus staatlichen Mitteln gewährte Beihilfen gleich welcher Art, die durch die Begünstigung bestimmter Unternehmen oder Produktionszweige den Wettbewerb verfälschen oder zu verfälschen drohen, mit dem Binnenmarkt unvereinbar, soweit sie den Handel zwischen Mitgliedstaaten beeinträchtigen."

Beihilfen liegen demnach vor, wenn alle in der Regelung des AEUV genannten Tatbestandsmerkmale kumuliert vorliegen und keine Ausnahme- und Freistellungsregelungen greifen. Betroffen sind demnach regelmäßig jene defizitären Tätigkeitsbereiche, die direkte Zuschüsse erhalten (z. B. Soziales, Kultur, Wirtschaftsförderung oder Verkehr). Aber auch gewährte Bürgschaften, Gesellschafterdarlehen, Erbbaupachtgeschäfte und Grundstücksverkäufe oder bestimmte Dienstleistungsverträge in anderen Bereichen können in den Fokus des EU-Beihilfenrechts geraten.

Eine mögliche Prüfung, ob ein Beihilfetatbestand vorliegt, kann entsprechend dem nachfolgend dargestellten Grobschema erfolgen (Abb. 2.2).

Das Beihilfenrecht verfolgt dabei ähnliche Zielstellungen wie beispielsweise das deutsche Wettbewerbsrecht, das Kommunalverfassungsrecht oder das Haushaltsrecht. Hierzu zählen etwa:

- die Verhinderung von Wettbewerbsverzerrungen sowie daraus resultierender volkswirtschaftlicher Schäden
- die Transparenz (Überschaubarkeit) und Vorabfestlegung von zukünftig zu erwartenden Finanzströmen (oder Belastungen)
- die möglichst effiziente Erfüllung von (öffentlichen) Aufgaben
- die Voraussetzung des Vorliegens einer öffentlichen Aufgabe für die Kompensation durch öffentliche Mittel

Sollte eine Beihilfe vorliegen, ist diese bei der EU-Kommission, die in Beihilfefragen über ein „Entscheidungsmonopol" (Büsching et al. 2012, S. 4) verfügt, grundsätzlich anzumelden und genehmigen zu lassen (Notifizierung). Die Anmeldung hat durch den jeweiligen Mitgliedsstaat zu erfolgen. Eine kommunale Gebietskörperschaft, die einem Unternehmen eine solche „Begünstigung" zukommen lassen möchte, muss diese demnach formell mittelbar über das Bundesland bzw. dieses teilweise unter Einbeziehung des zuständigen Bundesministeriums anmelden. Ein solches Verfahren, bei dem die Kommunikationswege im Wesentlichen nicht direkt zwischen dem kommunalen Beihilfegeber und der EU-Kommission verlaufen, ist meist zeitaufwendig und aufgrund des mehrstufigen Prozesses mit teils kurzen Fristen auf kommunaler Ebene

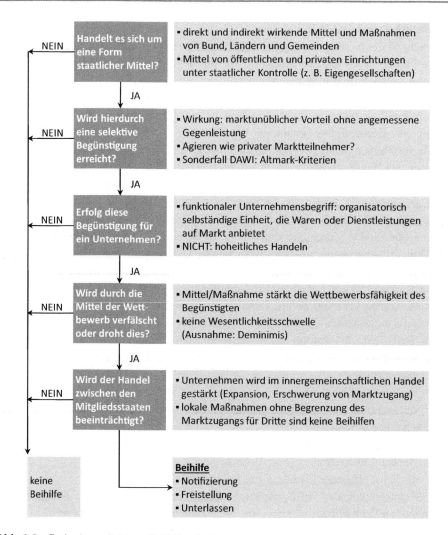

X **Abb. 2.2** Grobschema Prüfung Beihilfetatbestand

verbunden.[179] Bei entsprechend guter Vorbereitung und klarer Dokumentenlage kann jedoch der Arbeits- und Zeitaufwand reduziert werden. Während des Notifizierungsverfahrens darf die geplante Maßnahme nicht durchgeführt werden, bevor die EU-Kommission keine abschließende Entscheidung getroffen hat.[180]

---

[179] Ein sehr guter Überblick über das Notifizierungsverfahren und dessen Stufen kann Land Hessen (2015, S. 21 ff.) entnommen werden.

[180] Vgl. Art. 108 Abs. 3 S. 3 AEUV.

Tatsächliche Beihilfen, die gewährt, aber nicht notifiziert wurden und auch nicht noti-fizierungsfähig sind, sind durch den Empfänger verzinst an den Beihilfegeber zurück-zuzahlen, nachdem ein entsprechender Beschluss seitens der Kommission ergangen und der gegebenenfalls beschrittene Rechtsweg ausgeschöpft ist. Dagegen sind nicht notifizierte, aber notifizierungsfähige Beihilfen bei Prüfung durch die EU-Kommission regelmäßig nicht zurückzuzahlen, da diese die Beihilfe dann für rechtmäßig erklären muss. Die Kommission trifft die Entscheidung entweder im Zuge einer durchgeführten Initiativprüfung oder aufgrund der Beschwerde eines Wettbewerbers. Ziel der Rück-zahlungsverfügung ist die Herstellung des Zustandes ohne die durch die begünstigende Beihilfe erzeugte Wettbewerbsverfälschung.

Ein weiterer Rückzahlungsgrund tritt dann ein, wenn ein Wettbewerber des Beihilfe-empfängers eine Konkurrentenklage vor einem nationalen Gericht einreicht. Dies kann im Fall der entsprechenden gerichtlichen Feststellung bereits dann zur Nichtigkeit der Maßnahme führen, wenn nur die Notifizierungspflicht verletzt wurde, unabhängig von einer möglichen Notifizierungsfähigkeit. Die Folgen können neben der Rückab-wicklungspflicht auch Schadenersatz- und Unterlassungsansprüche seitens des Wett-bewerbers sowie seitens des Beihilfeempfängers sein (Land Hessen 2015, S. 23 ff.).

Für die kommunale Gebietskörperschaft stellt sich schließlich die Kernfrage: Wie kann die Erfüllung öffentlicher Aufgaben außerhalb der direkten Verwaltungstätigkeit rechtskonform vergütet werden?

Seit der Existenz des EU-Beihilferegimes spielen diesbezüglich für die Kommunen vor allem die zahlreichen Exekutivpakete und Verordnungen im Sekundärrecht, die Mitteilungen der EU-Kommission als „Soft Law", die Beihilfeentscheidungen der EU-Kommission sowie die Urteile des Europäischen Gerichts bzw. des Europäischen Gerichtshofes (EuG bzw. EuGH) eine besondere Rolle. Auf einige soll nachfolgend genauer eingegangen werden.

Von Altmark-Trans zum Freistellungsbeschluss
Als erste maßgebliche Regelung des finanziellen Ausgleichs für übernommene gemeinwirtschaftliche Verpflichtungen kann die „Altmark-Trans-Entscheidung" des Europäischen Gerichtshofs genannt werden.[181] Darin sind vier Kriterien definiert, die das Vorliegen einer Beihilfe unabhängig von der Höhe der Zahlungen ausschließt:

1. Betrauung des begünstigten Unternehmens durch einen verbindlichen Rechtsakt
2. objektive und transparente Festlegung der Ausgleichsparameter *(ex ante)*
3. Beschränkung der Zahlungen auf die tatsächlichen Kosten inklusive einem angemessenen Gewinn

---

[181] Vgl. EuGH Entscheidung vom 24.07. 2003, C-280/00.

4. Auswahl des Unternehmens mittels einer öffentlichen Ausschreibung oder Berechnung der Zahlungen auf Basis eines durchschnittlichen, gut geführten und mit angemessenen Produktionsmitteln ausgestatteten Unternehmens

Darauf aufbauend wurde 2005 durch die Kommission auf sekundärrechtlicher Ebene das „Monti-Kroes-Paket" erlassen.[182] Ein wesentlicher Bestandteil ist die „Freistellungsentscheidung" (Europäische Kommission 2005). Ziel war es, bestimmte Beihilfen, die Ausgleichsleistungen für übernommene Lasten im Rahmen des Erbringens von DAWI darstellen, von einer Notifizierung bei der EU-Kommission freizustellen. Wichtig ist in diesem Zusammenhang, dass bei einer Freistellung die Anforderungen des vierten Kriteriums der Altmark-Trans-Rechtsprechung nicht erfüllt werden müssen. Die Beihilfen können bei korrekter Einhaltung der weiteren Bedingungen also gezahlt werden, ohne dass den gewährenden und empfangenden Stellen europarechtliche Risiken entstehen. Das Paket wurde zuletzt am 20.12.2011 durch ein neues Beihilfenpaket für DAWI ersetzt, das „Almunia-Paket". Der darin enthaltene „Freistellungsbeschluss" (Europäische Kommission 2011) ersetzte die vorherige „Freistellungsentscheidung", veränderte aber gleichzeitig die möglichen Rahmenbedingungen:

- Die Höchstschwelle für Ausgleichsleistungen an DAWI-erbringende Unternehmen wurde von bisher 30 Mio. Euro auf 15 Mio. € pro Unternehmen und Jahr gesenkt.
- Der Zeitraum, für den das Unternehmen mit dem Erbringen von DAWI betraut werden kann, soll nicht mehr als zehn Jahre betragen; Ausnahmen gelten für langfristige Investitionskosten (vorher gab es keine zeitliche Beschränkung).
- Der vorherige Schwellenwert für einen Jahresumsatz von weniger als 100 Mio. € in den beiden letzten Geschäftsjahren wurde ersatzlos gestrichen (vormals durften Beihilfen an Unternehmen, die diesen Schwellenwert überschritten, nicht freigestellt werden).

Die wesentlichen Vorgaben für eine Freistellung von Ausgleichsleistungen für DAWI bestehen ansonsten im Freistellungsbeschluss nahezu unverändert fort. So ist es unerheblich, ob die DAWI von einem öffentlichen oder privaten Unternehmen erbracht werden. Die Mitgliedsstaaten haben einen weiten Ermessensspielraum darüber, welche Dienstleistungen als DAWI gelten, soweit keine einschlägigen sektorspezifischen EU-Vor-

---

[182] Einen offiziellen Namen hierfür gibt es nicht; es handelt sich um einen geläufigen Terminus für ein Paket exekutiver Maßnahmen der EU-Kommission, benannt nach den Kommissaren für Wettbewerb Mario Monti (bis 2004) und Neeli Kroes (von 2004 bis 2010). Auch in Veröffentlichungen der EU wird dieser Begriff erwähnt.

schriften bestehen. Aufgabe der EU-Kommission ist es, darüber zu wachen, dass bei der Festlegung der DAWI keine offenkundigen Fehler vorliegen.[183]

Gemäß Artikel 4 des Freistellungsbeschlusses wird die DAWI mittels „eines oder mehrerer Betrauungsakte, deren Form von den einzelnen Mitgliedstaaten bestimmt werden kann", übertragen. Der Betrauungsakt muss enthalten:

- den Gegenstand und die Dauer der gemeinwirtschaftlichen Verpflichtungen
- das Unternehmen und gegebenenfalls das betreffende Gebiet
- die Art etwaiger dem Unternehmen durch die Bewilligungsbehörde gewährter ausschließlicher oder besonderer Rechte
- die Beschreibung des Ausgleichsmechanismus und der Parameter zur Berechnung, Überwachung und Änderung der Ausgleichsleistungen
- Maßnahmen zur Vermeidung und Rückforderung von Überkompensationszahlungen (Kontrolle)
- einen Verweis auf den „Freistellungsbeschluss"

Grundsätzlich können dem Unternehmen nur die Kosten ausgeglichen werden, die ihm durch die Übertragung der DAWI entstehen. Dabei berücksichtigt, also abgezogen werden müssen etwaige Erträge, die im Zusammenhang mit der übernommenen Verpflichtung ebenfalls entstehen können. Dieser Mechanismus wird als „Ausgleich der Nettokosten" bezeichnet.

Falls ein Unternehmen Tätigkeiten ausübt, die nicht im Zusammenhang mit der übernommenen DAWI-Verpflichtung stehen, müssen die Erlöse und Kosten in der Buchführung getrennt ausgewiesen werden (Trennungsrechnung). Ziel ist es, eine Quersubventionierung von nicht betrauten Tätigkeiten durch die gezahlten Ausgleichsleistungen zu verhindern.

Der zum Zeitpunkt des Verfassens dieses Leitfadens gültige Freistellungsbeschluss hätte fünf Jahre nach seinem Inkrafttreten evaluiert sein sollen, was jedoch noch nicht geschehen ist. Es steht also zukünftig offen, ob und inwieweit er erneut angepasst wird.

PRAXISTIPP: Wechselwirkung zum Steuerrecht prüfen

Das Beihilfenrecht kann in Bezug auf andere Rechtsgebiete neue Fragen, Wechselwirkungen oder sogar Widersprüche aufwerfen. So kann es vorkommen, dass Kommunen ihre Tochterunternehmen mit dem Erfüllen von DAWI betrauen und ihnen für die damit in Verbindung stehenden Belastungen beihilfenrechtskonforme

---

[183] Über die Anwendung des Freistellungsbeschlusses ist regelmäßig alle zwei Jahre an die EU-Kommission zu berichten. Infolge der Berichte nimmt die Kommission stichprobenartige Prüfungen vor. Hieraus können sich Änderungen in der Anwendung des Instruments ergeben.

Ausgleichsleistungen zukommen lassen. Diese eigentlich nicht umsatzsteuerbaren „echten Zuschüsse" werden von den Finanzämtern genauestens geprüft und nicht selten wird ein Leistungsaustauschverhältnis und damit eine Umsatzsteuerbarkeit festgestellt. Hier existiert also eine nicht unerhebliche Wechselwirkung mit dem Steuerrecht. Während eine Betrauung möglichst detaillierte Angaben zu den Ausgleichsparametern erfordert, bedarf es steuerlich eher allgemeiner Zuschussbestimmungen, um den Verdacht eines Leistungsaustauschverhältnisses zu vermeiden.

De-minimis-Verordnung und Allgemeine Gruppenfreistellungsverordnung

Weitere Möglichkeiten der Vermeidung einer Notifizierung bilden sowohl die De-minimis-Verordnung[184] und als deren Spezialregelungen die DAWI-De-minimis-Verordnung[185] sowie die Allgemeine Gruppenfreistellungsverordnung[186]. Diese bilden sekundärrechtliche Erleichterungen im Sinne von Freistellungsmöglichkeiten, sind jedoch analog des Freistellungsbeschlusses an teilweise umfängliche Bedingungen und Pflichten geknüpft. Als Verordnungen gelten sie in den Mitgliedsstaaten der EU unmittelbar, bedürfen also keines Umsetzungsaktes durch den Bundestag, wie es bei EU-Richtlinien der Fall ist.

Die beiden ersten Verordnungen können als eine Art Bagatellgrenzvorgaben interpretiert werden. Ihnen ist gemeinsam, dass bei ihrer Anwendung die Zahlung sehr geringer und zeitlich begrenzter Beihilfebeträge keine Notifizierungspflicht bei der EU-Kommission auslöst. Während für DAWI insgesamt 500.000 € in drei Steuerjahren an ein Unternehmen gewährt werden dürfen, sind es bei Leistungen, die nicht dieser Qualifizierung unterliegen, nur 200.000 € in drei Steuerjahren. Für beide Verordnungen gelten Anwendungsausnahmen für bestimmte Wirtschaftszweige sowie Vorgaben über die Dokumentenaufbewahrung und Berichterstattung.

Die wohl umfassendsten Freistellungsmöglichkeiten abseits der DAWI bietet die Allgemeine Gruppenfreistellungsverordnung (AGVO). Diese gilt in der gegenwärtig vorliegenden Fassung seit Juli 2014 bzw. mit Änderungen vom Juni 2016.[187] Ziel dieser umfassenden Freistellungsmöglichkeiten ist zum einen die Erhöhung der Rechtssicher-

---

[184]Vgl. Verordnung (EU) Nr. 1407/2013 der Kommission vom 18.12.2013 über die Anwendung von Artikel 107 und 108 des Vertrages über die Arbeitsweise der Europäischen Union auf De-minimis-Beihilfen.

[185]Vgl. Verordnung (EU) Nr. 360/2012 der Kommission vom 25.04.2012 über die Anwendung von Artikel 107 und 108 des Vertrages über die Arbeitsweise der Europäischen Union auf De-minimis-Beihilfen an Unternehmen, die Dienstleistungen von allgemeinem wirtschaftlichem Interesse erbringen.

[186]Vgl. Verordnung (EU) Nr. 651/2014 der Kommission; ABl. L 187/1 vom 26.06.2014.

[187]Vgl. Verordnung (EU) Nr. 651/2014 der Kommission (ABl. L 187/1 vom 26.06.2014) in Verbindung mit Verordnung (EU) 2017 1084 der Kommission (ABl. L 156/1 vom 20.06.2017).

heit für die öffentliche Hand und Beihilfeempfänger zur Förderung des Wachstums in der EU, die Vereinfachung der Verfahren für den Rechtsanwender sowie die Reduzierung der anfallenden Notifizierungsverfahren bei der EU-Kommission zur Lenkung der Aufmerksamkeit auf Fälle mit besonders großen Auswirkungen auf den Binnenmarkt.

Mithilfe der AGVO können Beihilfen für 13 Gruppen freigestellt werden. Für kommunale Anwender von besonderer Bedeutung sind dabei sicherlich die Beihilfen für Kultureinrichtungen, lokale Infrastrukturen, Sportstätten oder den Breitbandausbau. Für die einzelnen Beihilfegruppen gelten neben gemeinsamen Vorgaben auch jeweils besondere Bestimmungen, die Konkretisierungen vornehmen oder Schwellenwerte und Beihilfehöchstintensitäten definieren. Gemeinsam ist allen Gruppen, dass die Beihilfen transparent sein müssen (ihre Höhe muss mithin im Voraus genau berechenbar sein), damit ein Anreizeffekt verbunden ist und dass umfassende Veröffentlichungs- und Berichterstattungspflichten eingehalten werden.

Für den Anwender der Freistellungsmöglichkeiten der AGVO gilt zu beachten, dass die EU-Kommission auf Basis der erhaltenen Meldungen stichprobenartig Kontrollen durchführt und die korrekte Anwendung sowie die Einhaltung der Voraussetzungen prüft.

Weitere Sachverhalte

Neben den hier vorgestellten Instrumenten spielt die weitere Kommunikation der EU-Kommission als „Hüterin der Verträge" im Beihilfenrecht eine wesentliche Rolle. Zu nennen sind insbesondere im Internet verfügbare Arbeitsdokumente, in denen die Kommission ihre Arbeitsweise und die Entscheidungen über gemeldete Beihilfefälle vorstellt.

- Mit Blick auf die Arbeitsdokumente kann beispielsweise der „Leitfaden zur Anwendung der Vorschriften der Europäischen Union über staatliche Beihilfen, öffentliche Aufträge und den Binnenmarkt auf Dienstleistungen von allgemeinem wirtschaftlichen Interesse und insbesondere auf Sozialdienstleistungen von allgemeinem Interesse" (Europäische Kommission 2013) empfohlen werden. Darin wird etwa dargestellt, dass der Freistellungsbeschluss auf Unternehmen in Schwierigkeiten angewendet werden kann, nicht jedoch die De-minimis-Verordnungen. Auch das (gegenwärtig nur auf Englisch verfügbare) FAQ-Dokument zur AGVO kann für Verständnis- oder Prozessfragen genutzt werden (Europäische Kommission 2015/2016). Von allgemeiner Natur und hinsichtlich der Definition des Beihilfebegriffs sehr hilfreich ist die 2016 veröffentlichte Bekanntmachung der Kommission zum Begriff der staatlichen Beihilfe (Europäische Kommission 2016).[188] Weitere Dokumente können auch branchenbezogen sein und oder andere Namen tragen (z. B. „Comfort Letter").

---

[188] Die Bekanntmachung wird in der Fachliteratur häufig entsprechend dem englischen Titel *Notion of aid* als NoA abgekürzt.

- Die Entscheidungen der EU-Kommission können, obgleich sie jeweils einzelfallbezogen gefällt wurden, einen Handlungsleitfaden für die Praxis der Bewertung von Beihilfefragen bieten. In den Jahren 2015 und 2016 veröffentlichte die Kommission zwei Entscheidungspakete, die sie in der öffentlichen Kommunikation als Orientierungshilfe für lokale beihilfefreie Fördermaßnahmen der öffentlichen Hand darstellte, da der Handel zwischen den Mitgliedsstaaten nicht beeinträchtigt sei.

2.4.3 Das (europäische) Vergaberecht und die Inhouse-Vergabe

Ebenso wie das Beihilfenrecht ist auch das Vergaberecht ein wesentliches Rechtsgebiet, das im Kontext der EU-Wettbewerbspolitik zu betrachten ist. Es setzt einen Rahmen, den öffentliche Auftraggeber bei der Vergabe von Bau-, Liefer- oder Dienstleistungen zu beachten haben. Ziel ist auch hier die Herstellung eines gemeinsamen Marktes, der von Transparenz, Gleichbehandlung und Wettbewerb gekennzeichnet ist. Dadurch sollen ferner Korruption und Vetternwirtschaft verhindert und die sparsame Mittelverwendung der öffentlichen Hand erreicht werden.

Basis des Vergaberechts sind im Wesentlichen drei Richtlinien. Diese wurden Anfang 2014 als Paket verabschiedet und waren bis April 2016 durch die Mitgliedsstaaten in nationales Recht umzusetzen. Dabei handelt es sich um folgende Richtlinien:

- Richtlinie 2014/24/EU des europäischen Parlamentes und des Rates vom 26.02.2014 über die öffentliche Auftragsvergabe und zur Aufhebung der Richtlinie 2004/18/EG (Vergaberichtlinie)
- Richtlinie 2014/25/EU des europäischen Parlamentes und des Rates vom 26.02.2014 über die Vergabe von Aufträgen durch Auftraggeber im Bereich der Wasser-, Energie- und Verkehrsversorgung sowie der Postdienste und zur Aufhebung der Richtlinie 2004/17/EG (Sektorenvergaberichtlinie)
- Richtlinie 2014/23/EU des europäischen Parlamentes und des Rates vom 26.02.2014 über die Konzessionsvergabe (Konzessionsvergaberichtlinie)

Während also das Beihilfenrecht maßgeblich durch unmittelbar geltendes europäisches Recht normiert ist, wurde beim Vergaberecht der Weg über die nationalstaatliche Umsetzung gewählt. Infolge der Umsetzung der jüngsten Richtlinien erfolgten in der Bundesrepublik umfangreiche Änderungen in den vergaberechtlichen Grundlagen, also im Gesetz gegen Wettbewerbsbeschränkungen (GWB) und in den Vergabeverordnungen. Da diese jedoch nur für Vergaben oberhalb der europarechtlichen Schwellenwerte gelten, werden in der Folge auch Änderungen in den einzelnen Vergabegesetzen und gegebenenfalls der haushaltsrechtlichen Normierungen der Bundesländer (in der Regel § 55 der Haushaltsordnungen) notwendig, die auch unterhalb der Schwellenwerte anzuwenden sind. Im Jahr 2017 trat auf Bundesebene für Vergaben des Bundes eine neue integrierte Unterschwellenvergabeordnung (UVgO) in Kraft. Der Einfluss der Norm auf die Gesetzgebung der Bundesländer kann zum Zeitpunkt des Verfassens dieses Leitfadens noch nicht abgeschätzt werden.

Mit Blick auf öffentliche Unternehmen und deren Gründung ist zu beachten, dass diese trotz der Ausgliederung als öffentliche Auftraggeber gelten können, sodass sie in der Folge bei ihren Beschaffungsvorgängen dem Vergaberecht unterliegen. Ferner ist das Vergaberecht zu beachten, wenn eine kommunale Gebietskörperschaft als öffentliche Auftraggeberin Vergaben (z. B. in Form von Dienstleistungsverträgen) an eine Eigen- oder Beteiligungsgesellschaft vornehmen will, sofern nicht die spezifische Ausnahmeregelung der Inhouse-Vergabe genutzt werden kann (weiteres siehe unten).

Bei der Klärung der Frage, ob ein öffentliches Unternehmen den Vorgaben des Vergaberechts unterliegt, ist zunächst die Überschreitung des EU-Schwellenwerts zu prüfen (Abb. 2.3).

Unterhalb des EU-Schwellenwerts sind die bereits erwähnten landesrechtlichen Vorgaben einschlägig; das GWB gilt nicht. Abstrahierend kann hier davon ausgegangen werden, dass Regie- und Eigenbetriebe schon bereits aufgrund ihrer rechtlichen Unselbständigkeit zur Anwendung des Vergaberechts verpflichtet sind und folglich als öffentliche Auftraggeber gelten. Weniger eindeutig fällt das Urteil bei den Anstalten des

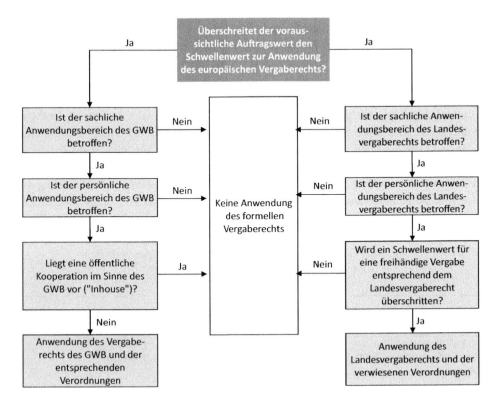

Abb. 2.3 Grobschema Prüfung Vergaberecht

öffentlichen Rechts bzw. den Kommunalunternehmen aus. So ist in Nordrhein-Westfalen beispielsweise geregelt, dass Vergaben unterhalb der Schwellenwerte dann den landesrechtlichen Normierungen unterliegen, wenn das Unternehmen der Erfüllung von durch Satzung übertragenen hoheitlichen Aufgaben dient. Es kann sich darüber hinaus eine Selbstbindung auferlegen.[189] In Brandenburg dagegen sind die Kommunalunternehmen nicht zur Einhaltung der maßgeblichen Vorgaben des § 30 der Kommunalen Haushalts- und Kassenverordnung verpflichtet; die Regelung sollte – als Ausprägung des Gebots der Wirtschaftlichkeit und Sparsamkeit – jedoch sinngemäß angewendet werden.[190] Für privatrechtliche Unternehmen gilt grundsätzlich kein Landeshaushaltsrecht; es können jedoch vergaberechtliche Vorgaben an die kommunalen Gebietskörperschaften ergehen, ihre Beteiligungen zur entsprechenden Gesetzesbefolgung zu verpflichten. Eine solche Regelung sowie eine Ausnahme sind etwa im Sächsischen Vergabegesetz enthalten.[191] Öffentliche Auftraggeber als Gesellschafter sollen demnach ihre Gesellschafterrechte zur Befolgung des Gesetzes nutzen, jedoch nicht bei Unternehmen, die mit Gewinnerzielungsabsicht tätig sind und ohne Zuwendungen aus öffentlichen Haushalten auskommen. Infolge möglicher Anpassungen der landesrechtlichen Vorgaben oder auch der Übernahme der UVgO sind an dieser Stelle gesetzliche Änderungen zu erwarten.

Oberhalb der EU-Schwellenwerte sind die Regelungen des GWB einschlägig. Demnach stellen Regie- und Eigenbetriebe sowie rechtlich nicht selbstständige Stiftungen kommunale Sondervermögen dar und sind stets als öffentliche Auftraggeber zu klassifizieren.[192] Bei den öffentlich-rechtlichen wie auch den privatrechtlichen Beteiligungen ist gesetzlich definiert, dass diese dann als öffentliche Auftraggeber gelten, wenn sie zu dem besonderen Zweck gegründet wurden, im Allgemeininteresse liegende Aufgaben nichtgewerblicher Art zu erfüllen. Die Eigenschaft als öffentlicher Auftraggeber liegt aber gleichzeitig nur dann vor, wenn ein oder mehrere öffentliche Auftraggeber das Unternehmen überwiegend finanzieren, seine Leitung kontrollieren oder mehr als die Hälfte der Mitglieder des Leitungs- oder Aufsichtsorgans bestimmt haben.[193] Während also die Fragen der Finanzierung, Kontrolle und Organbesetzung relativ einfach beantwortet werden können, liegt der Sachverhalt bei der Bestimmung der Begriffe „Allgemeininteresse" und „Tätigkeit nichtgewerblicher Art" nicht zweifelsfrei auf der Hand. Für beide ist eine gesonderte Prüfung vorzunehmen, da zwar eine Vielzahl von Entscheidungen sowohl des EuGH als auch der nationalen Gerichte und Vergabekammern vorliegt, sich Generalisierungen aber nichtsdestoweniger verbieten.

---

[189]Vgl. § 8 der Kommunalunternehmensverordnung des Landes Nordrhein-Westfalen (KUV-NRW).

[190]Vgl. Rundschreiben des Ministerium des Innern zum Kommunalen Auftragswesen im Land Brandenburg (Gesch.Z.: III/1-313-35/2011) vom 17.03.2011 mit Stand 30.09.2015.

[191]Vgl. § 2 Abs. 3 i. V. m. Abs. 4 SächsVergabeG.

[192]Vgl. § 99 Abs. 1 Nr. 1 GWB.

[193]Vgl. § 99 Abs. 1 Nr. 2 GWB.

Darüber hinaus sind vergaberechtliche Vorgaben durch Sektorenauftraggeber und Konzessionsgeber zu beachten.[194]

Inhouse-Vergaben zwischen Auftraggebern und deren Gesellschaften
Ein Spezialthema, das kommunale Gebietskörperschaften und deren Beteiligungsunternehmen betrifft, soll an dieser Stelle etwas genauer betrachtet werden. Es handelt sich dabei um Anwendungsausnahmen des Vergaberechts bei der öffentlich-öffentlichen Zusammenarbeit, besser bekannt als Inhouse-Vergaben. Unter diesem Terminus versteht man die Vergabe eines öffentlichen Auftraggebers an einen rechtlich selbstständigen, jedoch durch selbigen Auftraggeber kontrollierten Auftragnehmer, die ohne Ausschreibung erfolgen kann. Maßgeblicher Entwicklungstreiber war hier bis zum Inkrafttreten der neuen Vergaberichtlinie der Europäische Gerichtshof (EuGH), der durch seine Rechtsprechung die Grenzen dieser Form zuerst formulierte. Als Basis gilt dabei das Teckal-Urteil aus dem Jahr 1999, das die zwei wesentlichen Kriterien der Inhouse-Vergabe definiert:[195]

- Der Auftraggeber muss das zu beauftragende Unternehmen wie eine eigene Dienststelle kontrollieren (Kontrollkriterium).
- Das zu beauftragende Unternehmen muss im Wesentlichen für den Auftraggeber tätig sein (Wesentlichkeits- bzw. Tätigkeitskriterium).

Mit der Umsetzung der Vergaberichtlinie durch die Bundesrepublik Deutschland als Mitgliedsstaat der Europäischen Union und der Verabschiedung des Gesetzes über die Modernisierung des Vergaberechts Ende 2015, das seine diesbezügliche Gültigkeit seit dem 18.04.2016 entfaltet, sind nunmehr erstmals klare gesetzliche Vorgaben für die öffentlichen Auftraggeber vorhanden.

Das Artikelgesetz nahm hierzu Änderungen des GWB vor und fügte im Speziellen § 108 neu ein. Dieser regelt in acht Absätzen die Details der Inhouse-Vergabe. Dabei wurden die vom EuGH entwickelten Kriterien der Kontrolle und der wesentlichen Tätigkeit beibehalten. Folgende Spezifika sind zu beachten:

- Kontrollkriterium: Die Kontrolle des Auftragnehmers wie eine eigene Dienststelle wird dann vermutet, wenn durch den Auftraggeber ein ausschlaggebender Einfluss auf die strategischen Ziele und die wesentlichen Entscheidungen genommen werden kann. Die Kontrolle kann auch mittelbar über eine juristische Person ausgeübt werden, über die der Auftraggeber eine Kontrollmöglichkeit in gleicher

---

[194]Vgl. § 100, 101 GWB.
[195]Vgl. BGH, Urteil vom 18.11.1999, C 107/98.

Weise hat. Schädlich ist (mit sehr geringen Ausnahmen) eine direkte private Kapitalbeteiligung.[196] Die Durchführung der Kontrolle ähnlich der einer eigenen Dienststelle ist auch durch mehrere öffentliche Auftraggeber gemeinsam möglich.[197]

- Wesentlichkeits- bzw. Tätigkeitskriterium: Es erfolgte die gesetzliche Definition eines Schwellenwerts. Der Auftragnehmer ist im Wesentlichen für den Auftraggeber tätig, wenn mehr als 80 % seiner Tätigkeiten der Ausführung von Aufgaben dienen, mit denen er vom Auftraggeber oder einem durch diesen ebenfalls wie eine eigene Dienststelle kontrollierten Auftragnehmer betraut wurde. Zur Bestimmung dieses Schwellenwerts wird der Umsatz des potenziellen Auftragnehmers in den drei Jahren vor der geplanten Inhouse-Vergabe betrachtet; alternative tätigkeitsgestützte Kriterien sind möglich.[198]

Die Regelungen zur Inhouse-Vergabe gelten auch für Sektorenauftraggeber und Konzessionsgeber.[199]

Eine weitere Klarstellung liegt darin, dass öffentliche Unternehmen, die gleichzeitig öffentliche Auftraggeber im Sinne des GWB sind, Aufträge ohne Ausschreibung an die sie kontrollierende Gesellschafterin (sogenannte inverse Inhouse-Vergabe) und an andere ebenfalls kontrollierte Unternehmen wie „Schwesterunternehmen" (sogenannte horizontale Inhouse-Vergabe) vergeben können.[200]

Eine weitere Besonderheit ist im Rahmen der Wechselwirkungen zwischen dem Vergabe- und dem Beihilfenrecht zu beachten. Die Inhouse-Vergabe eines Dienstleistungsauftrags, etwa im DAWI-Bereich von einer kommunalen Gebietskörperschaft an eine Eigengesellschaft, stellt unter Einhaltung der genannten Voraussetzungen vergaberechtlich kein Problem dar. Da jedoch der ausschreibungsfreie Weg gewählt wurde, kann durch den Auftraggeber nicht ohne weiteres nachgewiesen werden, dass das Leistungsverhältnis marktüblichen Gegebenheiten entspricht. In diesem Fall kann eine beihilfenrechtlich relevante Begünstigung vorliegen, die Zahlung also eine Beihilfe im Sinne von Artikel 107 Abs. 1 AEUV sein. Hier empfiehlt sich entweder die Durchführung eines Nachweises zur Feststellung der Beihilfefreiheit auf der Tatbestandsebene – etwa durch Aufzeigen, dass die Maßnahme nur lokale Wirkung entfaltet oder marktüblich ist – oder die Freistellung der Beihilfe.[201]

---

[196]Vgl. § 108 Abs. 1, 2 GWB.

[197]Vgl. § 108 Abs. 4, 5 GWB.

[198]Vgl. § 108 Abs. 1, 7 GWB.

[199]Vgl. § 108 Abs. 8 GWB.

[200]Vgl. § 108 Abs. 3 GWB.

[201] Siehe auch Abschn. 2.4.2 EU-Beihilfenrecht.

Literatur

Appel, Helga. 2017. § 3 Arbeitnehmer, § 98 Betriebsübergang/Umwandlung und Betriebsverfassung. In *Arbeitsrecht. Handbuch für die Praxis*, Hrsg. von Michael Kittner, Bertram Zwanziger, Olaf Deinert, und Johannes Heuschmid, 15 ff., 1782 ff. Frankfurt a. M.: Bund-Verlag.

Becker, Ralf. 2015. Personengesellschaften. In *Rechtspraxis der kommunalen Unternehmen*, Hrsg. von Gabriele Wurzel, Alexander Schraml, und Ralph Becker, 225–238. München: Verlag C.H. Beck.

Bremeier, Wolfram, und Gundula Ritschel. 1998. Rechtsformen städtischer Beteiligungen (Teil 1). Auf eigenen Füßen. Die Kommunalwirtschaft. *der gemeinderat* 4 (1998): 52 f.

Bremeier, Wolfram, und Torsten Hammer. 1998. Rechtsformen städtischer Beteiligungen (Teil 4). Über die Grenzen. Der Zweckverband. *der gemeinderat* 7–8 (1998): 44 f.

Bundeskartellamt. 2015. Bundeskartellamt und Stadtwerke Leipzig einigen sich auf Senkung der Fernwärmepreise, Pressemitteilungen des Bundeskartellamtes. https://bit.ly/2TyMEvB. Zugegriffen: 11. Sept. 2020.

Bundeskartellamt. 2016. Wasserbericht des Bundeskartellamtes, Pressemitteilungen des Bundeskartellamtes. https://bit.ly/2zlnfwW. Zugegriffen: 11. Sept. 2020.

Büsching, Knut, Jens Homann, und Thomas Wiese. 2012. *Das Europäische Beihilfenrecht. Ein Leitfaden für die Praxis*. 4. Auflage Berlin: o. A.

Cronauge, Ulrich und Stefanie Pieck. 2016. *Kommunale Unternehmen*. 6. Auflage. Berlin: Erich Schmidt Verlag.

Europäische Kommission. 2005. *Entscheidung der Kommission vom 28.11.2005 über die Anwendung von Artikel 86 Absatz 2 EG-Vertrag auf staatliche Beihilfen, die bestimmten mit der Erbringung von Dienstleistungen von allgemeinem wirtschaftlichem Interesse betrauten Unternehmen als Ausgleich gewährt werden (K[2005] 2673)*. Brüssel.

Europäische Kommission. 2011. *Beschluss der Kommission vom 20.12.2011 über die Anwendung von Artikel 106 Absatz 2 des Vertrags über die Arbeitsweise der Europäischen Union auf staatliche Beihilfen in Form von Ausgleichsleistungen zugunsten bestimmter Unternehmen, die mit der Erbringung von Dienstleistungen von allgemeinem wirtschaftlichem Interesse betraut sind (K[2011] 9380)*. Brüssel.

Europäische Kommission. 2013. *Leitfaden zur Anwendung der Vorschriften der Europäischen Union über staatliche Beihilfen, öffentliche Aufträge und den Binnenmarkt auf Dienstleistungen von allgemeinem wirtschaftlichem Interesse und insbesondere auf Sozialdienstleistungen von allgemeinem Interesse (SWD[2013] 53 final/2)*. Brüssel.

Europäische Kommission. 2015/2016. *General block exemption regulation (GBER). Frequently asked questions*. Brüssel.

Europäische Kommission. 2016. *Bekanntmachung der Kommission zum Begriff der staatlichen Beihilfe im Sinne des Artikels 107 Absatz 1 des Vertrags über die Arbeitsweise der Europäischen Union (2016/C 262/01)*. Brüssel.

Fabry, Beatrice. 2011. Organisationsformen öffentlicher Unternehmen. In *Unternehmen der öffentlichen Hand*, Hrsg. von Beatrice Fabry und Ursula Augsten, 35–83. Baden-Baden: Nomos.

Gaß, Andreas. 2015. Kommunalrechtliche Rahmenbedingungen. In *Rechtspraxis der kommunalen Unternehmen*, Hrsg. von Gabriele Wurzel, Alexander Schraml, und Ralph Becker, 51–120. München: Verlag C.H. Beck.

Goldmann, Andreas, Michael Tirpitz, und Robert Uhlemann. 2018. Mammutaufgabe Umsatzsteuer. *Der Neue Kämmerer* 1 (2018): 15.

Hellermann, Johannes. 2012. Handlungsformen und Handlungsinstrumentarien wirtschaftlicher Betätigungen. In *Handbuch Kommunale Unternehmen,* Hrsg. von Werner Hoppe, Michael Uechtritz, und Hans-Joachim Reck, 129–214. 3. Auflage. Köln: Verlag Dr. Otto Schmidt KG.

Helm, Thorsten und Christian Bischoff. 2020. Rücknahme der Vorlage zum EuGH: Steuerlicher Querbunde nun gesichert? In *Public Governance, Sommer 2020*

Hessen, Land. 2015. *Handbuch Europäisches Beihilferecht für Kommunen und kommunale Unternehmen.* Hrsg. von Hessisches Ministerium für Wirtschaft, Energie, Verkehr und Wohnen. Wiesbaden: o. A.

Lutter, Marcus und Peter Hommelhoff. 2012. *GmbH-Gesetz. Kommentar.* Köln: Verlag Dr. Otto Schmidt KG.

Naendrup, Christoph. 2015. Kartell- und Wettbewerbsrecht. In *Rechtspraxis der kommunalen Unternehmen,* Hrsg. von Gabriele Wurzel, Alexander Schraml, und Ralph Becker, 549–602. München: Verlag C.H. Beck.

Oberfinanzdirektion Nordrhein-Westfalen. 2014. *Besteuerung der juristischen Personen des öffentlichen Rechts. Arbeitshilfe.* Köln: o. A.

Richardi, Reinhard. 2018. *Betriebsverfassungsgesetz. Kommentar.* Hrsg. von Reinhard Richardi. 16. Auflage. München: Verlag C.H. Beck.

Ronellenfitsch, Michael und Lisa Ronellenfitsch. 2012. Voraussetzungen und historische Entwicklung privatwirtschaftlicher Betätigung der Kommunen. In *Handbuch Kommunale Unternehmen,* Hrsg. von Werner Hoppe, Michael Uechtritz, und Hans-Joachim Reck, 1–15. Köln: Verlag Dr. Otto Schmidt KG.

Schäfer, Michael. 2014. *Kommunalwirtschaft. Eine gesellschaftspolitische und volkswirtschaftliche Analyse.* Wiesbaden: Springer Gabler.

Schaub, Günter, Ulrich Koch, und Rüdiger Linck. 2002. *Arbeitsrechts-Handbuch. Systematische Darstellung und Nachschlagewerk für die Praxis.* Hrsg. von Schaub, Günter, Ulrich Koch, und Rüdiger Linck. München: Verlag C.H. Beck.

Seibt, Christoph H. 2010. § 77 Geschäftsführung. In *Aktiengesetz. Kommentar,* Hrsg. von Karsten Schmidt und Marcus Lutter, 1060–1075. Köln: Verlag Dr. Otto Schmidt KG.

Tegtmeier, André und Raimund Otto. 1998. Rechtsformen städtischer Beteiligungen (Teil 3). Vier Organe. Der Eigenbetrieb. *der gemeinderat* 6 (98): 50 f.

Uechtritz, Michael, Olaf Otting, und Udo H. Olgemöller. 2012. Kommunalrechtliche Voraussetzungen für die wirtschaftliche Betätigung. In *Handbuch Kommunale Unternehmen,* Hrsg. von Werner Hoppe, Michael Uechtritz, und Hans-Joachim Reck, 63–128. Köln: Verlag Dr. Otto Schmidt KG.

Vossen, Reinhard. 2017. Neuntes Buch Sozialgesetzbuch. Rehabilitation und Teilhabe behinderter Menschen. In *Kündigungsrecht. Großkommentar zum gesamten Recht der Beendigung von Arbeitsverhältnissen,* Hrsg. von Reiner Ascheid, Ulrich Preis, und Ingrid Schmidt, 2011–2016. München: Verlag C.H. Beck.

Weber, Michael und Dirk Mrowka. 1998. Rechtsformen städtischer Beteiligungen (Teil 2). Geringe Bedeutung. Der Regiebetrieb. *der gemeinderat* 5 (98): 66 f.

Zöllner, Wolfgang, und Alfred Hueck. 2017. GmbHG § 37. In *GmbHG. Kommentar,* Hrsg. von Adolf Baumbach und Alfred Hueck. München: Verlag C.H. Beck.

Der Lebenszyklus des Unternehmens: Gründung, Veränderung, Beendigung

3

3.1 Überblick über die Aufgaben des Beteiligungsmanagements hinsichtlich des Lebenszyklus kommunaler Unternehmen

Jedes Unternehmen hat einen speziellen Lebenszyklus, mit dessen Phasen jeweils unterschiedliche Aufgaben des Beteiligungsmanagements verbunden sind. Diese stellen sich überblicksartig wie folgt dar:

- Innerhalb der Verwaltung und/oder der Politik wird über die Gründung oder den Erwerb eines Unternehmens bzw. die Beteiligung an einem solchen diskutiert. Das Beteiligungsmanagement sollte in der Lage sein, diese Diskussionen zu unterstützen, unterschiedliche Alternativen abzuwägen, die strategische Diskussion fundiert zu bereichern und allen Beteiligten die für die Entscheidung notwendigen Informationen zur Verfügung zu stellen. Dabei sind innerhalb des Beteiligungsmanagements einerseits juristische Kenntnisse sinnvoll – insbesondere die des jeweiligen Kommunalrechts, aber auch Grundlagen des Gesellschafts- und des Steuerrechts –, anderseits sollten betriebswirtschaftliche Erfahrungen vorhanden sein, um die Szenarien für den wirtschaftlichen Betrieb angemessen beurteilen zu können.
- Das Unternehmen wird gegründet oder erworben bzw. die kommunale Gebietskörperschaft beteiligt sich an einem bereits bestehenden Unternehmen. Zu den Aufgaben des Beteiligungsmanagements gehört es, den Beschluss der politischen Vertretungskörperschaft entsprechend der kommunalrechtlichen und sonstigen rechtlichen Vorgaben vorzubereiten. In diesem Zusammenhang ist die Erstellung der vielfältigen Beschlussbestandteile zu koordinieren: Darstellung von Chancen und Risiken der beabsichtigten unternehmerischen Betätigung, Abwägen der Vor- und Nachteile der

A. Tegtmeier, *Praxisleitfaden Kommunales Beteiligungsmanagement*, https://doi.org/10.1007/978-3-658-34243-2_3

Rechtsformen, Klärung der wirtschaftlichen Auswirkungen, Erstellung der Satzung
bzw. des Gesellschaftsvertrags, Aufbringen des (Stamm-)Kapitals, Bestellung der
Geschäftsführung und anderes mehr.

Ist der Beschluss erfolgt, sind weitere Angelegenheiten voranzutreiben, bei denen das
Beteiligungsmanagement unterstützen kann: Einholen der Genehmigung der Rechtsaufsichtsbehörde, Durchführung eines Notartermins und weiteres mehr.

- Das Unternehmen erbringt seine Aufgaben. Das Beteiligungsmanagement nutzt
  unter anderem Instrumente des Beteiligungscontrollings[1] und prüft auf dieser Grundlage, ob die wirtschaftlichen Anforderungen an das Unternehmen umgesetzt und die
  Leistungen entsprechend den kommunalen Vorgaben erbracht werden.
- Das Unternehmen gerät in eine Problemlage. Das Beteiligungsmanagement erkennt
  kritische Entwicklungen rechtzeitig, weist die Entscheider in Verwaltung und Politik
  darauf hin und beteiligt sich an der Entwicklung von Strategien und Maßnahmen zur
  Beseitigung der Probleme.
- Das Unternehmen wird verändert. Beispielsweise können sich seine Aufgaben-
  stellung, die Gesellschafterstruktur oder die Rechtsform verändern oder es kann mit
  anderen Unternehmen fusionieren. Das Beteiligungsmanagement unterstützt die Entscheiderinnen und Entscheider in Verwaltung und politischer Vertretungskörperschaft
  bei diesen Prozessen konstruktiv und sorgt für die Berücksichtigung der Interessen
  der kommunalen Gebietskörperschaft.
- Das Unternehmen wird veräußert oder beendet, letzteres weil etwa kein öffentlicher
  Zweck mehr vorhanden ist oder das Unternehmen nur zur Erreichung eines
  temporären Ziels gegründet worden war. Das Beteiligungsmanagement ist auch in
  dieser Phase ein wichtiger Ansprechpartner, der die Interessen der kommunalen
  Gebietskörperschaft als Eigentümerin im Blick hat.

In den folgenden Kapiteln wird detailliert dargestellt, was aus Sicht der kommunalen
Gebietskörperschaft und des Beteiligungsmanagements bei derartigen Vorhaben zu
beachten ist.

3.2   Rechtsformwahl

Soll ein kommunales Unternehmen errichtet oder umgewandelt werden, muss die
kommunale Gebietskörperschaft eine Rechtsform festlegen. Diese Abwägung ist
abhängig von der zu erfüllenden Aufgabe sowie den Zielen der kommunalen Gebietskörperschaft und bedarf einer einzelfallspezifischen Entscheidung. Sie wird dabei
zumeist durch das Beteiligungsmanagement unterstützt.

---

[1] Siehe auch Abschn. 4.5 Das ABC des Beteiligungscontrollings.

Selbstverständlich gibt es zwischen den einzelnen infrage kommenden Rechtsformen, die ausführlich in Abschn. 2.2 „Rechtsformen kommunaler Unternehmen" vorgestellt werden, grundsätzliche Besonderheiten:

- Es gibt nicht rechtsfähige Einrichtungen (Regiebetrieb, Eigenbetrieb) und rechtsfähige juristische Personen (Anstalt des öffentlichen Rechts, Zweckverband, Rechtsformen des Privatrechts).
- In der Form der betrieblichen Mitbestimmung unterscheiden sich öffentlich-rechtliche und privatrechtliche Rechtsformen (Personalvertretungs- oder Betriebsverfassungsgesetz).
- Manche Rechtsformen sind bundeseinheitlich (Rechtsformen des Privatrechts), andere sind auf landesgesetzlicher Basis (Eigenbetrieb, Zweckverband, AöR) oder auch gar nicht (Regiebetrieb) geregelt.
- Die Haftung der kommunalen Gebietskörperschaft kann unbegrenzt (Regiebetrieb, Eigenbetrieb, Zweckverband) oder begrenzt sein (GmbH, AG, Stiftung).
- Es kann gar keine oder geringe Gründungskosten geben (Regiebetrieb, Eigenbetrieb, Zweckverband) oder höhere, z. B. durch Notarkosten (AöR, private Rechtsform).

Darüber hinaus bestehen viele weitere Spezifika der einzelnen Rechtsformen. Allerdings sind in der Praxis nur die wenigsten Rechtsformunterschiede für die kommunale Gebietskörperschaft wirklich entscheidungsrelevant. Beim Abwägen zwischen den verschiedenen Rechtsformen können die folgenden Abwägungskriterien weiterhelfen:

1. Kriterium: Vorgaben der Kommunalverfassung
Zwingend sind zunächst die Vorgaben der Kommunalverfassung zu beachten. Sehen diese oder andere Landesgesetze beispielsweise keine Anstalt des öffentlichen Rechts vor, scheidet diese Rechtsform aus. Gleiches gilt, wenn die Rechtsform der Aktiengesellschaft von einschränkenden Bedingungen abhängig gemacht wird oder nicht zulässig ist.

Die meisten Kommunalverfassungen bevorzugen öffentlich-rechtliche Rechtsformen, indem sie höhere Hürden für die Verwendung einer privaten Rechtsform anlegen.[2] In Einzelfällen wird auch die Nachrangigkeit privater Rechtsformen vorgeschrieben.[3] Dann kann beispielsweise eine kommunale GmbH nur gegründet werden, wenn nachgewiesen wird, dass sie den öffentlich-rechtlichen Rechtsformen faktisch überlegen ist.

---

[2] Sicherstellen eines angemessenen Einflusses der kommunalen Gebietskörperschaft, insbesondere im Aufsichtsrat oder in einem entsprechenden Überwachungsorgan des Unternehmens, teils detaillierte Vorgaben für die Gestaltung des Gesellschaftsvertrages etc.

[3] Siehe Anlage 8.1 Übersicht Kommunalrecht. Beispiel Sachsen-Anhalt: Eine Rechtsform des Privatrechts ist nur dann erlaubt, wenn „der öffentliche Zweck des Unternehmens nicht ebenso durch einen Zweckverband, einen Eigenbetrieb oder eine Anstalt des öffentlichen Rechts erfüllt wird oder erfüllt werden kann"; § 117 Abs. 1 Nr. 1 GO LSA.

2. Kriterium: Anforderungen an die Unternehmenstätigkeit, die in einzelnen Rechtsformen nicht umsetzbar sind

Bestimmte Ansprüche, die an das neue Unternehmen gestellt werden, können einzelne Rechtsformen ausschließen. In diesem Zusammenhang sind insbesondere folgende Anforderungen zu nennen:

- An dem neuen Unternehmen sollen sich (private) Dritte beteiligen können.
  In diesem Fall scheiden die nicht rechtsfähigen Rechtsformen (Regie- und Eigenbetrieb) aus. Bei der Anstalt des öffentlichen Rechts bestimmen die jeweiligen rechtlichen Vorgaben, ob die Beteiligung Dritter möglich ist.
- Das Unternehmen soll bei Auftragsvergaben der kommunalen Gebietskörperschaft inhousefähig[4] sein.
  Das ist bei der Aktiengesellschaft nicht möglich, da der Vorstand weisungsfrei ist[5] und der öffentliche Auftraggeber keine „ähnliche Kontrolle wie über seine eigenen Dienststellen"[6] ausüben kann.
- Das Unternehmen soll sein Personal nicht nach dem TVöD bezahlen und nicht Mitglied in der Vereinigung der kommunalen Arbeitgeberverbände (VKA) werden.
  Hier muss eine rechtsfähige Rechtsform gewählt werden; Regie- und Eigenbetrieb scheiden aus. Gleichwohl ist zu bedenken, dass es für eine kommunale Gebietskörperschaft eine politische Gratwanderung sein dürfte, eine „Billiglohngesellschaft" zu gründen. Auch sollte die Attraktivität als Arbeitgeber im Blick behalten werden, um in der zunehmend schwierigen Situation bei der Gewinnung und Bindung von Fachkräften bestehen zu können.
- Das Unternehmen soll Beamte beschäftigen können (Dienstherrenfähigkeit).
  In diesem Fall muss sich die kommunale Gebietskörperschaft zwischen den einzelnen öffentlich-rechtlichen Rechtsformen entscheiden.
- Die Haftung der kommunalen Gebietskörperschaft soll über ein echtes Haftungskapital hinaus ausgeschlossen sein, etwa weil die Tätigkeit des Unternehmens mit wirtschaftlichen Risiken verbunden ist.
  Das spricht primär für die GmbH.[7] Allerdings ist zu beachten, dass sich im Zweifel kaum eine kommunale Gebietskörperschaft leisten kann, ihr Unternehmen im Fall einer wirtschaftlichen Schieflage nicht finanziell zu unterstützen.

---

[4] Siehe auch Abschn. 2.4.3 Das (europäische) Vergaberecht und die Inhouse-Vergabe.

[5] Vgl. § 76 Abs. 1 AktG.

[6] § 108 Abs. 1 Nr. 1 GWB.

[7] Grundsätzlich können auch andere Rechtsformen wie die Aktiengesellschaft oder die Stiftung gewählt werden; sie scheiden aber bei der Rechtsformwahl regelmäßig aus anderen Gründen aus (siehe unten). In jedem Fall sollte in den Gesellschaftsverträgen/Satzungen eine Nachschusspflicht der kommunalen Gebietskörperschaft ausgeschlossen oder zumindest begrenzt werden.

- Es soll zu Kreditaufnahmen außerhalb des kommunalen Haushalts kommen.
  In diesem Fall scheiden nicht rechtsfähige Rechtsformen aus.
- Die Kosten der zukünftigen Dienstleistungen gegenüber den Nutzern müssen durch die Erhebung von Gebühren erfolgen (Satzung, Benutzungsordnung).
  Das spricht zunächst für eine öffentlich-rechtliche Rechtsform. Allerdings können auch privatrechtliche Eigen- oder Beteiligungsgesellschaften mit der Leistungserbringung beauftragt werden, wobei die Vorgaben des öffentlichen Preisrechts zu berücksichtigen sind.
- Das neue Unternehmen soll perspektivisch über Tochtergesellschaften verfügen.
  Bei dieser Anforderung scheidet der Regiebetrieb aus. Ansonsten sind Beteiligungen des Unternehmens grundsätzlich in jeder Rechtsform möglich, allerdings bei Eigenbetrieben nur im Sinne der Zuordnung von Wirtschaftsgütern.

3. Kriterium: Besteuerung der einzelnen Rechtsformen[8]

Ein wichtiges Kriterium zur Rechtsformwahl stellen Unterschiede in der Besteuerung dar. Beispielsweise gibt es unterschiedliche steuerliche Belastungen der GmbH und der GmbH & Co. KG (Körperschaftsteuer). Daher sollten vor der Entscheidung die steuerlichen Implikationen betrachtet werden, um zu klären, ob eine Rechtsform vorteilhafter ist als die andere.

Sofern Leistungsbeziehungen zwischen der kommunalen Gebietskörperschaft und dem Unternehmen bestehen, ergibt sich eine Unterscheidung in der Umsatzbesteuerung. Das gilt sowohl für Leistungen des Unternehmens für die kommunale Gebietskörperschaft als auch umgekehrt. Bei privatrechtlichen Gesellschaften – und unter Beachtung der spätestens ab 2021 geltenden Rechtslage der §§ 2, 2b Umsatzsteuergesetz – sind Leistungen in aller Regel stets umsatzsteuerbar.[9] Existiert hingegen eine entgeltliche Leistungsbeziehung zwischen der kommunalen Gebietskörperschaft und ihrem Eigenbetrieb, so bleiben die Einnahmen auch zukünftig aufgrund der fehlenden Rechtspersönlichkeit des Eigenbetriebs nicht umsatzsteuerbar, da letztlich ein Leistungsaustauschverhältnis innerhalb der juristischen Person der kommunalen Gebietskörperschaft stattfindet.

4. Kriterium: Präferenzen des Marktes

Um eine Auswahl zwischen den vielfältigen Rechtsformalternativen für kommunale Unternehmen vornehmen zu können, können weitere Entscheidungskriterien herangezogen werden, die unter den gegebenen Umständen die optimale Rechtsformwahl gewährleisten sollen. Ausschlaggebend kann auch die Erwartung der Partner sein, mit denen das Unternehmen zusammenarbeiten soll.

---

[8] Siehe auch Abschn. 2.3.4 Steuerrecht.

[9] Offengelassen sei an dieser Stelle, ob zwischen der kommunalen Gebietskörperschaft und der privatrechtlichen Eigengesellschaft eine umsatzsteuerliche Organschaft besteht.

Es ist sicherlich kein Zufall, dass die Stiftung als Rechtsform für kommunale Betriebe zwar eher selten ist, insbesondere im Kulturbereich aber immer wieder zu finden ist.[10] Das liegt nicht zuletzt darin begründet, dass im angelsächsischen Raum Eigenbetriebe und Anstalten öffentlichen Rechts weitgehend unbekannt, dagegen aber Stiftungen verbreitet sind. Wenn etwa ein Museum aus dem Ausland um Leihgaben gebeten wird, kann es sich allein schon aus Risikogründen mit der Stiftung leichter tun als mit einer Gesellschaft mit beschränkter Haftung.

5. Kriterium: Wirtschaftliches Handeln und Agieren am Markt
Es ist ein Mythos, dass privatrechtliche gegenüber öffentlich-rechtlichen Rechtsformen per se Vorteile im Hinblick auf höhere Effizienz, flexiblere Marktreaktion und größeren Gewinn bieten. Im Gegenteil ist unternehmerisches Handeln grundsätzlich in jeder Rechtsform realisierbar.

Dennoch sind einige Rechtsformen aufgrund ihrer rechtlichen Konstruktion eher ungeeignet für den Betrieb eines wirtschaftlichen Unternehmens, das sich in einem wandelnden Marktumfeld behaupten und seine Produkte oder Dienstleistungen regelmäßig veränderten Bedingungen anpassen muss. Das betrifft drei Rechtsformen:

- Der Regiebetrieb eignet sich hervorragend für reine Hilfsbetriebe der kommunalen Gebietskörperschaft. Eine Tätigkeit am Markt wäre hingegen angesichts der fehlenden Budgethoheit und der vollständigen Einbindung in die kommunalen Abläufe und Entscheidungsprozesse nicht sehr erfolgversprechend.
- Der Zweckverband, mit dem die Rechtsverhältnisse seiner Mitgliedskommunen nachgebildet werden, hat seine Stärken bei der Realisierung der interkommunalen Zusammenarbeit und der Führung von Monopolbetrieben, etwa in der Wasser- oder Abfallentsorgung. Zur aussichtsreichen Bewegung am Markt ist er ebenso wenig geeignet wie die kommunale Gebietskörperschaft selbst.
- Die rechtsfähige Stiftung des öffentlichen wie des privaten Rechts ist durch den definierten Willen der Stifter geprägt (hier den der kommunalen Gebietskörperschaft), der nicht ohne weiteres geändert werden kann.[11] Es handelt sich in der Gesamtschau um eine eher unflexible Rechtsform, die zur Organisation eines wirtschaftlichen Unternehmens kaum geeignet ist.

---

[10] Siehe auch Abschn. 2.2.9 Rechtsfähige Stiftung des öffentlichen oder des privaten Rechts.

[11] Für die Stiftung des Privatrechts ist die Vorgabe von § 87 Abs. 1 BGB zu beachten: „Ist die Erfüllung des Stiftungszwecks unmöglich geworden oder gefährdet sie das Gemeinwohl, so kann die zuständige Behörde der Stiftung eine andere Zweckbestimmung geben oder sie aufheben."

6. Kriterium: Steuerung und Kontrolle durch die kommunale Gebietskörperschaft
Selbstverständlich bestehen Unterschiede in der Steuerung der einzelnen Rechtsformen, da sie unterschiedliche Organe und rechtliche Konstruktionsvorgaben haben. So ist ein Eigenbetrieb anders zu steuern als eine GmbH.

Bei der Frage, welche Organisationsform für ein bestimmtes wirtschaftliches Unternehmen optimal ist, wird die Auswirkung der Rechtsform gemeinhin jedoch deutlich überbewertet. Schließlich können bei den für kommunale Unternehmen gebräuchlichsten Rechtsformen große Unterschiede in der Gestaltung liegen: Es gibt nicht *die* GmbH oder *den* Eigenbetrieb oder *die* Anstalt des öffentlichen Rechts. Insbesondere hinsichtlich der Steuerung des Unternehmens durch die kommunale Gebietskörperschaft und die Machtverteilung zwischen den einzelnen Unternehmensorganen besteht in der konkreten Ausgestaltung der jeweiligen Rechtsform zumeist großer Gestaltungsspielraum.

Somit kommt es auf die konkreten Spielräume an, die die kommunale Gebietskörperschaft einer Unternehmensleitung im Rahmen der Wirtschaftsführung überlässt: So kann der Leitung eines Eigenbetriebs so viel Bewegungsfreiheit gegeben werden, dass der Betrieb effizient und effektiv geführt wird. Genauso kann die Geschäftsführung einer GmbH durch eine entsprechende Ausgestaltung des Gesellschaftsvertrags oder durch häufige Eingriffe mittels Weisungsrecht der Gesellschafter so stark eingeschränkt werden, dass sie kaum noch in der Lage ist, eigenständige Entscheidungen zu treffen (Tegtmeier und Otto 1998, S. 50 f.).

Gleichwohl gibt es Rechtsformen, die aus Steuerungssicht eher kritisch zu bewerten sind:

- Die Aktiengesellschaft kann sich dem Einfluss des kommunalen Anteilseigners leicht entziehen. Ihr Vorstand ist ausschließlich am Wohl der AG orientiert und unterliegt keinerlei Weisungen.[12] Eine Abberufung des Vorstandes ist nur aus wichtigem Grund möglich.[13] Daher haben einige Kommunalverfassungen festgelegt, dass eine Aktiengesellschaft von der kommunalen Gebietskörperschaft nur betrieben werden darf, wenn der öffentliche Zweck in dieser Rechtsform besser als in jeder anderen erfüllt werden kann.[14]
- Der Zweckverband ist für Mitglieder mit kleinem Stimmenanteil aus Steuerungssicht eine schwierige Rechtsform, da je nach landesrechtlicher Vorgabe nur eingeschränkte Minderheitsrechte für die Mitgliedskommunen existieren.[15]

---

[12] Vgl. § 76 Abs. 1 AktG.

[13] Vgl. § 84 Abs. 3 AktG.

[14] Siehe Anlage 8.1 Übersicht Kommunalrecht.

[15] Siehe auch Abschn. 2.2.5 Zweckverband.

3.3 Gründung und Erwerb bzw. Beteiligung an unmittelbaren Unternehmen

3.3.1 Varianten von Unternehmensgründung und -erwerb

Wie oben dargestellt, steht es der kommunalen Gebietskörperschaft im Rahmen der bestehenden Gesetze frei, darüber zu entscheiden, in welcher Form sie ihre Aufgaben erfüllen will. Es stellt sich also die Frage, ob sie dies in der unmittelbaren Kommunalverwaltung tun oder hierfür eigens ein Unternehmen bilden möchte.[16]

In der Vergangenheit gab es in Deutschland immer wieder Phasen, in denen viele kommunale Unternehmen errichtet wurden (Cronauge und Pieck 2016, S. 41 ff.). Zwar ist derzeit die Gründung oder der Erwerb von Unternehmen durch eine kommunale Gebietskörperschaft eher selten; falls ein solches Vorhaben ansteht, wird jedoch vor allem das Beteiligungsmanagement mit der Planung und Umsetzung befasst sein.

Daher sollen zunächst die unterschiedlichen Arten der Gründung und des Erwerbs unmittelbarer öffentlicher Unternehmen dargestellt werden:[17]

Gründung eines unmittelbaren Unternehmens durch Ausgliederung aus der Verwaltung
Bei der Ausgliederung sind die Aufgaben des zukünftigen Unternehmens bereits zuvor innerhalb der unmittelbaren Kommunalverwaltung von einer Organisationseinheit erledigt worden, zum Beispiel von einem Amt oder einer Abteilung. Diese Verwaltungseinheit wird mitsamt Organisationsstrukturen und Personal ausgegliedert und künftig als Unternehmen gemäß den Vorgaben des Kommunalverfassungsrechts geführt.

Insbesondere in den 1990er-Jahren gab es in ganz Deutschland einen starken Trend zu Ausgliederungen aus der Verwaltung; seit einigen Jahren hat sich diese Zahl jedoch deutlich abgeschwächt.[18] Wenn es heute zu Unternehmensausgliederungen kommt, so beispielsweise, weil Aufgabenbereiche wie IT-Dienstleistungen oder Gebäudemanagement eine Größenordnung erreichen, die eine Ausgliederung aus der Kernverwaltung sinnvoll erscheinen lassen. Diese Ausgliederungen dürften häufig in öffentlich-rechtlicher Rechtsform (Eigenbetrieb oder Anstalt des öffentlichen Rechts) erfolgen, seltener in Form der GmbH.

---

[16] Siehe auch Kap. 2 Rechtliche Rahmenbedingungen der Kommunalwirtschaft.

[17] Die Gründung von mittelbaren Unternehmen (also z. B. der Tochter einer unmittelbaren Eigengesellschaft) wird ausführlich dargestellt in Abschn. 3.4 Veränderungen von Unternehmen.

[18] Siehe auch Abschn. 1.3.2 Entwicklung der Kommunalwirtschaft.

Gründung eines unmittelbaren Unternehmens ohne Ausgliederung aus der Verwaltung

Wird ein Unternehmen errichtet, ohne dass wie bei der Ausgliederung eine vorhandene Organisation übertragen wird, hat dieses zumeist Aufgaben zu erfüllen, die neu auf die kommunale Gebietskörperschaft zugekommen sind. Beispiele hierfür können die Planung und Durchführung eines temporären Großprojekts wie einer Bundesgartenschau oder die Errichtung neuer Stadt- und Gemeindewerke sein.[19]

Unternehmenserwerb und Beteiligung an Unternehmen

Der Erwerb eines Unternehmens durch eine kommunale Gebietskörperschaft findet derzeit nur in Ausnahmefällen statt.[20] Diese hängen oft mit Rekommunalisierungsmaßnahmen zusammen.[21] Verfügt die kommunale Gebietskörperschaft beispielsweise über eine vertraglich vereinbarte Rückkaufoption, dann hängt die Rekommunalisierung nicht allein vom Willen und Durchsetzungskraft der politischen Entscheidungsträger ab, sondern vielmehr von meist komplizierten Vertragswerken und Ausstiegsklauseln. Wesentlich ist ferner die Frage der Finanzierung.

Ähnlich verhält es sich beim Erwerb von Anteilen an einem Unternehmen.

3.3.2   Aufgaben des Beteiligungsmanagements hinsichtlich Unternehmensgründung und -erwerb

Wenn eine kommunale Gebietskörperschaft beabsichtigt, ein Unternehmen neu zu gründen oder ein bestehendes Unternehmen vollständig oder teilweise zu erwerben, geschieht dies regelmäßig in einem komplexen Prozess. Dabei sind unterschiedliche Anforderungen zu erfüllen, von gesetzlichen Vorgaben über strategische und politische Ansprüche bis hin zu den Wünschen unterschiedlicher Interessengruppen. In der Regel ist dazu eine Projektleitung und -steuerung erforderlich, die beim Beteiligungsmanagement liegen sollte.

Im Folgenden werden wesentliche Themen dargestellt, die im Zusammenhang mit einem solchen Prozess häufig bearbeitet werden müssen. Dabei wird auch auf die Ausgliederung einer Verwaltungseinheit und den Unternehmens- oder Anteilserwerb eingegangen.

---

[19] Siehe auch Abschn. 1.3.2 Entwicklung der Kommunalwirtschaft.

[20] Beispiele sind die vollständige Rückübernahme der Gesellschafteranteile durch die Stadt Kiel an den sechs Jahre zuvor privatisierten Verkehrsbetrieben 2009, der Rückkauf des Anteils von 35 % der EnBW an der DREWAG – Stadtwerke Dresden GmbH durch die Stadt Dresden im Jahr 2010 und der Abschluss der Rekommunalisierung der Berliner Wasserbetriebe AöR durch das Land Berlin 2013.

[21] Siehe auch Abschn. 1.3.2 Entwicklung der Kommunalwirtschaft.

3.3.2.1 Vorbereitung des Prozesses durch das Beteiligungsmanagement

- Zunächst erfolgt die Betrachtung des Beteiligungsportfolios hinsichtlich der Frage, ob ein neues Unternehmen benötigt wird oder ob stattdessen vorhandene Unternehmen genutzt oder neu sortiert werden können.
- Oftmals gehört die Unterstützung von Diskussionen der Verwaltungsspitze über die Gründung oder den Erwerb eines Unternehmens zu den Aufgaben des Beteiligungsmanagements (Bereitstellung von Informationen, Abwägen der verschiedenen Gestaltungsalternativen etc.).
- Notwendig ist die Planung des weiteren Prozesses, insbesondere auch hinsichtlich der Frage der frühzeitigen Information an weitere Akteure wie etwa Mitglieder der politischen Vertretungskörperschaft.
- Anschließend sind alle relevanten Prozessschritte und Fristen zu klären, die für die kommunale Gebietskörperschaft maßgeblich sind.

3.3.2.2 Projektorganisation

- Die Projektleitung sollte vom Beteiligungsmanagement übernommen werden, da hier in der Regel das größte Know-how für die Steuerung der Gründung oder des Erwerbs eines Unternehmens angesiedelt ist. Hauptaufgabe des Beteiligungsmanagements ist dann die Planung und operative Steuerung des gesamten Prozesses.
- Bei einigen Transaktionen, insbesondere bei einem Unternehmens- oder Anteilserwerb, ist das Einbeziehen externer Experten angeraten (z. B. Rechtsanwälte, Wirtschaftsprüfer, Steuer- oder Transaktionsberater). Aufgabe des Beteiligungsmanagements sollte es dann sein, die Auswahl der externen Berater vorzubereiten und ihren Einsatz zu steuern. Hierbei sind die geltenden Vergaberegelungen zu beachten, das heißt bei einer großen Transaktion kann die Auswahl eines Transaktionsberaters eine europaweite Ausschreibung voraussetzen.[22]
- Sinnvoll ist die Festlegung der Projektorganisation, wobei sich deren Umfang an der Komplexität und der politischen Bedeutung des Vorhabens ausrichten wird:
  - Regelmäßig wird die Bildung einer Projektgruppe zweckmäßig sein, die die Transaktion begleitet und sämtliche damit zusammenhängenden rechtlichen, finanziellen, personalwirtschaftlichen, fachpolitischen und sonstigen Fragen bearbeitet. Der Projektgruppe sollten das Beteiligungsmanagement und Vertreterinnen und Vertreter aller betroffenen Verwaltungseinheiten angehören. Wurden externe Berater beauftragt, ist deren Einbindung in die Projektgruppe zu klären.

---

[22] Siehe auch Abschn. 3.7 Einbeziehung externer Dienstleister.

- Bei komplexen Projekten ist es sinnvoll, die Arbeitspakete der Projektgruppe zu teilen und Arbeitsgruppen einzurichten, die der Projektgruppe zuarbeiten.
- Häufig wird es auch erforderlich sein, einen Lenkungsausschuss einzurichten, dem die Entscheidungsebene angehört (z. B. Mitglieder der Verwaltungsspitze). Der Lenkungsausschuss ist für wesentliche Entscheidungen zuständig und wird von der Projektleitung über die Fortschritte des Projektes informiert.
- Sinnvoll ist vorab eine Projektplanung, möglichst auf Basis eines Terminplans mit klar festgelegten Meilensteinen. Bei Bedarf ist diese um eine konkrete Budgetplanung zu ergänzen.

3.3.2.3 Prüfung der rechtlichen Zulässigkeit der Unternehmensgründung bzw. des (Anteils-)Erwerbs

- Kommunalrechtliche Voraussetzungen:
  - Das Kommunalverfassungsrecht fordert, wenn auch in unterschiedlicher Ausprägung, die Berücksichtigung der „Schrankentrias" (öffentlicher Zweck, Bezug zur Leistungsfähigkeit, Subsidiarität).[23] Daher ist dies ein zwingender Teil der Prüfung bzw. der Beschlussvorlage für die politische Vertretungskörperschaft. Wesentlich ist in diesem Zusammenhang vor allem der öffentliche Zweck; dieser beeinflusst auch die Formulierung des Unternehmensgegenstandes in der Satzung. Gegebenenfalls ist bei seiner Konkretisierung darzustellen, welche Leistungen das Unternehmen für Verwaltung, Bürgerschaft oder Dritte erbringen soll.
  - Zu beachten ist ferner, dass teilweise Verbote bestimmter wirtschaftlicher Betätigungen bestehen (z. B. für Bankunternehmen) und einzelne Rechtsformen nicht möglich oder nachrangig anzuwenden sind (z. B. Vorrang von öffentlich-rechtlichen gegenüber privatrechtlichen Rechtsformen, Einschränkung hinsichtlich der Rechtsform Aktiengesellschaft).[24]
  - Daneben enthält das Kommunalverfassungsrecht spezielle Vorgaben für privatrechtliche Unternehmen (Sicherstellung des öffentlichen Zwecks in der Satzung, Sicherstellung eines angemessenen Einflusses auf die Gesellschaft, insbesondere im Aufsichtsrat, Haftungsbeschränkung der kommunalen Gebietskörperschaft, Vorgaben für die Satzung etc.).[25] Falls ein privatrechtliches Unternehmen gegründet bzw. erworben werden soll, sind diese Vorgaben zwingend zu beachten. Das gilt insbesondere für die Satzung (bzw. den Gesellschaftsvertrag), die der politischen Vertretungskörperschaft gemeinhin mit dem Errichtungs- bzw. Kaufbeschluss vorgelegt wird.

---

[23] Siehe auch Kapitel Öffentlicher Zweck bis 2.1.3 Subsidiarität gegenüber den Wirtschaftsaktivitäten Dritter.

[24] Siehe auch Abschn. 2.1.5 Kommunalrechtliche Vorgaben für privatrechtliche Unternehmen.

[25] Siehe Anlage 8.1 Übersicht Kommunalrecht.

– Teil der Beschlussvorlage der politischen Vertretungskörperschaft sollte insbesondere bei Gründung eines Unternehmens ein Rechtsformvergleich sein.[26] Hierbei werden die genannten kommunalrechtlichen Voraussetzungen geprüft und die organisatorischen, wirtschaftlichen, finanziellen, haftungsrechtlichen, steuerrechtlichen sowie personalwirtschaftlichen Unterschiede zwischen den relevanten Rechtsformen mitsamt ihrer Auswirkungen auf den kommunalen Haushalt dargestellt. Dabei ist schlüssig zu erläutern, aus welchen Gründen die Verwaltung die vorgeschlagene Rechtsform gewählt hat.

– Das Kommunalverfassungsrecht einzelner Bundesländer formuliert weitere Voraussetzungen für den Beschluss der politischen Vertretungskörperschaft, etwa dass vor einer Entscheidung den jeweiligen wirtschafts- und berufsständischen Kammern der betroffenen Wirtschaftskreise Gelegenheit zur Stellungnahme zu geben ist.[27]

• Beihilfe- und vergaberechtliche Voraussetzungen:

– Die beihilfenrechtliche Relevanz sollte im Vorfeld der Entscheidung der politischen Vertretungskörperschaft abgeklärt werden.[28] Gegebenenfalls wird eine Betrauung erforderlich sein. Ferner ist zu beachten, dass die Zahlung eines zu hohen Kaufpreises an den Verkäufer des Anteils unter Umständen geeignet ist, eine beihilfenrechtlich relevante Begünstigung darzustellen.

– Falls das zu gründende bzw. zu erwerbende Unternehmen über Leistungsbeziehungen zur Verwaltung verfügt, kann es sinnvoll sein, diese schon bei der Gründung schriftlich zu fixieren, etwa in Form eines Leistungsvertrags.[29] Ein solcher Vertrag kann allerdings beihilfenrechtliche Implikationen haben. Zu beachten sind in jedem Fall die umsatzsteuerlichen Folgen.

– Will die kommunale Gebietskörperschaft Aufträge an das neue Unternehmen künftig als Inhouse-Geschäft vergeben, so sind die dafür erforderlichen Kriterien einzuhalten.[30] Falls beabsichtigt ist, dass sich neben der kommunalen Gebietskörperschaft auch ein privater Dritter als Anteilseigner am Unternehmen beteiligt, ist dies hinsichtlich der Auswirkungen auf etwaige Inhouse-Beauftragungen gesondert zu beachten.

• Personalrechtliche Voraussetzungen:

Wird ein Unternehmen gekauft, handelt es sich um eine Gesamtrechtsnachfolge. Der neue Anteilseigner tritt hier in die Rechtsposition des alten Anteilseigners ein; das gilt

---

[26] Siehe auch Abschn. 3.2 Rechtsformwahl.

[27] Siehe auch Abschn. 3.2 Rechtsformwahl.

[28] Siehe auch Abschn. 2.4.2 EU-Beihilfenrecht.

[29] Siehe auch Abschn. 3.3.2.4 Prüfung der ökonomischen Voraussetzungen für die Unternehmensgründung bzw. den (Anteils-)Erwerb (dort zweiter Punkt).

[30] Siehe auch Abschn. 2.4.3 Das (europäische) Vergaberecht und die Inhouse-Vergabe.

in der Regel auch für alle Rechte und Pflichten aus den bestehenden Arbeitsverhältnissen.

Wird ein Unternehmen neu gegründet, ohne dass es sich um eine Ausgliederung aus der Verwaltung handelt, sind im Zusammenhang mit dem Personalrecht allein die zukünftige Tarifbindung und damit die Mitgliedschaft in einem Arbeitgeberverband zu klären. Einige Rechtsformen wie der Eigenbetrieb sind per se tarifgebunden, bei allen übrigen kann über die Mitgliedschaft in einem Arbeitgeberverband frei entschieden werden. Falls eine solche beabsichtigt ist, muss geklärt werden, welche Gewerkschaft zuständig ist und welcher Tarif für die Beschäftigten zur Anwendung kommen kann. Alternativ kann ein Haustarifvertrag abgeschlossen werden.

Deutlich relevanter und vielschichtiger sind personalrechtliche Fragen hingegen bei Ausgliederungen aus der Verwaltung. Hier geht es unter anderem um folgende Themenstellungen:

- Bei der Ausgliederung handelt es sich um einen Betriebsübergang nach § 613a BGB. In dieser Vorschrift wird geregelt, wie beim Übergang eines Betriebes oder eines Betriebsteils durch Rechtsgeschäft auf einen anderen Inhaber mit den Arbeitsverhältnissen verfahren wird: Der neue Inhaber tritt in die Rechte und Pflichten aus den im Zeitpunkt des Übergangs bestehenden Arbeitsverhältnissen ein; sind diese Rechte und Pflichten durch einen Tarifvertrag oder durch eine Betriebsvereinbarung geregelt, so werden sie Inhalt des Arbeitsverhältnisses zwischen dem neuen Inhaber und dem Arbeitnehmer und dürfen nicht vor Ablauf eines Jahres nach dem Zeitpunkt des Übergangs zum Nachteil des Arbeitnehmers geändert werden.[31] Die Kündigung eines Arbeitnehmers durch den bisherigen Arbeitgeber oder durch den neuen Inhaber wäre wegen des Betriebsübergangs unwirksam.[32] Für die Ausgliederung ist ferner relevant, dass jeder Arbeitnehmer über den Betriebsübergang unterrichtet werden muss und er dem Übergang des Arbeitsverhältnisses dann innerhalb eines Monats schriftlich widersprechen kann.[33]
- Personalüberleitungsvertrag: Teilweise wird bei Ausgliederungen in ein neu zu gründendes Unternehmen ein Personalüberleitungsvertrag zwischen der kommunalen Gebietskörperschaft und diesem Unternehmen abgeschlossen. Dies kann sinnvoll sein, um Details des Betriebsübergangs zu regeln (Tarifbindung, Umgang mit Betriebs- oder Dienstvereinbarungen, Besitzstände der Beschäftigten, Rückkehrrechte zur kommunalen Gebietskörperschaft etc.).
- Personalüberleitungs*tarif*vertrag: Häufig fordern die Arbeitnehmervertreter, einen Personalüberleitungstarifvertrag abzuschließen. Da § 613a BGB die Rechte der

---

[31] Vgl. § 613a Abs. 1 BGB.

[32] Vgl. § 613a Abs. 4 BGB.

[33] Vgl. § 613a Abs. 6 BGB.

Arbeitnehmer und die Weitergeltung der Tarifverträge zunächst regelt und diese anschließend von der Unternehmensleitung und den Arbeitnehmervertretern gesondert verhandelt werden können, ist der Abschluss eines solchen Tarifvertrages in der Regel nicht erforderlich.

– Betriebsvereinbarungen: Liegen Betriebsvereinbarungen vor, ist über den Umgang damit zu entscheiden. Das betrifft insbesondere die Prüfung von zuvor aufzuhebenden Vereinbarungen. Der Umgang mit Betriebsvereinbarungen wird in aller Regel auch im Personalüberleitungsvertrag geregelt.

– Altersvorsorge: Ist die Altersvorsorge der Mitarbeiter über die Zusatzversorgungskasse organisiert, ist über deren Weiterführung oder den Ausstieg zu entscheiden. Letzteres kann unter Umständen sehr kostenintensiv sein.

– Personalrat: Geklärt werden muss ferner, wie mit bestehenden Personalvertretungen umgegangen werden soll. Entweder wird ein Anspruch auf Übergangsmandate vereinbart oder bei dem neuen Unternehmen wird ein neuer Personal- bzw. Betriebsrat gebildet.[34]

– Gesetzliche Fristen: Wichtig für den Prozess ist, dass sowohl die gesetzlichen Zustimmungs- und Informationspflichten des bestehenden Personalrats als auch die Information der betroffenen Mitarbeiter in Form und Frist klar eingehalten werden, um nicht dahingehende Widerspruchsmöglichkeiten zu eröffnen.

• Weitere Rechtsfragen:

– Zusammenschlüsse zwischen Unternehmen unterliegen unter bestimmten Voraussetzungen der Fusionskontrolle durch das Bundeskartellamt.[35] Sie dürfen erst nach erfolgter Freigabe vollzogen werden.

– Für den konkreten Einzelfall ist zu prüfen, ob und inwieweit für den Betrieb des Unternehmens gesonderte Erlaubnisse oder Genehmigungen benötigt werden.

– Der Name eines Unternehmens soll sich immer von dem anderer abheben. Wird ein Unternehmen neu gegründet, sollte zuvor abgeklärt werden, ob der beabsichtigte Name bereits im Unternehmensregister enthalten ist.

3.3.2.4 Prüfung der ökonomischen Voraussetzungen für die Unternehmensgründung bzw. den (Anteils-)Erwerb

• Wirtschaftliche Voraussetzungen:

– Es sollte ein hinreichend aussagefähiger Business Case erstellt werden. Ziel ist die Klärung, ob das Geschäftsszenario des neuen Unternehmens dauerhaft tragfähig ist. Hierzu ist eine Prognose der längerfristigen finanziellen und strategischen Auswirkungen des Unternehmens erforderlich, durchaus in unterschiedlichen

---

[34] Siehe auch Abschn. 2.3.1 Ausgewählte Aspekte des Arbeits-, Tarif- und Mitbestimmungsrechts.

[35] Siehe auch Abschn. 2.3.3 Kartell- und Wettbewerbsrecht.

Szenarien. Letztlich soll der Business Case die politische Vertretungskörperschaft beim Abwägen unterstützen, ob das kommunalverfassungsrechtliche Angemessenheitskriterium[36] durch das neue Unternehmen erfüllt wird und ob es gegenüber dem Status quo für die kommunale Gebietskörperschaft wirtschaftliche Vorteile bietet.

- Beim Business Case geht es also um mehr als einen Wirtschaftsplan. Selbstverständlich sollte aber auch ein Wirtschaftsplan samt mittelfristigem Ausblick erstellt werden. Bestandteile und Umfang müssen dabei abgewogen werden. Er sollte der politischen Vertretungskörperschaft zusammen mit der Beschlussvorlage zugeleitet werden.
- Für Business Case und Wirtschaftsplan gilt, dass ihnen insbesondere bei Unternehmen, die sich durch Entgelte mit Dritten finanzieren, eine realistische Prognose der Umsatzentwicklung zugrunde liegen muss; wiederum in einzelnen Szenarien. Kostenpositionen sind realistisch einzuschätzen.
- Die Gründungskosten des Unternehmens sind darzustellen.
- Bei einer Ausgliederung sind die zusätzlich entstehenden Kosten zu identifizieren. Das betrifft einerseits Kostenpositionen, die bislang in der Verwaltung nicht angefallen sind (z. B. für die Jahresabschlussprüfung), und andererseits Leistungen, die das Unternehmen wie bisher von anderen Verwaltungseinheiten beziehen wird (z. B. Personalabrechnung, IT-Ausstattung), ihm jedoch jetzt in Rechnung gestellt werden. Falls das Unternehmen derartige Leistungen nicht mehr abnehmen wird, sind umgekehrt die Remanenzkosten der Verwaltung zu ermitteln (Unterauslastung des Personals aufgrund nicht mehr abgenommener Leistungen).
- Schließlich ist im Fall einer Ausgliederung zu klären, ob Finanzierungsverträge bestehen, die bisher über die kommunale Gebietskörperschaft liefen. Falls ja, muss festgelegt werden, wie damit zukünftig verfahren werden kann.

• Vertragliche und organisatorische Voraussetzungen:
Insbesondere im Fall der Ausgliederung ist zu klären, wie die kommunale Gebietskörperschaft und das Unternehmen zukünftig zusammenarbeiten sollen.

- Etwaige Leistungsverträge zwischen der kommunalen Gebietskörperschaft und dem Unternehmen sollten die Form der Zusammenarbeit, Zuständigkeiten sowie Rechte und Pflichten beider Seiten (inklusive Eskalationsstufen) konkretisieren. In diesem Zusammenhang sei auf die möglichen Implikationen von Verträgen mit dem Beihilfe-, Vergabe- und Umsatzsteuerrecht verwiesen.[37]
- Sofern noch nicht geschehen, sind für die Zusammenarbeit entsprechende Schnittstellen zu definieren und einzurichten. In diesem Zusammenhang ist auch zu entscheiden, ob alle Beschäftigten der Verwaltungseinheit auf das Unternehmen

---

[36] Siehe auch Abschn. 2.1.2 Bezug zur Leistungsfähigkeit der Kommune.
[37] Siehe auch Kap. 2 Rechtliche Rahmenbedingungen der Kommunalwirtschaft.

übergehen oder einzelne Personen Aufgaben in der Verwaltung erfüllen sollen, beispielsweise um die Aufgabenträgerrolle wahrzunehmen oder als Kontaktperson das sachgerechte Erbringen der Leistungen des Unternehmens aus der Verwaltung heraus zu überwachen.

– Es ist festzulegen, welche Verträge zwischen der kommunalen Gebietskörperschaft und Dritten mit auf das Unternehmen übertragen werden sollen. In diesem Zusammenhang muss geklärt werden, ob bei einer Übertragung der Verträge eine Anzeigepflicht gegenüber dem Vertragspartner und gegebenenfalls Sonderkündigungsrechte bestehen.

• Handels- und steuerrechtliche Aspekte:

– Ein neu gegründetes Unternehmen hat eine Eröffnungsbilanz aufzustellen.[38] Hier sind sämtliche Sachverhalte zu berücksichtigen, die die Vermögens- und Kapitalausstattung des Unternehmens betreffen. Im Zuge der Bilanzerstellung sind etwaige Bewertungsfragen zu klären. In der Regel dürfte es notwendig sein, dass ein Wirtschaftsprüfer die Erstellung der Eröffnungsbilanz unterstützt; die Prüfung muss dann jedoch durch einen anderen Wirtschaftsprüfer erfolgen.

– Bei komplexen steuerlich relevanten Konstruktionen sollte eine verbindliche Auskunft des Finanzamtes eingeholt werden.

– Soll das neue Unternehmen der Gemeinnützigkeit unterliegen, sind die Vorgaben der Abgabenordnung zu berücksichtigen, auch bei der Erstellung der Satzung; für diese ist dringend eine Abstimmung mit der Finanzverwaltung zu empfehlen.[39] Ist eine Ausgliederung geplant, so muss vorab geprüft werden, ob die betroffene Verwaltungseinheit auch bislang schon gemeinnützig geführt wurde. Die Aufgabe der Gemeinnützigkeit bei der Ausgliederung kann zur Nachversteuerung führen.

– Wenn die kommunale Gebietskörperschaft Leistungen von dem neu gegründeten Unternehmen bezieht, kann je nach Rechtsform Umsatzsteuer anfallen.[40] Die Unterschiede sind im Business Case zu berücksichtigen.

– Falls das neue Unternehmen über Tochtergesellschaften verfügen soll, die Serviceaufgaben für die Mutter übernehmen, kann die Bildung einer umsatzsteuerlichen Organschaft von Vorteil sein.[41]

---

[38] Vgl. § 242 Abs. 1 HGB.

[39] Siehe auch Abschn. 2.3.4 Steuerrecht.

[40] Ebd.

[41] Ebd.

3.3.2.5 Spezifika von Ausgliederung und Erwerb

- Ausgliederung einer Verwaltungseinheit:
  - Einzelne Gesetze können der Ausgliederung in eine Privatrechtsform entgegenstehen, wenn darin festgelegt ist, dass die entsprechende Aufgabe nur in einer öffentlich-rechtlichen Rechtsform erbracht werden kann. Daher ist zuerst zu klären, ob die vorgesehenen Leistungsbereiche überhaupt dahin ausgegliedert werden dürfen.
  - Es ist zu beachten, dass das bislang genutzte kommunale Rechnungswesen von den handelsrechtlichen Vorgaben abweichen kann.
- Unternehmens- oder Anteilserwerb (z. B. im Rahmen einer Rekommunalisierung):
  - Um ein solches Projekt sorgfältig umsetzen zu können, ist in der Regel das Einbeziehen externer Experten notwendig (Transaktionsberater, Rechtsanwälte, Steuerberater, Wirtschaftsprüfer). Bei größeren Transaktionen kann es sinnvoll sein, zusätzlich das Gutachten eines weiteren unabhängigen Sachverständigen zur Beurteilung des Kaufpreises einzuholen (Fairness Opinion).
  - Bei derartigen Transaktionen ist während des gesamten Prozesses eine strikte Vertraulichkeit sicherzustellen, nicht zuletzt um Schaden von der kommunalen Gebietskörperschaft abzuwenden (z. B. durch eine vorzeitige Veröffentlichung der Kaufpreisvorstellungen). Deshalb wird in der Regel eine Vertraulichkeitserklärung erstellt, die von allen Beteiligten zu unterzeichnen ist.
  - Die Ziele, die von der kommunalen Gebietskörperschaft mit dem Erwerb verfolgt werden, müssen im Vorfeld genau festgelegt sein. Dabei sind auch die Prämissen, unter denen die Transaktion stattfinden soll, konkret zu benennen (maximale Höhe des Kaufpreises, Forderungen für die Verhandlungen mit den Verkäufern etc.). Das setzt voraus, dass es frühzeitig belastbare Informationen über das Kaufobjekt gibt, was in der Praxis allerdings eher selten sein dürfte. Ideal ist es, wenn früh die wirtschaftliche Situation des Zielobjektes geklärt werden kann (z. B. auf Basis der Ergebnisse vergangener Jahre, der Wirtschaftsplanung und aktueller Plan-Ist-Vergleiche), am besten gegliedert nach Sparten. Wesentlich ist die Einschätzung, wie sich die Jahresergebnisse mittelfristig entwickeln werden und inwieweit strukturelle Schwierigkeiten, Organisationsprobleme oder Managementfehler vorliegen.
  - Vor der Transaktion sollte die kommunale Gebietskörperschaft als potenzielle Käuferin versuchen, die Wettbewerbssituation hinsichtlich des Kaufs zu klären. Während der Verkaufsverhandlungen wird der Verkäufer primär das Ziel verfolgen, unter den Kaufinteressenten Wettbewerbsdruck zu erzeugen und diesen durchgängig aufrechtzuerhalten, um jederzeit die Prozesskontrolle zu besitzen – ein Verlust dieser Kontrolle ist oft mit erheblichen Zugeständnissen an den letzten potenziellen Erwerber verbunden. Daher muss die kommunale Gebietskörperschaft umgekehrt das Interesse haben, es zu keinem Wettbewerbsdruck kommen zu lassen.
  - Ein wesentliches Thema bei einem Unternehmens- oder Anteilserwerb ist immer dessen Finanzierung. Die Frage, wie die kommunale Gebietskörperschaft den Erwerb finanzieren will, muss deshalb frühzeitig bedacht werden.

- Der eigentliche Kaufprozess verläuft regelmäßig wie folgt: erste Wertermittlung des Transaktionsobjekts auf Basis eines Wertgutachtens, Abgabe eines vorläufigen (indikativen) Kaufangebots, Vorverhandlungen mit den Verkäufern, Due Diligence[42], Abgabe eines verbindlichen Kaufangebots, Vertragsverhandlungen[43].
- Abschluss der Transaktion: Konsensfindung in den Vertragsverhandlungen, Unterzeichnung der Verträge und notarielle Beurkundung (seitens der kommunalen Gebietskörperschaft unter Gremien- und Genehmigungsvorbehalt), Beschluss der politischen Vertretungskörperschaft, Einholen der Genehmigung der Rechtsaufsichtsbehörde.

3.3.2.6 Drucksache und Gremiendurchlauf

- Mögliche Inhalte der Drucksache für die politische Vertretungskörperschaft:
  - Begründung des Vorhabens, Darstellung des Status quo, strategische Ziele, Vorliegen der rechtlichen Voraussetzungen, Auswirkungen auf die private Wirtschaft etc.
  - im Fall der Gründung eines Unternehmens: Rechtsformvergleich mit Abwägen der Vor- und Nachteile der gewählten Rechtsform[44]
  - Darstellung der wirtschaftlichen Voraussetzungen: Business Case einschließlich Wirtschaftsplanung, Informationen zum Aufbringen des (Stamm-)Kapitals, Chancen und Risiken, Eröffnungsbilanz (soweit diese bereits vorliegt), bei Erwerb Geschäftsanteilskauf- und -abtretungsvertrag, gegebenenfalls notwendige Beschlusspunkte im Zusammenhang mit dem kommunalen Haushalt
  - Gestaltung der rechtlichen Beziehungen zwischen kommunaler Gebietskörperschaft und Unternehmen, z. B. Personalüberleitungsvertrag, Leistungsvertrag, Betrauung
  - gegebenenfalls vorliegende Konsortialabreden mit Mitgesellschaftern
  - Satzung des Unternehmens mit Umsetzung der Vorgaben des Kommunalverfassungsrechts
  - Bestellung und gegebenenfalls Anstellung der Geschäftsführung, Betriebs- oder Werkleitung[45]

---

[42] Due Diligence meint die sorgfältige Prüfung und Analyse des Unternehmens, insbesondere im Hinblick auf die wirtschaftlichen, rechtlichen, steuerlichen, finanziellen und gegebenenfalls auch technischen Verhältnisse. Basis hierfür bilden die vom Verkäufer in einem Datenraum zur Verfügung gestellten Unterlagen.

[43] Zuvor sollten seitens der kommunalen Gebietskörperschaft konkrete Vorstellungen hinsichtlich vertraglich zu verankernder Rechte, Pflichten, Haftungsausschlüsse etc. bestehen.

[44] Siehe auch Abschn. 3.2 Rechtsformwahl.

[45] Siehe auch Abschn. 4.7.2 Pflichtaufgaben: Bestellung und Anstellung der Mitglieder der Geschäftsführung.

- Entsendung der Vertreter der kommunalen Gebietskörperschaft in die relevanten Unternehmensorgane, insbesondere den Aufsichtsrat
- Organisation des Gremiendurchlaufs, insbesondere beim Erwerb:
  - Eine frühzeitige Involvierung aller Fraktionsvorsitzenden oder des zuständigen Fachausschusses ist empfehlenswert. Bei zeitlich langwierigen Prozessen sollte regelmäßig informiert werden; etwaige Vorgaben der Vertraulichkeit sind zu beachten.
  - Spätestens zu Beginn der Diskussion der Beschlussdrucksache in den Ausschüssen müssen die Mitglieder der politischen Vertretungskörperschaft angemessene Informationen zum Vorhaben erhalten. Bei vertraulichen Prozessen kann das – neben einer aussagekräftigen nichtöffentlichen Drucksache – durch einen Datenraum sichergestellt werden, in dem z. B. Wertgutachten, Verträge und Verhandlungsstände eingesehen werden können.
  - Bei Diskussionen in den Ausschüssen sollten relevante Beteiligte, insbesondere das Beteiligungsmanagement und etwaige externe Berater, für Fragen der Mitglieder der politischen Vertretungskörperschaft zur Verfügung stehen.

3.3.2.7 Umsetzung

- Entsprechend den Vorgaben der Kommunalverfassung kann eine Anzeige oder ein Genehmigungsantrag bei der Rechtsaufsichtsbehörde erforderlich sein.
- Unter Umständen ist eine Anmeldung des Vorhabens beim Bundeskartellamt im Rahmen der Fusionskontrolle erforderlich. Vollzugsverbote sind zu berücksichtigen.
- Die Einlage bzw. die Zahlung des Kaufpreises ist durch die kommunale Gebietskörperschaft zu erbringen.
- Organisation und Durchführung eines Notartermins (notarielle Gründungsversammlung oder Kaufvertrag):
  - Abstimmung der erforderlichen Unterlagen und Personen mit dem Notar
  - Beschaffung der notwendigen Vollmachten
  - Zusammenstellung und Übermittlung der notwendigen Unterlagen im Vorfeld des Notartermins
  - Notartermin: Beschluss der Satzung und Bestellung des Geschäftsführers in der notariellen Gründungsversammlung[46]
- Der Notar führt die Anmeldung zum Handelsregister durch.
- Das Unternehmen wird in das kommunale Beteiligungsmanagement eingebunden.

---

[46] Im Fall eines Unternehmenskaufs wird empfohlen, die notarielle Beurkundung des Abtretungs- und Kaufvertrages unter Gremien- und Genehmigungsvorbehalt bereits vor Beschlussfassung der kommunalen Vertretungskörperschaft durchzuführen.

3.4   Veränderungen von Unternehmen

Die folgende Darstellung betrifft sowohl unmittelbare als auch mittelbare Beteiligungen der kommunalen Gebietskörperschaft.

3.4.1   Veränderungen der Unternehmen im Bestand

Die Wettbewerbswirtschaft – in dieser bewegt sich die Mehrzahl der öffentlichen Unternehmen[47] – ist per se einem permanenten Wandel unterworfen. Das bedeutet, dass auch die Unternehmen als Marktteilnehmer häufigen Veränderungen unterliegen, z. B. hinsichtlich Produkten und Marktauftritt, Ablauf- und Aufbauorganisation, Führungskräften und Personal, manchmal auch hinsichtlich Strategie und Gesellschaftsstruktur. Zumindest ab einer gewissen Unternehmensgröße ist Veränderung eine wesentliche Konstante, auch für öffentliche Unternehmen.

Viele Entwicklungen innerhalb der kommunalen Gebietskörperschaft, im Unternehmensumfeld oder auch im Unternehmen können Anlass zu Umstrukturierungen geben. Angefangen bei sich ändernden gesetzlichen Rahmenbedingungen auf Ebene der EU, des Bundes oder der Länder über die Anforderungen dynamischer werdender Märkte, der Verlagerung von Unternehmensschwerpunkten bis hin zu unternehmensinternen Umständen gibt es viele Anlässe, die bestehenden Strukturen infrage zu stellen und sie gegebenenfalls an die neuen Gegebenheiten anzupassen (Otto et al. 2004).[48]

Nicht jede dieser Veränderungen ist für das Beteiligungsmanagement relevant: Die Mehrzahl der unternehmensinternen Umstrukturierungen liegt in der Organisationshoheit der Unternehmensleitung und tangiert das Beteiligungsmanagement entweder gar nicht oder höchstens im Rahmen der Mandatsbetreuung.[49]

Es gibt jedoch auch andere Formen von Veränderungen, die das Beteiligungsmanagement sehr intensiv beschäftigen. Beispiele hierfür sind:

- gesellschaftsrechtliche Neugliederungen wie Verschmelzungen und Spaltungen bestehender Eigengesellschaften
- Neuausrichtung der strategischen Vorgaben der kommunalen Gebietskörperschaft an ihr Unternehmen, z. B. Veränderung der generellen Zielstellung der Eigentümer, des Unternehmensgegenstandes oder des öffentlichen Zwecks

---

[47] Siehe auch Abschn. 1.3.2 Entwicklung der Kommunalwirtschaft.

[48] Die Autoren stellen die damals aktuelle Situation im Krankenhaussektor dar. In Anbetracht der erheblichen finanziellen Probleme wägen sie zwischen unterschiedlichen Lösungsvarianten ab, zu denen unter anderem die Privatisierung, die Überführung in einen freigemeinnützigen Träger oder die Schließung zählen.

[49] Siehe auch Abschn. 4.4 Das ABC der Mandatsbetreuung.

- Veränderungen der Kapitalausstattung des Unternehmens bzw. seiner laufenden Finanzunterstützung
- Veränderungen hinsichtlich der Überwachungsorgane des Unternehmens (z. B. Vergrößerung des Aufsichtsrats, Änderung des Mitbestimmungsstatus eines Unternehmens[50]) oder Erweiterung der Zahl der Mitglieder der Geschäftsführung
- Änderung der Steuerung durch die kommunale Gebietskörperschaft oder der Steuerungsintensität, z. B. Erhöhung von Wertgrenzen für zustimmungspflichtige Geschäfte oder der Rhythmen des Beteiligungscontrollings
- Anpassungen von Gesellschaftsverträgen oder Satzungen

Dafür gilt regelmäßig, dass sie auf strategische Überlegungen zurückgehen, die von der kommunalen Gebietskörperschaft in ihrer Rolle als Eigentümerin oder Trägerin des Unternehmens entwickelt werden. In der Regel werden dabei auch Beschlüsse der politischen Vertretungskörperschaft erforderlich, nicht zuletzt weil das Kommunalverfassungsrecht einzelner Bundesländer verlangt, dass bei wesentlichen Erweiterungen, manchmal auch bei wesentlichen Veränderungen eines Unternehmens, auf Eigentümerseite das höchste Organ entscheiden muss.[51]

Aus diesen Gründen erfordern derartige Umstrukturierungen ein aktives Agieren des Beteiligungsmanagements, häufig auch bei der Steuerung entsprechender Projekte.

In den folgenden Abschnitten dieses Kapitels wird zunächst auf Umstrukturierungen wie Verschmelzungen und Spaltungen bestehender Unternehmen und auf deren Anforderungen an das Beteiligungsmanagement eingegangen. Die Darstellung von (Teil-)Privatisierungen und Beendigungen folgt in den Abschn. 3.5 und 3.6.

3.4.2 Varianten gesellschaftsrechtlicher Umstrukturierungen nach dem Umwandlungsgesetz

Das Umwandlungsgesetz (UmwG) gibt vor, in welchen Varianten Rechtsträger (also auch Unternehmen) mit Sitz in Deutschland umgewandelt werden können: Verschmelzung, Spaltung, Vermögensübertragungund Formwechsel.[52]

---

[50] Das ist dann der Fall, wenn ein Unternehmen die in Drittelbeteiligungs- und Mitbestimmungsgesetz genannten Grenzen der Arbeitnehmerzahl unter- oder überschreitet. Vgl. auch Abschn. 2.3.1 Ausgewählte Aspekte des Arbeits-, Tarif- und Mitbestimmungsrechts.

[51] Siehe Anlage 8.1 Übersicht Kommunalrecht.

[52] Der Vollständigkeit halber sei darauf hingewiesen, dass Umwandlungen auch möglich sind, wenn sie durch ein Bundes- oder Landesgesetz ausdrücklich vorgesehen sind; § 1 Abs. 2 UmwG.

Verschmelzung

Das Gesetz eröffnet zwei Möglichkeiten:[53]

- Bei der Verschmelzung durch Aufnahme geht das Vermögen eines oder mehrerer Rechtsträger (übertragende Rechtsträger) als Ganzes auf einen anderen bestehenden Rechtsträger (übernehmender Rechtsträger) über.
- Bei der Verschmelzung durch Neugründung wird das Vermögen mehrerer Rechtsträger (übertragende Rechtsträger) jeweils als Ganzes auf einen eigens für diesen Zweck gegründeten Rechtsträger (neuer Rechtsträger) übertragen.

In beiden Fällen der Verschmelzung erlöschen die übertragenden Rechtsträger, ihre Anteilsinhaber erhalten Anteile am übernehmenden bzw. neuen Rechtsträger.

Spaltung

Hier sieht das Gesetz drei Wege vor:[54]

- Aufspaltung bedeutet, dass der bisherige Rechtsträger (übertragender Rechtsträger) aufgelöst wird, während sein Vermögen auf mehrere andere Rechtsträger übergeht.
- Bei der Abspaltung wird nur ein Teil des Vermögens auf andere Rechtsträger übertragen, der übertragende Rechtsträger bleibt bestehen. Die Anteilsinhaber des übertragenden Rechtsträgers erhalten Anteile am übernehmenden bzw. neuen Rechtsträger.
- Bei der Ausgliederung wird ebenfalls nur ein Teil des Vermögens auf andere Rechtsträger übertragen; auch hier bleibt der übertragende Rechtsträger bestehen. Im Unterschied zur Abspaltung wird der übertragende Rechtsträger selbst an dem übernehmenden bzw. neuen Rechtsträger beteiligt.

Aufspaltung, Abspaltung und Ausgliederung können entweder im Wege der Aufnahme durch einen bestehenden Rechtsträger oder mittels Neugründung eines Rechtsträgers geschehen.[55]

Die Ausgliederung gemäß §§ 168 ff. UmwG stellt in der kommunalen Praxis die wichtigste Form der Umwandlung dar. Sie ist einerseits relevant für die Umwandlung eines Eigenbetriebs – der ja rechtlich Teil der kommunalen Gebietskörperschaft ist – in eine Kapitalgesellschaft. Andererseits kommen die entsprechenden Vorschriften bei der Ausgliederung von Teilen eines Unternehmens in neu gegründete Tochtergesellschaften zur Anwendung.

---

[53] Vgl. § 2 UmwG.

[54] Vgl. § 123 UmwG.

[55] Es kann auch die gleichzeitige Übertragung auf bestehende und neue Rechtsträger erfolgen; § 123 Abs. 4 UmwG.

Vermögensübertragung

Bei der Vermögensübertragung geht das Vermögen eines Rechtsträgers im Wege der Gesamtrechtsnachfolge auf einen anderen Rechtsträger über. Die Anteilsinhaber des übertragenden Rechtsträgers erhalten jedoch keine Anteile am übernehmenden Rechtsträger, sondern eine andersgeartete Gegenleistung.[56]

Formwechsel

Hier erhält ein Rechtsträger eine andere Rechtsform;[57] beispielsweise bei der Umwandlung eines Eigenbetriebs in eine Kapitalgesellschaft.[58]

Anforderungen des Umwandlungsgesetzes

Die konkreten formalen und inhaltlichen Anforderungen bei den einzelnen Umwandlungsvarianten sind detailliert im Umwandlungsgesetz aufgeführt. Hierzu gehören unter anderem:

- Inhalt und Form der vertraglichen Vereinbarungen zwischen den beteiligten Rechtsträgern
- ausführliche schriftliche Berichterstattung der Vertretungsorgane der beteiligten Rechtsträger
- Prüfung der Umwandlung durch einen oder mehrere sachverständige Prüfer
- Anmeldung der Umwandlung
- Eintragung und Bekanntmachung
- Gläubigerschutz
- Rechte und Pflichten der Rechtsträger

3.4.3   Umstrukturierungen nach dem Umwandlungsgesetz in der kommunalen Praxis

Umstrukturierungen nach dem Umwandlungsgesetz kommen bei kommunalen Gebietskörperschaften immer wieder vor. Dabei stehen – mehr oder weniger häufig – die folgenden Fallkonstruktionen im Mittelpunkt.

---

[56] Vgl. § 174 UmwG.

[57] Vgl. § 190 UmwG.

[58] Vgl. beispielsweise Schäfer und Michel (2007) für die 2004 erfolgte Umwandlung des Eigenbetriebs Städtische Altenpflegeheime Leipzig in die Städtische Altenpflegeheime Leipzig gGmbH.

Verschmelzung von Unternehmen, nachdem sie in die Hand des gleichen Anteilseigners gekommen sind

Ein wichtiges Beispiel hierfür sind kommunale Gebietsreformen. Sie können dazu führen, dass unterschiedliche kommunale Gebietskörperschaften, die jeweils zuvor Beteiligungen mit einem ähnlichen öffentlichen Zweck unterhalten haben, in einer neuen Gebietskörperschaft aufgehen. Mehrere solche Unternehmen sind in der Regel nicht mehr erforderlich, wenn zwei oder mehrere kommunale Gebietskörperschaften zu einer neuen zusammengeschlossen werden. In diesen Fällen kann es sinnvoll sein, eine Verschmelzung durchzuführen.

Auf der Ebene der Landkreise kann dies zum Beispiel Wirtschaftsförderungsgesellschaften, Krankenhäuser oder Verkehrsunternehmen betreffen. Bei Städten und Gemeinden geht es eher um Wohnungsgesellschaften, die Abfall- oder die Abwasserentsorgung.

Verschmelzung von Unternehmen mit dem Ziel der Hebung von Synergien

Hierfür gibt es unterschiedliche Anwendungsfälle:

- Insbesondere bei größeren Unternehmensportfolien, wie sie häufig in Großstädten, in den Ländern und im Bund anzutreffen sind, lassen sich manchmal Unternehmen finden, die in der gleichen Branche tätig sind (z. B. Kultur, Wohnen, Stadtentwicklung, Wirtschafts- und Beschäftigungsförderung). Hier kann ein Zusammenschluss zu Vorteilen durch den Wegfall von Overhead-Kosten und durch eine Verbesserung der Zusammenarbeit führen, sofern dem nicht gleichzeitig größere negative Effekte wie etwa der Anfall von Grunderwerbsteuer entgegenstehen. Anteilseignerin ist hier immer eine einzelne kommunale Gebietskörperschaft.
- Möglich ist aber auch, Unternehmen verschiedener Anteileigner zu verschmelzen. In der kommunalen Praxis finden sich hierfür etwa Beispiele bei der Fusion kommunaler Krankenhäuser. Die Komplexität derartiger Transaktionen ist angesichts der größeren Zahl von Beteiligten höher. Außerdem sind die Risiken genau abzuklären, da häufig der Wunsch nach Fusionen besonders bei solchen Einheiten ausgeprägt ist, die vor wirtschaftlichen Problemen stehen.

Verschmelzung mit dem Ziel der Beendigung eines wirtschaftlich angesch-lagenen Unternehmens

Ausgangspunkt ist der Fall eines öffentlichen Unternehmens, das wirtschaftliche Probleme hat, die perspektivisch zur Insolvenz führen können. Werden die Auswirkungen einer Insolvenz gescheut, kann als Alternative zu der in der Regel langwierigen Liquidation der Weg der Verschmelzung auf ein anderes Unternehmen des gleichen Anteilseigners gewählt werden.

Vorteil dieser Variante ist, dass eine gezielte Abwicklung der unwirtschaftlichen Sparten durchgeführt werden kann – jedoch ohne die negativen Folgen einer Insolvenz, die immer mit öffentlicher Aufmerksamkeit und oft mit dem Verlust bestehender

Kundenbeziehungen verbunden ist. Bedingung ist jedoch, dass es sich bei dem übernehmenden Rechtsträger um ein wirtschaftlich starkes Unternehmen handelt.

Spaltung von Unternehmen auf Grundlage gesetzlicher Vorgaben
Zum Teil zwingen Veränderungen gesetzlicher Rahmenbedingungen Unternehmen zu
Entflechtungsmaßnahmen. Ein Beispiel hierfür ist die Trennung von Netz und Vertrieb
bei Energieversorgungsunternehmen[59], auf deren Grundlage etwa Infrastrukturvermögen
aus Stadtwerken in einzelne Netzgesellschaften ausgegliedert wurde.

**Spaltung von Unternehmen mit dem Ziel der organisatorischen Verselbständigung
zur Verbesserung des wirtschaftlichen Ergebnisses**
In den vergangenen Jahren haben viele öffentliche Unternehmen in Deutschland neue
Tochter- und Enkelgesellschaften gegründet, um Kosten zu senken, Erlöse zu steigern,
neue Märkte zu entwickeln, strategische Allianzen zu knüpfen oder die Konzentration
der Muttergesellschaft auf das Kerngeschäft zu forcieren.[60] Einige dieser Gesellschaften
wurden neu gegründet, viele jedoch aus der Muttergesellschaft ausgegliedert (z. B.
Profitcenter, Hilfs- und Nebenbetriebe).

Falls die Leistungen des neuen Unternehmens vor allem für die Muttergesellschaft
erbracht werden, sollte man nach Möglichkeit eine umsatzsteuerliche Organschaft herstellen, um das Anfallen der Umsatzsteuer zu vermeiden.[61] Sofern die Mutter ein
öffentlicher Auftraggeber ist, muss ferner sichergestellt sein, dass alle Kriterien für eine
Inhouse-Vergabe eingehalten werden.[62] Das ist vor allem dann relevant, wenn die Ausgliederung auch durchgeführt wird, um die Leistungen verstärkt Dritten anzubieten.

Im Einzelfall kann das Ziel einer Ausgliederung sein, perspektivisch ein Absenken der
Personalkosten zu erreichen. Das neue Unternehmen gehört dann entweder gar keinem
Arbeitgeberverband an (in diesem Fall soll oftmals ein günstigerer Haustarifvertrag vereinbart werden) oder einem anderen als die Muttergesellschaft (hier wird dann auf Basis
eines günstigeren Branchentarifvertrags gezahlt). Da es sich bei einer Ausgliederung um
einen Betriebsübergang nach § 613a BGB handelt, dem die Arbeitnehmer widersprechen
und die Arbeitsverhältnisse für mindestens ein Jahr nicht zum Nachteil der Arbeitnehmer
geändert werden können,[63] ergeben sich Einspareffekte eher mittelfristig durch die Einstellung neuer, günstigerer Mitarbeiter. Derartige Fälle gab es vor allem in den 1990er-
Jahren häufiger, als etwa Fahrergesellschaften von ÖPNV-Unternehmen mit geringeren

---

[59]Vgl. § 7 EnWG sowie Weber und Haase (1998a), wo auf die sich durch die 1997 im Deutschen
Bundestag verabschiedete Energierechtsnovelle ergebenden Herausforderungen eingegangen wird.
[60]Siehe auch Abschn. 1.3.2 Entwicklung der Kommunalwirtschaft.
[61]Siehe auch Abschn. 2.3.4 Steuerrecht.
[62]Siehe auch Abschn. 2.4.3 Das (europäische) Vergaberecht und die Inhouse-Vergabe.
[63]Siehe auch Abschn. 3.3.2.3 Prüfung der rechtlichen Zulässigkeit der Unternehmensgründung
bzw. des (Anteils-)Erwerbs (dort unter personalrechtlichen Voraussetzungen).

Personalkosten errichtet worden sind. Da es hiergegen aber regelmäßig große Widerstände der Arbeitnehmervertretungen und der Gewerkschaften gibt, sind solche Vorhaben mittlerweile eher selten geworden. In Zeiten des zunehmenden Fachkräftemangels sind entsprechende Personalauslagerungen aus strategischer Sicht auch nicht mehr ratsam.

Spaltung von Unternehmen mit dem Ziel der Risikoreduzierung und der Begrenzung der Haftung

Die Auslagerung von Risiken, insbesondere von Haftungsrisiken, kann ein wichtiger Grund für die Bildung einer Tochtergesellschaft in privater Rechtsform sein. Ziel ist dabei die Absicherung des Mutterunternehmens. Das kann zum Beispiel sinnvoll sein, wenn die entsprechenden Unternehmensteile risikoreiche Produkte entwickeln oder neue Märkte erschließen sollen.

Allerdings muss die Muttergesellschaft bereit sein, die Konsequenzen zu tragen: Die Risiken werden nur dann nicht relevant für die Mutter, wenn eine Insolvenz tatsächlich in Kauf genommen wird. In der kommunalen Praxis wird das politisch nicht immer durchzuhalten sein, sodass die Mutter trotzdem das wirtschaftliche Risiko tragen muss.

Spaltung von Unternehmen mit dem Ziel der Sanierung

Hier geht es um die Abspaltung oder Ausgliederung von Unternehmensteilen, die bereits in eine wirtschaftliche Schieflage geraten sind. Beispiele hierfür gibt es in privaten Mischkonzernen ebenso wie im Bankensektor („Bad Bank"). Im öffentlichen Sektor ist dies jedoch vergleichsweise selten, auch weil hier – wie zuvor dargestellt – die Insolvenz einer Tochtergesellschaft als Ultima Ratio politisch kaum durchsetzbar sein wird.

Spaltung oder Formwechsel von Unternehmen mit dem Ziel der Einbindung von Partnern

Ziel kann es sein, private Partner zu gewinnen, damit diese

- durch die Einbringung von privatem Kapital einen Beitrag zur Finanzierung des Unternehmens leisten (z. B. zur Finanzierung von beabsichtigten Investitionen) und/oder
- die Leistungserstellung des Unternehmens durch externes Know-how verbessern.

Meist erfolgt dies in Form einer sich an die Ausgliederung anschließenden Anteilsveräußerung, in Form einer gemeinsamen Neugründung oder mit dem Wechsel von einer öffentlich-rechtlichen in eine privatrechtliche Rechtsform.

Grundvoraussetzung für einen Erfolg ist die Auswahl eines geeigneten strategischen Partners sowie eine solide vertragliche Basis für die Zusammenarbeit. Die Erfahrungen der vergangenen Jahrzehnte haben gezeigt, dass die Festschreibung klarer Regelungen zu den Rechten und Pflichten der Partner im Kauf-, Anteilsabtretungs-, Gesellschafts- oder Konsortialvertrag für das Erreichen der ursprünglichen Zielstellungen zwingend ist.

Ein besonderer Aspekt bei der Einbindung privater Partner ist das Thema Vergabe-recht sowie die Inhouse-Vergabe. Die existierenden vergaberechtlichen Restriktionen lassen derartige Partnerschaften bei Dienstleistungen, die überwiegend für die kommunale Gebietskörperschaft erbracht werden, nicht in jedem Fall als sinnvoll erscheinen.[64]

Sollte es – aus welchen Gründen auch immer – erforderlich werden, dass die Partner einer Kooperation sich trennen, hat es sich als vorteilhaft erwiesen, eben diesen Fall von vornherein detailliert und eindeutig vertraglich zu regeln.

Spaltung oder Formwechsel von Unternehmen mit dem Ziel einer späteren Veräußerung von Anteilen

Anders als beim zuvor geschilderten Fall geht es hier um die Umwandlung eines Unternehmens mit dem Ziel, entweder durch den späteren vollständigen Verkauf oder die Veräußerung von Anteilen Kaufpreise zu generieren, die in den Haushalt der kommunalen Gebietskörperschaft als Verkäuferin fließen, oder den Haushalt von zukünftigen finanziellen Risiken zu entlasten.

Im Regelfall geschieht dies über eine Ausgliederung der entsprechenden Einheit in eine Kapitalgesellschaft.

Seltener ist der Formwechsel. Ein Beispiel hierfür ist die Umwandlung von Teilen der Anstalt öffentlichen Rechts Landesbetrieb Krankenhäuser Hamburg per Landesgesetz in eine GmbH im Jahr 2004 und der anschließende Verkauf von Anteilen an einen privaten Investor (Freie und Hansestadt Hamburg 2004a und 2004b).

Formwechsel mit dem Ziel, in eine wirtschaftlich vorteilhaftere Rechtsform zu wechseln

Hier ist insbesondere die – jedoch eher theoretische – Umwandlung einer Anstalt öffentlichen Rechts in eine Kapitalgesellschaft zu nennen.[65]

3.4.4 Aufgaben des Beteiligungsmanagements hinsichtlich gesellschaftsrechtlicher Umstrukturierungen

Gesellschaftsrechtliche Umstrukturierungen nach dem Umwandlungsgesetz sind teil-weise sehr aufwendig. Sie stellen auch immer Eingriffe in bestehende Systeme dar, die Management- und Mitarbeiterkapazität binden, häufig nicht unerhebliche Kosten verursachen und nicht zuletzt zu Unruhe in der Belegschaft führen können. Das alles

---

[64] Siehe auch Abschn. 2.4.3 Das (europäische) Vergaberecht und die Inhouse-Vergabe.

[65] Die Umwandlung eines Eigenbetriebs in eine privatrechtliche Gesellschaft fällt nicht unter den Formwechsel; sie ist eine Ausgliederung nach § 168 ff. UmwG, da der Eigenbetrieb rechtlich Teil der kommunalen Gebietskörperschaft ist.

beansprucht Ressourcen, die für das Kerngeschäft nicht zur Verfügung stehen. Verhindert werden muss, dass Unternehmen in der „Beschäftigung mit sich selbst" ihre eigentliche Aufgabe oder die Beobachtung wesentlicher Marktentwicklungen temporär vernachlässigen bzw. schlicht nicht in der Lage sind, adäquat darauf zu reagieren.

Die gesellschaftsrechtliche Umsetzung von Umstrukturierungen ist an sich jedoch Handwerk, wenn auch ein durch die vielen zu beachtenden Kleinigkeiten recht komplexes Handwerk. Es folgt den gesetzlichen Vorgaben, ergänzt um die speziellen Regeln, die gegebenenfalls in Gesellschaftsverträgen, Konsortialverträgen oder ähnlichem festgelegt sind.

Wie bei so vielen Dingen liegt die Schwierigkeit auch bei Umstrukturierungen im Detail. Besonders komplex ist die Umwandlung von Unternehmen, an denen mehrere Gesellschafter beteiligt sind. Das gilt für jede Form der Spaltung, besonders jedoch für Verschmelzungen; hier sind die Relationen bei den gehaltenen Anteilen zu beachten. Bei Unternehmen, die denselben Alleineigentümer haben, ist dies kein Problem, da der Anteilseigner auch an der fusionierten Gesellschaft alle Anteile halten wird. Werden Unternehmen mit unterschiedlichen Anteilseignern verschmolzen, kommt es zu Veränderungen in den Beteiligungshöhen, die zur Neuordnung der Mehrheitsverhältnisse, zur Verwässerung von Anteilen[66] und damit gegebenenfalls zu notwendigen Ausgleichen führen können.

Aus diesem Grund gilt es im Vorfeld genau abzuklären, welche Rechte den Miteigentümern zustehen, um Strategien zu entwickeln, wie mit den Mitgesellschaftern umgegangen werden soll. Hier ist auch die Einschätzung des Beteiligungsmanagements gefragt.

Wie einleitend dargestellt[67] übernimmt das Beteiligungsmanagement in der Regel nur Aufgaben hinsichtlich solcher gesellschaftsrechtlichen Umstrukturierungen, die entweder von den Gesellschaftern direkt betrieben werden oder bei denen aufgrund gesetzlicher Vorgaben (insbesondere des Kommunalverfassungsrechts) oder der Satzung des Unternehmens eine Zuständigkeit der Gesellschafterversammlung oder der politischen Vertretungskörperschaft gegeben ist.

Falls eine solche gesellschaftsrechtliche Umstrukturierung vorliegt, sollte dem Beteiligungsmanagement die Projektleitung bzw. die verwaltungsinterne Steuerung des Projektes obliegen. In diesem Zusammenhang sind regelmäßig die Aspekte zu beachten, die bereits hinsichtlich der Gründung von Unternehmen ausgeführt worden sind.[68]

---

[66] Hierunter ist zu verstehen, dass im Fall einer Kapitalerhöhung, an der ein einzelner Anteilseigner nicht teilnimmt, seine Anteile in Bezug auf den (gleichbleibenden) Unternehmenswert an Wert verlieren.

[67] Siehe auch Abschn. 3.4.1 Veränderungen der Unternehmen im Bestand.

[68] Siehe auch Abschn. 3.3.2 Aufgaben des Beteiligungsmanagements.

Hinzu kommen folgende Anforderungen:

- Die formalen Vorgaben des Umwandlungsgesetzes sind zwingend zu beachten, z. B. hinsichtlich Verträgen, Berichterstattung, Prüfung, Anmeldung, Eintragung und Bekanntmachung.[69]
- Das Kommunalverfassungsrecht einiger Bundesländer enthält Regelungen, entsprechende denen bei Veränderungen von Gesellschaftsstrukturen (etwa Übernahme oder Beteiligung) auf der Ebene der mittelbaren Beteiligungsunternehmen ein Beschluss der politischen Vertretungskörperschaft erforderlich ist.[70] In diesem Fall sind die Erstellung einer Beschlussvorlage und das Einbeziehen der zuständigen Rechtsaufsichtsbehörde notwendig.
- Häufig sind auf Basis der Gesetze bzw. der Satzungen Beschlüsse der Gesellschafterversammlungen erforderlich – daraus ergibt sich in der Regel auch eine Einbindung des Beteiligungsmanagements hinsichtlich der Vorbereitung der Gesellschafterversammlung und der Prüfung etwaiger Beschlüsse.
- In der Regel wird auch der Aufsichtsrat des von der Umwandlung betroffenen Unternehmens beteiligt. Hier kann das Beteiligungsmanagement im Rahmen der Mandatsbetreuung unterstützend tätig werden.[71]
- Wie bei der Gründung oder dem Erwerb eines unmittelbaren Unternehmens ist Grundlage jeder Umwandlung ein tragfähiges Geschäftsszenario mit der Abschätzung der wirtschaftlichen Auswirkungen (Business Case), möglichst unter Betrachtung unterschiedlicher Szenarien. Dabei ist eine realistische Prognose der Umsatzentwicklung und der Kostenpositionen zugrunde zu legen. Die für die Umstrukturierung zusätzlich entstehenden Kosten sind zu identifizieren und zu berücksichtigen.
- Falls die Umwandlung eines Eigenbetriebs in eine Kapitalgesellschaft beabsichtigt ist, dürfte das Beteiligungsmanagement an folgenden Aufgaben beteiligt sein: der Organisation und Vorbereitung des Gremiendurchlaufs, des erforderlichen Notartermins und der Durchführung der notariellen Gründungsversammlung, die auch über den Gesellschaftsvertrag und die Bestellung der Geschäftsführung beschließt.[72]
- Die meisten Umstrukturierungen werden mit dem Wechsel von Mitarbeiterinnen und Mitarbeitern zwischen verschiedenen Unternehmen verbunden sein. Es liegt in der menschlichen Natur, derartige Veränderungen kritisch zu betrachten, bis hin zu Ängsten um den eigenen Arbeitsplatz. Diese Bedenken sind ernst zu nehmen, denn für die Leistungserstellung ist motiviertes Personal nötig.
- Falls ein Betriebsübergang vorliegt, sind die Regelungen des § 613a BGB relevant.[73]

---

[69] Siehe auch Abschn. 3.4.2 Varianten gesellschaftsrechtlicher Umstrukturierungen nach dem Umwandlungsgesetz.

[70] Siehe Anlage 8.1 Übersicht Kommunalrecht.

[71] Siehe auch Abschn. 4.4.3.2 Vorbereitung und Begleitung von Aufsichtsratssitzungen.

[72] Siehe auch Abschn. 3.3.2.6 Drucksache und Gremiendurchlauf.

[73] Siehe auch Abschn. 3.3.2.3 Prüfung der rechtlichen Zulässigkeit der Unternehmensgründung bzw. des (Anteils-)Erwerbs (dort unter personalrechtlichen Voraussetzungen).

3.5   Materielle Privatisierung

Materielle Privatisierung bezeichnet entweder den vollständigen Verkauf eines öffentlichen Unternehmens an einen privaten Dritten oder den Verkauf von Anteilen daran (Teilprivatisierung).[74] Derartige Vorhaben sind noch in den 1990er-Jahren relativ häufig vorgekommen; mittlerweile sind sie selten geworden – auch angesichts einer politischen Skepsis der Bevölkerung, wie sie etwa in erfolgreichen Bürgerentscheiden gegen Privatisierungen zum Ausdruck kommt.[75]

Falls jedoch in einer kommunalen Gebietskörperschaft ein Anteilsverkauf oder eine vollständige materielle Privatisierung geplant werden sollte, handelt es sich dabei regelmäßig um einen sehr komplexen Prozess, in den das Beteiligungsmanagement maßgeblich eingebunden sein dürfte. Daher werden die Anforderungen hieran im Folgenden skizziert.

Die Ursachen für (Teil-)Privatisierungen sind entweder die Deckung des Finanzbedarfs der kommunalen Gebietskörperschaft durch Einnahmen aus dem Verkauf von Anteilen an einem Unternehmen (in der Regel ist das der Hauptgrund) oder die Beteiligung eines strategischen Partners zur Gewinnung von privatwirtschaftlichem Know-how bzw. von Kapital, beispielsweise zur Umsetzung von Investitionsmaßnahmen. Einer materiellen Privatisierung kann eine Aufgabenkritik vorangestellt werden.[76]

Insbesondere sind folgende Prüfkriterien relevant, die im Vorfeld einer (Teil-) Privatisierung bzw. im Rahmen der dazu geführten Verhandlungen vom Beteiligungsmanagement bedacht werden müssen (Ronellenfitsch und Ronellenfitsch 2012, S. 60):

- Auswahl und Einbeziehung von Beratern in das Projekt[77]
- öffentliches Interesse an der (kommunalen) Aufgabenerfüllung
- Steuerungs- und Kontrollmöglichkeiten der kommunalen Gebietskörperschaft, insbesondere im Fall einer Teilprivatisierung bzw. deren Verlust bei einer Vollprivatisierung
- Zuverlässigkeit des privaten Partners
- Aufrechterhaltung des Wettbewerbs auf der Käuferseite[78]

---

[74] Im Gegensatz zur materiellen Privatisierung bezeichnet der Begriff formelle Privatisierung die Ausgliederung eines Verwaltungsteils oder eines öffentlich-rechtlichen Unternehmens in eine Privatrechtsform. Siehe auch Abschn. 3.4.2 Varianten gesellschaftsrechtlicher Umstrukturierungen nach dem Umwandlungsgesetz.

[75] Siehe auch Abschn. 1.3.2 Entwicklung der Kommunalwirtschaft.

[76] Siehe auch Abschn. 4.2.3.1 Aufgabenkritik – strategische Analyse des Unternehmensportfolios.

[77] Siehe auch Abschn. 3.7 Einbeziehung externer Dienstleister.

[78] Siehe auch Abschn. 3.3.2.5 Spezifika von Ausgliederung und Erwerb.

- gegebenenfalls Sozialverträglichkeit von Preisen und Entgelten
- Fragen von Beihilfen- oder Vergaberecht

Besonderheiten der Teilprivatisierung

Oftmals möchte die kommunale Gebietskörperschaft weiterhin einen Anteil an den Unternehmen behalten. In der kommunalen Praxis finden sich hier Beteiligungshöhen des privaten Partners zwischen 25,1 und 74,9 %. Zu beachten ist allerdings, dass sich ein privater Investor neben einer kommunalen Gebietskörperschaft nur an einem Unternehmen beteiligen wird, wenn ihm bestimmte Rechte zugestanden werden. Minderheitsrechte bestehen nach dem GmbH-Gesetz bei mehr als 25 % des Stammkapitals; weitere Rechte (angemessene Zahl an Sitzen im Aufsichtsrat, Zustimmungserfordernisse bei wichtigen Geschäften oder gesellschaftsrechtlichen Änderungen etc.) können im Gesellschafts- oder Konsortialvertrag vereinbart werden.

Regelmäßig wird der private Investor die unternehmerische Führung anstreben. Denn sein Ziel wird es sein, seine eigenen Aufwendungen für die Transaktion (insbesondere den Kaufpreis) durch Rückflüsse aus dem Unternehmen auszugleichen. Das kann durch Gewinnausschüttungen geschehen, durch Margen aus Dienstleistungs- oder Serviceverträgen zwischen Investor und Unternehmen[79] oder durch Wertsteigerungen für einen späteren Ausstieg.

Zwecks Erhaltung der eigenen strategischen Dispositionsfreiheit sollte die kommunale Gebietskörperschaft vor einer materiellen Privatisierung die wechselseitigen Motive eingehend prüfen und die zugrunde liegenden Rahmenbedingungen fundiert durch das Beteiligungsmanagement aufbereiten lassen. Wichtig ist insbesondere die Antizipation und Interpretation des strategischen Interesses des potenziellen privaten Partners.

Gerade die nicht hinreichende Beachtung unterschiedlicher Kulturen auf Unternehmens- oder auch Gesellschafterebene erweist sich im Nachhinein häufig als der maßgebliche Grund dafür, dass Teilprivatisierungen hinter den erhofften Erwartungen zurückbleiben oder auch ganz scheitern.

Nicht zuletzt unter diesem Aspekt sollte eine kommunale Gebietskörperschaft vor einer Teilprivatisierung bzw. einer strategischen Partnerschaft auch prüfen, inwieweit ein potenzieller Investor in absehbarer Zeit durch Übernahme oder Fusion in die Einflusssphäre eines Dritten geraten könnte. Der Verlust der unternehmerischen Unabhängigkeit des Partners hat im Regelfall auch einen kulturellen oder strategischen Wechsel zur Folge, der Auswirkungen auf das gemeinsame Unternehmen haben kann.

---

[79] Manchmal wirbt der Investor bei der kommunalen Gebietskörperschaft sogar damit, dass er gern auf Ausschüttungen verzichten würde, schlägt gar die Vereinbarung einer Ausschüttungssperre vor, während er später versucht, durch teure Dienstleistungsverträge Geld aus dem Unternehmen zu ziehen.

3.6   Beendigung der GmbH

Gegenstand der nachstehenden Ausführungen ist die Beendigung privatrechtlicher kommunaler Unternehmen in Form einer GmbH, da es sich hierbei um die häufigste Rechtsform handelt.

3.6.1   Auflösung und Liquidation einer GmbH

Das GmbH-Gesetz enthält in Abschn. 5 Regelungen zur Auflösung und Nichtigkeit der Gesellschaft. In diesem Rahmen spielen drei Begriffe eine maßgebliche Rolle: Auflösung, Liquidation (Abwicklung) und Beendigung.

- Die Auflösung ist der Vorgang, durch den die Gesellschaft aus einer werbenden Tätigkeit heraustritt.
- Es folgt die Phase der Abwicklung der laufenden Geschäfte, die als (gesellschaftsrechtliche) Liquidation bezeichnet wird.
- Den Abschluss bildet die Beendigung der Existenz der Gesellschaft als Rechtspersönlichkeit.

In der Praxis führen häufig der Wegfall des Unternehmenszwecks oder mangelnde Alternativen für eine strategische Neuausrichtung zur Liquidation und Beendigung einer Gesellschaft.

Die Auflösung einer Gesellschaft erfolgt – soweit nicht eine im Gesellschaftsvertrag bestimmte Zeit abgelaufen ist – zumeist durch Beschluss der Gesellschafterversammlung. Für den Beschluss ist eine Mehrheit von drei Vierteln der abgegebenen (nicht aller vorhandenen) Stimmen erforderlich, soweit nicht der Gesellschaftsvertrag eine andere Mehrheit (auch eine geringere) vorsieht.[80]

Die Auflösung der GmbH durch Gesellschafterbeschluss muss zur Eintragung in das Handelsregister angemeldet werden.[81] Diese Anmeldung hat in notariell beglaubigter Form zu erfolgen. Sämtliche Liquidatoren (bzw. wenn die Auflösung nicht sofort wirksam werden soll, sämtliche Mitglieder der Geschäftsführung) müssen die Anmeldung der Auflösung unterzeichnen. Die Auflösung der Gesellschaft tritt bereits mit wirksamer Beschlussfassung ein. Die Eintragung der Auflösung in das Handelsregister hat lediglich deklaratorische Bedeutung.[82] Maßgebend ist der im Beschluss genannte Auflösungstermin.

---

[80]Vgl. § 60 Abs. 1 Nr. 2 GmbHG.
[81]Vgl. § 65 Abs. 1 Satz 1 GmbHG.
[82]Vgl. BGH, Urteil vom 23.11.1998, II ZR 70/97.

Mit Ausnahme der Umwandlung, der Insolvenz und der Löschung wegen Vermögens-losigkeit schließt sich an die Auflösung die Liquidation der Gesellschaft an. Gleichzeitig mit dem Auflösungsbeschluss sind ein oder mehrere Liquidatoren zu bestellen. Geborene Liquidatoren sind die Mitglieder der Geschäftsführung, soweit durch Gesellschafts-vertrag oder Beschluss der Gesellschafterversammlung nichts anderes bestimmt ist.[83] Es obliegt dem Liquidator, die Auflösung der Gesellschaft[84] und den ersten Liquidator (also sich selbst) sowie dessen Vertretungsbefugnis[85] zur Eintragung ins Handelsregister anzumelden.[86] In der Handelsregisteranmeldung muss der Liquidator gegenüber dem Registergericht versichern, dass gegen seine Bestellung keine straf-, gewerbe- oder berufsrechtlichen Gründe sprechen. Diese Erklärungspflicht gilt selbst dann, wenn ein bisheriges Mitglied der Geschäftsführung zum Liquidator ernannt wird.[87]

Aufgabe des Liquidators ist es, die laufenden Geschäfte zu beenden, die Ver-pflichtungen der aufgelösten Gesellschaft zu erfüllen, die ausstehenden Forderungen einzuziehen[88] und danach das restliche Vermögen entsprechend dem Gesellschafts-vertrag zu verteilen. Das Vermögen wird nach § 72 GmbHG grundsätzlich unter den Gesellschaftern nach dem Verhältnis ihrer Geschäftsanteile verteilt. Bei einer gemein-nützigen GmbH[89] dürfen allerdings im Fall der Auflösung nur die eingezahlten Kapital-anteile und der gemeine Wert der geleisteten Sacheinlagen an die Gesellschafter zurückgezahlt werden.[90]

Der Liquidator darf alle der Liquidation dienlichen Geschäfte abschließen, auch Neuverträge, wenn dies im Einzelfall erforderlich ist. Zum Stichtag des Liquidations-beschlusses ist eine Bilanz (Eröffnungsbilanz) und ein die Bilanz erläuternder Bericht aufzustellen.[91] Ebenso sind während der Liquidation für den Schluss eines jeden Jahres weiterhin ein Jahresabschluss sowie ein Lagebericht zu erstellen. Der Liquidator ist ver-pflichtet, die Auflösung der Gesellschaft dreimal in den amtlichen Gesellschaftsblättern zu veröffentlichen und in der Bekanntmachung zugleich die Gläubiger der Gesellschaft aufzufordern, sich bei derselben zu melden.[92] Fristen zwischen den einzelnen Bekannt-machungen sind nicht vorgeschrieben.

---

[83] Vgl. § 66 Abs. 1 GmbHG.

[84] Vgl. § 65 Abs. 1 GmbHG.

[85] Vgl. § 67 Abs. 1 GmbHG.

[86] Die Anmeldung der Auflösung und der Liquidatoren kann gemeinsam erfolgen. Dabei kommt keiner der beiden Eintragungen konstitutive Wirkung zu.

[87] Vgl. § 67 GmbHG.

[88] Vgl. § 70 GmbHG.

[89] Aufgrund der §§ 55 Abs. 1 Nr. 4, 61 AO.

[90] Um nicht nachträglich – für einen Zeitraum von bis zu zehn Jahren (!) – die Gemeinnützigkeit aberkannt zu bekommen, sollten die Einzelheiten der Vermögensverteilung unbedingt zuvor mit dem örtlich zuständigen Finanzamt abgeklärt werden.

[91] Vgl. § 71 GmbHG.

[92] Vgl. § 65 Abs. 2 GmbHG.

Mit der dritten Gläubigeraufforderung beginnt das sogenannte Sperrjahr.[93] Erst nach Ablauf dieses Sperrjahres darf das Vermögen der Gesellschaft an die Gesellschafter verteilt werden. Ist die Abwicklung bis auf die Verteilung des Vermögens an die Gesellschafter beendet und das Sperrjahr abgelaufen, hat der Liquidator eine Liquidations-Schlussbilanz aufzustellen, aus der sich das zur Verteilung bestimmte Gesellschaftsvermögen ergibt. Während der Liquidation muss die GmbH auf ihren Geschäftsbriefen neben den üblichen Pflichtangaben einen Zusatz führen, der auf die laufende Liquidation hinweist (GmbH i. L.) und den Namen des Liquidators benennen. Mit der Verteilung des Vermögens an die Gesellschafter ist die Liquidation beendet. Der dingliche Vollzug der Vermögensverteilung erfolgt durch Verfügungsgeschäfte, bei denen die Gesellschaft durch den Liquidator vertreten wird.

Die Beendigung der Gesellschaft muss nun vom Liquidator beim Handelsregister angemeldet werden.[94] Daraufhin wird die Gesellschaft im Handelsregister gelöscht und ist somit nicht mehr als Rechtsperson existent.

Nach Beendigung der Liquidation sind die Bücher und Schriften der Gesellschaft für die Dauer von zehn Jahren aufzubewahren. Stellt sich erst nach Löschung im Handelsregister heraus, dass die Gesellschaft noch Vermögen besitzt oder weitere Abwicklungsmaßnahmen erforderlich sind (z. B. Löschung einer Grundschuld oder Steuernachzahlung), findet auf Antrag eine Nachtragsliquidation statt. Die Gesellschaft wird dann von Amts wegen wieder in das Handelsregister eingetragen. Der Nachtragsliquidator wird auf Antrag eines Beteiligten (Gesellschafter, Gläubiger oder andere betroffene Dritte) vom Gericht bestimmt. Für die Nachtragsliquidation gelten die allgemeinen Bestimmungen über die Liquidation. In der Sache selbst findet eine Fortsetzung des alten Liquidationsverfahrens statt, das heißt dessen Eröffnungsakte (Gläubigeraufforderung, Eröffnungsbilanz) müssen nicht wiederholt werden. Insbesondere beginnt das Sperrjahr nicht von neuem.

3.6.2 Insolvenz

Zu den in § 60 Abs. 1 GmbHG genannten und praktisch bedeutsamen Auflösungsgründen gehört – neben dem oben genannten Auflösungsbeschluss der Gesellschafter – die Eröffnung eines Insolvenzverfahrens über das Vermögen der Gesellschaft. Gemäß § 15a Abs. 1 Satz 1 InsO haben die Mitglieder der Geschäftsführung die Pflicht, bei Zahlungsunfähigkeit bzw. Überschuldung der Gesellschaft ohne schuldhaftes Zögern, spätestens aber drei Wochen nach Eintritt der Zahlungsunfähigkeit, die Eröffnung des Insolvenzverfahrens zu beantragen. Für den Fall, dass die betreffende Gesellschaft

---

[93] Vgl. § 73 GmbHG.
[94] Vgl. § 74 Abs. 1 GmbHG.

führungslos sein sollte, trifft diese Insolvenzantragspflicht gemäß § 15a Abs. 3 InsO die Gesellschafter, es sei denn, dass diese keine Kenntnis von der Zahlungsunfähigkeit/ Überschuldung oder Führungslosigkeit der Gesellschaft haben.

Die genannte Drei-Wochen-Frist beschreibt einen maximalen Zeitraum; tatsächlich darf sie nur dann ausgeschöpft werden, wenn wirklich die Möglichkeit zur Sanierung der Gesellschaft besteht und diesbezüglich Anstrengungen unternommen werden.[95] Die Abwicklung der Gesellschaft findet in diesem Fall nicht im Wege der oben beschriebenen Liquidation statt, sondern richtet sich ausschließlich nach den in der Insolvenzordnung bestimmten Regeln des Insolvenzrechts.

3.6.2.1 Insolvenztatbestände

Die Eröffnung eines Insolvenzverfahrens über das Vermögen einer GmbH – diese ist nur mit einem schriftlichen Antrag der Gläubiger oder die Gesellschaft (Schuldner) möglich – setzt voraus, dass ein Eröffnungsgrund gegeben ist.[96]

Das Insolvenzrecht definiert hierfür drei Eröffnungsgründe:

- Zahlungsunfähigkeit (§ 17 InsO)
- drohende Zahlungsunfähigkeit (§ 18 InsO)
- Überschuldung (§ 19 InsO)

Zahlungsunfähigkeit

Der praktisch bedeutsamste Fall ist die Zahlungsunfähigkeit einer Gesellschaft. Die GmbH als Schuldnerin ist gemäß § 17 Abs. 2 Satz 1 InsO dann zahlungsunfähig, wenn sie fällige Zahlungsverpflichtungen nicht erfüllen kann. Hiervon ist nach der Rechtsprechung des BGH regelmäßig auszugehen, „wenn eine innerhalb von drei Wochen nicht zu beseitigende Liquiditätslücke von 10 % oder mehr besteht und nicht ausnahmsweise mit an Sicherheit grenzender Wahrscheinlichkeit zu erwarten ist, dass die Liquiditätslücke demnächst vollständig oder fast vollständig geschlossen wird und den Gläubigern ein Zuwarten nach den besonderen Umständen des Einzelfalls zuzumuten ist".[97] Zahlungsunfähigkeit ist nach der gesetzlichen Vermutung des § 17 Abs. 2 Satz 2 InsO anzunehmen, wenn die Gesellschaft ihre Zahlungen eingestellt hat (widerlegbare Vermutung).[98]

Keine Zahlungsunfähigkeit liegt demnach vor bei einer bloßen (vorübergehenden) Zahlungsstockung oder einer lediglich geringfügigen Liquiditätslücke:

---

[95] Vgl. BGH, Urteil vom 24.01.2012, II ZR 119/10.

[96] Im Einzelnen siehe dazu §§ 16, 13 ff. InsO.

[97] BGH, Urteil vom 09.10.2012, II ZR 298/11.

[98] Es reicht die Zahlungseinstellung bei mindestens einer nicht unwesentlichen Forderung (Indizien: Nichtzahlung von Löhnen und Gehältern, Einstellung des Geschäftsbetriebs, Wechselproteste in Vielzahl und Häufung).

- Es besteht eine kurzfristige Liquiditätslücke mit einer Dauer von nicht länger als drei Wochen.
- Die Liquiditätslücke beträgt weniger als zehn Prozent der fälligen Gesamtverbindlichkeiten und eine Überschreitung dieser Größenordnung ist nicht absehbar.
- Es besteht eine Liquiditätslücke von 10 % oder mehr, aber mit an Sicherheit grenzender Wahrscheinlichkeit ist zu erwarten, dass diese Lücke demnächst vollständig oder fast vollständig beseitigt wird und den Gläubigern ein Zuwarten zugemutet werden kann.

Ferner würde eine Stundung der Geldschulden durch die Gläubiger die Zahlungsunfähigkeit beseitigen.

Drohende Zahlungsunfähigkeit

Ein Schuldner droht zahlungsunfähig zu werden, wenn er voraussichtlich nicht in der Lage ist, die bestehenden Zahlungspflichten zum Zeitpunkt ihrer Fälligkeit zu erfüllen.[99]

Zur Feststellung bedarf es einer mit der gebotenen kaufmännischen Vorsicht anzustellenden Prognose, in welche die gesamte Entwicklung der Finanzlage bis zur Fälligkeit aller Verbindlichkeiten einzubeziehen ist (Berücksichtigung zu erwartender Einnahmen wie auch zukünftiger, noch nicht begründeter Zahlungspflichten). Wie beim Tatbestand der Zahlungsunfähigkeit reicht eine bloß vorübergehende Zahlungsstockung oder eine nur geringfügige Liquiditätslücke nicht aus. Der Prognosezeitraum bezieht sich auf das laufende und nach Möglichkeit auch auf das folgende Geschäftsjahr.

Besonderheiten:

- Eine drohende Zahlungsunfähigkeit als Insolvenzgrund kommt nur für den Eigenantrag der GmbH infrage.[100]
- Die Geschäftsführung ist des Weiteren berechtigt, aber nicht verpflichtet, einen Eröffnungsantrag zu stellen (keine haftungs- oder strafrechtlichen Sanktionen bei Unterlassen eines Insolvenzantrags).

Überschuldung

Eine Überschuldung liegt vor, wenn das Vermögen des Schuldners die bestehenden Verbindlichkeiten nicht mehr deckt, es sei denn, die Fortführung des Unternehmens ist nach den Umständen überwiegend wahrscheinlich.[101]

Nach diesem modifizierten zweistufigen Überschuldungsbegriff ist die Fortführungsprognose ein selbstständiges, neben der rechnerischen Überschuldung stehendes Element mit der Folge, dass eine positive Fortführungsprognose bereits für sich genommen die

---

[99]Vgl. § 18 Abs. 2 InsO.

[100]Vgl. § 18 Abs. 1 InsO.

[101]Vgl. § 19 Abs. 2 Satz 1 InsO.

Überschuldung tatbestandlich ausschließt (Böcker et al. 2013, S. 18). Eine positive
Fortführungsprognose besteht, wenn die Finanzkraft mittelfristig zur Fortführung des
Unternehmens ausreicht (Heybrock 2010, Insolvenzrecht Rn. 73). Als Faustformel für
den maßgeblichen Prognosezeitraum hat sich ein Abstellen auf das laufende Geschäftsjahr und das Folgejahr bzw. auf zwei Jahre ab Prognoseerstellung herausgebildet
(Böcker et al. 2013, S. 20). Bei der Fortführungsprognose ist die strikte Beachtung
kaufmännischer Vorsicht geboten, zumal die Beweislast für eine positive Fortführungsprognose bei der Geschäftsführung liegt (Heybrock 2010, Insolvenzrecht Rn. 73).

Ist die Fortführungsprognose nicht positiv, muss eine Überschuldungsbilanz auf-
gestellt werden, das heißt die Vermögenswerte sind mit aktuellen Verkehrs- oder
Liquidationswerten (Zerschlagungswerten) anzusetzen; eine bloße Fortschreibung der
Jahresbilanz ist hierfür nicht ausreichend.

Auf weitergehende Ausführungen zu in einer Überschuldungsbilanz anzusetzenden
Werten, Anforderungen an die Fortführungsprognose sowie die besondere Behandlung
von Forderungen und Verbindlichkeiten gegenüber Gesellschaftern wird an dieser Stelle
verzichtet.

Eine Überschuldung kann nicht durch neue Kredite, sondern nur durch Eigenkapital-
zufuhr beseitigt werden. Möglich sind

- eine Kapitalerhöhung,
- eine Verlustausgleichszahlung der Gesellschafter oder
- die Umwandlung eines Gesellschafterdarlehens (Forderung des Gesellschafter-
  gläubigers gegen die Gesellschaft) in Eigenkapital.[102]

Maßnahmen zur Beseitigung einer Überschuldung sind regelmäßig unter Berück-
sichtigung des europäischen Beihilfenrechts zu betrachten.[103] Dabei geben die All-
gemeine Gruppenfreistellungsverordnung[104] sowie die Mitteilung der Kommission über
Leitlinien für staatliche Beihilfen zur Rettung und Umstrukturierung nichtfinanzieller
Unternehmen in Schwierigkeiten (Europäische Kommission 2014) sowohl definitorische
Hilfestellung als auch einen Bewertungsmaßstab an die Hand.

---

[102] Grundsätzlich kommen auch folgende Aktionen der Gesellschaftsgläubiger als Mittel zur
Beseitigung einer Überschuldung in Frage, die jedoch in der kommunalen Praxis eher ausscheiden:
qualifizierter Rangrücktritt (Schuldänderungsvertrag) oder Forderungsverzicht mit Besserungs-
schein (auflösend bedingter Erlassvertrag). Bis 2008 war zudem die Eigenkapitalersetzung durch
Gesellschafterdarlehen möglich (entfallene §§ 32a, b GmbHG).

[103] Siehe auch Abschn. 2.4.2 EU-Beihilfenrecht.

[104] Vgl. Verordnung (EU) Nr. 651/2014 der Kommission (ABl. L 187/1 vom 26.06.2014) in Verbindung mit Verordnung (EU) 2017/1084 der Kommission (ABl. L 156/1 vom 20.06.2017).

3.6.2.2 Insolvenzantrag

Liegt eine Zahlungsunfähigkeit oder Überschuldung vor und können diese nicht beseitigt werden, besteht die Pflicht zur Stellung eines Insolvenzantrags. Dabei sind die in § 13 Abs. 1 InsO festgelegten Pflichtangaben als Voraussetzung eines zulässigen Insolvenzantrags unbedingt zu beachten. Der Umfang der Pflichtangaben richtet sich danach, ob die betreffende Gesellschaft noch einen laufenden Geschäftsbetrieb unterhält, eine Eigenverwaltung beantragt werden soll oder die GmbH als Schuldnerin bestimmte, in § 22a Abs. 1 InsO festgelegte Kennzahlen überschreitet. Von besonderer Bedeutung ist die Pflicht des Antragstellers zur Beifügung eines Gläubiger- und Forderungsverzeichnisses.

3.6.2.3 Insolvenzverschleppung

Erfolgt trotz Kenntnis der Zahlungsunfähigkeit oder Überschuldung keine Eröffnung des Insolvenzverfahrens, liegt eine Insolvenzverschleppung vor. Sie kann verschiedene Ursachen haben und stellt eine Straftat dar. Hierzu regelt die Insolvenzordnung folgendes: Wird eine GmbH zahlungsunfähig oder überschuldet, haben die Mitglieder der Geschäftsführung oder die Liquidatoren ohne schuldhaftes Zögern, spätestens aber drei Wochen nach Eintritt der Zahlungsunfähigkeit oder Überschuldung, einen Eröffnungsantrag zu stellen; eine Strafbarkeit liegt auch dann vor, wenn der Eröffnungsantrag nicht korrekt oder nicht rechtzeitig gestellt wurde.[105]

Pflichten in der Krise der Gesellschaft treffen nicht nur die Geschäftsführung einer GmbH. Der Aufsichtsrat ist im Rahmen der ihm obliegenden Sorgfalt bei festgestellter Insolvenzreife verpflichtet, auf die rechtzeitige Stellung eines Insolvenzantrags und die Einstellung aller nicht mit der Sorgfalt eines ordentlichen Geschäftsleiters zu vereinbarenden Zahlungen hinzuwirken. Verletzen sie diese Pflicht schuldhaft, können die Mitglieder des Aufsichtsrats selbst gegenüber der Gesellschaft zum Schadenersatz verpflichtet sein.[106] Das gilt ohne Einschränkung auch für die Mitglieder eines fakultativen Aufsichtsrats einer kommunalen GmbH.[107]

---

[105]Vgl. § 15a Abs. 1 S. 1 sowie Abs. 4 und 5 InsO. Mit Freiheitsstrafe von bis zu drei Jahren oder mit einer Geldstrafe wird bestraft, wer entgegen der gesetzlichen Pflichten einen Eröffnungsantrag nicht, nicht richtig oder nicht rechtzeitig stellt. Handelt der Täter fahrlässig, ist eine Freiheitsstrafe von bis zu einem Jahr oder eine Geldstrafe zu erwarten.

[106]BGH, Urteil vom 16.03.2009, II ZR 280/07.

[107]OLG Brandenburg, Urteil vom 17.02.2009, 6 U 102/07.

3.6.3 Insolvenzabwendungspflicht und Durchgriffshaftung für öffentliche Anteilseigner

In den Fällen, in denen sich die kommunale Gebietskörperschaft einer privaten Rechtsform zur Erfüllung von Pflichtaufgaben bedient, trifft sie die Pflicht zur Sicherstellung der ordnungsgemäßen Erfüllung dieser Aufgabe. Vor diesem Hintergrund war es in der Vergangenheit umstritten, ob eine kommunale Gebietskörperschaft als Gesellschafterin einer GmbH für deren Schulden aufkommen muss, obgleich eigentlich eine Rechtsform mit beschränkter Haftung gewählt wurde und die Kommunalverfassungen eine haftungsbegrenzende Rechtsform vorschreiben. Infrage kommen grundsätzlich folgende Sachverhalte:

- gesteigerte Insolvenzabwendungspflicht
- Durchgriffshaftung
- Haftung wegen existenzvernichtendem Eingriff/sittenwidriger Schädigung

Die Rechtsprechung zu diesen Sachverhalten ist durchaus diffizil – vor allem bezüglich der gesteigerten Insolvenzabwendungspflicht und der Durchgriffshaftung dürfte nur selten und in Einzelfällen eine Zahlungsverpflichtung der kommunalen Gebietskörperschaft bestehen. Das gilt freilich nicht, wenn Patronats-, Bürgschaftserklärungen oder ähnliche Besicherungen zugunsten des Unternehmens abgegeben wurden. Offen ist zudem die Frage, inwieweit die Kommune nicht faktisch dennoch eine Insolvenz abzuwenden gedenkt, wenn es sich um eine Aufgabe handelt, die ihr kraft Gesetz obliegt. Prominent diskutiert wurde dies im Zusammenhang mit der Insolvenz der Stadtwerke Gera AG im Jahr 2014.

Die Haftung wegen eines existenzvernichtenden Eingriffs bzw. einer sittenwidrigen Schädigung wird als Ergänzung der gesetzlichen Gesellschafterhaftung nach § 30 f. GmbHG gesehen. Die sittenwidrige Schädigung nach § 826 BGB wird dabei als Auslöser erachtet. Die Haftungsvoraussetzungen sind komplex, lassen sich entsprechend der Literatur aber darauf zusammenfassen, dass der Gesellschafter Vermögen aus der Gesellschaft abgezogen hat, wodurch eine Insolvenz der Gesellschaft vertieft oder herbeigeführt wurde, wobei ein Vorsatz der Schädigung des Gesellschaftsvermögens vorliegen muss (Siegels 2012, S. 623 ff.). Es besteht dann eine Schadenersatzpflicht gegenüber der geschädigten Gesellschaft (nicht deren Gläubiger), die in der Beweispflicht ist (Siegels 2012, S. 628).

Die Frage nach der Haftung der kommunalen Gebietskörperschaft vor dem Hintergrund des Bestehens eines faktischen Konzerns soll an dieser Stelle nur benannt werden, da sich Differenzierungen bereits aus der Rechtsform des Unternehmens ergeben (Siegels 2012, S. 616 ff.).

Zuletzt besteht die Möglichkeit, dass eine kommunale Gebietskörperschaft Geld in eine Eigengesellschaft in Form einer GmbH nachschießen muss, wenn im Gesellschaftsvertrag die Nachschusspflicht nicht ausgeschlossen, begrenzt oder gar explizit vorgesehen wurde.[108]

3.6.4 Aufgaben des Beteiligungsmanagements

Bei der Beendigung eines kommunalen Unternehmens spielt das Beteiligungsmanagement eine wichtige Rolle:

- Im Fall der Auflösung und Liquidation einer Gesellschaft sollte das Beteiligungsmanagement entsprechend qualifizierten Rechtsbeistand zu Rate ziehen, um den Prozess sicher und gesetzeskonform zu gestalten. Ob dies in Form eines im Beteiligungsmanagement beschäftigten Juristen, des Rechtsamts oder eines externen Rechtsanwalts erfolgt, ergibt sich im Wesentlichen aus den Strukturen vor Ort. Bei Bedarf ist zudem die Konsultation eines Steuerberaters (etwa bei Gemeinnützigkeit[109]) zielführend.
- Im Fall einer sehr angespannten Liquiditätssituation oder einer bereits drohenden Insolvenz kann das Beteiligungsmanagement für mehrere Aufgaben zuständig sein. Zunächst ist im Rahmen des Beteiligungscontrollings[110] stets auf die Zahlungsfähigkeit und den Verschuldungsgrad der Gesellschaft zu achten, um Entwicklungen im Sinne der Insolvenztatbestände frühzeitig zu erkennen und dem Gesellschafter mitzuteilen. Im Rahmen der Mandatsbetreuung[111] sollte seitens des Beteiligungsmanagements ebenfalls frühzeitig eine Warnung an die Mitglieder des Aufsichtsrats ergehen, sobald entsprechende Risiken offenbar werden. Generell sollte auch im Rahmen von Schulungen für Aufsichtsratsmitglieder[112] eine Sensibilisierung hinsichtlich dieses Themas erfolgen, da auch seitens des Aufsichtsrats Pflichten zur Abwendung einer Insolvenz bestehen.
- Sollte ein Insolvenztatbestand eingetreten sein, gibt es zwei Möglichkeiten: Entweder wird dieser beseitigt oder es muss ein Insolvenzantrag gestellt werden. Beide Prozesse sollten dem Beteiligungsmanagement bekannt sein und gegebenenfalls von ihm begleitet werden.

---

[108] Vgl. §§ 26 ff. GmbHG.

[109] Siehe auch Abschn. 2.3.4 Steuerrecht (dort unter gemeinnützigen Unternehmen).

[110] Siehe auch Abschn. 4.5 Das ABC des Beteiligungscontrollings.

[111] Siehe auch Abschn. 4.4 Das ABC der Mandatsbetreuung.

[112] Siehe auch Abschn. 4.4.3.4 Schulungen für kommunale Aufsichtsratsmitglieder.

3.6.5   EXKURS: Beendigung bzw. Insolvenz von Unternehmen in anderer Rechtsform als GmbH

Gegenstand der vorstehenden Ausführungen war die GmbH. Der Vollständigkeit halber werden im Folgenden Möglichkeiten der Beendigung von Unternehmen in einigen anderen gängigen Rechtsformen skizziert.

- **Eigenbetrieb:**
  Die Beendigung eines Eigenbetriebs ist mit vergleichsweise wenigen Schritten zu bewirken. Als Gegenstück zum Errichtungsakt bedarf es insbesondere eines Auflösungsbeschlusses der politischen Vertretungskörperschaft. Um der Klarheit willen und zur Vermeidung von Auseinandersetzungen mit der Rechtsaufsichtsbehörde sollte mit dem Auflösungsbeschluss ein Beschluss über die Aufhebung der betreffenden Betriebssatzung gefasst werden.[113] Das haushaltsrechtlich im Eigenbetrieb gesondert gebundene Vermögen wird wieder in den allgemeinen Haushalt der kommunalen Gebietskörperschaft eingestellt.
  Mangels eigener Rechtspersönlichkeit profitieren Eigenbetriebe von den landesrechtlichen Rahmenbedingungen für kommunale Gebietskörperschaften, die eine Insolvenz von vornherein ausschließen. Zu beachten ist lediglich, dass eine Zwangsvollstreckung in das Vermögen des Eigenbetriebs entsprechend der Vorschriften zur Zwangsvollstreckung in kommunales Vermögen zulässig ist.
- **Zweckverband:**
  Mit Blick auf die Auflösung von Zweckverbänden sind mangels eines bundeseinheitlichen Zweckverbandsrechts kaum allgemeingültige Aussagen möglich. Die jeweiligen Landesgesetze enthalten regelmäßig allgemeine formale Erfordernisse zur Auflösung eines Zweckverbands sowie gegebenenfalls zur Aufteilung seines Vermögens unter den Mitgliedern. Es ist sinnvoll, die Details der Auflösung und Auseinandersetzung bereits vorab in der Zweckverbandssatzung ausführlich zu regeln. Üblich sind aber auch konkrete Auseinandersetzungsvereinbarungen.
  Insolvenzrechtlich gelten die für die kommunale Gebietskörperschaft bestehenden Vorschriften über gesetzliche Verweisungen ebenso für Zweckverbände. Somit profitieren diese (wie Eigenbetriebe) von den kommunalrechtlichen Insolvenzbefreiungsvorschriften auf Grundlage des § 12 Abs. 1 Nr. 2 InsO. Eine Insolvenz wäre überdies wohl nur theoretischer Natur, da die Finanzierung von Zweckverbänden regelmäßig nicht nur über eigene Einnahmen, sondern auch über die von den Mitgliedsgemeinden notfalls zu erhebenden Umlagen erfolgt, ohne dass diese sich

---

[113] In der Praxis hat sich diese Vorgehensweise weitestgehend etabliert, wie eine Vielzahl von Beschlüssen zeigt; teils unter ausdrücklichem Verweis auf rechtsaufsichtliche Beanstandungen wie in Tübingen 2016 (Vorlage 300/2016 vom 09.08.2016).

dagegen wehren könnten, sofern die Umlagen dem Grunde und/oder der Höhe nach gerechtfertigt sind.

- **Aktiengesellschaft:**

Aktiengesellschaften spielen im kommunalen Bereich aufgrund ihrer gesellschafts-rechtlich vorgegebenen weitreichenden Verselbständigung – insbesondere in Gestalt der weitgehend weisungsfreien Tätigkeiten des Vorstands – sowie teilweise auf-grund gesetzlicher Anordnung nur eine nachrangige Rolle (Hellermann 2012, § 7 Rn. 113).[114] Die Vorschriften des Aktiengesetzes zur Beendigung im Wege einer Abwicklung sind – abgesehen von rechtformspezifischen Besonderheiten – denen für die Auflösung einer GmbH ähnlich.[115]

Auch für die Insolvenz der Aktiengesellschaft kann im Wesentlichen auf die ent-sprechenden Ausführungen zur GmbH verwiesen werden.

3.7   Einbeziehung externer Dienstleister

In den zuvor dargestellten Prozessen

- der Gründung und des Erwerbs unmittelbarer Unternehmen,
- der Veränderung von Unternehmen,
- der materiellen Privatisierung sowie
- der Beendigung der Gesellschaft

kann es an verschiedenen Stellen erforderlich sein, dass die kommunale Gebietskörper-schaft externe Dienstleister einschaltet, beispielsweise Rechtsanwälte, Wirtschaftsprüfer, Steuerberater, Transaktionsberater oder sonstige Gutachter.

Da das Beteiligungsmanagement diese Prozesse in der Regel maßgeblich steuert, ist es zumeist an der Auswahl geeigneter Dienstleister, deren Beauftragung und Einbindung in den Prozess sowie deren Steuerung beteiligt.

Die Beauftragung externer Dienstleister hat immer unter Berücksichtigung der ver-gaberechtlichen Vorgaben zu erfolgen.[116] Selbst wenn eine freihändige Vergabe mög-lich sein sollte, ist es aus Sicht einer umfassenden Informationsgewinnung und eines nachhaltigen Projekterfolgs zumeist zweckmäßig, mehrere Beratungsunternehmen für Angebote anzuschreiben. Falls das vermutete Beratungshonorar eine europaweite

---

[114] Zur kommunalrechtlichen Einschränkung der Rechtsform AG siehe auch Abschn. 2.1.5 Kommunalrechtliche Vorgaben für privatrechtliche Unternehmen und 2.2.7 Aktiengesellschaft (AG).

[115] Selbstverständlich sind rechtsformspezifische Vorgaben des AktG vollumfänglich zu berück-sichtigen.

[116] Siehe auch Abschn. 2.4.3 Das (europäische) Vergaberecht und die Inhouse-Vergabe.

Ausschreibung erforderlich macht – dies kann etwa bei großen Privatisierungs- oder Erwerbsvorhaben der Fall sein –, sind die zeitlichen Restriktionen zu berücksichtigen. Dadurch können allein bis zur Vergabe der Beratungsleistung mehrere Monate vergehen.

Wichtig ist es, bereits vor der Ansprache potenzieller Beratungsunternehmen die Ziele der kommunalen Gebietskörperschaft umfassend zu klären und daraus konkrete Anforderungen an die Beratungsleistungen abzuleiten. Dabei ist es sinnvoll, kritische Erfolgskomponenten der Beauftragung zu identifizieren.

Zumeist ist es empfehlenswert, die Entscheidung über die Auswahl eines Beraters nicht allein auf der Grundlage eines Angebotes zu fällen, sondern zusätzlich eine Präsentation des Beratungsunternehmens vorzusehen, um einen persönlichen Eindruck über das Projektteam zu erhalten.

Wesentliches Entscheidungskriterium für die kommunale Gebietskörperschaft als Auftraggeberin sind die Gesamtkosten (inklusive Neben- und Reisekosten). Die Auftraggeberin wird dabei eher an einem Festpreis interessiert sein, bei bestimmten Projekten – insbesondere beim Kauf oder Verkauf von Unternehmen – dürfte es jedoch auch in ihrem Interesse liegen, wenn die größten Honorarbestandteile nur für den Fall gezahlt werden, dass die Transaktion erfolgreich abgeschlossen wird.

Wichtig ist es, aufseiten des Auftraggebers die Vorgaben für die Vergabeentscheidung strikt einzuhalten. Dazu gehört unter anderem, vorab die Kriterien für die Vergabeentscheidung inklusive der genauen Gewichtung festzulegen und die Entscheidung selbst sorgfältig zu dokumentieren.

PRAXISTIPP: Auswahl einer Beratungsgesellschaft

Bei der Auswahl einer Beratungsgesellschaft sind unter anderem folgende Fragen relevant:

- Erfüllt die Gesellschaft sämtliche formalen und inhaltlichen Anforderungen?
- Verfügen die Beratungsgesellschaft und die von ihr eingesetzten Mitarbeiterinnen und Mitarbeiter über die nötige Expertise? Wird diese durch aktuelle Referenzen (für das Unternehmen und die einzelnen Personen) nachgewiesen?
- Hat die Beratungsgesellschaft inklusive der beteiligten Personen bereits vergleichbare Projekte durchgeführt? Kennen sie sich in der relevanten Branche aus? Verfügen sie über Erfahrungen im kommunalen Bereich?
- Hat die Beratungsgesellschaft das Problem des Auftraggebers verstanden?
- Wie sieht der Beratungsansatz aus? Wurden die spezifischen Vorgaben des Auftraggebers berücksichtigt? Werden eigene Lösungsansätze geboten? Treffen diese auf die Situation des Auftraggebers zu?

- Ist die Projektplanung, insbesondere der Zeitplan, realistisch? Sind die Voraussetzungen erfüllbar, die die Beratungsgesellschaft zur erfolgreichen Bearbeitung vom Auftraggeber oder von Dritten erwartet?
- Falls eine Präsentation durchgeführt wird: Werden die inhaltlichen und zeitlichen Vorgaben eingehalten? (Ein Beratungsunternehmen, das es nicht schafft, Ihnen die wesentlichen Informationen in der vorgegebenen Zeit zu vermitteln, wird Sie auch bei der Projektbearbeitung Zeit kosten!) Welchen Eindruck vermittelt das Projektteam hinsichtlich Vorbereitung, Beraterpersönlichkeiten, Rollenverteilung und Harmonie? (Fragen Sie sich ruhig, ob Sie selbst gern in diesem Team mitarbeiten würden!) Welche Rückschlüsse gibt es hinsichtlich Expertise, Problemverständnis und Selbstverständnis des Projektteams? Wird der Projektleiter am Projekt mitarbeiten oder wird der Auftraggeber ihn erst bei der Schlusspräsentation wiedersehen?

Literatur

Böcker, Philipp, und Christoph Poertzgen. 2013. Der insolvenzrechtliche Überschuldungsbegriff ab 2014. Perpetuierung Einer Übergangsregelung Statt Neuanfang. *Gmbhrundschau* 1 (2013): 17–22.

Cronauge, Ulrich, und Stefanie Pieck. 2016. *Kommunale Unternehmen*. Berlin: Erich Schmidt Verlag.

Europäische Kommission. 2014. Leitlinien für staatliche Beihilfen zur Rettung und Umstrukturierung nichtfinanzieller Unternehmen in Schwierigkeiten (2014/C 249/01), Brüssel.

Freie und Hansestadt Hamburg. 2004a. Mitteilung des Senats an die Bürgerschaft: Teilprivatisierung des LBK Hamburg. Bürgerschaft der Freien und Hansestadt Hamburg, Drucksache 18/849 vom 07.09.2004.

Freie und Hansestadt Hamburg. 2004b. Gesetz zur Errichtung der Betriebsanstalt LBK Hamburg (LBKBetriebG) vom 17.12.2004. *Hamburgisches Gesetz- und Verordnungsblatt Teil I*, 54:487–491.

Hellermann, Johannes. 2012. Handlungsformen und Handlungsinstrumentarien wirtschaftlicher Betätigungen. In *Handbuch Kommunale Unternehmen*, Hrsg. Werner Hoppe, Michael Uechtritz, und Hans-Joachim Reck, 129–214. Köln: Erich Schmidt Verlag.

Heybrock, Hasso, Hrsg. 2010. *Praxiskommentar zum GmbH-Recht*. Bonn: ZAP.

Otto, Raimund, Robert Müller-Török, und Nadin Wild. 2004. Kommunale Krankenhäuser. *Die Krise Als Chance Zur Strategischen Neuausrichtung Nutzen, in: Verwaltung & Management* 2 (2004): 78–83.

Ronellenfitsch, Michael, und Lisa Ronellenfitsch. 2012. Voraussetzungen und historische Entwicklung privatwirtschaftlicher Betätigung der Kommunen. In *Handbuch Kommunale Unternehmen*, Hrsg. Werner Hoppe, Michael Uechtritz, und Hans-Joachim Reck, 1–15. Köln: Erich Schmidt Verlag.

Schäfer, Ute, und Sabine Michel. 2007. Praxisbeispiel SAH Leipzig gGmbH. In *Change Management in Nonprofit-Organisationen*, Hrsg. Robert Bachert und Dietmar Vahs, 112–116. Stuttgart: Schäffer Poeschel.

Siegels, Jörg. 2012. Konzernrecht. In *Handbuch Kommunale Unternehmen*, Hrsg. Werner Hoppe, Michael Uechtritz, und Hans-Joachim Reck, 564–643. Köln: Verlag Dr. Otto Schmidt KG.

Tegtmeier, André, und Raimund Otto. 1998a. Rechtsformen städtischer Beteiligungen (Teil 3). Vier Organe. Der Eigenbetrieb. *der gemeinderat* 6:50 f.

Weber, Michael, und Christian Haase. 1998b. In weiter Ferne (zur Energierechtsnovelle Gas). *der gemeinderat* 2:12 f.

Aufgaben und Instrumente des Beteiligungsmanagements

4

4.1 Einleitung

In den vergangenen Jahren haben sich die Aufgaben des Beteiligungsmanagements in vielen kommunalen Gebietskörperschaften stark verändert. Wenn heute regelmäßig von Beteiligungsmanagement statt von Beteiligungsverwaltung geredet wird, ist das nicht nur ein anderes Etikett, sondern es charakterisiert auch einen deutlichen Aufgabenzuwachs, so etwa die Analyse wirtschaftlicher Daten der Beteiligungsunternehmen, die Unterstützung der kommunalen Mandatsträger in den Überwachungsorganen der Unternehmen, die Unterstützung in strategischen Fragen oder die Einbeziehung der Unternehmen in die kommunale Haushaltswirtschaft.

Insbesondere in den Großstädten hat sich aufgrund der steigenden Aufgaben des Beteiligungsmanagements ein diversifiziertes und komplexes Instrumentarium zur Steuerungsunterstützung entwickelt. Derart ausgefeilte Steuerungssysteme sind jedoch nicht auf jede kommunale Gebietskörperschaft übertragbar. Für eine Stadt oder einen Landkreis mit einem kleinen und risikoarmen Beteiligungsportfolio kann auf viele Instrumente ohne Probleme verzichtet werden, die in größeren Städten mit einer verzweigten Konzernstruktur zur Steuerung nötig sind.

In diesem Praxisleitfaden werden sechs Hauptaufgaben des Beteiligungsmanagements und mögliche Instrumente zur Aufgabenerfüllung dargestellt:

- strategisches Beteiligungsmanagement
- Beteiligungsverwaltung
- Mandatsbetreuung
- Beteiligungscontrolling
- Einbeziehung der Beteiligungsunternehmen in die kommunale Haushaltswirtschaft
- Geschäftsführerangelegenheiten

A. Tegtmeier, *Praxisleitfaden Kommunales Beteiligungsmanagement*, https://doi.org/10.1007/978-3-658-34243-2_4

Dabei wird das Leistungsspektrum des Beteiligungsmanagements entsprechend den Hauptaufgaben wie folgt unterschieden:

- **Pflichtaufgaben:**
  Darunter sind Aufgaben zu verstehen, deren Erfüllung auf einer gesetzlichen Vorgabe beruht. Die kommunale Gebietskörperschaft kann sich nicht aussuchen, ob sie diese Aufgabe erfüllen will oder nicht; sie ist zwingend umzusetzen. Dabei variieren die Pflichtaufgaben von Bundesland zu Bundesland, da das Kommunalverfassungsrecht teils unterschiedliche Schwerpunkte setzt.
- **Ergänzungsaufgaben:**
  Wenn eine kommunale Gebietskörperschaft ihr Beteiligungsmanagement neu aufbauen oder das bestehende verbessern möchte, bietet es sich an, neben den Pflichtaufgaben den Katalog der Ergänzungsaufgaben anzuschauen. Hier werden Aufgaben und darauf aufbauende Instrumente beschrieben, deren Umsetzung schnelle Verbesserungen der Beteiligungssteuerung ermöglicht.
- **Küraufgaben:**
  Die vorgestellten Küraufgaben gehen über das herkömmliche Beteiligungsmanagement hinaus. Sie betreffen Aufgaben und Instrumente, die eine vertiefte Steuerung erlauben, sind jedoch oft nur für kommunale Gebietskörperschaften mit einem großen und verzweigten Beteiligungsportfolio zielführend.

Die folgenden Aufgaben und Instrumente des Beteiligungsmanagements sind in der Formulierung auf die Rechtsform der GmbH und die dortigen Organe ausgerichtet. Diese Aussagen gelten für andere Rechtsformen teilweise analog.

4.2 Das ABC des strategischen Beteiligungsmanagements

An erster Stelle wird in diesem Leitfaden auf die Aufgabe des strategischen Beteiligungsmanagements eingegangen. Das hat zwei Gründe:

- Zum einen richten sich die operativen Steuerungsaufgaben und deren Instrumente, die in folgenden Kapiteln dargestellt werden, in der Regel an den strategischen Vorgaben aus. Beispielsweise ist es immer auch Aufgabe des operativen Beteiligungscontrollings, nach der Umsetzung der strategischen Vorgaben zu fragen.
- Zum anderen beziehen sich einzelne operative Instrumente des Beteiligungsmanagements, die später vorgestellt werden, explizit auf bestimmte strategische Instrumente wie etwa die Zielfestlegungen für kommunale Unternehmen.

Allerdings ist hervorzuheben, dass beim Aufbau eines Beteiligungsmanagements in der öffentlichen Verwaltung in der Regel genau umgekehrt verfahren wird: Hier nehmen die operativen Aufgaben ein deutlich stärkeres Gewicht ein als die strategischen. Denn mit der Einführung operativer Instrumente des Beteiligungsmanagements – etwa in der Mandatsbetreuung oder dem Beteiligungscontrolling – lassen sich sehr viel schneller und nachhaltiger Erfolge in der Verbesserung der Beteiligungssteuerung erzielen als mit strategischen Instrumenten. Deren Einführung wird in der Praxis oft erst begonnen, wenn die operativen Aufgaben des Beteiligungsmanagement bereits erfolgreich umgesetzt sind.

4.2.1 Aufgabenbeschreibung

Das strategische Beteiligungsmanagement soll der kommunalen Gebietskörperschaft helfen, ihre Interessen, Ziele und Strategien in Bezug auf einerseits das Gesamtportfolio und andererseits jedes einzelne Unternehmen optimal umzusetzen.

4.2.1.1 Gesamtportfolio

Auf der Ebene des gesamten Beteiligungsportfolios geht es vor allem um zwei Themenkomplexe:

- Ist das Portfolio optimal zusammengesetzt? Lassen sich Synergien oder Skaleneffekte erschließen, wenn die Beteiligungen „neu sortiert" werden, beispielsweise durch den Zusammenschluss einzelner Gesellschaften? Hier können etwa strategische Portfoliountersuchungen ein Instrument sein, um alle Unternehmen entsprechend ihrem öffentlichen Zweck und ihrem Anteil an der Erfüllung der strategischen Ziele der kommunalen Gebietskörperschaft zu untersuchen.[1] Auch die Analyse wesentlicher Branchen mit ihren wechselnden Rahmenbedingungen und den sich daraus ergebenden Anforderungen für die Strategie der kommunalen Gebietskörperschaft kann sinnvoll sein.[2]
- Wie sollen die Beteiligungsunternehmen gesteuert werden? Hier kann ein Corporate Governance Kodex Antwort geben.[3] In einem solchen Regelwerk werden einerseits Richtlinien für eine gute Unternehmensführung durch die Organe der Gesellschaft (bei der GmbH Gesellschafterversammlung, Geschäftsführung und Aufsichtsrat) festgelegt, andererseits können Grundsätze guter Beteiligungssteuerung definiert und damit die Aufgaben der Beteiligten aufseiten der kommunalen Gebietskörperschaft (politische Vertretungskörperschaft, Hauptverwaltungsbeamter, Beteiligungsmanagement etc.) klar geregelt werden.

---

[1] Siehe auch Abschn. 4.2.3.1 Aufgabenkritik – strategische Analyse des Unternehmensportfolios.

[2] Siehe auch Abschn. 4.2.4.3 Prüfung strategischer Unternehmensplanungen.

[3] Siehe auch Abschn. 4.2.4.1 Corporate Governance Kodex.

4.2.1.2 Einzelunternehmen

Auf Ebene der einzelnen Unternehmen kann eine Vielzahl individueller strategischer Themen im Mittelpunkt stehen. So geht es oft darum, bestimmte Unternehmen bei Veränderungsprozessen zu unterstützen, sie strategisch neu aufzustellen, gegebenenfalls auch sich von einem Unternehmen zu trennen, etwa wenn kein öffentlicher Zweck mehr vorliegt.

Vor allem stellt sich jedoch ein Thema: die Zielfestlegung für öffentliche Unternehmen. Denn in der Regel sind die strategischen Ziele, die die Gesellschafter mit dem Unternehmen verfolgen, im öffentlichen Sektor nicht klar definiert. Schließlich sind die Ziele der kommunalen Gebietskörperschaft in Bezug auf ihre Beteiligungen vielschichtig: Neben der Erfüllung der Sachaufgabe (öffentlicher Zweck) sind oft auch ökonomische Zielstellungen relevant (Gewinnausschüttung, Deckelung von Zuweisungen etc.). Hinzu kommen bei bestehenden Unternehmen vielfach allgemeine politische Vorgaben (Beschäftigungssicherung, Wirtschaftsförderung, Umweltverträglichkeit etc.). Diese vielfältigen Ziele sind zumeist nicht in einem Guss entstanden, sondern haben sich aus dem Gesellschaftsvertrag, Beschlüssen der politischen Vertretungskörperschaft oder sonstigen Vorgaben der Gesellschafter ergeben. Dabei kommt es häufig zu Zielkonflikten. So erfordert es beispielsweise für jedes Unternehmen einen Spagat, einerseits der Forderung nach einem hohen Ertrag für den kommunalen Haushalt, andererseits dem Wunsch der kommunalen Gesellschafter nach günstigen Preisen für die Bevölkerung nachzukommen. Sinnvoll ist es daher, für die Unternehmen durch die kommunalen Gesellschafter klare strategische Ziele festzulegen, die eine Konsistenz zwischen unternehmerischem Handeln und kommunalen Zielen gewährleisten.[4]

Grundsätzlich empfiehlt sich für den Umgang der kommunalen Gebietskörperschaft mit ihren Unternehmen als Steuerungsphilosophie, von direkten Eingriffen in das operative Geschäft weitgehend abzusehen und stattdessen durch strategische Vorgaben zu steuern. Die wirtschaftliche Tätigkeit der Unternehmen sollte weitgehend selbstständig erfolgen. Eingriffe in das operative Geschäft stellen keine zweckdienliche Steuerung des Unternehmens dar. Sie führen zum Abwälzen von Verantwortlichkeiten und verhindern unternehmerisches Denken. Häufige Eingriffe in das operative Geschäft stellen ferner den Sinn eines ausgelagerten Unternehmens infrage, da in solchen Fällen ein Fachamt oder ein Regiebetrieb die bessere Organisationsform wäre. Insofern geht es beim strategischen Steuerungsansatz darum, die grundsätzliche Trennung in Zielfestlegung und operative Umsetzung vorzunehmen und zu beachten.

---

[4] Siehe auch Abschn. 4.2.4.2 Zielvorgaben durch Zielbilder oder Eigentümerziele.

4.2.1.3 EXKURS I: Verantwortlichkeiten für die Strategieentwicklung der Gesellschaft

Bei der Aktiengesellschaft hat der Vorstand eine herausgehobene Position, da er die Gesellschaft unter eigener Verantwortung leitet.[5] Daraus folgt, dass er selbstständig und weisungsfrei im eigenen Ermessen agiert und zwischen Vorstand und Aktionären weder ein Auftrag noch ein auftragsähnliches Rechtsverhältnis besteht (Seibt 2010, § 76 Rn. 10). Die Verantwortung für die Strategieentwicklung der Aktiengesellschaft liegt damit beim Vorstand, der die strategische Ausrichtung mit dem Aufsichtsrat abstimmt. (Regierungskommission Deutscher Corporate Governance Kodex 2018, Ziffer 3.2; Lutter et al. 2014, Rn. 81 und Rn. 1494 ff.) Der Vorstand ist jedoch bei der Strategieentwicklung an die Vorgaben der Satzung gebunden[6], insbesondere Gesellschaftszweck und Unternehmensgegenstand, die dort verankert sind.

Dagegen ist bei der GmbH, die in diesem Praxisleitfaden im Mittelpunkt steht, die Gesellschafterversammlung als Organ der Geschäftsführung übergeordnet: Die Gesellschafter haben das Recht, die Aktivitäten der Geschäftsführung durch Weisungen und sonstige Vorgaben zu steuern oder zu begrenzen (Lutter und Hommelhoff 2012, § 45 Rn. 1). Das betrifft auch die Unternehmenspolitik, für die nicht die Mitglieder der Geschäftsführung zuständig sind, sondern die Gesellschafter (Lutter und Hommelhoff 2012, § 37 Rn. 8).[7] Auch die strategische Ausrichtung der GmbH liegt somit in deren Verantwortung.

4.2.1.4 EXKURS II: Unternehmensinteresse versus Gesellschafterinteresse?

Die Mitglieder des Aufsichtsrats sind in Ausübung ihres Mandats dem „Wohle der Gesellschaft"[8], also dem Unternehmensinteresse verpflichtet. In der kommunalen Praxis stellt sich immer wieder die Frage, ob es ein eigenständiges Unternehmensinteresse gibt, das sich vom Interesse der Gesellschafter oder der kommunalen Gebietskörperschaft als Alleingesellschafterin unterscheidet.

Die Gesellschafterversammlung ist das höchste Organ der GmbH.[9] Darin kommt zum Ausdruck, dass die Gesellschaft im Kern eine „Veranstaltung" der Gesellschafter ist. Die Gesellschafter entscheiden, welches Interesse sie mit der Gesellschaft und den

---

[5] Vgl. § 76 Abs. 1 AktG.

[6] Vgl. § 82 Abs. 2 AktG: „Im Verhältnis der Vorstandsmitglieder zur Gesellschaft sind diese verpflichtet, die Beschränkungen einzuhalten, die im Rahmen der Vorschriften über die Aktiengesellschaft die Satzung, der Aufsichtsrat, die Hauptversammlung und die Geschäftsordnungen des Vorstands und des Aufsichtsrats für die Geschäftsführungsbefugnis getroffen haben."

[7] Siehe auch Abschn. 2.2.6 Gesellschaft mit beschränkter Haftung (GmbH).

[8] § 93 Abs. 1 Satz 2 i. V. m. § 116 AktG, Geltung über § 52 Abs. 1 GmbHG, § 25 Abs. 1 Nr. 2 MitbestG, § 1 Abs. 1 Nr. 3 DrittelbG.

[9] Siehe auch Abschn. 2.2.6 Gesellschaft mit beschränkter Haftung (GmbH).

darin gebundenen Vermögenswerten verfolgen wollen. Ein vom Gesellschafterinteresse zu unterscheidendes autonomes Unternehmensinteresse – etwa das Erreichen einer bestimmten Marktposition, Ertragslage oder Ergebnisverwendung – besteht somit nicht. Die Gesellschafter dürfen ihr Unternehmen sogar „schädigen" – allerdings nur, solange es nicht zu Rechtsverstößen wie einer missbräuchlichen Beeinträchtigung des im Gläubigerinteresse zweckgebundenen Gesellschaftsvermögens kommt.[10] Grundsätzlich liegt demnach eine einvernehmliche Entscheidung der Gesellschafterversammlung zur Gewinnausschüttung auch dann im Unternehmensinteresse, wenn die Geschäftsführung diese Mittel lieber für Investitionen oder zur Stützung von Preisen genutzt hätte. Diese Festlegung ist daher vom Aufsichtsrat im Rahmen seiner Tätigkeit und Entscheidungsbefugnisse zu beachten.

Nur wenn die Gesellschafter unterschiedliche Interessen verfolgen und es nicht zu einstimmigen Beschlüssen der Gesellschafterversammlung kommt, existiert ein Interessenkonflikt, den der Aufsichtsrat zugunsten des Unternehmens lösen muss. Das Bestehen eines solchen Konfliktes ist jedoch bei der Eigengesellschaft, bei der die kommunale Gebietskörperschaft alleinige Gesellschafterin ist, nicht möglich. In diesem Fall gilt: „Städtische Aufsichtsratsmitglieder sind […] verpflichtet, im Rahmen ihrer Überwachungsaufgabe darauf zu achten, dass die Geschäftsführung das Unternehmen im Interesse der Gesellschafterin ‚Stadt' führt. Dies gilt unabhängig davon, ob die Stadt eine förmliche Weisung ausgesprochen hat. Allein der dem Aufsichtsrat bekannte Wille der Stadt genügt" (Smend et al. 2013, S. 37).

Für eine GmbH im Alleinbesitz der kommunalen Gebietskörperschaft, die unter das Drittelbeteiligungs- oder das Mitbestimmungsgesetz fällt, gilt dies ebenfalls, denn die Interessenslage stellt sich hier ebenso dar wie bei der Eigengesellschaft mit fakultativem Aufsichtsrat. „Deshalb ist der gesamte Aufsichtsrat – d. h., es sind nicht nur die Anteilseignervertreter, sondern auch die Arbeitnehmervertreter – auf das städtische Interesse verpflichtet" (Smend et al. 2013, S. 38).[11]

Für den Aufsichtsrat einer GmbH mit mehreren Gesellschaftern bedeutet das unabhängig vom Mitbestimmungsstatus, dass Maßstab seines Handelns der im Gesellschaftsvertrag festgelegte Unternehmenszweck und einvernehmliche Setzungen der Gesellschafter sind. Der Aufsichtsrat einer kommunalen Eigengesellschaft hat sich zudem an Zielvorgaben der kommunalen Gebietskörperschaft und an sonstigen Beschlüssen der politischen Vertretungskörperschaft zu orientieren.

---

[10]Vgl. BGH, Urteil vom 16.07.2007, II ZR 3/04.

[11]Da es bislang keine höchstrichterliche Rechtsprechung zu dieser Frage bei der Eigengesellschaft gibt, empfehlen die Autoren, in der Satzung klarzustellen, dass die Gesellschaft und der Aufsichtsrat ihre Aufgaben im Interesse der Gesellschafterkommune erfüllen, sowie gegebenenfalls ein Weisungsrecht der kommunalen Gebietskörperschaft gegenüber dem fakultativen Aufsichtsrat zu verankern.

4.2.2   Pflichtaufgaben

4.2.2.1 Festlegung des Unternehmensgegenstandes im Gesellschaftsvertrag

Die Festlegung des Gegenstandes des Unternehmens gehört zu den Mindestinhalten des Gesellschaftsvertrags der GmbH.[12] Er beschreibt den von den Gesellschaftern festgelegten Tätigkeitsbereich der Gesellschaft und damit bei der kommunalen GmbH zugleich den öffentlichen Zweck. Der Unternehmensgegenstand wird ins Handelsregister eingetragen und ist damit öffentlich.

Der Unternehmensgegenstand hat immer auch strategischen Charakter. Allerdings ist hierbei Folgendes zu beachten:

- Zum einen sind der Beschreibung des Unternehmensgegenstandes im Gesellschaftsvertrag vom Umfang her Grenzen gesetzt – faktisch kann sie nur in wenigen Sätzen geschehen.
- Zum anderen wird der beschriebene Inhalt zumeist eher langfristigen Charakter haben, denn bei der Festlegung kürzer- oder mittelfristiger Aspekte des Unternehmensgegenstandes müsste nach deren Erfüllung oder Änderung der Gesellschaftsvertrag neu gefasst werden, was zusätzlich formalen Aufwand und Kosten verursachen würde.

Der Unternehmensgegenstand[13] stellt daher in der Regel nie alle strategischen Ziele dar, die von den Gesellschaftern mit ihrer Gesellschaft verfolgt werden. Er sollte daher um konkrete Zielfestlegungen ergänzt werden.[14]

4.2.2.2 Pflichtaufgaben des strategischen Beteiligungsmanagements in einzelnen Bundesländern

In drei Bundesländern sind Pflichtaufgaben festgelegt, die das strategische Beteiligungsmanagement betreffen (Tab. 4.1).

---

[12]Vgl. § 3 Abs. 1 GmbHG.

[13]Bei gemeinnützigen Unternehmen ist neben dem Unternehmensgegenstand auch der Satzungszweck zu formulieren. Näheres dazu findet sich in Abschn. 2.3.4 Steuerrecht.

[14]Siehe auch Abschn. 4.2.4.2 Zielvorgaben durch Zielbilder oder Eigentümerziele.

Tab. 4.1 Pflichtaufgaben des strategischen Beteiligungsmanagements in einzelnen Bundesländern

Bundesland	Inhalt der Pflichtaufgabe
Brandenburg	Alle zehn Jahre ist dort im Rahmen des Beteiligungsberichts unter anderem zu prüfen, ob der öffentliche Zweck noch gegeben ist[15]
Hessen	Hier haben die Gemeinden mindestens einmal in jeder Wahlzeit zu prüfen, inwieweit der öffentliche Zweck, der Bezug zur Leistungsfähigkeit und die (strenge) Subsidiarität bezüglich der wirtschaftlichen Unternehmen noch gegeben sind. Zu prüfen ist außerdem, ob die Tätigkeiten nicht Privaten übertragen werden können[16]
Saarland	In regelmäßigen Abständen sollen die Gemeinden prüfen, inwieweit wirtschaftliche Unternehmen privatisiert werden können. Hierbei haben private Dritte die Möglichkeit, darzulegen, ob und wie sie die dem öffentlichen Zweck dienende wirtschaftliche Betätigung ebenso gut und wirtschaftlich erfüllen können[17]

4.2.3 Ergänzungsaufgaben

4.2.3.1 Aufgabenkritik – strategische Analyse des Unternehmensportfolios

Die strategische Analyse des Unternehmensportfolios hängt immer mit einer „Aufgaben-kritik" in Bezug auf das Beteiligungsportfolio zusammen. Diese kann zwei unterschied-liche Anlässe haben:

- Die Frage, ob die ordnungspolitischen Vorgaben der Kommunalverfassungen für die wirtschaftliche Betätigung – öffentlicher Zweck der Beteiligungsunternehmen, Bezug zur Leistungsfähigkeit der Kommune, Subsidiarität – noch gegeben sind. In einzelnen Bundesländern gehört dies zu den Pflichtaufgaben des Beteiligungsmanagements.
- Die Frage, welcher Unternehmen sich eine kommunale Gebietskörperschaft künftig zur Erfüllung ihrer Aufgaben bedienen will. Diese Analyse kann Ansätze entweder für Prüfaufträge oder für konkrete Entscheidungen der politischen Vertretungskörper-schaft liefern, etwa hinsichtlich Unternehmensoptimierungen, Neustrukturierungen, (Teil-)Privatisierungen oder Rekommunalisierungen.[18]

Die strategische Analyse des Unternehmensportfolios kann sich entweder über das gesamte Beteiligungsportfolio der kommunalen Gebietskörperschaft oder über einen Ausschnitt von Unternehmen erstrecken, etwa alle unmittelbaren Beteiligungen der

---

[15]Vgl. § 91 Abs. 6 BbgKVerf vom 15.10.2018.

[16]Vgl. § 121 Abs. 7 HGO vom 21.06.2018.

[17]Vgl. § 108 Abs. 6 KSVG Saarland vom 15.06.2016.

[18]Siehe auch die Abschn. 3.4 Veränderungen von Unternehmen, Abschn. 3.5 Materielle Privatisierung und Abschn. 3.6 Beendigung der GmbH.

Gebietskörperschaft oder Unternehmen einer bestimmten Branche. In jedem Fall steht am Anfang eine Analyse des ausgewählten Unternehmensportfolios unter ordnungspolitischen Gesichtspunkten.

Ordnungspolitische Analyse
Im Rahmen der Analyse kann das Unternehmensportfolio auf folgende ordnungspolitische Prüfkriterien hin untersucht werden:

- **Kommunale Pflichtigkeit:**
  Ist die Aufgabe, die das Unternehmen laut Unternehmensgegenstand zu erfüllen hat, gesetzlich vorgeschrieben?
  Voraussetzung für die Klärung kann die Abgrenzung der kommunalen Freiheitsgrade pro Branche bzw. Unternehmen sein (freiwillige oder Pflichtaufgabe bzw. Pflichtaufgabe nach Weisung).
- **Strategischer Beitrag des Unternehmens:**
  In welcher Weise und in welchem Umfang trägt die Aufgabenerfüllung dazu bei, generelle strategische Zielvorgaben der kommunalen Gebietskörperschaft zu erreichen?
  Hier ist zunächst der strategische Überbau der Kommune zu analysieren (z. B. ein eventuell vorhandenes Leitbild, integriertes Stadtentwicklungskonzept bzw. sonstige Beschlüsse mit strategischem Charakter). Anschließend ist zu untersuchen, welche Beiträge zur Umsetzung der strategischen Ziele die einzelnen Beteiligungsunternehmen erbringen.
- **Finanzperspektive:**
  Welche finanziellen Vor- und Nachteile ergeben sich aus dem Halten eines Unternehmens zum Beispiel gegenüber einer Beendigung, Veräußerung oder Verschmelzung? Das ergibt sich unter anderem aus den mittelfristigen Unternehmensplanungen, den Jahresabschlüssen und Kennzahlenauswertungen. Wesentlich sind dabei die Finanzbeziehungen zwischen der Kommune und dem Unternehmen.
- **Risikoperspektive:**
  Mit welchem Risiko ist das Halten eines Unternehmens verbunden bzw. inwieweit kann sich die Kommune von Risiken durch Schließung oder Veräußerung befreien? Hierzu müssen unter anderem die Risikomanagementsysteme der Unternehmen ausgewertet werden bzw. es muss ein branchenspezifisches Risikoverständnis im Beteiligungsmanagement vorhanden sein (Abb. 4.1).

Im Ergebnis der Portfolioanalyse sollte eine Darstellung zum Status quo des Beteiligungsportfolios mit aufgabenkritischem Fokus vorliegen, auf Basis dessen weiterführende Entscheidungen oder Prüfungen erfolgen können. Eine derartige nachgelagerte Prüfung könnte etwa untersuchen, inwieweit Unternehmen ihre eigene Leistungsfähigkeit verbessern könnten, welche Neustrukturierungsmaßnahmen welche Auswirkung hätten oder welchen finanziellen Ertrag die materielle Privatisierung eines oder mehrerer Unternehmen liefern könnte.

Kommunale Pflichtigkeit	Strategischer Beitrag	Finanz- perspektive	Risiko- perspektive
Inwieweit sind die Aufgabe und der Umfang der Aufgabenerfüllung gesetzlich vorgeschrieben?	In welchem Umfang werden strategische Zielvorgaben der Kommune erfüllt?	Welche Vor- und Nachteile ergeben sich hinsichtlich "Halten" und "Beenden/Veräußern"?	Mit welchem Risiko ist das Halten des Unternehmens verbunden?
Dimensionen: • Analyse der Pflichtaufgaben • Definition des öffentlichen Zwecks • Umsetzung (kommunal-) rechtlicher Anforderungen	Dimensionen: • strategische Ziele der Kommune • sonstige Eigentümerziele	Dimensionen: • Finanzwirtschaftliche Kennzahlen • Finanzbeziehungen zwischen Kommune und Unternehmen • Auswirkungen "Halten" versus "Beenden/Veräußern"	Dimensionen: • Finanzrisiken • Marktrisiken • operative Risiken

Abb. 4.1 Dimensionen der Aufgabenkritik

Die Ergebnisse der Analyse lassen sich für jedes Beteiligungsunternehmen in jeweils einem Unternehmenssteckbrief zusammenfassen und leisten so über das Beteiligungsportfolio einen Beitrag zur Transparenz (Abb. 4.2).

Alternative Halten oder Veräußern

Besteht das Ziel der strategischen Analyse des Unternehmensportfolios darin, unter Haushaltsgesichtspunkten Kandidaten für eine materielle Privatisierung zu finden, muss das Portfolio anhand weiterer zusätzlicher Kriterien überprüft werden. Dazu ist die oben beschriebene „Finanzperspektive" um folgende Prüfthemen zu ergänzen:

- **Marktfähigkeit:**
  Ist Marktpotenzial für eine (Teil-)Veräußerung des Unternehmens und/oder von Unternehmensbestandteilen vorhanden?
  Existieren potenzielle Kaufinteressenten?
- **Verflechtungen innerhalb des „Konzerns Kommune":**
  Sind Leistungs- und Finanzbeziehungen des untersuchten Unternehmens zum kommunalen Haushalt oder zu anderen Beteiligungsunternehmen vorhanden?
  Welche Auswirkung hätte eine Privatisierung auf diese Beziehungen (z. B. Wegfall von Gewinnausschüttungen, Ausschreibung von Leistungen, die bislang vom Unternehmen erbracht worden sind)?
- **Ausschlusskriterien:**
  Sind weitere Abhängigkeiten oder Risiken vorhanden, die einer Veräußerung entgegenstehen?

Name: Stadtwerk Musterstadt GmbH		Gesellschafter	
		▪ Musterstadt	51 %
Branche: Energieversorgung		▪ Mitgesellschafter	49 %

Strategischer Beitrag des Unternehmens ...		Kommunalrecht, Risiko- und Finanzperspektive	
... zur Strategie der Kommune		**Erfüllung kommunalrechtlicher Anforderungen**	
▪ Daseinsvorsorge	hoch	▪ öffentlicher Zweck	ja
▪ Versorgungssicherheit	hoch	▪ Angemessenheit	ja
▪ Lebensqualität	mittel	▪ Subsidiarität	ja
▪ Klimaschutz	hoch	▪ Örtlichkeitsprinzip	nein
... zur Wirtschaftskraft der Kommune		**Pflichtigkeit der Aufgabe**	
▪ Wertschöpfungskraft	hoch	▪ Muss die Aufgabe durchgeführt werden? nein	
▪ Sicherung von Arbeitsplätzen	hoch	▪ Pflicht zum Betrieb des Unternehmens ? nein	
▪ Schaffung neuer Arbeitsplätze	gering	**Risikoperspektive**	
... in Bezug auf andere Beteiligungen		▪ Marktrisiko	hoch
▪ Dienstleistungen für Unternehmen	mittel	▪ Finanzrisiko	mittel
Finanzbeziehungen Kommune – Unternehmen		**Finanzperspektive**	
▪ Gewinnausschüttung	... T€	▪ Eigenkapital	... T€
▪ Konzessionsabgabe	... T€	▪ Bilanzsumme	... T€
▪ Tilgung Gesellschafterdarlehen	... T€	▪ Unternehmenswert	... T€

Abb. 4.2   Beispiel Unternehmenssteckbrief

- **Veräußerungspotenzial:**
  Gab es vergleichbare Transaktionen (Privatisierungen bei ähnlichen Unternehmen)?
  Wie hoch ist der Unternehmenswert?
  Wie hoch ist der potenzielle Verkaufserlös?
  Liegen eingeschränkte Verwendungsmöglichkeiten des Verkaufserlöses vor (etwa aufgrund steuerlicher Gegebenheiten, etwa der Gemeinnützigkeit[19])?

Zur übersichtlichen Darstellung und Bearbeitung des Auftrages kann ein spezifisches Prüfraster genutzt werden, das die unterschiedlichen Kriterien den jeweiligen Unternehmen zuordnet (Abb. 4.3).

Erläuterung zur vorstehenden Abbildung: Unternehmen mit mindestens einer roten Kennzeichnung sind grundsätzlich unveräußerlich, weil sie entweder nicht marktfähig sind, aufgrund von Konzernverflechtungen eine Veräußerung nicht geboten erscheint oder andere Ausschlusskriterien einer Veräußerung entgegenstehen. Die beiden folgenden Spalten enthalten die Beteiligungsquote der kommunalen Gebietskörperschaft sowie eine subjektive Einschätzung des Beteiligungsmanagements über die Höhe des potenziellen Verkaufserlöses.

---

[19] Siehe auch Abschn. 2.3.4 Steuerrecht.

Unternehmen	Marktfähigkeit	Konzernverflechtungen	Ausschlusskriterien	Anteil der Kommune	potenzieller Erlös
A	ROT				
B		ROT			
C			ROT		
D				100 %	hoch
E				49 %	mittel

Abb. 4.3 Mögliches Prüfraster einer Portfolioanalyse

4.2.3.2 Strukturierung des Beteiligungsportfolios entsprechend der Steuerungsintensität

Um die jeweiligen Beteiligungsunternehmen in einer Gebietskörperschaft vor allem auch vor dem Hintergrund ihrer strategischen Bedeutung und Ausrichtung zielgerichtet steuern zu können, kann es vorrangig für Gebietskörperschaften mit einem größeren Beteiligungsportfolio sinnvoll sein, das Portfolio entsprechend der Steuerungsintensität zu strukturieren bzw. zu klassifizieren. Ziel ist es, die Unternehmen jeweils adäquat, aber gegebenenfalls seitens des Beteiligungsmanagements auch unterschiedlich zu betreuen, um ihrer Rolle und Bedeutung gerecht zu werden. So wird eine prioritätengeleitete Betreuung der Unternehmen möglich. Ein Unternehmen mit einem hohen Millionenbetrag an Umsatz und großer Bedeutung für die Versorgung der Bevölkerung steht selbstredend anders im Fokus als eines mit geringerer strategischer und wirtschaftlicher Relevanz. Ferner können die Mitarbeiterressourcen des Beteiligungsmanagements in Bezug auf ihre Aufgaben und deren Umfang effizient im Sinne einer optimalen Steuerung des Portfolios eingesetzt werden.

Mögliche Kriterien zur Klassifizierung des Beteiligungsportfolios sind:

- **Strategische Bedeutung für die Gebietskörperschaft:**
  Ausschlaggebend kann hier der Beitrag des Unternehmens zur Erreichung der strategischen Ziele der Kommunalpolitik der Gebietskörperschaft sein. Einen Faktor können auch wesentliche Haushaltsimplikationen des Unternehmens darstellen.
- **Wirtschaftliche Bedeutung des Unternehmens:**
  Die wirtschaftliche Bedeutung kann an Umsatzvolumen, Ergebnis, Bilanzvolumen, Beschäftigtenzahlen, jährlichen Investitionen oder regelmäßigen Zuweisungen der Gebietskörperschaft gemessen werden.

- **Risikopotenzial:**
  Zur Bewertung des Risikopotenzials können die/der Beteiligungshöhe/-grad der Gebietskörperschaft, das eingesetzte Kapital, Bürgschaften, die Diversifizierung der Geschäftsfelder, rechtsformspezifische Sachverhalte oder die Branchenzugehörigkeit herangezogen werden.

Zur Klassifizierung des Portfolios anhand dieser Kriterien kann sodann eine Bewertung jedes einzelnen Unternehmens dahingehend erfolgen, ob die Bedeutung oder das Risikopotenzial jeweils als gering, mittel oder hoch eingeschätzt wird. Je nach vorgenommener Einschätzung können wiederum Gruppen von Unternehmen gebildet werden (z. B. Unternehmen der Kategorie A bis C), die entsprechend den Kategorien unterschiedlich intensiv betreut werden. Es könnten auch weitere oder andere Kriterien herangezogen werden, z. B. Umschreibung der Größenklassen gemäß § 267 HGB.

Wichtig ist eine dem Portfolio und den Gegebenheiten vor Ort angemessene und sinnhafte Gruppierung. Zu empfehlen ist zudem, eine vorgenommene Einteilung kontinuierlich zu überprüfen und gegebenenfalls anzupassen, etwa wenn ein Unternehmen durch Wachstum, spezielle Geschäfte oder Branchenentwicklungen an Bedeutung gewinnt oder sein Risikopotenzial steigt.

Das im Rahmen des Beteiligungsmanagements vor Ort zu erbringende Leistungsspektrum kann gemäß der jeweiligen Kategorisierung eingestuft werden. So könnte beispielsweise entschieden werden, dass bestimmte Leistungen bzw. Instrumente zur Aufgabenerfüllung des Beteiligungsmanagements bei Unternehmen mit geringerer Bedeutung (z. B. Unternehmen der Kategorie C) gar nicht erbracht bzw. angewendet werden oder aber dass bestimmte Leistungen weniger häufig erbracht werden (z. B. Analyse von Controllingberichten nur halbjährlich statt quartalsweise).

4.2.4 Küraufgaben

4.2.4.1 Corporate Governance Kodex

Grundsätzliches
Als Corporate Governance (Corporate = Unternehmen, Governance = Führung/Steuerung) wird grundsätzlich die Gesamtheit der organisatorischen und inhaltlichen Ausgestaltungen der Leitung und Überwachung von Unternehmen verstanden. Bei der Corporate Governance geht es also um eine verantwortungsvolle, transparente und zielgerichtete „gute" Führung von Unternehmen. Ein entsprechender Kodex bildet den Ordnungsrahmen für die Grundsätze guter Unternehmensführung.

Der bundesweit wohl bekannteste Kodex ist der Deutsche Corporate Governance Kodex (DCGK), der erstmals 2002 erlassen wurde. Die Erstellung oblag der Regierungskommission Deutscher Corporate Governance Kodex. Diese überprüft den Kodex regelmäßig darauf, ob er weiterhin der aktuellen Best Practice der Unternehmensführung entspricht und passt ihn gegebenenfalls an. Der DCGK richtet sich an börsennotierte Aktiengesellschaften[20] und soll die in der Bundesrepublik geltenden Regeln für die Überwachung und Leitung von Unternehmen für Investoren transparent machen sowie zugleich das Vertrauen in die Unternehmen und auch den hiesigen Kapitalmarkt steigern. Der DCGK besteht aus drei verschiedenen Elementen: Er beschreibt gesetzliche Vorschriften zur Leitung und Überwachung deutscher börsennotierter Gesellschaften (Unternehmensführung), die im Wesentlichen im Aktiengesetz geregelt sind; ferner enthält er Empfehlungen und Anregungen zu international und national anerkannten Standards guter und verantwortungsvoller Unternehmensführung (Regierungskommission Deutscher Corporate Governance Kodex 2018).

Am 01.07.2009 verabschiedete die Bundesregierung einen Public Corporate Governance Kodex (PCGK) für nicht börsennotierte Unternehmen, an denen der Bund beteiligt ist. Federführend für dieses Regelwerk zuständig ist das Bundesministerium der Finanzen. Es besteht aus drei Teilen. Herzstück ist der Public Corporate Governance Kodex (Teil A), der sich an die Unternehmen selbst richtet. Hinweise für gute Beteiligungsführung (Teil B) und die Berufungsrichtlinien (Teil C) vervollständigen die Grundsätze. Adressat der Hinweise für gute Beteiligungsführung sind die beteiligungsführenden Stellen des Bundes. Die Berufungsrichtlinien gelten für die Berufung von Persönlichkeiten in Aufsichtsräte und sonstige Überwachungsorgane sowie in Vorstände bzw. Geschäftsführungen von Unternehmen, an denen der Bund beteiligt ist (Bundesministerium der Finanzen 2009).

Während es beim Deutschen Corporate Governance Kodex im Kern also um die Frage geht, wie gute Unternehmensführung und -überwachung funktionieren, kommt beim Public Corporate Governance Kodex des Bundes die Frage nach der effizienten Beteiligungssteuerung hinzu.

Seit den 2000er-Jahren haben auch zahlreiche kommunale Gebietskörperschaften und Bundesländer Kodizes erlassen, um Regeln guter Unternehmensführung sowie Kontroll- und Steuerungsaspekte in ihrem Beteiligungsportfolio zu manifestieren. Auf diese Weise begegneten sie den Erfordernissen, welche die Ausgliederungen aus den Kernverwaltungen, die Ausdifferenzierungen in den jeweiligen Branchen und punktuelle Verselbständigung privatrechtlich organisierter Unternehmen mit sich brachten (Schäfer 2008, S. 84 ff.). Unterstützt wird die Erstellung der Kodizes durch einen Beschluss des Präsidiums des Deutschen Städtetages vom 12.05.2009 zu Eckpunkten für einen Public Corporate Governance Kodex für kommunale Unternehmen. Diese Eckpunkte können als Grundlage dienen, die Steuerung kommunaler Beteiligungen effizienter und transparenter zu gestalten (Deutscher Städtetag 2009).[21]

---

[20] Der DCGK besitzt über die Entsprechenserklärung nach § 161 AktG eine gesetzliche Grundlage.

[21] Die bbvl war an der Erstellung dieser Eckpunkte beteiligt.

Inhaltliche und formelle Bestandteile eines Kodexes

Die Eckpunkte des Deutschen Städtetages zu einem Public Corporate Governance Kodex für kommunale Unternehmen geben eine mögliche inhaltliche Struktur für einen Kodex vor:

- Präambel mit Geltungsbereich und Zielstellung
- Beschreibung zu den Organen der kommunalen Gesellschafterin und deren Aufgaben,
- Beschreibung zu den Organen der Beteiligungsunternehmen und deren Aufgaben

Anders als bei DCGK und PCGK des Bundes wird in den Eckpunkten des Deutschen Städtetages auch auf die strategische Steuerungsaufgabe der Gesellschafterversammlung abgestellt. In der dahingehenden Aufgabenbeschreibung heißt es, dass Zielvorgaben der Gesellschafterin durch die Gesellschafterversammlung umzusetzen sind, indem Eigentümerziele der kommunalen Gebietskörperschaft beschlossen werden. Das ist aus Sicht der strategischen Steuerung der Kommune als positive Besonderheit hervorzuheben.[22]

Die konkrete inhaltliche Ausgestaltung eines Kodexes richtet sich prinzipiell nach den in der jeweiligen kommunalen Gebietskörperschaft vorhandenen Bedürfnissen und deren Steuerungsphilosophie.

Bei der Betrachtung mehrerer kommunaler Kodizes wird deutlich, dass relativ einheitlich neben der Definition eines Geltungsbereichs einschließlich der Festlegung von Ausnahmen die Zuständigkeiten, Aufgaben, Rechte und Pflichten aller Beteiligten angesprochen werden. Dabei orientieren sich die meisten kommunalen Kodizes vom Grundsatz her am oben genannten Deutschen Corporate Governance Kodex sowie am Public Corporate Governance Kodex des Bundes. Die Ausgestaltung einzelner Festlegungen oder Passagen fällt dagegen zum Teil ganz individuell aus (z. B. ob Aufsichtsratsvergütungen gezahlt werden und wie hoch diese ausfallen).

Relativ einheitlich basieren die kommunalen Kodizes ferner auf bereits bestehendem Recht, das im jeweiligen Kodex jedoch mehr oder weniger stark ausgeprägt wiedergegeben wird (ein Verzicht auf die Wiederholung gesetzlicher Regelungen ermöglicht die Straffung des Kodexes).

Andererseits werden ebenso relativ einheitlich kodextypische Empfehlungen und Anregungen ausgesprochen. Auch hier zeigt sich der Ursprung im Deutschen Corporate Governance Kodex. In der Regel müssen die kommunalen Unternehmen einen Corporate Governance Bericht im Sinne einer Entsprechenserklärung erstellen und darin die Kompatibilität mit dem Kodex erklären; eventuelle Abweichungen sind anzuzeigen und entsprechend zu erklären *(comply or explain)*. Die meisten Kodizes bedienen sich relativ einheitlichen Begrifflichkeiten (beispielhaft):

---

[22] Siehe auch Abschn. 4.2.4.2 Zielvorgaben durch Zielbilder oder Eigentümerziele.

- Empfehlungen sind mit dem Begriff „soll" gekennzeichnet. Von ihnen kann abgewichen werden, jedoch ist in diesem Fall jährlich die Abweichung anzuzeigen und entsprechend zu begründen.
- Anregungen sind mit den Begriffen „sollte" oder „kann" gekennzeichnet. Abweichungen hiervon sind möglich und zum Zweck der Transparenz anzuzeigen; zumeist müssen sie nicht begründet werden.
- Ferner sind tatsächliche Pflichten im Kodex niedergeschrieben, die als geltendes Gesetzesrecht ohnehin zu beachten sind. Hierfür werden ebenso entsprechende sprachliche Formulierungen, etwa das Wort „muss", verwendet.

Beispielhaft für einen kommunalen Kodex kann die inhaltliche und formelle Aus-gestaltung des Leipziger Corporate Governance Kodex (LCGK) dargestellt werden. Dieser gliedert sich ebenfalls in drei Teile. Neben den Ausführungen zum grundsätz-lichen Steuerungsverständnis in Bezug auf die Beteiligungsunternehmen (Teil I) enthält er Pflichten, Empfehlungen und Anregungen für die Rolle der Stadt als Eigentümerin der Unternehmen (Teil II) sowie für die Unternehmensorgane selbst (Teil III).

Mit dem LCGK verfolgt die Stadt Leipzig einerseits das Ziel, ihre eigenen Obliegen-heiten zur Etablierung und Unterhaltung einer optimalen Beteiligungssteuerung festzu-schreiben (Steuerungsphilosophie), andererseits soll das Zusammenwirken der Organe der Beteiligungsunternehmen – Gesellschafterversammlung, Aufsichtsrat und Geschäfts-führung – im Sinne einer guten und vertrauensvollen Zusammenarbeit strukturiert werden (Schäfer 2008, S. 88 ff.). Die Struktur des LCGK stellt sich wie folgt dar (Abb. 4.4).

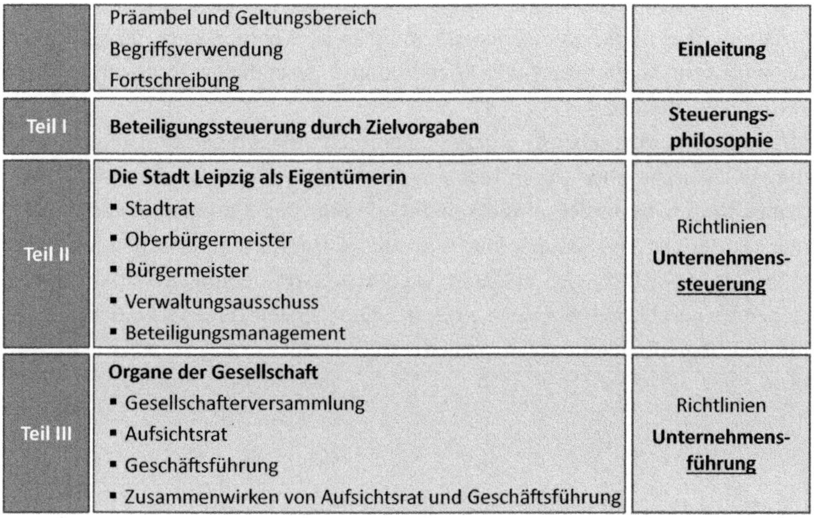

	Präambel und Geltungsbereich Begriffsverwendung Fortschreibung	**Einleitung**
Teil I	**Beteiligungssteuerung durch Zielvorgaben**	**Steuerungs-philosophie**
Teil II	**Die Stadt Leipzig als Eigentümerin** ▪ Stadtrat ▪ Oberbürgermeister ▪ Bürgermeister ▪ Verwaltungsausschuss ▪ Beteiligungsmanagement	Richtlinien **Unternehmens-steuerung**
Teil III	**Organe der Gesellschaft** ▪ Gesellschafterversammlung ▪ Aufsichtsrat ▪ Geschäftsführung ▪ Zusammenwirken von Aufsichtsrat und Geschäftsführung	Richtlinien **Unternehmens-führung**

Abb. 4.4 Aufbau des Leipziger Corporate Governance Kodexes (LCGK)

Bindungswirkung eines Kodexes

Eine wesentliche Überlegung bei der Einführung eines Kodexes ist, wie die fest-geschriebenen Regelungen und Standards eine effektive Wirkung entfalten bzw. wie die mit der Kodexerstellung verbundenen Ziele erreicht werden können.

Hat eine kommunale Gebietskörperschaft einen eigenen Kodex erstellt, wird dieser in aller Regel zunächst der politischen Vertretungskörperschaft zur Beschlussfassung vorgelegt. Enthält er Vorgaben für die Kommune und insbesondere für die jeweilige politische Vertretungskörperschaft, würde es sich durch den Beschluss um eine Selbst-bindung an den Kodex handeln. Im Rahmen der Beschlussfassung ist zu empfehlen, den zuständigen Hauptverwaltungsbeamten mit der Umsetzung der sich aus dem Kodex ergebenden Maßgaben gegenüber den Beteiligungsunternehmen zu beauftragen und die Umsetzungsschritte konkret zu beschreiben.

Unabhängig vom Kodex und einem etwaigen Beschluss der politischen Vertretungs-körperschaft gelten für die Unternehmen zunächst weiterhin die aktuellen Gesellschafts-verträge, die Geschäftsordnungen für die Aufsichtsräte und die Geschäftsführungen sowie die Anstellungsverträge der Mitglieder der Geschäftsführung. Demnach ist zu unterscheiden, wie einerseits die Bindung der Unternehmen und deren Geschäfts-führungen an den Kodex erreicht werden kann und andererseits, wie die Überwachungs-organe an die Vorgaben des Kodexes gebunden werden können. Grundsätzlich gibt es hierfür unterschiedliche Wege:

1. In Bezug auf die Bindung des Unternehmens könnte als eine Möglichkeit überlegt werden, dass die Gesellschaftsverträge der Unternehmen ausschließlich auf den Kodex verweisen. So könnte eine Wiederholung der Kodexregelungen im Gesell-schaftsvertrag unterbleiben. Gegen diese Vorgehensweise spricht jedoch zweierlei: Erstens könnten die ansonsten unveränderten Regelungen des Gesellschaftsvertrages dem Kodex widersprechen. Zweitens würden sich die Rechte und Pflichten der einzel-nen Gesellschaftsorgane aus einem Zusammenspiel zwischen Gesellschaftsvertrag und Kodex ergeben, was insgesamt betrachtet recht unübersichtlich werden könnte. Dabei wäre es erforderlich, dass der Kodex bei der Beurkundung des Gesellschafts-vertrages dessen Bestandteil wird.

2. Als empfehlenswerte Alternative könnten die Kodexregelungen als Vorlage für den Inhalt der einzelnen Gesellschaftsverträge der Unternehmen dienen. Diese würden dann die Vorgaben des Kodexes soweit wie möglich übernehmen, bindend für die Organe der Gesellschaft wäre jedoch ausschließlich der Gesellschaftsvertrag. Über die Anpassung der Gesellschaftsverträge der Unternehmen im ersten Schritt und der anschließenden Überarbeitung der Geschäftsordnungen im Sinne des Kodexes kann eine gesellschafts-rechtliche Bindung erreicht werden, wenngleich die Anpassung aller Gesellschaftsver-träge und Geschäftsordnungen vor allem für Kommunen mit einem umfangreicheren Portfolio keine unwesentliche Aufgabe darstellt. Dabei ist außerdem zu beachten, dass in Unternehmen, die der gesetzlichen Mitbestimmung unterliegen, die Regelungen über die innere Ordnung des Aufsichtsrats allein durch diesen bestimmt werden dürfen.

3. Eine Umsetzung kann darüber hinaus schlicht per Beschluss der Gesellschafter-
   versammlung zur Weisung an die Geschäftsführung und parallel durch Selbstverpflichtung des Aufsichtsrats (etwa durch einen Beschluss oder in Form der
   Geschäftsordnung) erfolgen. Hier besteht das Risiko, dass die aktuellen Regelungen
   des Gesellschaftsvertrages den Vorgaben des Kodexes widersprechen und der
   Beschluss zur Weisung an die Geschäftsführung als satzungsdurchbrechender
   Gesellschafterbeschluss zu fassen wäre, der dann wohl auch der Eintragung bedürfte.
   Ferner ist zu beachten, dass eine Selbstverpflichtung durch den Aufsichtsrat nicht
   erzwungen werden kann.

Im Zuge der Begründung neuer und/oder der Verlängerung bestehender Anstellungsverträge der Mitglieder der Geschäftsführung können Anforderungen, die mit den
Bestimmungen des jeweiligen Kodexes einhergehen, entsprechend aufgenommen
werden. Falls der Kodex eine individualisierte Veröffentlichung des Gehalts der
Geschäftsführung vorsieht, ist beispielsweise im Rahmen der Vereinbarung des
Anstellungsvertrags eine gesonderte Einwilligung vom Mitglied der Geschäftsführung
einzuholen.[23]

Die vorgenannten Aussagen wurden vor dem Hintergrund getroffen, dass es sich um
eine direkte Beteiligung der jeweiligen Gebietskörperschaft handelt und diese in ihrer
Funktion als Gesellschafterin der Unternehmen über eine satzungsändernde Mehrheit verfügt. Demnach kann durch sie eine Änderung des Gesellschaftsvertrages durch
Gesellschafterbeschluss herbeigeführt werden. Bei mittelbaren Beteiligungen wiederum
könnte durch Beschluss in der Gesellschafterversammlung der direkten Beteiligung
die Geschäftsführung angewiesen werden, in den Gesellschafterversammlungen
der jeweiligen Tochterunternehmen entsprechende Beschlüsse zu fassen. In der
Gesellschafterversammlung direkter Beteiligungen ohne satzungsändernde Mehrheit
kann jedoch nur versucht werden, auf eine Aufnahme entsprechender Regelungen des
Kodexes in die Gesellschaftsverträge hinzuwirken (Abb. 4.5).

4.2.4.2 Zielvorgaben durch Zielbilder oder Eigentümerziele

Die strategische Ausrichtung der GmbH liegt in der Verantwortung der Gesellschafter.[24]
Da kommunale Unternehmen immer einen öffentlichen Zweck verfolgen und manchmal
sogar die Rolle des Aufgabenträgers übernommen haben, sollte die kommunale Gebietskörperschaft die Strategieentwicklung ihrer Gesellschaft aktiv beeinflussen.

---

[23] Die Einwilligungserklärung muss dabei den Grundsätzen der EU-Datenschutzgrundverordnung
entsprechen.

[24] Siehe auch Abschn. 4.2 Das ABC des strategischen Beteiligungsmanagements (dort unter den
Verantwortlichkeiten für die Strategieentwicklung).

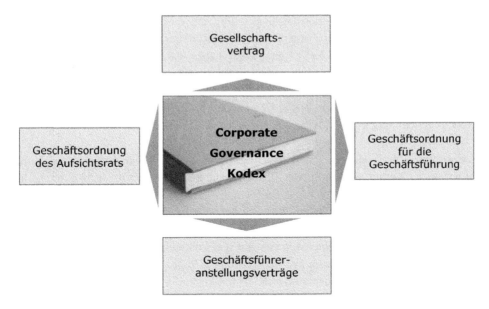

Abb. 4.5 Etwaiger Änderungsbedarf nach Einführung eines Kodexes

Hierfür gibt es unterschiedliche Wege:

Zielvorgabe: Durch die Gesellschafter (oder die kommunale Gebietskörperschaft als Alleingesellschafterin) wird festgelegt, welche wesentlichen Ziele die Gesellschaft zu erfüllen hat. Die Geschäftsführung wird zum Beispiel per Gesellschafterweisung verpflichtet, diese Zielvorgabe umzusetzen.

Zielvereinbarung:[25] Es gibt einen Aushandlungsprozess zwischen Gesellschaftern und Geschäftsführung über die Unternehmenspolitik. Dieser Weg wird in der Praxis zu Recht nicht beschritten, ist doch die Geschäftsführung der GmbH, wie oben ausgeführt, Instrument der Gesellschafter und damit Subjekt. Zwar sollte sie vor der Festlegung etwaiger strategischer Ziele, etwa in Form einer Zielvorgabe, gehört werden, die Entscheidung über die grundsätzliche Strategie der Gesellschaft sollte aber aufseiten der Gesellschafter liegen.

Leistungsvertrag: Sofern die Gesellschaft Dienstleister für die kommunale Gebietskörperschaft ist, werden regelmäßig Geschäftsbesorgungs- oder Leistungsverträge

---

[25] Das hier beschriebene Instrument ist nicht zu verwechseln mit den Zielvereinbarungen des Unternehmens mit den Mitgliedern der eigenen Geschäftsführung, die Grundlage der Auszahlung eines variablen Vergütungsbestandteils ist. Siehe auch Abschn. 4.7.6.3 Zielvereinbarungen mit der Geschäftsführung.

abgeschlossen (z. B. ein Betriebsleistungsvertrag mit einem ausgelagerten IT-Dienst-leister). In solchen Verträgen werden konkrete Anforderungen an die Leistung und die Leistungserstellung niedergelegt. Naturgemäß haben darin operative Vorgaben Vor-rang vor strategischen, dennoch ist der Leistungsvertrag zur strategischen Steuerung des Unternehmens grundsätzlich geeignet. Ein Nachteil ist allerdings, dass er unter Umständen nicht alle strategischen Ziele abbilden kann, die der kommunalen Gebiets-körperschaft wichtig sind.

Zielsetzung durch die Geschäftsführung: Finden die vorgenannten Wege keine Anwendung, kommt es häufig vor, dass die Unternehmenspolitik primär durch die Geschäftsführung bestimmt wird, gegebenenfalls auch in Abstimmung mit dem Auf-sichtsrat. Damit besteht die Gefahr, dass sich die Gesellschaft verselbständigt, was nicht im Interesse der kommunalen Gebietskörperschaft liegen kann (Abb. 4.6).

Die Ankopplung des Unternehmens an die kommunale Willensbildung ist am effizientesten über Zielvorgaben möglich (Tegtmeier 2008, S. 78 ff.). Dieses Instrument wird im Folgenden ausführlich dargestellt.

Beispiele für Zielvorgaben
Einige Großstädte nutzen Zielvorgaben, wenn auch mit unterschiedlichen Bezeichnungen:

- In der Freien und Hansestadt Hamburg werden schon seit vielen Jahren für Allein- und Mehrheitsgesellschaften *Zielbilder* erstellt (von Obstfelder 1998; Freie und Hansestadt Hamburg 2020, Ziffer 2.5). Sie werden von der Senatskommission für öffentliche Unternehmen beschlossen.
- In Berlin bestimmt der Senat *Zielbilder,* mit denen verbindliche wirtschaftliche und fachpolitische Vorgaben für die Beteiligungsunternehmen der Bundeshauptstadt fest-gelegt werden (Senatsverwaltung für Finanzen Berlin 2015, Ziffer 8, Anlage 5).

Abb. 4.6 Formen der Zielfestlegung

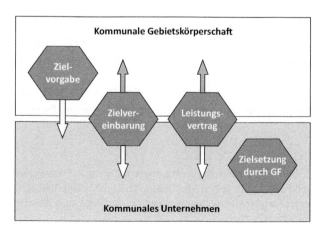

Abb. 4.7 Zielpyramide

- In Leipzig erfolgt die strategische Steuerung der Beteiligungsunternehmen über *Eigentümerziele,* mit denen der Gesellschafterwillen konkretisiert wird. Diese werden durch die Ratsversammlung beschlossen (Jung 2013; Stadt Leipzig 2013, S. 7 ff.).
- Auch der Deutsche Städtetag nutzt in seinen Empfehlungen zu Eckpunkten für einen Public Corporate Governance Kodex für kommunale Unternehmen den Begriff der *Eigentümerziele.*[26]

In allen drei Städten stellen die Zielbilder bzw. Eigentümerziele ein wichtiges strategisches Instrument für eine vorausschauende Beteiligungssteuerung dar. Mit ihnen wird die grundsätzliche Eigentümerstrategie bestimmt, das heißt es wird festgelegt, welche Interessen die Stadt mit dem Unternehmen verfolgt. Zielbilder bzw. Eigentümerziele fungieren als „strategische Leitplanken", die von der Geschäftsführung der Gesellschaft umzusetzen und vom Aufsichtsrat zu beachten sind.

Einbindung der Zielvorgabe in die sonstigen Steuerungsinstrumente
Die unten abgebildete „Zielpyramide" stellt die Zielvorgabe zusammen mit anderen strategischen und operativen Steuerungsinstrumenten dar (Schäfer 2008, S. 91 f.). Ein innerhalb der Pyramide oben stehendes Instrument hat jeweils Auswirkungen auf die nachfolgenden (Abb. 4.7).

---

[26] Siehe auch Abschn. 4.2.4.1 Corporate Governance Kodex.

Zu den einzelnen Steuerungsinstrumenten und ihren wechselseitigen Abhängigkeiten:

Strategische Ziele der kommunalen Gebietskörperschaft: Die Zielvorgabe kann, muss aber nicht auf langfristigen strategischen Zielen der kommunalen Gebietskörperschaft aufbauen. Diese können sich aus einem Leitbild ebenso ergeben wie aus strategischen Fachkonzepten.

Zielvorgabe (Zielbild oder Eigentümerziele): Die Zielvorgabe enthält Vorgaben für die Unternehmen; sie stellt eine verbindliche Richtschnur für die Geschäftsführung dar. Die Zielvorgabe sollte in einem mittelfristigen Zeitraum aktualisiert bzw. auf Aktualität geprüft werden.

Strategische Unternehmensplanung: Sie wird von der Geschäftsführung unter Beachtung der Zielvorgabe erstellt und in der Regel vom Aufsichtsrat beschlossen.[27] Die strategische Unternehmensplanung verknüpft die Zielvorgabe mit den darauf aufbauenden strategischen Detailüberlegungen der Gesellschaft. Analog zu den Zielvorgaben sollte die strategische Unternehmensplanung in einem mittelfristigen Zeitraum aktualisiert werden.

Wirtschaftsplanung: Die jährliche Wirtschaftsplanung untersetzt sowohl die Zielvorgabe als auch die strategische Unternehmensplanung mit konkreten operativen Maßnahmen.[28]

Zielvereinbarung mit den Mitgliedern der Geschäftsführung: Dieses Instrument dient der Konkretisierung von Kriterien für den leistungsabhängigen Anteil der Vergütung der Geschäftsführung.[29] Festgelegt werden vor allem kurzfristige Ziele, die für die Zahlung einer Tantieme erfüllt sein müssen.

Vor- und Nachteile von Zielvorgaben
Häufig fällt es kommunalen Gebietskörperschaften schwer, ihren Unternehmen klare Ziele zu setzen. Gründe hierfür können sein:

- Komplexität der Zielstruktur im öffentlichen Sektor[30]
- fehlende Mechanismen zur Definition operationalisierbarer Ziele
- mangelnde Erfahrung mit zielgerichteter Steuerung
- unterschiedliche politische Interessen

---

[27] Siehe auch Abschn. 4.2.4.3 Prüfung strategischer Unternehmensplanungen.
[28] Siehe auch Abschn. 4.5.2.1 Wirtschaftsplan.
[29] Siehe auch Abschn. 4.7.6.3 Zielvereinbarungen mit der Geschäftsführung.
[30] Siehe unten: Schritt 2: Konkretisierung und Formulierung der Ziele.

Eine strategische Zielvorgabe ist jedoch aus Sicht der kommunalen Gebietskörperschaft wie der Gesellschaft sinnvoll.

Vorteile für die kommunale Gebietskörperschaft: Die Zielvorgabe fördert ein einheitliches Zielverständnis aller wesentlichen Akteure aufseiten der Kommune und der Gesellschaft, da sie Interpretationsspielräume über die grundlegenden Vorstellungen der kommunalen Gebietskörperschaft zur zukünftigen Unternehmenspolitik verringert. Gleichzeitig verbessert sich die Steuerungsfähigkeit, weil ein strategisches Instrument der Beteiligungssteuerung eingesetzt wird, das nicht nur eine Verselbständigung der Gesellschaft erschwert, sondern auch mit anderen strategischen und operativen Steuerungsinstrumenten zu einer geschlossenen Gesamtsteuerung verknüpft werden kann.[31]

Vorteile für das kommunale Unternehmen: Für das Unternehmen bedeutet die Zielvorgabe die Festlegung eines klaren Gesellschafterwillens und eines zumindest mittelfristigen Orientierungsrahmens. Das schafft Planungssicherheit. Im Idealfall werden durch die Zielvorgabe bestehende Zielkonflikte entschärft.

Allerdings gestaltet sich der Prozess der Zielfindung oftmals langwierig und stellt die kommunale Gebietskörperschaft vor hohe Anforderungen, denn bevor dem Unternehmen Ziele vorgegeben werden können, müssen diese zunächst definiert werden. Insbesondere die erstmalige Entwicklung strategischer Zielvorgaben durch das Beteiligungsmanagement ist mit einem hohen Arbeitsaufwand verbunden.

Falls in einer kommunalen Gebietskörperschaft Zielvorgaben eingeführt werden, dürfte der Beschluss darüber in der politischen Vertretungskörperschaft gefasst werden.[32] Daraus ergeben sich weitere Herausforderungen:

- Innerhalb der Zielvorgabe sollte eine klare Prioritätensetzung vorgenommen werden, andernfalls sind Konflikte zwischen einzelnen Zielen vorgezeichnet. Allerdings tut sich die Politik insgesamt aus unterschiedlichen Gründen mit einer längerfristigen Prioritätensetzung erfahrungsgemäß eher schwer. Daher muss die von der Verwaltung erstellte Beschlussvorlage bereits eine eindeutige Priorisierung enthalten.
- Grundsätzlich ist es sinnvoll, die Zielvorgabe mit einer großen Mehrheit zu verabschieden. Dazu müssen sich die einzelnen Fraktionen mit ihren jeweiligen politischen Vorstellungen auch im Beschlusstext wiederfinden. Je mehr Änderungsanträge in der politischen Vertretungskörperschaft gestellt und angenommen werden, umso wahrscheinlicher wird es, dass die Zielvorgabe unübersichtlich und gegebenenfalls verwässert oder widersprüchlich wird.

---

[31] Siehe oben: Einbindung der Zielvorgabe in die sonstigen Steuerungsinstrumente.

[32] Eine Ausnahme bilden die drei Stadtstaaten Berlin, Bremen und Hamburg aufgrund der Gewaltenteilung zwischen Legislative und Exekutive (Beteiligungssteuerung ist Aufgabe der Exekutive).

- Für die politische Vertretungskörperschaft kann die Versuchung hoch sein, über die Zielvorgabe detaillierte Festlegungen für das operative Geschäft des Unternehmens zu treffen (Bremeier 1998, S. 296). Das widerspräche jedoch dem strategischen Charakter des Steuerungsinstruments Zielvorgabe. Sinnvoller ist es, dass die kommunale Gebietskörperschaft strategische Setzungen vornimmt, deren operative Umsetzung aber der Geschäftsführung überlässt.

PRAXISTIPP: Anspruch des Beteiligungsmanagements

Vor dem Hintergrund der dargestellten Herausforderungen sollte das Beteiligungsmanagement nicht den Anspruch haben, dem Unternehmen eine „perfekte" Zielvorgabe zu geben. Selbst wenn einzelne Ziele am Ende etwas unkonkret oder teils widersprüchlich sind, kann eine Zielvorgabe in der Praxis sehr hilfreich sein: durch die zumindest teilweise Klärung der Eigentümerstrategie und durch ihre Bindungswirkung auf die kommunalen Aufsichtsratsmitglieder. Vor allem aber nutzt es dem Beteiligungsmanagement, wenn in der Zielvorgabe wenigstens ein einziges klares Finanzziel festgelegt worden ist – darauf können alle Steuerungsinstrumente des Beteiligungsmanagements, insbesondere das Beteiligungscontrolling[33], ausgerichtet werden.

Prozess der Zielbildung – Aufgaben des Beteiligungsmanagements

Falls bei einer kommunalen Gebietskörperschaft Zielvorgaben eingeführt werden sollen, ist es sinnvoll, dieses Instrument in einem Corporate Governance Kodex oder in einer Beteiligungsrichtlinie zu verankern.[34] In diesem Zusammenhang sollte festgeschrieben werden, was mit der Zielvorgabe bezweckt wird, wie sie sich in die übrigen Steuerungsinstrumente eingliedert, wer das Initiativrecht zu ihrer Entwicklung hat (z. B. der Hauptverwaltungsbeamte), wer sie entwickelt (in der Regel das Beteiligungsmanagement), wer an diesem Prozess zu beteiligen ist (weitere Verwaltungseinheiten, Geschäftsführung) und wer sie beschließt (in der Regel die politische Vertretungskörperschaft).[35]

---

[33] Siehe auch Abschn. 4.5 Das ABC des Beteiligungscontrollings.

[34] Siehe auch die Abschn. 4.2.4.1 Corporate Governance Kodex und Abschn. 4.3.4.1 Beteiligungsrichtlinie.

[35] Ist das nicht der Fall und steht die erste Beschlussfassung über eine Zielvorgabe an, müssen diese Inhalte größtenteils in der Vorlage an das beschließende Organ erläutert werden, schließlich muss dieses wissen, was mit der Zielvorgabe beabsichtigt ist. Somit wird eine umfassende Beschlussvorlage erforderlich sein, die nicht allein aus der Zielvorgabe besteht, sondern in der auch erläutert wird, weshalb dieser Weg gewählt wurde.

Sofern das Beteiligungsmanagement für den Zielfindungsprozess zuständig ist, bestehen seine Aufgaben zumeist darin,

- den Prozess verwaltungsseitig zu strukturieren,
- einen ersten Vorschlag für die Zielvorgabe zu erstellen,
- alle beteiligten Verwaltungseinheiten einzubinden (z. B. Finanz- und Fachdezernat),
- die Geschäftsführung hinsichtlich der beabsichtigten Zielvorgabe und der einzelnen Ziele anzuhören,
- eine Vorlage für die politische Vertretungskörperschaft zu erarbeiten,
- diese Vorlage in den Ausschüssen der politischen Vertretungskörperschaft mit zu vertreten,
- Verwaltungsstandpunkte zu etwaigen Änderungsanträgen zu erstellen und
- die Zielvorgabe nach Beschluss der politischen Vertretungskörperschaft für das Unternehmen verbindlich zu machen (z. B. per Gesellschafterweisung[36] oder durch die Geschäftsordnung für die Geschäftsführung[37]).

Die Erarbeitung der Zielvorgabe sollte in zwei Schritten erfolgen: der vorgeschalteten Bestandsaufnahme sowie der eigentlichen Konkretisierung und Formulierung der Ziele.

Der dritte Schritt betrifft die Evaluierung und das Controlling der Zielvorgabe durch das Beteiligungsmanagement, also vor allem die Überprüfung, ob die Zielvorgabe bei der strategischen Unternehmensplanung, der Wirtschaftsplanung oder bei Beschlüssen des Aufsichtsrats zu Einzelmaßnahmen beachtet worden ist.

Schritte zum Erstellen einer Zielvorgabe

Schritt 1: Bestandsaufnahme
Bevor mit der eigentlichen Formulierung der Zielvorgabe begonnen wird, ist es zwingend erforderlich, den Unternehmensgegenstand und etwaige Beschlüsse der politischen Vertretungskörperschaft zu analysieren.

- **Unternehmensgegenstand:** Zunächst sollte der Unternehmensgegenstand, der im Gesellschaftsvertrag festgelegt ist, auf seine Eignung zur Ableitung konkreter Zielvorgaben geprüft werden. Das ist aus zwei Gründen relevant: Zum einen handelt es sich beim Gesellschaftsvertrag um das wichtigste Dokument der Gesellschaft, das daher mit der Zielvorgabe kompatibel sein sollte. Zum anderen ergeben sich aus dem Unternehmensgegenstand Aufgaben und Ziele, die von der Gesellschaft zu erbringen

---

[36] Vgl. §§ 37 Abs. 1 und 46 Nr. 6 GmbHG.
[37] Sofern diese von der Gesellschafterversammlung beschlossen wird.

Abb. 4.8 Umfeld der
Beteiligungsunternehmen

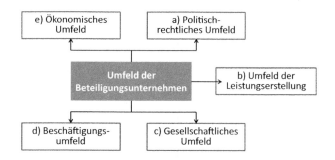

sind.[38] Allerdings ist der Unternehmensgegenstand oftmals recht allgemein gehalten – differenzierte Ziele lassen sich dann nur schwer ableiten.

- **Beschlüsse der politischen Vertretungskörperschaft:** Auch diese sind daraufhin zu untersuchen, ob Ansatzpunkte für geeignete Zielvorgaben bestehen. Das betrifft neben den relevanten Beschlüssen zur Gesellschaft (z. B. Gründungsbeschluss) auch allgemeine Vorgaben für die wirtschaftliche Betätigung der kommunalen Gebietskörperschaft (z. B. Corporate Governance Kodex) sowie finanzielle Vorgaben aus der mittelfristigen Haushaltsplanung (z. B. Einnahmen aus Gewinnausschüttung) oder aus einem beschlossenen Haushaltssicherungskonzept. Vielfach lassen sich auch aus allgemeinen strategischen Zielen der kommunalen Gebietskörperschaft (Leitbild o. ä.) und aus Fachkonzepten (Integriertes Stadtentwicklungskonzept, Nahverkehrsplan, Kulturentwicklungsplan, Wohnungspolitisches Konzept, Altenhilfeplan etc.) Anforderungen für die Zielvorgabe des Unternehmens ableiten.

Im Einzelfall kann es sein, dass diese beiden Aspekte nicht ausreichen und weitere Themen bei der Bestandsaufnahme einbezogen werden müssen, um einen Überblick über die Gesamtheit aller möglichen Zielthemen zu erhalten. Der Vollständigkeit halber sind im Folgenden sämtliche Komplexe aufgeführt, die für ein Unternehmen relevant sein und aus denen Zielfelder abgeleitet werden können. Dabei kann die nachfolgende Darstellung bei Bedarf branchenspezifisch modifiziert werden. Auf diese Weise spannt sich ein weiter Denkrahmen auf, aus dem je nach Branche und Gesellschaft einzelne Schwerpunkte ausgewählt werden können (Abb. 4.8).

a) Politisch-rechtliches Umfeld

Jedes Unternehmen hat diverse rechtliche und politische Vorgaben zu beachten, aus denen sich relevante Ziele ableiten lassen – das gilt vor allem für Pflichtaufgaben oder hoheitliche Leistungen eines Unternehmens, aber auch für freiwillige Aufgaben. Im Einzelnen geht es um folgende Themen:

---

[38] Siehe auch Abschn. 4.2.2.1 Festlegung des Unternehmensgegenstandes im Gesellschaftsvertrag.

- Worin besteht der öffentliche Zweck des Unternehmens?
- Welche Vorgaben enthält der Unternehmensgegenstand (s. o.)?
- Welche Ziele lassen sich aus Beschlüssen der politischen Vertretungskörperschaft ableiten (s. o.)?
- Unter welchen relevanten rechtlichen und regulatorischen Rahmenbedingungen agiert das Unternehmen (EU-, Bundes- oder Landesrecht)? Sind jetzt bereits wichtige Weiterentwicklungen der Rechtslage absehbar?

b) Umfeld der Leistungserstellung

In diesem Zusammenhang können das Leistungsniveau, die (technische) Ausstattung, Standards sowie Qualitäts- und Innovationsanforderungen im Mittelpunkt stehen, aber auch Standorte und Aktionsradius (im Status quo sowie in der Entwicklungsperspektive). Im Einzelfall kann es erforderlich sein, folgende Fragen zu beantworten:

- Welche Vorgaben bezüglich des Leistungsumfangs und des Leistungsniveaus werden angestrebt?
- Welche Kundengruppen sollen erreicht und welche Bedürfnisse befriedigt werden?
- Wie soll das programmatische Profil entwickelt werden (Ausrichtung, Schwerpunktsetzung)?
- Welche strukturellen und/oder organisatorischen Veränderungen stehen an?
- Welche Konzepte sind mittel- bis langfristig von der Gesellschaft zu erarbeiten und umzusetzen?
- Welche Kooperationen sollen eingegangen werden?
- Wie ist der Investitionsbedarf? Welche herausragenden Investitionsvorhaben bestehen?

c) Gesellschaftliches Umfeld

In diesem Zusammenhang interessiert insbesondere die Einschätzung der Entwicklung der Kundenansprüche. Die Herangehensweise bei der Bestandsaufnahme wird durch folgende Fragestellungen verdeutlicht:

- Wie sieht die relevante Zielgruppe für die Leistungen des Unternehmens aus?
- Welche Trends gibt es hinsichtlich der Bevölkerungsentwicklung und der damit einhergehenden Veränderung der Kundenstruktur?
- Welche Anforderungen haben die Kundinnen und Kunden? Wie werden sich diese zukünftig entwickeln?
- Was folgt aus alledem für das Leistungsangebot des Unternehmens?

d) Beschäftigungsumfeld

Oftmals ist die Situation der Mitarbeiterinnen und Mitarbeiter des Unternehmens wichtig, beispielsweise die Personalentwicklung, das Entlohnungs- und Qualifikationsniveau oder allgemein der Beitrag des Unternehmens zur Beschäftigungsstruktur vor Ort. Folgende Fragen können sich dabei stellen:

- Ist der Fachkräftemangel ein Thema für das Unternehmen? Falls ja, welche Herausforderungen bestehen und wie geht das Unternehmen damit um?
- Welche beschäftigungspolitischen Vorgaben sind zu erfüllen (Personalveränderungen, Ausbildung etc.)?
- Welche Vergütungssysteme finden Anwendung? Sind Änderungen geplant?

e) Ökonomisches Umfeld

Häufig werden aus der Marktsituation oder der wirtschaftlichen Lage des Unternehmens Ziele abgeleitet. Mögliche Ansatzpunkte der Bestandsaufnahme können sein:

- Wie sehen Marktsituation und Branchenentwicklung aus? Wie stellen sich die Wettbewerbsbedingungen dar?
- Wie ist die Vermögens-, Finanz- und Ertragslage des Unternehmens?
- Wie entwickeln sich Rendite, Zuschussbedarf u. ä.?
- Sind größere Preis- und Entgeltentwicklungen absehbar?
- Gibt es relevante Risiken? Falls ja, wie lassen diese sich begrenzen?

Schritt 2: Konkretisierung und Formulierung der Ziele

Nachdem bei der Bestandsaufnahme grundsätzliche Zielstellungen für das Unternehmen abgeleitet wurden, die unterschiedliche Zieldimensionen betreffen (z. B. Produkte/ Leistungen, Prozesse/Strukturen, Ressourcen), geht es jetzt darum, alle Zielstellungen zu konkretisieren und zu einer in sich geschlossenen Zielvorgabe zusammenzufassen. Es ist sinnvoll, dies als gesonderte zweite Phase zu bearbeiten, da die Zielvorgabe Interdependenzen zwischen einzelnen Zielen beachten sollte, insbesondere hinsichtlich etwaiger Zielgegensätze.

Eine besondere Anforderung stellt die hohe Komplexität der Zielstellungen im öffentlichen Sektor dar. Rein private Unternehmen werden in erster Linie über Finanzziele gesteuert, vor allem durch Renditevorgaben. Derartige Steuerungsgrößen kennt das kommunale Beteiligungsmanagement auch, da die Kommunalverfassungen der Bundesländer festlegen, dass die kommunalen Unternehmen Erträge für den Haushalt erzielen sollen.[39] Jedoch reicht ein Rendite ziel allein nicht zur Steuerung aus, bestehen dch im öffentlichen Sektor vielfältige Fach- und Finanzziele.

- **Fachziele:** Es gibt drei unterschiedliche Gruppen fachlicher Ziele. Erstens sind dies Ziele, die sich aus dem öffentlichen Zweck ergeben – dieser ist das konstituierende Merkmal jedes kommunalen Unternehmens.[40] Zweitens bestehen jenseits des öffentlichen Zwecks fachpolitische Ziele, die von der Verwaltung gesetzt werden; je

---

[39] Siehe Anlage 8.1 Übersicht Kommunalrecht. Zumeist wird allerdings von den Kommunalverfassungen festgelegt, dass die Erfüllung des öffentlichen Zwecks prioritär ist.
[40] Siehe auch Abschn. 2.1.1 Öffentlicher Zweck.

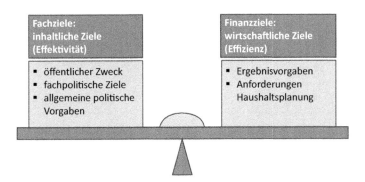

Abb. 4.9 Komplexität der Zielstruktur für kommunale Unternehmen

mehr Dezernate und Ämter Schnittstellen zu dem Unternehmen haben, desto mehr Anforderungen lassen sich daraus ableiten. Drittens kommen häufig aufgrund von Beschlüssen der politischen Vertretungskörperschaft allgemeine politische Vorgaben hinzu, z. B. Sozialstandards, Verzicht auf betriebsbedingte Kündigungen, Ausbildung über den betrieblichen Bedarf hinaus, Unterstützung des fairen Handels, Umweltschutz etc.

- **Finanzziele:** Hierunter sind einerseits quantifizierte Ergebnisvorgaben zu verstehen, die je nach Unternehmen variieren (z. B. Gewinnausschüttung, Einhaltung Zuschuss, Eigenkapital- oder Umsatzrentabilität, Verbesserung Kostendeckungsgrad). Andererseits können sich zusätzliche Anforderungen aus der Haushaltsplanung und -lage der kommunalen Gebietskörperschaft ergeben (Rückführung von Bürgschaftsvolumen, spezieller Haushaltsbeitrag etc.) (Abb. 4.9).[41]

Eine Kombination beider Zielbündel ist für die Zielvorgabe im kommunalen Raum zwingend.

Daneben kann zur Konkretisierung der einzelnen Ziele die Unterscheidung in Ergebnis- und Vorgehensziele sinnvoll sein.

- **Ergebnisziele:**
  Sie beantworten die Frage: Welche Leistung soll erstellt bzw. welches Leistungsniveau soll erreicht werden?
  Das einzelne Ergebnisziel bildet eine grundlegende strategische Messlatte, die es zu erreichen gilt, etwa „Erwirtschaftung einer Eigenkapitalrendite von x %", „Erreichen eines Auslastungsgrades von y %" oder „Beitrag zum Erreichen des kommunalen Klimaschutzziels z".

---

[41] Siehe auch Abschn. 4.6 Das ABC der Einbeziehung der Beteiligungsunternehmen in die kommunale Haushaltswirtschaft.

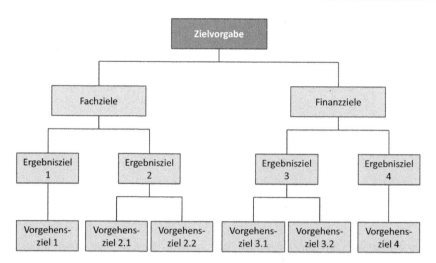

Abb. 4.10 Zielarten

- **Vorgehensziele:**
  Hier lautet die zentrale Frage: Wie bzw. unter welchen Bedingungen soll die Leistung erstellt werden?
  Jedes Vorgehensziel konkretisiert ein Ergebnisziel. Dazu definiert es allgemeine operative Vorgaben zum Erreichen der jeweiligen strategischen Zielstellung des Ergebnisziels. Mit dem Vorgehensziel werden oftmals Schranken der Betätigung des Unternehmens gesetzt, etwa „Erhöhung der Kundenzahlen" oder „moderne, umweltschonende Technik" (Abb. 4.10).

PRAXISTIPP: Anforderungen an die Formulierung einer Zielvorgabe

Idealtypisch ist die vom Beteiligungsmanagement zu erstellende Zielvorgabe von folgenden Kriterien geprägt:

- Die Zielvorgabe umfasst alle Ziele, die aus Sicht der kommunalen Gebietskörperschaft wichtig sind.
- Die einzelnen Ziele beschreiben jeweils klar und eindeutig einen konkret definierten Sachverhalt.
  Für die Steuerung eines Krankenhauses reicht zum Beispiel das Ergebnisziel „Sicherstellung einer bedarfsgerechten Krankenhausversorgung" und ein darauf aufbauendes Vorgehensziel „Weiterentwicklung des medizinischen Leistungsangebots" nicht aus. Es ist zu definieren, was aus Sicht der kommunalen Gebietskörperschaft mit „bedarfsgerecht" gemeint ist und welche Leistungsangebote konkret weiterentwickelt werden sollen.

- Nach Möglichkeit sind die Ziele messbar zu gestalten, das heißt es sollte eine konkret zu erreichende Zielgröße festgelegt werden. Grundsätzlich ist die Messbarkeit bei Finanzzielen einfacher umsetzbar als bei Fachzielen.
  Beispiele für Finanzziele sind: „Erreichen einer Eigenkapitalquote von mindestens x %"[42] oder „Sicherstellung einer jährlichen Ausschüttung in Höhe von mindestens y Euro"[43].
  Ein Fachziel kann wie folgt formuliert sein: „Erreichen eines Marktanteils von x %. Das entspricht … (z. B. für ein Wohnungsunternehmen: mindestens einem Bestand von y Wohneinheiten)".
- Falls möglich, werden konkrete Terminstellungen vorgegeben, beispielsweise für den erfolgreichen Abschluss von Investitionsmaßnahmen.
- Es werden keine irrelevanten Ziele festgelegt, das heißt die Ziele können durch die Aktivitäten des Unternehmens und der Geschäftsführung beeinflusst und erreicht werden.
- Es besteht eine klare Prioritätensetzung. Das wichtigste Ziel wird auch als prioritär gekennzeichnet, etwa durch die Formulierung: „Primäres Ziel des Unternehmens ist …" Bei den nachrangigen Zielen sollte das Hauptgewicht anderer Ziele deutlich gemacht werden, etwa durch die Einschübe „sofern wirtschaftlich vertretbar" oder „sofern Finanzziele dem nicht entgegenstehen" (bei einem Fachziel).
- Sind trotz erfolgter Priorisierung weiterhin Zielkonflikte angelegt, sollte dies in der Zielvorgabe deutlich gemacht werden. Gleichzeitig sind Mechanismen zum Umgang mit konträren Zielen zu verankern, beispielsweise: „Ist es der Gesellschaft nicht möglich, gleichzeitig beide Ziele zu erreichen, legt die Geschäftsführung diesen Zielkonflikt der Gesellschafterversammlung zur Entscheidung vor."

Schritt 3: Zielevaluierung und -controlling

Der Prozess der Zielvorgabe ist mit einem geschlossenen Regelkreis zu vergleichen: Am Ende stehen immer die Auswertung der Zielumsetzung und damit auch die Evaluierung der Ziele (Abb. 4.11).

---

[42] Bei Bedarf ist zu definieren, ob die Eigenkapitalquote mit oder ohne Sonderposten zu berechnen ist.

[43] Bei der Festlegung einer Ausschüttungshöhe oder einer vergleichbaren Ergebnisgröße sollte das Beteiligungsmanagement darauf achten, dass das Erreichen dieser Kennzahl nicht durch Substanzverzehr optimiert wird, z. B. durch den Verzicht auf Instandhaltungsmaßnahmen.

Abb. 4.11 Evaluierung von Zielvorgabe und Zielvereinbarung mit einem Mitglied der Geschäftsführung

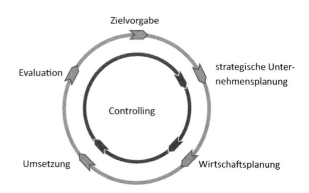

Da der zeitliche Ablauf der Zielvorgabe mehrere Jahre bis zu seiner Evaluierung benötigt, sollte zwischenzeitlich ein entsprechendes Controlling stattfinden. Insbesondere wenn dem Beteiligungsmanagement die Mandatsbetreuung[44] obliegt, bieten sich folgende Gelegenheiten für ein entsprechendes Controlling an:

- Vor Beschlussfassung der strategischen Unternehmensplanung sollte vom Beteiligungsmanagement überprüft werden, ob die von der kommunalen Gebietskörperschaft vorgegebenen Ziele abgebildet worden sind.
- Im Zusammenhang mit der Beschlussfassung des Wirtschaftsplans sollte untersucht werden, ob die geplanten Maßnahmen geeignet erscheinen, alle Aspekte der Zielvorgabe umzusetzen, die für das Geschäftsjahr relevant sind.
- Im Zusammenhang mit der Analyse des geprüften Jahresabschlusses durch das Beteiligungsmanagement ist zu klären, ob die Ziele der Gesellschafter erreicht und die im Wirtschaftsplan vorgesehenen Maßnahmen umgesetzt werden konnten.
- Bei einzelnen Entscheidungen, die dem Aufsichtsrat bzw. der Gesellschafterversammlung vorgelegt werden (z. B. Beschluss großer Investitionsvorhaben oder Geschäftsausweitungen), ist die Kompatibilität mit der Zielvorgabe zu prüfen.

So kann das Beteiligungsmanagement die Umsetzung bzw. den Erreichungsgrad der Ziele überwachen. Bei sich gegebenenfalls abzeichnenden Zielabweichungen kann entsprechender Handlungsbedarf beim Unternehmen bzw. der kommunalen Gebietskörperschaft angezeigt werden.

---

[44] Siehe auch Abschn. 4.4 Das ABC der Mandatsbetreuung.

4.2.4.3 Prüfung strategischer Unternehmensplanungen

Eine strategische Unternehmensplanung bedeutet die Ableitung eines Aktionsplans zum Erreichen langfristiger Ziele durch das Unternehmen. Die langfristigen Ziele können sich aus Visionen und Leitbildern des Unternehmens ergeben, vor allem aber aus strategischen Zielvorgaben der kommunalen Gebietskörperschaft, liegt doch insbesondere bei der kommunalen GmbH eine Verantwortung für die strategische Ausrichtung bei den Gesellschaftern.[45]

Der von der kommunalen Gebietskörperschaft vorgegebene öffentliche Zweck gibt in der Regel bereits vor, in welchen Geschäftsfeldern das kommunale Unternehmen mit welchen Produkten oder Dienstleistungen tätig ist. Die strategische Unternehmensplanung klärt, auf welche Art der öffentliche Zweck und die Zielvorgaben der Gesellschafter umgesetzt werden sollen, welche Maßnahmenkombinationen zu ihrer Verwirklichung vorgesehen sind und wie das Unternehmen den Wettbewerb in seinen Geschäftsfeldern bestreiten will. In diesem Zusammenhang interessiert vor allem die Entwicklung finanzieller und sonstiger Ressourcen des Unternehmens.

Die strategische Unternehmensplanung ist in der Regel auf das gesamte Geschäft ausgerichtet, nicht nur auf einzelne Sparten oder Funktionsbereiche. Sie ist zukunftsorientiert und setzt sich inhaltlich mit den Entwicklungen der Rahmenbedingungen und der eigenen Kompetenzen auseinander, mit Chancen und Risiken sowie mit Stärken und Schwächen des Unternehmens in seiner relativen Position zur Konkurrenz.

Die Aufstellung einer ausformulierten strategischen Planung (z. B. in Form eines Unternehmenskonzepts) ist bei kommunalen Unternehmen gesetzlich zwar nicht verpflichtend, insbesondere bei größeren Unternehmen, die in Wettbewerbsmärkten tätig sind, aber üblich. Eine Möglichkeit, die Erstellung entsprechender Konzepte dennoch verbindlich zu machen, ist auf kommunaler Ebene die Implementierung in einen Public Corporate Governance Kodex.

Aufgabe des Beteiligungsmanagements

Die strategische Unternehmensplanung wird nicht vom Beteiligungsmanagement entwickelt; seine Aufgabe ist es jedoch oftmals, diese zu prüfen, etwa im Rahmen der Gesellschafteraufgaben oder der Mandatsbetreuung.[46] Manchmal wird das Beteiligungsmanagement auch dem Gesellschafter empfehlen, eine entsprechende Planung – sofern nicht bereits für die Gesellschaft vorgeschrieben – von der Geschäftsführung einzufordern, insbesondere in Phasen einer notwendigen strategischen Neuausrichtung.

Im Folgenden werden Anforderungen an die Prüfung der strategischen Unternehmensplanung durch das Beteiligungsmanagement skizziert.

---

[45] Siehe auch die Abschn. 4.2 Das ABC des strategischen Beteiligungsmanagements und Abschn. 2.2.6 Gesellschaft mit beschränkter Haftung (GmbH).

[46] Siehe auch die Abschn. 4.3.2.3 Gesellschafteraufgaben und Abschn. 4.4 Das ABC der Mandatsbetreuung.

PRAXISTIPP: Prüfraster des Beteiligungsmanagements hinsichtlich einer strategischen Unternehmensplanung

Vollständigkeit

Die strategische Unternehmensplanung sollte zentrale Aussagen zu folgenden Themen enthalten:

- Zielvorgaben der Gesellschafter oder sonstige strategische Setzungen
- Umfeld- und Rahmenbedingungen der Geschäftstätigkeit (rechtlicher Rahmen, technologischer Fortschritt, Entwicklung von Kundengruppen samt deren Ansprüchen, Wettbewerber etc.)
- Entwicklung des Unternehmens (Wirtschaftlichkeit, Finanzierungsmöglichkeiten, Personal etc.) und seiner wesentlichen Geschäftsfelder, Sparten und Produkte
- Chancen und Risiken
- Finanzplanung

Strategiekonformität

Wesentlich ist ein Abgleich der in der strategischen Unternehmensplanung niedergelegten Ziele mit den Zielvorgaben der kommunalen Gebietskörperschaft bzw. strategischen Setzungen der Gesellschafter hinsichtlich:

- Vollständigkeit
- Inhalt (Sachziele)
- Ressourceneinsatz (Finanzziele)
- zeitlicher Umsetzung

Qualität

Die Aussagen des strategischen Unternehmenskonzepts und vor allem die geplanten Maßnahmen sollten sein:

- sinnhaft
- plausibel
- konkret und überprüfbar

Geschäftsentwicklung

Hinsichtlich der wesentlichen Geschäftsfelder, Sparten oder Produkte sollte formuliert sein:

- geschäftsfeldspezifische und übergreifende Grundideen
- die geplanten Maßnahmen samt ihren Realisierungsschritten
- eine klare Verteilung von Verantwortlichkeiten
- eine definierte Zeitschiene

Chancen und Risiken
Notwendig sind:

- Abschätzung von Chance
- Betrachtung der aktuellen und zukünftigen Risikosituation des Unternehmens und seiner wesentlichen Geschäftsfelder
- Risiko- und Sensitivitätsbetrachtungen als Teil des Konzepts

Finanzplanung
Sinnvoll ist die Vorlage einer mittelfristigen Finanzplanung mit:

- Abbildung einzelner Maßnahmen
- Aufführung der zur Umsetzung benötigten investiven Mittel und sonstigen (z. B. personellen) Ressourcen
- Darstellung der daraus folgenden Entwicklung der Finanzierungsstruktur (insbesondere die Relation von Eigenkapital zu Fremdkapital sowie die künftige Liquiditätsentwicklung)

EXKURS: Methoden zur Branchen-und Wettbewerbsanalyse
Viele kommunale Unternehmen bewegen sich heute auf Wettbewerbsmärkten.[47] In diesen Fällen besteht eine wesentliche Anforderung darin, dass die strategische Unternehmensplanung eben diese Situation ausreichend reflektiert und beurteilt. Hierzu gibt es unterschiedliche methodische Ansätze, die vom Unternehmen im Vorfeld der Erarbeitung der strategischen Unternehmensplanung genutzt werden können.

Um dem interessierten Beteiligungsmanager einen Überblick zu geben, werden einige relevante Methoden im Folgenden kurz dargestellt.

SWOT-Analyse: SWOT ist die englische Abkürzung für Strengths (Stärken), Weaknesses (Schwächen), Opportunities (Chancen) und Threats (Gefahren oder Risiken). Die SWOT-Analyse ist eine wirkungsvolle Untersuchungsmethode, um Stärken und Schwächen des Unternehmens oder einzelner Teilbereiche mit denen der wichtigsten Wettbewerber zu vergleichen und ungenutztes Potenzial zum Erzielen von Wettbewerbsvorteilen aufzuzeigen.

---

[47] Siehe auch Abschn. 1.3.2 Entwicklung der Kommunalwirtschaft.

Abb. 4.12 Darstellung einer
SWOT-Analyse

Sie kann in unterschiedlicher Differenziertheit durchgeführt werden. Gemeinhin erfolgt eine Umweltanalyse (externe Analyse) und eine Unternehmensanalyse (interne Analyse) (Abb. 4.12).

Die SWOT-Analyse kann helfen, Probleme und Herausforderungen grundsätzlich zu strukturieren, in einem nachvollziehbaren Verfahren Prioritäten zu setzen und fundiert Entscheidungen vorzubereiten, mit der bestehende Chancen genutzt und Risiken minimiert werden.

Wettbewerbsvorteile entstehen dann, wenn Stärken auf Chancen treffen. Was heute eine Schwäche darstellt, kann bei Eintritt bestimmter Chancen zu einer Stärke entwickelt werden. Zugleich kann mithilfe der SWOT-Analyse gegebenenfalls auch das Risiko identifiziert werden, dass eine aktuell starke Position nur noch befristet Bestand haben wird.

Branchenstrukturanalyse: Eine umfassende Wettbewerbsanalyse lässt sich gut mit der von Michael E. Porter entwickelten Branchenstrukturanalyse nach dem „Modell der fünf Kräfte des Wettbewerbs" abbilden (Porter 1980). Die fünf wesentlichen Kräfte, die das Marktverhältnis und das Wettbewerbsszenario beeinflussen, sind:

- Kundenstruktur im Markt und die jeweilige Stellung zu den Kunden
- Lieferantenstruktur und die jeweilige Stellung zu den Lieferanten
- Position der Wettbewerber in der Branche und die sich daraus ergebende Wettbewerbsintensität
- potenzielle Bedrohung im Markt durch neue Anbieter
- potenzielle Bedrohung im Markt durch neue Produkte bzw. Ersatzprodukte (Abb. 4.13)

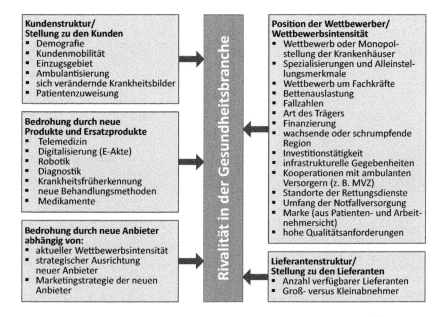

Abb. 4.13   Wettbewerbsanalyse nach Porter am Beispiel des Gesundheitswesens[48]

In der Branchenstrukturanalyse steht somit das Unternehmensumfeld im Zentrum, aus dem Stärken und Schwächen des eigenen Unternehmens abgeleitet werden. Die Ergebnisse können in die Umweltanalyse einer SWOT-Analyse einfließen.

Eine Branchenstrukturanalyse kann im öffentlichen Sektor nicht zum Ziel haben, dass ein Unternehmen beispielsweise von einem unattraktiven in ein prosperierendes Branchensegment wechselt. Schließlich sind die Möglichkeiten eines Branchenwechsels, einer Diversifikation oder einer Geschäftsfeldausweitung in andere Branchen aufgrund der Bindung an den öffentlichen Zweck unmöglich oder zumindest stark eingeschränkt. Vielmehr kann sie dem Unternehmen helfen, die eigene Stellung im Wettbewerb zu erfassen und gegebenenfalls zu verbessern.

Unternehmensvergleich: Der Erfolg eines Unternehmens steht oftmals im direkten Zusammenhang mit zentralen Branchencharakteristika. Dies können besondere Kundengruppen und -wünsche, Produktdifferenzierungen, Kostenstrukturen und Eintrittsbarrieren sein, die wiederum das eigene Unternehmen beeinflussen (Organisationsprozesse, Preispolitik etc.). Vor diesem Hintergrund kann eine vertiefte Analyse der Unternehmen einer Branche Informationen zu Trends und voraussichtlichen Entwicklungen liefern, aktuelle und zukünftige Chancen und Risiken benennen sowie Optimierungspotenzial aufzeigen.

---

[48] Eigene Darstellung nach von Eiff (2012, S. 14 ff.).

Abb. 4.14 Aufbau der
klassischen BCG-Matrix

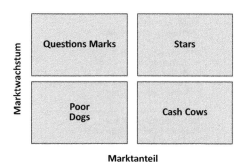

Aus diesem Grund werden Unternehmensvergleiche (Benchmarkings) durchgeführt, an denen Unternehmen der gleichen Branche freiwillig teilnehmen. Beim Benchmarking handelt es sich um den systematischen Vergleich betrieblicher Größen zur Beurteilung der Wirtschaftlichkeit und der Leistungserstellung mit dem Ziel der Optimierung der eigenen Prozesse. Betriebsvergleiche werden von verschiedenen Unternehmensverbänden und sonstigen Einrichtungen angeboten und von vielen kommunalen Unternehmen genutzt.[49] Ihre Analyse fließt regelmäßig in strategische Unternehmensplanungen ein.

BCG-Matrix: Diese von der Boston Consulting Group (BCG) entwickelte Matrix dient vor allem der Klassifizierung von Produkten in ihrem Lebenszyklus.[50] Sie besteht klassischerweise aus vier unterschiedlichen Feldern, welche die untersuchten Produkte grafisch einer qualitativ bewerteten Kategorie zuordnen und Handlungsempfehlungen implizieren (Abb. 4.14).

Question Marks (Fragezeichen) sind neue Produkte mit hohem Wachstumspotenzial, aber noch geringen Marktanteilen. Stars (Sterne) bezeichnen etablierte Produkte mit hohem Marktanteil und noch gegebenem Wachstumspotenzial. Cash Cows (Melkkühe) sind etablierte Produkte mit hohem Marktanteil, die jedoch kaum Wachstumspotenzial versprechen. Poor Dogs (arme Hunde) verfügen über einen geringen Marktanteil und befinden sich auf einem statischen oder schrumpfenden Markt.

Die BCG-Matrix ist zwar grundsätzlich ein gutes Instrument, um im Rahmen strategischer Prüfungen die Produkte eines Unternehmens zu bewerten. Für kommunale Unternehmen ist sie allerdings nur eingeschränkt nutzbar, da ein Produkt, das den öffentlichen Zweck des Unternehmens betrifft, in der Regel selbst dann nicht abgestoßen werden kann, wenn es sich um einen Poor Dog handelt.

---

[49] Siehe auch Abschn. 4.5.5.6 Unternehmensvergleich (Benchmarking).

[50] Grundsätzlich könnten mit der Matrix auch ganze Unternehmen in ihrem Lebenszyklus beurteilt werden. Für eine Portfoliobewertung im kommunalen Bereich eignet sie sich aufgrund der öffentlichen Zwecksetzung des Unternehmens nur eingeschränkt.

4.3   Das ABC der Beteiligungsverwaltung

4.3.1   Aufgabenbeschreibung

Ein wesentliches Aufgabenfeld des Beteiligungsmanagements ist die Beteiligungsverwaltung, die insbesondere formale Anforderungen umsetzt. Sie bildet die Grundlage für die Erfüllung aller weiteren Aufgaben. Zu den Anforderungen zählen beispielsweise:

- Verwaltung der Beteiligungsakten sowie Vorhaltung wichtiger Informationen hinsichtlich der einzelnen Unternehmen
- Einhaltung gesetzlicher Vorgaben hinsichtlich der wirtschaftlichen Betätigung der kommunalen Gebietskörperschaft
- Unterstützung der kommunalen Gebietskörperschaft in ihrer Funktion als Gesellschafterin
- Überprüfung von Berichtspflichten und Beachtung von Terminen der kommunalen Gebietskörperschaft
- Erfüllung von Verwaltungsaufgaben
- Erstellung des Beteiligungsberichts

4.3.2   Pflichtaufgaben

4.3.2.1 Verwaltung der Beteiligungsakten

Eine grundlegende Aufgabe ist die Aktenführung, da ein funktionierendes Beteiligungsmanagement nur dann möglich ist, wenn ausreichende Informationen zu allen Unternehmen vorhanden sind. Die konkrete Ausgestaltung der Führung und Verwaltung der Beteiligungsakten ist dabei abhängig vom Aufgabenportfolio des Beteiligungsmanagements. Wenn also beispielsweise kein unterjähriges Beteiligungscontrolling durchgeführt wird, so ist es wenig zielführend, entsprechende Vorgänge in der Aktenverwaltung zu erfassen.

Grundsätzlich können die zu verwaltenden Akten in folgende Bereiche gegliedert werden:

- Gesellschafterakten, also Akten, die die kommunale Gebietskörperschaft in ihrer Funktion als Gesellschafterin bzw. Trägerin der einzelnen Unternehmen betreffen
- Unterlagen aus der Wahrnehmung von Mandaten in Aufsichtsräten und vergleichbaren Überwachungsorganen
- zusätzliche Unterlagen zu den Unternehmen
- Geschäftsführerakten

Gesellschafterakten

Zu den Gesellschafterakten können die nachfolgend aufgeführten Dokumente je Unternehmen gehören:

- Unterlagen zum Gründungsvorgang (Drucksache und Beschluss der politischen Vertretungskörperschaft, notarielle Beurkundungen, Genehmigung der Rechtsaufsicht etc.)
- Gesellschaftsvertrag oder Satzung
- etwaiger Konsortialvertrag
- gegebenenfalls Unternehmensverträge nach dem Aktiengesetz
- wesentliche Beschlüsse der politischen Vertretungskörperschaft zum Unternehmen
- wesentliche Verträge zwischen der kommunalen Gebietskörperschaft und dem Unternehmen
- Übersicht über die Besetzung der Organe, insbesondere des Aufsichtsrats
- gegebenenfalls Beschlüsse zur Bestellung der Mitglieder der Geschäftsführung
- Geschäftsordnungen für das Überwachungsorgan und für die Geschäftsführung
- eventuell Handelsregisterauszüge
- Einladungen, Vorlagen, Protokolle und Beschlüsse der Gesellschafterversammlung
- gegebenenfalls Wirtschaftspläne des Unternehmens
- Jahresabschlüsse einschließlich den Prüfberichten der Abschlussprüfer
- etwaige Berichte von örtlichen und überörtlichen Prüfbehörden
- wesentlicher Schriftwechsel mit dem Unternehmen

Unterlagen aus der Wahrnehmung von Mandaten

Häufig nehmen Mitglieder der Verwaltungsspitze als Teil ihres Hauptamtes Mandate in den Überwachungsorganen der Beteiligungsunternehmen wahr. Diese Akten sollten zumindest in Kopie in der Aktenverwaltung des Beteiligungsmanagements zusammengeführt werden. Hierzu gehören etwa:

- Einladungen, Vorlagen und Protokolle der Sitzungen des Überwachungsorgans
- Notizen, Berichte oder Mitschriften der Aufsichtsratsmitglieder
- Stellungnahmen des Beteiligungsmanagements
- wesentlicher Schriftwechsel

Zusätzliche Unterlagen zum Unternehmen

Zusätzlich können – je nach Aufgabenspektrum des Beteiligungsmanagements vor Ort – weitere Unterlagen aus dem bzw. zum Unternehmen die Akten ergänzen:

- unterjähriges Berichtswesen des Unternehmens an das Beteiligungsmanagement
- etwaige strategische Unternehmensplanungen

- Dokumente zu dem jeweiligen Unternehmen aus der politischen Vertretungskörperschaft (z. B. Anträge, Anfragen, Vorlagen oder Protokolläußerungen)
- eventuell beauftragte Gutachten von Steuerberatern, Rechtsanwälten oder anderen Beratern zu wichtigen Themen des Unternehmens (z. B. zu Fragen des Steuerrechts, der Gemeinnützigkeit oder zu Beihilfethemen)
- Veröffentlichungen des Unternehmens (z. B. Geschäftsberichte)
- Presseerklärungen des Unternehmens oder der kommunalen Gebietskörperschaft sowie Presseberichte

Geschäftsführerakten

Bei Geschäftsführerakten handelt es sich überwiegend um vertrauliche, personenbezogene Daten, die nur einem kleinen Personenkreis zugänglich sind.[51] Sie sollten in einem gesonderten Archiv oder einem Panzerschrank verwahrt werden.

Folgende Dokumente sollten vorgehalten werden:

- Unterlagen zum Auswahlverfahren (Anforderungsprofil, Stellenanzeigen, Protokolle der Findungskommission etc.) inklusive Bewerbungsunterlagen der aktuellen Mitglieder der Geschäftsführung (Profile, Lebensläufe, Arbeitszeugnisse, Referenzen etc.)
- polizeiliche Führungszeugnisse (falls solche von den Mitgliedern der Geschäftsführung abgefordert worden sind)
- Bestellungsbeschlüsse (falls diese nicht bereits unter den Gesellschafterakten abgelegt sind)
- Anstellungsverträge mit sämtlichen vertraglichen Ergänzungen
- Zielvereinbarungen mit den Mitgliedern der Geschäftsführung (inklusive deren Auswertungen)
- Schriftwechsel

Aktenplan

Zielführend ist es, die Inhalte der Beteiligungsakten nach den eigenen Bedürfnissen und dem Aufgabenspektrum in einem Aktenplan zu definieren. Empfehlenswert ist es, die Akten zu allen Unternehmen zentral beim Beteiligungsmanagement zu führen, wobei es in der kommunalen Praxis durchaus üblich (wenn auch nicht empfehlenswert) ist, dass die Geschäftsführerakten dezentral beim Vorsitzenden des für die Anstellung zuständigen Organs geführt werden.

---

[51] Siehe auch Abschn. 4.7.5.2 Führung von Geschäftsführerakten.

4.3.2.2 Erfüllung gesetzlicher Vorgaben der Kommunalverfassung

Die kommunale Gebietskörperschaft hat als Gesellschafterin verschiedene rechtliche Vorgaben zwingend einzuhalten. Aus der jeweiligen Kommunalverfassung ergeben sich insbesondere Anforderungen an Errichtung, Übernahme, Unterhaltung oder wesentliche Veränderung bzw. Erweiterung kommunaler Unternehmen.[52] Diese sind unmittelbar einzuhalten. Auch aus jeder Novellierung des Kommunalverfassungsrechts können sich neue Anforderungen ergeben, die vom Beteiligungsmanagement zu analysieren und, sofern möglich, in den Satzungen und Gesellschaftsverträgen der Unternehmen zu verankern sind.

Die kommunale Gebietskörperschaft hat ferner diverse Veröffentlichungspflichten (z. B. Anlage der Wirtschaftspläne der Beteiligungsunternehmen an den Haushalt) und Pflichten zur Auslegung und Einsichtnahme (z. B. Beteiligungsbericht) zu beachten.

Das Beteiligungsmanagement hat im Rahmen der Beteiligungsverwaltung die Aufgabe, alle rechtlichen Verpflichtungen und alle terminlichen Vorgaben zu kennen und auf ihre Einhaltung hinzuwirken.

4.3.2.3 Gesellschafteraufgaben

Die Gesellschafterversammlung ist das oberste Organ der GmbH. Wer die kommunale Gebietskörperschaft in der Gesellschafterversammlung vertritt, ist in den Kommunalverfassungen unterschiedlich geregelt: In der Regel übernimmt der Hauptverwaltungsbeamte per Gesetz diese Aufgabe; oftmals können aber auch weitere Mitglieder der politischen Vertretungskörperschaft als Vertreter in der Gesellschafterversammlung bestimmt werden.[53]

Das GmbH-Gesetz enthält folgenden Standard-Aufgabenkatalog für die Gesellschafterversammlung:[54]

- Feststellung des Jahresabschlusses und Verwendung des Ergebnisses
- Einforderung der Einlagen
- Rückzahlung von Nachschüssen
- Teilung, Zusammenlegung sowie Einziehung von Geschäftsanteilen
- Bestellung und Abberufung von Geschäftsführern sowie Entlastung derselben
- Maßregeln zur Prüfung und Überwachung der Geschäftsführung
- Bestellung von Prokuristen und Handlungsbevollmächtigten
- Geltendmachung von Ersatzansprüchen der Gesellschaft (z. B. gegen die Geschäftsführer) und Vertretung der Gesellschaft in Prozessen gegen die Geschäftsführer

---

[52] Siehe Anlage 8.1 Übersicht Kommunalrecht.

[53] Ebd.

[54] Vgl. insbesondere § 46 GmbHG.

- Wahl/Entsendung und Abberufung der Mitglieder des Aufsichtsrats sowie deren Entlastung[55]

Der Gesellschaftsvertrag kann der Gesellschafterversammlung jedoch auch andere Aufgaben zuordnen.[56] Gemeint sind insbesondere solche Aufgaben, die im Rahmen der Beteiligungssteuerung zu erfüllen sind und regelmäßig durch die kommunale Gebietskörperschaft definiert werden.

Darüber hinaus kann die Gesellschafterversammlung bestimmte Aufgaben an den Aufsichtsrat oder die Geschäftsführung übertragen, so die Bestellung von Prokuristen. Ferner kann sich die gesetzliche Mitbestimmung auf den Aufgabenkatalog auswirken.

Zum Teil legen Gesetze auch konkrete Terminvorgaben fest. Beispielsweise haben die Gesellschafter der GmbH spätestens bis zum Ablauf der ersten acht Monate des Geschäftsjahrs (bzw. bei einer kleinen Gesellschaft[57] bis zum Ablauf der ersten elf Monate) über die Feststellung des Jahresabschlusses und die Ergebnisverwendung zu beschließen.[58]

Die Gesellschafterversammlung kann im gesetzlichen Rahmen auch Beschlüsse des Aufsichtsrats aufheben bzw. abweichende Entscheidungen treffen. In einem solchen Fall spricht man von einem „satzungsdurchbrechenden Gesellschafterbeschluss", der abweichend von den Vorgaben des Gesellschaftsvertrages Gegenstände aus der Zuständigkeit des Aufsichtsrats der Entscheidung und Beschlussfassung durch die Gesellschafterversammlung unterwirft.[59]

Weitere Aufgaben können sich aus den spezifischen Vorgaben des Kommunalrechts ergeben. Das betrifft etwa die Entgegennahme von Weisungen oder die Einholung von Beschlüssen der politischen Vertretungskörperschaft vor der Beschlussfassung in der Gesellschafterversammlung (z. B. bei Erwerb einer Tochtergesellschaft der kommunalen Beteiligung). Die Kommunalverfassungen enthalten diesbezüglich sehr unterschiedliche Vorgaben.[60]

Aufgabe des Beteiligungsmanagements ist es, die Vertretung der kommunalen Gebietskörperschaft bei der Wahrnehmung ihrer Gesellschafterrolle aktiv zu unterstützen, unter anderem bei

---

[55] Letzteres ergibt sich nicht aus § 46 GmbHG, sondern aus § 52 Abs. 1 GmbHG i. Z. m. den aktienrechtlichen Vorgaben.

[56] Vgl. § 45 Abs. 2 GmbHG.

[57] Vgl. § 267 Abs. 1 HBG.

[58] Vgl. § 42a Abs. 2 GmbHG.

[59] Vgl. die Ausführungen zur Gesellschafterversammlung der GmbH in Abschn. 2.2.6.

[60] Siehe Anlage 8.1 Übersicht Kommunalrecht.

- der Beachtung der terminlichen Vorgaben an die Gesellschafter,
- der Organisation und Durchführung der Gesellschafterversammlung,
- der Zusammenarbeit mit anderen Gesellschaftern, mit der Geschäftsführung und den Mitgliedern des Aufsichtsrats,
- der Information der Geschäftsführung über für das Unternehmen relevante Beschlüsse der politischen Vertretungskörperschaft sowie der Umsetzung unternehmensspezifischer Beschlüsse zur gesellschaftsrechtlichen Wirksamkeit (z. B. Gesellschafterweisung zur Verfolgung der Zielvorgaben[61]),
- der Wahrnehmung der Prüfungsrechte nach § 51a GmbHG, nach denen die Geschäftsführung jedem Gesellschafter auf Verlangen unverzüglich Auskunft über die Angelegenheiten der Gesellschaft zu geben und die Einsicht der Bücher und Schriften zu gestatten hat,[62]
- der Findung und Festlegung von Zielen für das Unternehmen.

4.3.2.4 Verwaltungsaufgaben

Die Kommunalverwaltung ist mit vielfältigen Aufgaben hinsichtlich ihrer Beteiligungsunternehmen befasst. Hierbei sollte das Beteiligungsmanagement aktiv unterstützen. Im Einzelnen können folgende Themen genannt werden:

- Beschluss- und Informationsvorlagen für die politische Vertretungskörperschaft
- Verwaltungsstandpunkte zu Anträgen an die politische Vertretungskörperschaft
- Beantwortung von Anfragen von Mitgliedern der politischen Vertretungskörperschaft sowie von Einwohnerinnen und Einwohnern
- Zuarbeiten an andere Verwaltungseinheiten (z. B. zur Beantwortung von Presseanfragen)
- Auskunftserteilung gegenüber der Rechtsaufsicht sowie der örtlichen und überörtlichen Prüfbehörden

4.3.2.5 Beteiligungsbericht

In allen Bundesländern ist die regelmäßige Erstellung eines Beteiligungsberichts oder ein entsprechendes Berichtswesen in den Regelungen zum Kommunalverfassungsrecht vorgeschrieben.[63]

---

[61] Siehe auch Abschn. 4.2.4.2 Zielvorgaben durch Zielbilder oder Eigentümerziele.

[62] Zu den Einschränkungen siehe § 51a Abs. 2 GmbHG.

[63] Siehe Anlage 8.1 Übersicht Kommunalrecht. Ein Beteiligungsbericht kann bei Erstellung eines kommunalen Gesamtabschlusses unter gewissen Bedingungen entfallen.

Zweck und Aufgabe des Beteiligungsberichts

Mit dem Beteiligungsbericht wird das Ziel verfolgt, einen Beitrag zur Transparenz der kommunalen Gebietskörperschaft hinsichtlich ihrer Aufgabenerfüllung durch ausgegliederte, organisatorisch und finanzwirtschaftlich verselbständigte Organisationseinheiten zu leisten. Einerseits sollen der politischen Vertretungskörperschaft die zur Kontrolle und Wahrnehmung der Verantwortung benötigten Informationen zugänglich gemacht werden. Als öffentlich zugängliches Medium soll der Beteiligungsbericht andererseits interessierten Bürgerinnen und Bürgern fundierte Einblicke in die wirtschaftliche Betätigung der Gebietskörperschaft geben. Der Beteiligungsbericht stellt insofern auch einen wichtigen Baustein dar.

Zu berücksichtigen ist jedoch, dass der Beteiligungsbericht, der vor allem auf den Jahresabschlüssen der Beteiligungsunternehmen der Vorjahre aufbaut, nur vergangenheitsbezogene Angaben enthält, die oft erst mit einem gewissen Zeitverzug zusammengestellt werden. Daher erfüllt der Beteiligungsbericht überwiegend eine dokumentarische und informative Funktion und kann nur sehr eingeschränkt zur Steuerung der Beteiligungsunternehmen beitragen. Er ist kein Instrument des vorausschauenden Beteiligungscontrollings.

Anforderungen an den Beteiligungsbericht

Die inhaltlichen Mindestanforderungen der jeweiligen Kommunalverfassung an den Beteiligungsbericht umfassen in der Regel Angaben über Art und Umfang des Beteiligungsverhältnisses, den Gegenstand des Unternehmens, die Zusammensetzung der Unternehmensorgane, Angaben zur Erfüllung des öffentlichen Zwecks oder Kennzahlen. Die jeweils geforderte inhaltliche Ausgestaltung bzw. der Umfang der konkreten inhaltlichen Vorgaben variiert stark von Bundesland zu Bundesland.

Neben den Inhalten sind in den jeweiligen Vorschriften zum Kommunalverfassungsrecht teils auch Vorgaben zum Umfang der in den Bericht einzubeziehenden Unternehmen verankert, zum einen in Bezug auf die Rechtsform und/oder zum anderen in Bezug auf die Beteiligungstiefe und -höhe (Ebene und Anteil) seitens der kommunalen Gebietskörperschaft. Auch hierbei unterscheiden sich die Regelungen in den einzelnen Bundesländern.

Der Berichtszeitraum des Beteiligungsberichts bezieht sich regelmäßig auf das letzte abgeschlossene Geschäftsjahr. In einigen Regelungen zum Kommunalverfassungsrecht werden ferner konkrete zeitliche Vorgaben zur Erstellung und Vorlage des Berichtes gemacht sowie zur Einsichtnahme oder öffentlichen Bekanntmachung.

Im Sinne einer umfangreichen Informationsvermittlung nutzen einige Gebietskörperschaften das Instrument Beteiligungsbericht, um dem Adressatenkreis weitere und über die gesetzlichen Vorschriften hinausgehende Informationen zugänglich zu machen. Die Entscheidung darüber obliegt natürlich jeder Gebietskörperschaft selbst. Über die gesetzlich vorgeschriebenen Inhalte eines Beteiligungsberichts hinaus könnten beispielsweise (sofern nicht gesetzlich gefordert) folgende Informationen zusätzlich gegeben werden:

- grafische oder tabellarische Übersicht (Beteiligungsorganigramm), die alle Beteiligungen der Gebietskörperschaft, gegebenenfalls unter Angabe der Zuordnung zur Verwaltungsgliederung, wiedergibt
- Organigramme zur Darstellung der Beteiligungsverhältnisse eines Unternehmens
- Darstellung von Veränderungen (Zu-/Abgänge) in der Beteiligungsstruktur gegenüber dem Vorjahresbericht durch Neugründung, Erwerb, Veräußerung, Veränderung/Umstrukturierung, Rechtsformwechsel, Umfirmierungen oder Beendigung etc.
- Nennung der Abschlussprüfer der einzelnen Beteiligungsunternehmen
- Erläuterung zu den verschiedenen Rechtsformen kommunaler Unternehmen (z. B. Eigenbetrieb, Kapitalgesellschaft, Zweckverband) einschließlich rechtlicher Grundlagen
- Kennzahlen bzw. ergänzende Kennzahlen der Beteiligungsunternehmen (z. B. Leistungskennzahlen, Ertrags- und Investitionszuschüsse, Anzahl der Mitarbeiterinnen und Mitarbeiter, Frauenanteil u. a.) sowie gegebenenfalls die Bewertung und Erläuterung einzelner Kennzahlen

PRAXISTIPP: Prozess der Erstellung des Beteiligungsberichts

Der Aufwand zur Erstellung des Beteiligungsberichts variiert entsprechend dem Umfang des Beteiligungsportfolios der jeweiligen kommunalen Gebietskörperschaft. Vor allem in Großstädten mit einem umfangreichen Beteiligungsportfolio geschieht die Erstellung in einem komplexen und aufwendigen Prozess. Zur Bewältigung der Aufgabe unter Einhaltung etwaiger gesetzlicher Anforderungen sollte ein inhaltlich und zeitlich strukturierter Ablauf mit konkreten Verantwortlichkeiten definiert sein. Wichtige Schritte sind regelmäßig:

- Prüfung und gegebenenfalls Anpassung der Berichtsstruktur einschließlich Umfang des Portfolios
- Sortierung und Aufbereitung der vorhandenen erforderlichen Daten und gegebenenfalls Abforderung fehlender Angaben bei den Beteiligungsunternehmen
- gegebenenfalls Abstimmung von Inhalten innerhalb des Beteiligungsmanagements bzw. der Verwaltung der kommunalen Gebietskörperschaft oder mit den Unternehmen
- abschließende Zusammenstellung des Gesamtberichts und Ausfertigung
- Einbringen in die politische Vertretungskörperschaft und Information der Öffentlichkeit entsprechend der gesetzlichen Vorgabe sowie Übergabe an die Rechtsaufsichtsbehörde

Vor allem bei umfangreichen Beteiligungsberichten kann der Erstellungsprozess mit einer IT-Lösung unterstützt werden. Dadurch wird der Aufwand zumeist erheblich reduziert. Das ist insbesondere dann der Fall, wenn die benötigten Daten in eine spezielle Datenbank eingepflegt sind und eine automatisierte Generierung der Daten und/oder die automatisierte Erstellung des Berichtes möglich ist.[64]

4.3.3 Ergänzungsaufgaben

4.3.3.1 Begleitung bei Gründung, Erwerb, Veränderung, materieller Privatisierung oder Beendigung von Gesellschaften

Die professionelle Begleitung der kommunalen Gebietskörperschaft während der gesamten Lebensphasen eines Unternehmens sollte eine wesentliche Aufgabe im Rahmen der Beteiligungsverwaltung sein. In Kap. 3 dieses Leitfadens sind die einzelnen Lebensphasen sowie die korrespondierenden Aufgaben des Beteiligungsmanagements detailliert beschrieben. An dieser Stelle wird darauf verwiesen.

4.3.3.2 Mustergesellschaftsvertrag

Jedes Beteiligungsmanagement, das die Gründung der GmbH begleitet hat, war daran beteiligt, einen Gesellschaftsvertrag zu erarbeiten. Dieser Gesellschaftsvertrag dient in der Regel als Blaupause für weitere Unternehmensgründungen, wenngleich bei jeder Gründung eines neuen Unternehmens individuelle Sachverhalte zu berücksichtigen sind. Eine Anpassung an die Besonderheiten des Beteiligungsunternehmens ist auf der Grundlage eines Mustergesellschaftsvertrages schnell und unkompliziert möglich.

Im Mustergesellschaftsvertrag sollte klar geregelt sein, welche Rechte und Zuständigkeiten die Organe der Gesellschaft haben. Dazu ist vorab durch die kommunale Gebietskörperschaft das Steuerungsverständnis zu klären: Soll dem Aufsichtsrat der GmbH eine starke Stellung und entsprechender Einfluss bei der Unternehmenssteuerung eingeräumt werden oder soll die Gesellschafterversammlung die führende Rolle einnehmen? Der Einfluss lässt sich an der Kompetenzzuweisung ablesen, wobei dem starken Organ gesellschaftsvertraglich spezielle Aufgaben wie die Beschlussfassung über den Wirtschaftsplan oder die Bestellung der Geschäftsführung übertragen werden. Dabei sind die gesetzlichen Vorgaben insbesondere aus Kommunalverfassungsrecht und Mitbestimmungsrecht zu beachten.

Der Mustergesellschaftsvertrag für die GmbH muss alle Vorgaben sowohl des Gesellschaftsrechts[65] als auch der jeweiligen Kommunalverfassungen[66] erfüllen. Weiterhin sollen darin klare Aussagen zu den Kontroll- und Einwirkungsmöglichkeiten der kommunalen Gebietskörperschaft bei

---

[64] Siehe auch Abschn. 4.3.4.6 DV-Unterstützung der Beteiligungsverwaltung.

[65] Siehe auch Abschn. 2.2 Rechtsformen kommunaler Unternehmen.

[66] Siehe Anlage 8.1 Übersicht Kommunalrecht.

- Erwerb oder Gründung von Beteiligungen durch das Unternehmen,
- Änderung des Gesellschaftsvertrages,
- der Verfügung über Geschäftsanteile, zur Einziehung und Vorkaufsrechten oder
- Auflösung der Gesellschaft

getroffen werden.

Die Verwendung eines Musters stößt jedoch unter Umständen an Grenzen:

- In der Praxis gibt es Unterschiede zwischen pflichtmitbestimmten Gesellschaften und solchen mit fakultativem Aufsichtsrat: Das betrifft zum einen die Besetzung der Aufsichtsräte, die im Drittelbeteiligungsgesetz und im Mitbestimmungsgesetz zwingend vorgegeben sind[67], zum anderen die gesetzlich vorgegebenen Maßgaben, von denen bei pflichtmitbestimmten Gesellschaften im Gesellschaftsvertrag nicht abgewichen werden kann, sowie die innere Ordnung des Organs.[68] Daneben kann es Gesellschaften geben, die nicht über einen Aufsichtsrat verfügen.
- Besonderheiten gibt es auch bei gemeinnützigen Unternehmen, die auf Grundlage der Abgabenordnung von Ertrag- und Vermögensteuern befreit sind. Hier müssen im Gesellschaftsvertrag die Vorgaben der Abgabenordnung umgesetzt werden.[69]
- Schließlich sind die zustimmungspflichtigen Geschäfte, welche die Geschäftsführung dem Aufsichtsrat oder der Gesellschafterversammlung vorlegen muss, je nach Branche und Aufgabe des Unternehmens unterschiedlich. Die festzulegenden Wertgrenzen für zustimmungspflichtige Geschäfte oder Berichte der Geschäftsführung an den Aufsichtsrat oder die Gesellschafterversammlung variieren insbesondere nach Größe und Risikostruktur des Unternehmens.[70] Allerdings kann es ohnehin sinnvoll sein, Wertgrenzen nicht im Gesellschaftsvertrag, sondern innerhalb einer Geschäftsordnung des Aufsichtsrats oder der Geschäftsführung zu regeln, da Änderungen des Gesellschaftsvertrages die Zustimmung der politischen Vertretungskörperschaft und eine notarielle

---

[67] Fällt eine GmbH unter das Drittelbeteiligungsgesetz – in der Regel bei mehr als 500 Arbeitnehmern –, besteht der Aufsichtsrat zu einem Drittel aus Vertretern der Arbeitnehmer und zu zwei Drittel aus Vertretern der Anteilseigner (§ 4 Abs. 1 DrittelbG). Gilt für die GmbH das Mitbestimmungsgesetz – in der Regel bei mehr als 2000 Arbeitnehmern –, wird der Aufsichtsrat paritätisch durch Arbeitnehmer und Anteilseigner besetzt (§ 7 Abs. 2 MitbestG).

[68] Vgl. § 25 Abs. 1 Nr. 2 MitbestG und § 1 Abs. 1 Nr. 3 DrittelbG verweisen zwingend auf Bestimmungen des Aktiengesetzes und lassen keine andere Regelung im Gesellschaftsvertrag zu; anders als § 52 Abs. 1 GmbHG für die nicht pflichtmitbestimmte GmbH. Siehe auch Abschn. 2.2.6.

[69] Siehe auch Abschn. 2.3.4 Steuerrecht.

[70] Die Zustimmungsvorbehalte sollten größen- und branchenabhängig gestaltet werden, denn allzu strikte Vorbehalte können sehr leicht das Alltagsgeschäft beeinträchtigen. Beispielsweise tritt eine Investition in Höhe von 50.000 EUR bei großen Unternehmen häufiger auf als bei kleinen. Insofern kann in dieser Hinsicht letztlich nie eine vollständige Einheitlichkeit erreicht werden.

Beurkundung erfordern. Unabhängig davon sollten bei vergleichbaren Unternehmen auch vergleichbare Genehmigungs- und Berichtserfordernisse gegeben sein.

Eine vollständige Einheitlichkeit der Gesellschaftsverträge kann in der Praxis kaum hergestellt werden. Allerdings trägt eine einheitliche Vertragssystematik zu einer einheitlichen Kompetenzabgrenzung der Gesellschaftsorgane bei und gestaltet damit die Arbeit aller Akteure effizienter, die mit der Beteiligungssteuerung oder dem Beteiligungsmanagement beschäftigt sind.

Wenn eine weitgehende Vereinheitlichung der Gesellschaftsverträge beabsichtigt ist, sollten parallel auch Mustergeschäftsordnungen für den Aufsichtsrat und die Geschäftsführung erarbeitet werden. So können die Regelungsinhalte der drei Regelwerke aufeinander abgestimmt werden. Dabei gibt der Gesellschaftsvertrag in der Regel den groben Rahmen vor und lässt Konkretisierungsmöglichkeiten über die Geschäftsordnungen offen. Es ist darauf zu achten, dass in den Geschäftsordnungen nur Sachverhalte geregelt werden können, wenn eine entsprechende Kompetenz vergeben wurde und nicht vom Gesellschaftsvertrag abgewichen wird. Die Geschäftsordnung des Aufsichtsrats, die in der Regel von diesem selbst beschlossen wird, konkretisiert bestimmte Satzungsvorgaben. In der Geschäftsordnung der Geschäftsführung, die durch die Gesellschafterversammlung erlassen werden sollte, können neben den Wertgrenzen insbesondere bei mehrköpfigen Geschäftsführungen Sachverhalte wie Geschäftsverteilung, Vertretungsregelungen, Umgang bei Meinungsverschiedenheiten oder auch besondere Berichts- und Dokumentationspflichten geregelt werden.

Ein wesentlicher Aspekt des Mustergesellschaftsvertrages sollte darüber hinaus darin bestehen, die Rechte des Beteiligungsmanagements konkret festzulegen. Je nach Aufgabe des Beteiligungsmanagements können das zum Beispiel sein:

- Vorgaben für eine über die gesetzlichen Anforderungen hinausgehende Konkretisierung der Inhalte und Planbestandteile des Wirtschaftsplans der Gesellschaft, etwa mit Blick auf die Darstellung der Planungsprämissen
- Regelungen für gesonderte Berichterstattungen
- Berichtspflichten der Geschäftsführung gegenüber dem Beteiligungsmanagement, insbesondere hinsichtlich der unterjährigen Berichterstattung der Gesellschaft[71]
- Teilnahme der Mitarbeiter des Beteiligungsmanagements als Gast in Aufsichtsratssitzungen, wobei dies nur bei Gesellschaften mit fakultativem Aufsichtsrat verbindlich geregelt werden kann[72]

---

[71] Siehe auch Abschn. 4.5.2.2 Unterjähriges Berichtswesen.

[72] Siehe auch Abschn. 4.4.3.3 Teilnahme des Beteiligungsmanagements an Sitzungen.

PRAXISTIPP: Struktur eines Mustergesellschaftsvertrages

§ 1	Firma und Sitz
§ 2	Gegenstand des Unternehmens und Gemeinnützigkeit (letzteres nur bei Bedarf)
§ 3	Stammkapital und Stammeinlagen
§ 4	Dauer der Gesellschaft und Geschäftsjahr
§ 5	Organe der Gesellschaft
§ 6	Vorsitz und Einberufung der Gesellschafterversammlung
§ 7	Beschlussfassung und Beschlussfähigkeit der Gesellschafterversammlung
§ 8	Aufgaben der Gesellschafterversammlung
§ 9	Zusammensetzung des Aufsichtsrats
§ 10	Vorsitz, Einberufung und Regelungen zu den Sitzungen des Aufsichtsrats
§ 11	Beschlussfähigkeit und Beschlussfassung des Aufsichtsrats
§ 12	Aufgaben, Rechte und Pflichten des Aufsichtsrats
§ 13	Ausschüsse des Aufsichtsrats
§ 14	Vermeidung von Interessenkonflikten
§ 15	Geschäftsführung und Vertretung
§ 16	Strategische Unternehmensplanung und Wirtschaftsplan
§ 17	Jahresabschluss, Lagebericht und Prüfung
§ 18	Berichte des Aufsichtsrats, Corporate Governance Bericht
§ 19	Verfügung über Geschäftsanteile, Vorkaufsrecht, Einziehung von Geschäftsanteilen
§ 20	Bekanntmachungen
§ 21	Definitionen
§ 22	Schlussbestimmungen

4.3.3.3 Kenntnis über Berichtspflichten, Vorgaben und Fristen der Gesellschaften

Zu den erweiterten Aufgaben des Beteiligungsmanagements zählt die Kenntnis formaler Kriterien, die durch die Gesellschaft einzuhalten sind. Das umfasst rechtliche und organisatorische Pflichten, die sich für die Gesellschaft aus Gesetzen, dem Gesellschaftsvertrag und Beschlüssen der Gesellschafterversammlung ergeben.

Beispielhaft ergeben sich folgende Fragestellungen:

- Wurden die Vorgaben der Kommunalverfassung für die Aufstellung des Wirtschaftsplans und des Jahresabschlusses sowie die Jahresabschlussprüfung eingehalten?
- Wurden die Vorgaben zur Aufstellung des Jahresabschlusses nach § 264 HGB beachtet?
- Wann endet die Amtszeit des Aufsichtsrats bzw. der Aufsichtsratsmitglieder?

Die Beachtung der rechtlichen und organisatorischen Pflichten ist zumeist zwar ureigenste Aufgabe der Geschäftsführung, auch das Beteiligungsmanagement sollte jedoch die wichtigsten Fristen und inhaltlichen Anforderungen kennen. Falls das Beteiligungsmanagement eine Formverletzung feststellt, sollten in der Regel die Vertreter der Gebietskörperschaft in den weiteren Unternehmensorganen darauf hingewiesen werden.

4.3.4   Küraufgaben

4.3.4.1 Beteiligungsrichtlinie

Zahlreiche kommunale Gebietskörperschaften und auch Länder manifestieren ihre Regeln einer guten Unternehmensführung sowie Kontroll- und Steuerungsaspekte für das jeweilige Beteiligungsportfolio in einem Public Corporate Governance Kodex[73]. Andere Kommunen wiederum erlassen eine Beteiligungsrichtlinie[74], wenngleich zu beobachten ist, dass einige Kommunen sowohl das eine als auch das andere haben.[75]

In vielen Fällen wird ähnlich dem Kodex auch bei einer Beteiligungsrichtlinie das Ziel formuliert, damit die Zusammenarbeit aller Akteure zu regeln oder deren Aufgaben, Rechte und Pflichten zu beschreiben. Insofern sind die Unterschiede zwischen den Public Kodizes und Beteiligungsrichtlinien zum Teil fließend. Bei den Beteiligungsrichtlinien spielen jedoch die Aufgaben, Rechte und Pflichten des Beteiligungsmanagements einschließlich der wesentlichen Prozesse der Informationsversorgung und Schnittstellen vorrangig eine Rolle, bei den Public Kodizes wird dies oft – wenn überhaupt – nur kurz skizziert. Gemeinhin werden also Beteiligungsrichtlinien sehr viel konkreter und detaillierter verfasst, was die Beschreibung und Definition einzelner Aufgaben des Beteiligungsmanagements und der Unternehmen, der konkret genutzten Instrumente des Beteiligungsmanagements oder prozessualer Vorgaben bis hin zu konkreten Fristen anbelangt.

---

[73] Siehe auch Abschn. 4.2.4.1 Corporate Governance Kodex.

[74] Alternative Begriffe wären Richtlinien bzw. Hinweise für das Beteiligungsmanagement oder Beteiligungsordnung.

[75] So haben zum Beispiel die Städte Halle an der Saale und Flensburg sowohl eine Beteiligungsrichtlinie als auch einen Corporate Governance Kodex erlassen. Während die im Flensburger Kodex formulierten Leitlinien guter Unternehmensführung in der Beteiligungsrichtlinie der Stadt Flensburg ausführlich erläutert und konkretisiert werden, stellt der Kodex der Stadt Halle eine Ergänzung zur Beteiligungsrichtlinie dar. Vgl. Flensburger Kodex, Leitlinien guter Unternehmensführung, Stand Oktober 2014, S. 2 sowie Public Corporate Governance Kodex der Stadt Halle (Saale), Stand Juni 2014, S. 5. Auch in Leipzig findet sich eine ähnliche Struktur, wo neben dem Leipziger Corporate Governance Kodex mit der „Grundvertragsvorlage" eine Sonderform einer Beteiligungsrichtlinie existiert (siehe auch Abschn. 7.3.1 Jährliches Arbeitsprogramm (Grundvertragsvorlage)).

Typischerweise enthält eine Beteiligungsrichtlinie Aussagen zu folgenden Sachverhalten:

- Geltungsbereich der Richtlinie (Darstellung, ob beispielsweise bestimmte Unternehmen etwa der zweiten oder dritten Ebene nicht Gegenstand des Beteiligungsmanagements sein sollen)
- Begriffsbestimmungen für das Beteiligungsmanagement der jeweiligen kommunalen Gebietskörperschaft
- Benennung der Akteure und Adressaten des Beteiligungsmanagements und Darstellung der jeweiligen Rechte und Pflichten, Vorgaben bzw. deren informatorische Einbindung
  - auf Ebene der kommunalen Gesellschafterin (z. B. politische Vertretungskörperschaft bzw. ein spezieller Ausschuss),
  - auf Ebene des Unternehmens (z. B. Vorgaben für Unternehmensorgane, Regelung zum Gaststatus des Beteiligungsmanagements),
  - auf externer Ebene (z. B. Jahresabschlussprüfer, Rechtsaufsichtsbehörde)
- spezifische Vorgaben zu einzelnen Steuerungsinstrumenten des Beteiligungsmanagements, zum Beispiel:
  - inhaltliche Vorgaben zum Wirtschaftsplan
  - Fristen und Formvorgaben für das unterjährige Berichtswesen
  - Standards für Zielvereinbarungen mit den Mitgliedern der Geschäftsführung
  - Musterformulierungen für Unternehmensdokumente
- Regelungen zu Formalitäten wie der Änderungszuständigkeit bezüglich der Beteiligungsrichtlinie oder zu mitgeltenden Dokumenten

Letztlich muss entsprechend der Verhältnisse vor Ort entschieden werden, welche Themenkomplexe bzw. Einzelthemen tatsächlich in eine Beteiligungsrichtlinie aufgenommen werden und in welchem Umfang Abläufe verbindlich geregelt werden. Im Vordergrund sollte die Absicht stehen, ein handhabbares Kompendium zu den wichtigsten Fragestellungen des Beteiligungsmanagements vor Ort zusammenzustellen. Empfehlenswert ist es, in der Beteiligungsrichtlinie alle Instrumente festzuschreiben, die vom Beteiligungsmanagement bereits genutzt werden oder perspektivisch genutzt werden könnten, sofern hierfür nicht ein Kodex genutzt wird, um zusätzliche Vorgaben an die Unternehmen zu transportieren.

Wie dargestellt, kann als Abgrenzung einer Beteiligungsrichtlinie zu einem Kodex der Aspekt genannt werden, dass erstere sich in der Regel eher an das Beteiligungsmanagement als solches richten. Sie sind in der Regel sehr viel operativer in ihrer Ausgestaltung einzelner Aufgaben, Rechte und Pflichten. Ein Kodex besitzt dagegen häufig eher übergeordneten bzw. abstrakteren Charakter. Ein weiterer, aber sehr wesentlicher Unterschied besteht darin, dass bei Beteiligungsrichtlinien keine und schon gar keine öffentliche Erklärung von Abweichungen bei bestimmten Vorgaben zu erfolgen hat wie das bei einem Public Kodex in der Regel der Fall ist *(comply or explain)*.

Viele Beteiligungsrichtlinien sind mittlerweile über diverse Portale oder die Website der jeweiligen Gebietskörperschaft auch öffentlich einsehbar; das muss aber nicht zwingend der Fall sein. Anders als ein Kodex muss eine Beteiligungsrichtlinie nicht unbedingt von der politischen Vertretungskörperschaft beschlossen werden; sie kann zum Beispiel im Sinne einer Dienstanweisung auch ein rein internes Dokument sein. Enthält die Beteiligungsrichtlinie Vorgaben, die für die Beteiligungsunternehmen gelten sollen, sind diese auf Unternehmensebene gesondert umzusetzen, um Bindungswirkung zu erzeugen.[76]

Die oben beschriebene Zielstellung einer Beteiligungsrichtlinie und deren Abgrenzung zu einem Kodex sind als allgemein anzusehen. In der Praxis sind gleichwohl verschiedene Ausprägungen und (Misch-)Formen zu finden. Jede Kommune muss daher jeweils für sich im Vorfeld der Erarbeitung einer Beteiligungsrichtlinie abwägen, welche Zielstellung und welche konkreten Anforderungen oder Notwendigkeiten bestehen und ob diese mit der Beteiligungsrichtlinie erfüllt werden können oder aber, ob es der Erarbeitung eines Public Kodexes oder gar von beidem bedarf.

4.3.4.2 Auswahl des Abschlussprüfers

Gemäß § 316 Abs. 1 HGB sind der Jahresabschluss und der Lagebericht nicht kleiner Kapitalgesellschaften im Sinne des § 267 Abs. 1 HGB durch einen Abschlussprüfer zu prüfen. Ohne diese Prüfung ist eine Feststellung des Jahresabschlusses nicht möglich.[77] Für per Definition kleine Kapitalgesellschaften ist im kommunalen Bereich aufgrund der Vorgaben der jeweiligen Kommunalverfassung häufig in den Gesellschaftsverträgen der Beteiligungsunternehmen geregelt, dass Jahresabschluss und Lagebericht unter entsprechender Anwendung der Vorschriften für große Kapitalgesellschaften aufzustellen und auch zu prüfen sind.[78] Insofern stehen regelmäßig die Auswahl eines Abschlussprüfers und gegebenenfalls die Festlegung von Prüfungsschwerpunkten als wichtige Aufgabe an. Der Abschlussprüfer soll jeweils vor Ablauf des zu prüfenden Wirtschaftsjahres gewählt werden; unverzüglich nach der Wahl muss der Prüfungsauftrag erteilt werden.[79]

Sowohl die Auswahl des Abschlussprüfers als auch dessen Beauftragung einschließlich einer etwaigen Festlegung von Prüfungsschwerpunkten[80] sind Aufgaben, die der Gesellschafterversammlung oder dem Aufsichtsrat obliegen. Im kommunalen Bereich wird häufig dergestalt vorgegangen, dass die Auswahl des Abschlussprüfers

---

[76] Siehe auch Abschn. 6.2.2 Rechte des Beteiligungsmanagements festschreiben.

[77] Vgl. § 316 Abs. 1 S. 2 HGB.

[78] Siehe Anlage 8.1 Übersicht Kommunalrecht.

[79] Vgl. § 318 Abs. 1 HGB.

[80] Siehe auch das nachfolgende Abschn. 4.3.4.3 Prüfungsschwerpunkte für die Jahresabschlussprüfung.

durch die Gesellschafterversammlung erfolgt, die Beauftragung indes durch den Aufsichtsrat.

Das Beteiligungsmanagement kann bzw. sollte den Auswahlprozess begleiten. In der
Praxis gibt es zwei unterschiedliche Möglichkeiten zu dessen Organisation:

- Entweder holen die Unternehmen in eigener Verantwortung Angebote ein, treffen eine
  Vorauswahl und schlagen dem zuständigen Unternehmensorgan einen bestimmten
  Abschlussprüfer zur Wahl vor
- oder das Beteiligungsmanagement ist zentral für die Auswahl zuständig und holt entsprechende Vergleichsangebote von Prüfungsgesellschaften ein.

Vorteil letzterer Vorgehensweise ist, dass sich zum einen die Prüfungsunternehmen im
Zweifel eher dem Beteiligungsmanagement bzw. der kommunalen Gebietskörper-
schaft verpflichtet fühlen; gegebenenfalls lassen sich über die Vergabe einer größeren
Anzahl von Mandaten auch finanzielle Effekte erzielen. Ferner kann eine gleichmäßige
Verteilung auf unterschiedliche Prüfungsgesellschaften hergestellt werden. Darüber
hinaus besteht für das Beteiligungsmanagement die Möglichkeit, im Interesse des
Adressatenkreises einheitliche Vorgaben für die Prüfungsberichterstattung zu machen
(z. B. ergänzende Erläuterungen im Prüfbericht zu Bilanz sowie Gewinn- und Verlustrechnung). Gerade im kommunalen Bereich hat es sich als essenziell herausgestellt, dass
die Berichterstattung des Abschlussprüfers ausreichende, auch gegebenenfalls über die
gesetzlichen Pflichten hinausgehende erläuternde Darstellungen enthält, die im Zweifel
gesondert zu beauftragen und von dem zu prüfenden Unternehmen zu bezahlen sind.
Nicht zuletzt wird dadurch auch die Tätigkeit des Beteiligungsmanagements erleichtert,
da damit detailliertere Informationen zum Zweck des Beteiligungscontrollings (Jahresabschlussanalyse) und der Mandatsbetreuung zur Verfügung stehen.[81]

Die Mitsprache bei der Auswahl des Wirtschaftsprüfers durch das Beteiligungsmanagement ist auch vor dem Hintergrund der erwünschten, gesetzlich jedoch nicht
verbindlichen Rotation der Prüfungsgesellschaften von Bedeutung. Eine Rotation
der Person des Abschlussprüfers ist bei „Unternehmen von öffentlichem Interesse"
bereits jetzt gesetzlich normiert[82], was jedoch in der Regel nicht kommunale Unternehmen betrifft. Hier sind Rotationsregelungen mittlerweile häufig im jeweiligen Public
Corporate Governance Kodex oder einer Beteiligungsrichtlinie niedergeschrieben. In
der kommunalen Praxis ist ein Turnus von fünf Jahren üblich (Ruter und Häferle o. J.,
S. 9 f.). Eine Rotation ist vor allem von dem Gedanken motiviert, keine Abhängigkeiten
oder eine „externe Betriebsblindheit" aufkommen zu lassen.

---

[81] Siehe auch Abschn. 4.5.4.3 Analyse des Jahresabschlusses.

[82] Vgl. Verordnung (EU) Nr. 537/2014 des Europäischen Parlaments und des Rates (vom
27.05.2014).

4.3.4.3 Prüfungsschwerpunkte für die Jahresabschlussprüfung

Bei kommunalen Unternehmen wird die Jahresabschlussprüfung regelmäßig im erweiterten Umfang gemäß § 53 Abs. 1 Nr. 1 und 2 HGrG durchgeführt.[83] Daneben werden jedoch mit der Beauftragung des Jahresabschlussprüfers häufig auch spezielle Prüfungsschwerpunkte vorgegeben. Beispiele dafür sind:

- Liquiditätsplanung und -überwachung
- Forderungsmanagement
- unternehmensspezifische Controllingsysteme
- Verwendung von Zuschüssen der öffentlichen Hand
- Prüfung etwaiger Berichterstattungen der Geschäftsführung, etwa zur Einhaltung eines kommunalen Corporate Governance Kodexes
- besondere unternehmensspezifische Sachverhalte

Letztlich ist die Vorgabe von Prüfungsschwerpunkten eine Angelegenheit des beauftragenden Organs. Sinnvollerweise wird dieses jedoch vom Beteiligungsmanagement unterstützt, indem es Vorschläge für Prüfungsschwerpunkte unterbreitet, zum Beispiel im Rahmen der Mandatsbetreuung.[84]

4.3.4.4 Informations- und Zustimmungskataloge

Die wesentliche Funktion eines Informations- und Zustimmungskatalogs ist die Festlegung konkreter Zuständigkeiten, Rechte und Pflichten der einzelnen Organe aus Sicht der politischen Vertretungskörperschaft bei bestimmten Geschäftsvorfällen, die bei einem Beteiligungsunternehmen anfallen. Mit „Organe" sind hier sowohl die zuständigen Gremien der kommunalen Gebietskörperschaft als auch die Unternehmensorgane gemeint. Mithilfe eines solchen Kataloges werden Informations- und Zustimmungskaskaden festgelegt, die vor oder unter Umständen nach einer Beschlussfassung im Zusammenhang mit dem jeweiligen Geschäftsvorfall zu durchlaufen sind.

Informations- und Zustimmungskataloge werden in der Regel für Eigengesellschaften in der Rechtsform der GmbH erstellt; sie werden auf Unternehmensebene durch Abbildung im Gesellschaftsvertrag bzw. den Geschäftsordnungen umgesetzt und binden die dortigen Organe. Insofern ist es zielführend, zunächst den Katalog durch Beschluss der politischen Vertretungskörperschaft festzulegen und anschließend die Dokumente (Gesellschaftsvertrag, Geschäftsordnungen) auf Unternehmensebene entsprechend anzupassen.

---

[83] Siehe Anlage 8.1 Übersicht Kommunalrecht.
[84] Siehe auch Abschn. 4.4.3.2 Vorbereitung und Begleitung von Aufsichtsratssitzungen.

Die angesprochenen und zuständigen Gremien oder auch Adressaten eines Informations- und Zustimmungskatalogs seitens der kommunalen Gebietskörperschaft sind insbesondere die politische Vertretungskörperschaft als Beratungs- und Beschlussgremium sowie gegebenenfalls weitere (beschließende) Ausschüsse (z. B. Beteiligungsausschuss). Die seitens des Beteiligungsunternehmens angesprochenen Organe sind neben der Geschäftsführung die Gesellschafterversammlung und der Aufsichtsrat, sofern dieser eingerichtet wurde, einschließlich gegebenenfalls vorhandener Ausschüsse (z. B. Finanz- und Prüfungsausschuss). Für den Fall, dass das jeweilige Beteiligungsunternehmen Tochtergesellschaften hält, können Informations- und Zustimmungsrechte sowohl auf Ebene der Organe der Muttergesellschaft als auch auf Ebene der Organe ihrer Töchter festgelegt werden.

Bei der Erstellung eines Informations- und Zustimmungskatalogs geht es nicht darum, Geschäftsvorfälle aufzunehmen, die nur der Information oder Beschlussfassung der Unternehmensorgane bedürfen. Vielmehr sollen Geschäftsvorfälle abgebildet werden, die beispielsweise auf der jeweiligen Kommunalverfassung, Hauptsatzung oder prinzipiellen Steuerungskonzepten basieren und die Einbeziehung kommunaler Gremien bedingen. Exemplarisch können folgende Geschäftsvorfälle genannt werden:

- Vorfälle im Zusammenhang mit der Errichtung und Übernahme des unmittelbaren Beteiligungsunternehmens und seiner Beteiligungen sowie wesentliche Veränderungen des Beteiligungsunternehmens (z. B. teilweise Veräußerung und Auflösung, Satzungsänderung, wesentliche Umstrukturierung, wesentliche Erweiterung)
- Angelegenheiten des unmittelbaren Beteiligungsunternehmens von besonderer Bedeutung (z. B. Abschluss und Kündigung wesentlicher Verträge oder Einleitung bzw. Erledigung von Rechtsstreitigkeiten)

Mithilfe eines Informations- und Zustimmungskatalogs kann die definitorische Ausgestaltung unbestimmter Rechtsbegriffe der Kommunalverfassung und gegebenenfalls die Definition von Wertgrenzen erfolgen.

Ausgestaltung

Im Rahmen eines Informations- und Zustimmungskatalogs können je Geschäftsvorfall verschiedene, nachfolgend aufgelistete „Rechte" verankert werden, die sodann entsprechend der festgelegten Kaskade zu durchlaufen sind (beispielhaft):

- Beschlusskompetenz zur gesellschaftsrechtlichen Wirksamkeit (in der Regel Gesellschafterversammlung)
- Zustimmungskompetenz eines „höheren" Gremiums (z. B. politische Vertretungskörperschaft) vor der endgültigen Beschlussfassung

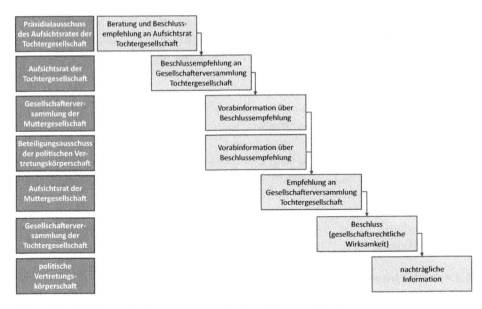

Abb. 4.15   Fallbeispiel für Regelungen eines Informations- und Zustimmungskatalogs

- Vorabinformation (d. h. vor der formalwirksamen Beschlussfassung; eine Erörterung durch das jeweilige Gremium ist nicht zwingend erforderlich, aber es besteht die Möglichkeit für gegebenenfalls inhaltliche Anregungen eines höheren Gremiums)
- Vorberatung (im Unterschied zur Vorabinformation ist hier die inhaltliche Erörterung durch das entsprechende Gremium obligatorisch und jeweils mit einem empfehlenden Votum an das beschließende Gremium verbunden)
- Informationsrecht (im Unterschied zur Vorabinformation wird hier im Regelfall im Nachhinein informiert)

Der nachfolgenden Tabelle kann exemplarisch das Durchlaufen der Informations- und Zustimmungskaskaden für folgenden Geschäftsvorfall entnommen werden: Bestellung eines Geschäftsführers in einer Tochtergesellschaft des unmittelbaren Beteiligungsunternehmens (Beschlusskompetenz bei der Gesellschafterversammlung) (Abb. 4.15).

4.3.4.5 Weitgehende Vereinheitlichung von Gesellschaftsverträgen und Geschäftsordnungen

Insbesondere bei großen Unternehmensportfolios weichen die Gesellschaftsverträge der einzelnen Beteiligungsunternehmen oft stark voneinander ab: Die Gliederung ist unterschiedlich, die Regelungsinhalte sind verschieden, die konkreten Rechte von Gesellschafterversammlung und Aufsichtsrat differieren. Während beispielsweise bei einer Gesellschaft ein kommunales Aufsichtsratsmitglied mit dem Ausscheiden aus Verwaltung oder politischer Vertretungskörperschaft automatisch sein Amt verliert, behält es bei der anderen das Mandat. Während im ersten Aufsichtsrat ein Beschluss, der nicht mit der Einladung versandt worden ist, nur dann Gültigkeit erlangt, wenn ein abwesendes Aufsichtsratsmitglied im Nachhinein zustimmt, kann im zweiten Aufsichtsrat das abwesende Mitglied dem Beschluss mit einer Frist von zwei Wochen widersprechen und hat es im dritten Aufsichtsrat gar keine nachträgliche Einflussmöglichkeit.

Der Grund für diese unterschiedlichen Regelungen liegt zumeist in der Entstehungsgeschichte der einzelnen Gesellschaften begründet und spiegelt gesetzliche oder steuerungsbezogene Weiterentwicklungen wider.

Das zeigt, dass eine Vereinheitlichung aller Gesellschaftsverträge auf Basis eines vom Beteiligungsmanagement entwickelten Musters[85] durchaus Vorteile bieten kann. Angesichts des hohen Arbeitsaufwandes und der Notarkosten für eine Satzungsänderung wird diese Aufgabe erfahrungsgemäß jedoch häufig nur dann angegangen, wenn ohnehin eine Änderung erforderlich ist, etwa weil die Kommunalverfassung nach einer Novellierung neue Anforderungen an die Gesellschaftsverträge formuliert.

4.3.4.6 DV-Unterstützung der Beteiligungsverwaltung

Um die stetig wachsenden Anforderungen an das Beteiligungsmanagement weiterhin effektiv und effizient erfüllen zu können sowie zur systematischen Verarbeitung der zunehmenden Informationsfülle empfiehlt es sich – insbesondere bei größeren Beteiligungsportfolien –, die zentrale Beteiligungsverwaltung mithilfe einer Datenbank zu unterstützen.

Die Zielstellung besteht vor allem darin, alle beteiligungsrelevanten Daten vollständig, einheitlich, übersichtlich, leicht und ohne großen Aufwand abruf und auswertbar im Beteiligungsmanagement vorzuhalten, wobei eine hohe Revisionssicherheit[86] gegeben sein sollte.

Revisionssicherheit

Zum einen gelingt dies mit einem modernen, den aktuellen gesetzlichen Anforderungen Rechnung tragenden Rechtesystem. Damit ist sichergestellt, dass alle berechtigten Personen schnell, einfach und möglichst gleichzeitig auf alle relevanten Daten zugreifen können. Konkret bedeutet ein modernes Rechtesystem für die Stammdatenverwaltung etwa, dass autorisierten Nutzern alle wichtigen Informationen zu den Unternehmen kompakt und übersichtlich zur Verfügung gestellt werden.

Zum anderen sollte mittels einer Historienfunktion gewährleistet sein, dass historische Daten nicht verloren gehen, Auswertungen zu jedem zurückliegenden Zeitpunkt möglich sind und die zum gewünschten Zeitpunkt gültigen Daten bereitgestellt werden, damit insbesondere Altvorgänge schnell und umfassend aufgearbeitet werden

---

[85] Siehe auch Abschn. 4.3.3.2 Mustergesellschaftsvertrag.

[86] Revisionssicherheit meint an dieser Stelle die Sicherstellung einer hohen Datenqualität und einer hinreichenden Prozesssicherheit.

können. Das ist auch unabdingbar, um eine automatisierte Erstellung des Beteiligungsberichts zu erreichen.[87]

Stammdatenverwaltung
Pro Unternehmen sollten die Stammdaten und darüber hinausgehende relevante
Informationen erfass- und abrufbar sein, was jedoch sehr spezielle Anforderungen an das
entsprechende Datenbankprodukt stellt.
Zu den wesentlichen Stammdaten zählen insbesondere:

- allgemeine Unternehmensinformationen (Name des Unternehmens, Sitz, Rechtsform,
  Gründungsjahr, Unternehmensgegenstand)
- Gesellschafter
- unternehmensspezifische Organe (z. B. Gesellschafterversammlung, Geschäfts-
  führung, Aufsichtsrat) und weitere Gremien (z. B. Ausschüsse, Beiräte) und deren
  personelle Besetzung
- Darstellung der Mutter-/Tochterbeziehungen inklusive Anteilen pro Beteiligungs-
  unternehmen
- Angaben über die Abschlussprüfer (Prüfungsgesellschaften)
- Angaben zum Handelsregister
- Übersicht des Unternehmensorganigramms (sofern vorhanden)

Ferner kann im Zuge der Nutzung einer Datenbank über die Hinterlegung spezifischer
auszuwählender Dokumente nachgedacht werden. Idealerweise sollte die verwendete
Datenbanklösung keinerlei Beschränkungen über die zu hinterlegenden Dokumente und
deren Gliederung in Anlehnung an ein Dokumentenmanagementsystem vorgeben. Insbesondere könnten folgende Dokumente Bestandteil der Hinterlegungsfunktion sein:

- Gesellschaftsverträge/Satzungen und Geschäftsordnungen sowie deren Änderungen
- weitere wichtige Verträge
- Genehmigungen und andere amtliche Dokumente wie Handelsregisterauszüge oder
  Notarurkunden
- Wirtschaftspläne und Jahresabschlüsse
- Prüfungsberichte
- Gesellschafterbeschlüsse und Beschlüsse der politischen Vertretungskörperschaft
- Tagesordnungen, Vorlagen sowie korrespondierende Kommentierungen des
  Beteiligungsmanagements und Sitzungsprotokolle des Überwachungsorgans[88]
- spezifische Korrespondenz

---

[87] Siehe auch Abschn. 4.3.2.5 Beteiligungsbericht.
[88] Siehe auch Abschn. 4.4.3.2 Vorbereitung und Begleitung von Aufsichtsratssitzungen.

Zur Organisation der Stammdatenverwaltung ist es erforderlich, dass das Beteiligungsmanagement zu den für die kommunalen Unternehmen vorzuhaltenden Daten einheitliche Vorgaben und Parameter definiert. Je nach Anforderungsprofil, benötigter
Funktionalität der Datenbank (z. B. Auswertungs- und Filtermöglichkeiten) und deren
Umfang kann entschieden werden, ob auf Standardsoftware (z. B. MS Excel) zurückgegriffen werden soll oder die Anschaffung eines spezialisierten IT-Tools empfehlenswert ist.

Zur Erstellung von Briefen, Serienbriefen oder E-Mails ist die Anbindung an ein
Textverarbeitungs- bzw. E-Mailprogramm hilfreich.

Handhabbarkeit der Datenbank (Softwareergonomie)

Um bei der Erhebung und Auswertung großer Datenmengen die Übersicht zu behalten,
sollte die Datenbank verschiedene Aggregationsebenen zur Selektion und Konzentration
der Daten ermöglichen. Das zeitintensive Suchen von Informationen kann dadurch auf
ein vernünftiges Maß reduziert und eine manuelle Zusammenführung vermieden werden.

Aus softwareergonomischer Sicht sinnvoll ist es, dass die Datenbank einerseits
spezielle Abfragen ermöglichen sollte (z. B. Anzahl der Aufsichtsratsmandate einer
Person im Beteiligungsportfolio) und andererseits automatisierte Terminüberwachungen
erlaubt (z. B. Erinnerung an die Beendigung des Bestellungszeitraums von Mandatsträgern). Moderne Systeme gestatten die Einrichtung vielfältiger Hinweis- und Warn-
funktionen, welche die Nutzer über wichtige anstehende Aufgaben informieren.
Die Feinabstimmung dieser Funktionen mit der konkreten Ablauforganisation des
Beteiligungsmanagements ist sehr anspruchsvoll.

Die qualitativen Anforderungen an im kommunalen Bereich eingesetzte Softwareprodukte haben sich zu Recht in den letzten Jahren stetig erhöht. Das betrifft vor allem
Aspekte der Ergonomie und der Sicherheit. Gerade die Anforderungen an die Ergonomie
von Softwareprodukten, insbesondere gemäß den internationalen Standards für Software
(geregelt in DIN EN ISO 9241), sind von großer Bedeutung.

Auswertung von Daten und Informationen

Das Beteiligungsmanagement sollte mittels der Datenbank in die Lage versetzt werden,
jederzeit einen Überblick über alle oder auch nur bestimmte Unternehmen inklusive
sämtlicher wichtiger Angaben zu geben. Vor allem sollten gezielte Abfragen und Auswertungen schnell und vollständig durchführbar sein, zum Beispiel:

- Überblick über alle Beteiligungsunternehmen einer bestimmten Rechtsform
- Darstellung aller unmittelbaren Beteiligungen mit einem Eigenanteil von 50 % oder
  mehr
- Anzeige aller Mitglieder eines bestimmten Organs oder Gremiums einer Gesellschaft,
  gegebenenfalls inklusive Kontaktadressen
- Auswertung der Mitgliedschaften der Person X in Organen und Gremien von Unternehmen

- Übersicht über die beauftragten Abschlussprüfer
- Liste der Mitglieder der Unternehmensleitung aller oder bestimmter Beteiligungs-unternehmen
- Frauenanteil der Organe (Aufsichtsrat, Geschäftsführung)

Um das kommunale Beteiligungsmanagement wirkungsvoll zu unterstützen, sollte eine Datenbanklösung ein Mindestmaß an Voraussetzungen erfüllen. Je nach Ausbau des Beteiligungsmanagements innerhalb einer kommunalen Gebietskörperschaft können auch das Beteiligungscontrolling und die Mandatsbetreuung[89] durch ein IT-Tool unter-stützt werden.

Beteiligungsbericht

Mit einer datenbankgestützten Beteiligungsverwaltung sollte die Informationsauf-bereitung für den Beteiligungsbericht maßgeblich unterstützt werden; idealerweise wird dieser aus den vorhandenen Daten automatisiert erstellt. Das bedingt, dass alle gesetzlich für den Beteiligungsbericht erforderlichen sowie gegebenenfalls ergänzende Daten und Angaben in der Datenbank vorgehalten werden können. Das System sollte in der Lage sein, die Daten entsprechend aufzubereiten und in einem ansprechenden Layout darzu-stellen. Sinnvoll ist es, wenn die Daten an ein Textverarbeitungsprogramm übergeben werden können, sodass bei Bedarf weitere Ergänzungen oder Anpassungen hinsichtlich der Darstellung vorgenommen werden können.

Der automatisierte Erstellungsprozess des Beteiligungsberichts wird mit modernen Systemen stark vereinfacht. Durch die gezielte Gestaltung der Datenbank wird zudem bereits eine für die spätere Erstellung des Berichtes sinnvolle Basis geschaffen. Damit sind später nur die Unternehmen und die in den Bericht aufzunehmenden Informations-kategorien auszuwählen und die Software erzeugt einen bearbeitbaren Berichtsentwurf.

Zudem bieten moderne Systeme sehr vielfältige Layoutmöglichkeiten. Immer stärker tritt hier auch die Anforderung eines barrierefreien Layouts des Beteiligungsberichts in den Vordergrund.[90] Das bedingt Anpassungen im Layout; so kann etwa ein mehrspaltiges Layout problematisch sein, weil manche Dokumente nicht spalten- sondern zeilenweise vorgelesen werden.

Anforderungen an Datensicherheit und Datenschutz

Sicherheit betrifft einerseits die Thematik Schutz vor Datenverlust (insbesondere Schutz vor versehentlichem Löschen von Daten) und anderseits den Schutz der Daten vor unberechtigten Zugriffen (inklusive Schutz personenbezogener Daten). Wesentliche

---

[89] Siehe auch die Abschn. 4.4 Das ABC der Mandatsbetreuung sowie Abschn. 4.5 Das ABC des Beteiligungscontrollings.
[90] Barrierefreiheit meint hier die Nutzbarkeit des Beteiligungsberichts auch für sehbehinderte Menschen.

Sicherheitsziele für Softwareprodukte zur Unterstützung des Beteiligungsmanagements sind: Sicherstellung der Vertraulichkeit, Authentizität, Integrität, Verfügbarkeit und Revisionssicherheit der erfassten, gespeicherten, übermittelten oder sonstigen verarbeiteten Dokumente und Daten in Kombination mit den erforderlichen Maßnahmen zur Gewährleistung des Datenschutzes, insbesondere nach den Vorgaben der DSGVO, des BDSG und des gegebenenfalls vorhandenen Landesdatenschutzgesetzes.

4.3.4.7 Stellung von Geschäftsführungspersonal durch das Beteiligungsmanagement

Eine GmbH muss zwingend über einen oder mehrere Geschäftsführer verfügen.[91] Es gibt folgende Situationen, in denen es häufig zu einer interimistischen Besetzung der Geschäftsführung kommt:

- Die GmbH wird gegründet, das Besetzungsverfahren ist aber noch nicht begonnen oder abgeschlossen worden bzw. die Mitglieder der Geschäftsführung stehen noch nicht zur Verfügung.
- Die bisherige Geschäftsführung scheidet unplanmäßig aus.
- Die Geschäftsführung ist über einen längeren Zeitraum nicht handlungsfähig (z. B. aufgrund krankheitsbedingter Abwesenheit).

In derartigen Fällen muss von der Gesellschafterversammlung eine Geschäftsführung bestellt und diese ins Handelsregister eingetragen werden. Mit der Gründungsgeschäftsführung werden häufig Rechtsanwälte beauftragt. In der Praxis kommt es jedoch immer wieder vor, dass ein Mitarbeiter des Beteiligungsmanagements die Interimsgeschäftsführung wahrnimmt.

Wichtig ist hierbei: Selbst wenn die Bestellung nur für einen begrenzten Zeitraum erfolgen soll, nimmt der Geschäftsführer seine Aufgaben im vollen gesetzlichen Umfang wahr. Er hat in den Angelegenheiten der Gesellschaft die Sorgfalt eines ordentlichen Geschäftsmannes anzuwenden – verletzt er seine Obliegenheiten, haftet er der Gesellschaft für den entstandenen Schaden.[92]

Ein Interimsgeschäftsführer hat jedoch die Möglichkeit, sich einen Haftungsausschluss, eine Haftungsbegrenzung oder eine Haftungshöchstgrenze einräumen zu lassen. Das geschieht in der Regel durch den Anstellungsvertrag des Geschäftsführers. Im Fall der Gründungsgeschäftsführung ist hierfür die Gesellschafterversammlung zuständig, bei sonstigen Interimsgeschäftsführungen das für die Anstellung verantwortliche Gesellschaftsorgan (Gesellschafterversammlung oder Aufsichtsrat).

Darüber hinaus kann es vorkommen, dass Mitarbeiterinnen und Mitarbeiter des Beteiligungsmanagements oder andere Verwaltungsbedienstete nebenamtlich als

---

[91] Vgl. § 6 Abs. 1 GmbHG.
[92] Vgl. § 43 Abs. 1 und 2 GmbHG.

Geschäftsführer eines Beteiligungsunternehmens bestellt sind. Das kann entweder ad hoc und befristet (etwa wenn die eigentliche Geschäftsführung unplanmäßig ausscheidet) oder geplant und dauerhaft geschehen (wenn es sich etwa um ein kleines Unternehmen mit überschaubarem Aufgabengebiet handelt oder die Gesellschaft kostengünstig abgewickelt werden soll). Während eine kurzfristige Bestellung zur Vermeidung einer Führerlosigkeit sicherlich zielführend ist und gegebenenfalls für eine dauerhafte Bestellung auch finanzielle Gründe sprechen, so ist doch zu beachten, dass – sofern die Interimsbesetzung durch einen Beschäftigten des Beteiligungsmanagements erfolgt – hieraus aufgrund der Personenidentität ein Steuerungsdefizit erwachsen kann.

4.4   Das ABC der Mandatsbetreuung

4.4.1   Aufgabenbeschreibung

Unter Mandatsbetreuung ist insbesondere die Vorbereitung von Aufsichtsratssitzungen und Aufsichtsratsentscheidungen für die Mandatsträger durch das Beteiligungsmanagement zu verstehen. Neben der Unterstützung im Vorfeld von Aufsichtsratssitzungen in Form schriftlicher Stellungnahmen oder Kommentierungen kann eine Betreuung der Mandatsträgerinnen und Mandatsträger ferner durch die Teilnahme des Beteiligungsmanagements an den Sitzungen erfolgen.

Kommunale Mandatsträger können sein:

- der Hauptverwaltungsbeamte, sonstige Mitglieder der Verwaltungsspitze sowie Mitarbeiterinnen und Mitarbeiter der Verwaltung
- Mitglieder der politischen Vertretungskörperschaft
- externe Experten, die von der politischen Vertretungskörperschaft bestimmt wurden

Unter den Begriff Mandatsbetreuung kann ferner die Organisation von Workshops und Schulungen für die Aufsichtsratsmitglieder fallen. Damit soll die fachliche Qualifikation der Mandatsträger verbessert werden; schließlich setzen die gesetzlichen Vorgaben zur Haftung von Aufsichtsratsmitgliedern eine entsprechende Eignung voraus.

4.4.2   Pflichtaufgaben

In einzelnen Bundesländern existieren rechtliche Vorgaben zur Unterstützung der Mandatsträgerinnen und Mandatsträger der kommunalen Gebietskörperschaften.[93] Dabei geht es zum Beispiel um die Beratung und Betreuung der Vertreter der kommunalen Gebiets-

---

[93] Siehe Anlage 8.1 Übersicht Kommunalrecht.

körperschaft in den Unternehmensorganen, um deren Qualifizierung bzw. Fortbildung oder um Teilnahme und Status des Beteiligungsmanagements an den Sitzungen von Aufsichtsräten. Solche Vorgaben sind jedoch nur vereinzelt vorzufinden und enthalten in der Regel keine qualitativen Aussagen darüber, wie diese Unterstützung vorzunehmen ist.

4.4.3 Ergänzungsaufgaben

4.4.3.1 Informationen für neue Aufsichtsratsmitglieder

In der Regel kommt es nach jeder Kommunalwahl zur Besetzungsänderung der Aufsichtsräte kommunaler Gesellschaften. Die neuen Aufsichtsratsmitglieder benötigen dann Informationen zur Gesellschaft, damit sie ihren Aufgaben bei der Überwachung und Beratung der Geschäftsführung nachkommen können. Dabei sollten sie zumindest über folgende wesentliche Informationen verfügen:

- Gesellschaftsvertrag
- Geschäftsordnung des Aufsichtsrats
- Geschäftsordnung für die Geschäftsführung und Geschäftsverteilungsplan
- etwaige aktuelle Zielvorgaben der Gesellschafter sowie die darauf aufbauende strategische Unternehmensplanung
- den aktuellen Wirtschaftsplan
- Übersicht über die Besetzung des Aufsichtsrats und seiner Ausschüsse

Oftmals sendet die Gesellschaft ihren Aufsichtsratsmitgliedern diese Unterlagen zu. Falls dies nicht geschieht, sollte das Beteiligungsmanagement entweder die Gesellschaft bitten, dies zu tun, oder die entsprechenden Unterlagen selbst zusammenstellen.

Darüber hinaus sollte das Beteiligungsmanagement die Chance nutzen, den Mandatsträgerinnen und Mandatsträgern zusätzliche Informationen zur Verfügung zu stellen. Das kann folgende Dokumente beinhalten:

- Informationen zur Steuerung der öffentlichen Unternehmen, die sich etwa aus einem kommunalen Corporate Governance Kodex[94] oder einer Beteiligungsrichtlinie[95] ergeben
- Übersicht über Serviceleistungen und Ansprechpartner des Beteiligungsmanagements
- etwaige Handreichung des Beteiligungsmanagements für die Mitglieder des Aufsichtsrats[96]

---

[94] Siehe auch Abschn. 4.2.4.1 Corporate Governance Kodex.
[95] Siehe auch Abschn. 4.3.4.1 Beteiligungsrichtlinie.
[96] Siehe auch Abschn. 4.4.4.1 Handreichung für Aufsichtsratsmitglieder.

4.4.3.2 Vorbereitung und Begleitung von Aufsichtsratssitzungen

Die Vorbereitung von Aufsichtsratssitzungen für die Mandatsträger meint die Sichtung, Kontrolle und Kommentierung der Aufsichtsratsvorlagen durch das Beteiligungsmanagement. Die Mandatsbetreuung ersetzt nicht die notwendige Befassung des einzelnen Aufsichtsratsmitglieds mit den versandten Beschluss- und Informationsvorlagen. Die Stellungnahmen des Beteiligungsmanagements sollen die Mandatsträger bei der Auseinandersetzung mit den unterschiedlichen Angelegenheiten der Aufsichtsratstätigkeit unterstützen, schränken jedoch nicht die persönliche Haftung des Aufsichtsratsmitglieds ein.[97]

Adressaten der Kommentierungen

Die Kommentierungen des Beteiligungsmanagements richteten sich in der Vergangenheit fast ausschließlich an den Hauptverwaltungsbeamten oder das Mitglied der Verwaltungsspitze, bei dem das Beteiligungsmanagement organisatorisch angesiedelt war. Mittlerweile haben etliche kommunale Gebietskörperschaften den Adressatenkreis der Mandatsbetreuung – auch abseits gegebenenfalls vorhandener gesetzlicher Pflichten – auf alle von ihr entsandten Aufsichtsratsmitglieder ausgeweitet. Das Beteiligungsmanagement unterstützt dann auch die ehrenamtlichen Mitglieder der politischen Vertretungskörperschaft oder von dieser eventuell bestimmte externe Experten bei ihren Überwachungs- und Steuerungsaufgaben. Die Ausweitung auf alle kommunalen Organmitglieder kann aus folgenden Gründen sehr sinnvoll sein:

- zusätzliche Sicherheit für die Meinungsbildung in der Aufsichtsratssitzung
- Unterstützung in formalen, wirtschaftlichen und rechtlichen Fragen
- Herstellen von Zusammenhängen, etwa zu Beschlusslagen der kommunalen Vertretungskörperschaft oder zu externen Entwicklungen (z. B. Gesetzesänderungen)
- Einordnung von Beschluss- oder Informationsgegenständen in das wirtschaftliche Umfeld des Unternehmens (Marktlage, Wettbewerbssituation)
- Reduzierung von Informationsasymmetrien zwischen den einzelnen Aufsichtsratsmitgliedern
- Kanalisierung zusätzlicher Informationsbedürfnisse der Mandatsträgerinnen und Mandatsträger (Beteiligungsmanagement als kompetenter Ansprechpartner)

---

[97] Maßgeblich für die Haftung von Aufsichtsratsmitgliedern ist § 116 AktG, der seinerseits auf § 93 AktG, Sorgfaltspflicht und Verantwortlichkeit der Vorstandsmitglieder, verweist. Eine Haftung eines Aufsichtsratsmitglieds kommt dann in Betracht, wenn selbiges seine Pflichten (insbesondere Überwachungspflichten) schuldhaft (Fahrlässigkeit, Vorsatz) verletzt und hieraus ein Schaden entsteht. Als Besonderheit stellt sich die Beweislastumkehr dar: Nicht die Gesellschaft muss die schuldhafte Pflichtverletzung als Ursache des Schadens nachweisen, vielmehr muss das Aufsichtsratsmitglied nachweisen, dass es seinen Pflichten entsprechend der Sorgfalt eines ordentlichen und gewissenhaften Aufsichtsratsmitglieds nachgekommen ist.

- insbesondere für externe Aufsichtsratsmitglieder: Vermittlung von Zielstellungen der kommunalen Gebietskörperschaft für ihre Gesellschaft und zusätzliche Informationen über die kommunale Willensbildung (z. B. Fachkonzepte)

PRAXISTIPP: Differenzierung bei der Kommentierung?

Wenn eine Mandatsbetreuung für alle kommunalen Aufsichtsratsmitglieder implementiert werden soll, stellen sich zwei Fragen:

- Soll es eine einheitliche Mandatsbetreuung für Verwaltung, Politik und Externe geben?
  Das ist mit einem klaren Ja zu beantworten, allein schon, um Diskussionen über eine „Zwei-Klassen-Mandatsbetreuung" vorzubeugen.
- Falls es zuvor bereits eine Mandatsbetreuung für Mitglieder der Verwaltungsspitze gab, reicht es dann aus, diese einfach einem größeren Adressatenkreis zur Verfügung zu stellen?
  Hier lautet die Antwort: Nein. Inhalte und Qualität der Mandatsbetreuung müssen sich ändern. Die bisherigen verwaltungsinternen Adressaten verfügen in der Regel über mehr Hintergrund- und Detailinformationen aus den Unternehmen als die übrigen Aufsichtsratsmitglieder. Die Mandatsbetreuung wird damit zu einem Instrument zum Erreichen eines einheitlichen Gesellschafterwillens.

Inhalt der Kommentierung

Die Kommentierung wird durch das Beteiligungsmanagement erstellt. Voraussetzung ist, dass das Beteiligungsmanagement sämtliche Unterlagen (Einberufung, Berichte, Beschluss- und Informationsvorlagen) mindestens zeitgleich mit den Aufsichtsratsmitgliedern erhält.

PRAXISTIPP: Regelung im Gesellschaftsvertrag

Zur Durchführung der Mandatsbetreuung ist es unerlässlich, dass die Vorlagen und Berichte der Geschäftsführung einerseits aussagekräftig sind, andererseits aber auch, dass diese Informationen das Beteiligungsmanagement rechtzeitig erreichen. Dazu bedarf es idealerweise einer Regelung in den Gesellschaftsverträgen der Unternehmen; festzulegen ist beispielsweise die Versendung der Aufsichtsratsunterlagen an das Beteiligungsmanagement mindestens parallel zur Versendung an die Aufsichtsratsmitglieder. Zudem kann der Umfang der Berichterstattung festgeschrieben werden, indem etwa auf der entsprechenden Geltung des § 90 AktG auch für Unternehmen mit fakultativem Aufsichtsrat bestanden wird.

Die Unterlagen sind vom Beteiligungsmanagement unter zwei Gesichtspunkten zu prüfen: einerseits hinsichtlich der Einhaltung von Form- und Fristerfordernissen, andererseits inhaltlich.

Erster Schwerpunkt: Einhaltung von Form und Frist
Das Beteiligungsmanagement weist die Mandatsträger insbesondere auf formale Fehler der Einberufung hin und macht Vorschläge zum Umgang damit. Die Einberufung der Aufsichtsratssitzung ist auf folgende Sachverhalte zu prüfen:

- **Ladungsfrist:** Es ist zu prüfen, ob die Einladung und alle notwendigen Unterlagen rechtzeitig und vollständig entsprechend der im Gesellschaftsvertrag oder in der Geschäftsordnung des Aufsichtsrats vorgegebenen Frist und Form zugegangen sind. Falls dies nicht rechtzeitig erfolgt ist oder nach den Regularien unzulässige Nachsendungen geliefert wurden, ist darauf hinzuweisen und abzuwägen, ob aus Sicht des Beteiligungsmanagements die Vorbereitungszeit des Aufsichtsrats für eine Entscheidung ausreichend ist.
- **Vollständigkeit der Tagesordnung:** Gemäß den Vorgaben aus Gesetzen, Gesellschaftsvertrag sowie den Geschäftsordnungen des Aufsichtsrats und der Geschäftsführung muss sich der Aufsichtsrat mit bestimmten Themen befassen bzw. müssen ihm bestimmte Berichte und Angelegenheiten vorgelegt werden. Vor diesem Hintergrund ist auf die Vollständigkeit der Tagesordnungspunkte zu achten und zu analysieren, ob wichtige wiederkehrende oder Fristen unterliegende Punkte wie Wirtschaftsplan, Jahresabschluss oder Beauftragung des Abschlussprüfers rechtzeitig auf der Tagesordnung stehen.
- **Protokollkontrolle:**[98] Jedes Protokoll wird überprüft. Dabei sind formale Mängel, auch unter Berücksichtigung des Gesellschaftsvertrages oder der Geschäftsordnung, zu kommentieren. Das beinhaltet die Prüfung, ob Inhalte, Beschlüsse oder Gegenstände der Verhandlung korrekt wiedergegeben sind, was jedoch bedingt, dass das Beteiligungsmanagement an der Aufsichtsratssitzung teilnimmt.[99]
- **Beschlusskontrolle:** Zu überprüfen ist ferner, ob bestimmte Beschlüsse des Aufsichtsrats umgesetzt worden sind, insbesondere Vorgaben an die Geschäftsführung zu Berichterstattungen oder Zustimmungspflichten. Offene Punkte sollten gesondert

---

[98] Eine rechtliche Verpflichtung zur Aufstellung einer Niederschrift über die Aufsichtsratssitzung besteht nur nach dem Mitbestimmungsgesetz und Drittelbeteiligungsgesetz: Anders als § 52 Abs. 1 GmbH-Gesetz verweisen beide Gesetze auf § 107 Abs. 2 AktG, nach dem zwingend eine Niederschrift über Sitzungen des Aufsichtsrats anzufertigen ist (§ 25 Abs. 1 Nr. 2 MitbestG, § 1 Abs. 1 Nr. 3 DrittelBG). Regelmäßig sehen jedoch die Gesellschaftsverträge kommunaler Gesellschafter die Anfertigung eines Protokolls über die Aufsichtsratssitzungen vor, um Diskussionen und Beschlüsse des Aufsichtsrats zu dokumentieren.

[99] Siehe auch Abschn. 4.4.3.3 Teilnahme des Beteiligungsmanagements an Sitzungen.

vermerkt werden. Das Beteiligungsmanagement kann jedoch keine vollständige Umsetzungskontrolle aller Beschlüsse des Aufsichtsrats leisten.

PRAXISTIPP: Vorgaben für Sitzungsniederschriften in Gesellschaftsvertrag oder Geschäftsordnung

Das Protokoll einer Sitzung hat eine wichtige Dokumentations- und Beweisfunktion. Es sollte allen Aufsichtsratsmitgliedern übersandt und in der folgenden Aufsichtsratssitzung bestätigt werden. Das Protokoll sollte den Ort, das Datum und die Zeit der Sitzung sowie die Teilnehmer und Gegenstände der Tagesordnung beinhalten. Die Beschlüsse sind im Wortlaut wiederzugeben. Zu wesentlichen Inhalten der Verhandlungen des Aufsichtsrats sind Aussagen aufzunehmen. Dabei ist die Anfertigung eines Wortprotokolls nicht notwendig; ein reines Ergebnisprotokoll wäre jedoch zu wenig. Das Protokoll sollte daher eine „gesunde Mischung" beider Formen darstellen. Von einzelnen Aufsichtsratsmitgliedern explizit wörtlich zu Protokoll gegebene Aussagen sollten als solche in die Niederschrift aufgenommen werden. Die Sitzungsprotokolle sind vom Sitzungsleiter (in der Regel dem Aufsichtsratsvorsitzenden) sowie gegebenenfalls vom Protokollführer zu unterzeichnen. Empfehlenswert ist, auch über Umlaufbeschlüsse – also über die nicht in Sitzungen gefassten Aufsichtsratsbeschlüsse – Niederschriften zu fertigen, die vom Aufsichtsratsvorsitzenden unterzeichnet werden.

Zweiter Schwerpunkt: Prüfung der Vorlagen und Berichte

Das Beteiligungsmanagement soll den kommunalen Aufsichtsratsmitgliedern die Sicherheit geben, dass die Vorlagen aussagekräftig, plausibel und vollständig sind (etwa in Bezug auf die wirtschaftlichen Auswirkungen und untersuchte Alternativen) und ob sie in Übereinstimmung mit den rechtlichen Bestimmungen und kommunalen Vorgaben stehen.

Es hat sich daher intensiv mit den Unterlagen zu den einzelnen Tagesordnungspunkten auseinanderzusetzen. Die Vorlagen werden gesichtet, analysiert und gegebenenfalls kommentiert. Im Ergebnis liegt für jeden relevanten Tagesordnungspunkt eine Kommentierung vor, bei der folgende Gesichtspunkte berücksichtigt werden:

- **Zuständigkeit bei Beschlussvorlagen:** Die Vorlage ist neben inhaltlichen auch auf den formalen Aspekt der Zuständigkeit hin zu überprüfen. Dabei ist zu klären, ob die Beschlusszuständigkeit nach den Vorgaben von Gesetzen, Gesellschaftsvertrag oder Geschäftsordnung überhaupt beim Aufsichtsrat liegt. So kann es etwa sein, dass die

Geschäftsführung eine riskante Maßnahme, die in ihrer alleinigen Verantwortung liegt, durch den Aufsichtsrat bestätigen lässt und somit Haftungsrisiken überträgt.

- **Inhaltliche Aussagekraft:** Die wesentliche Frage für das Beteiligungsmanagement ist, ob sich der Aufsichtsrat auf Basis der versandten Vorlage eine Meinung bilden kann. Um sich dem zu nähern, stehen inhaltliche Prüfthemen im Mittelpunkt: Ist die Vorlage plausibel bzw. wird ausreichend und nachvollziehbar berichtet? Werden die inhaltlichen Anforderungen erfüllt? Wird die Ausgangslage korrekt dargestellt?
  - Zusätzlich bei Beschlussvorlagen: Werden Beschlussvorschläge ausreichend begründet? Wird ausreichend auf etwaige Risiken eingegangen? Werden Alternativen dargestellt?
  - Falls es um Investitionen geht: Wurde die Beschlussvorlage auf Basis einer aussagekräftigen Wirtschaftlichkeitsberechnung erstellt?
- **Formulierung von Beschlussvorschlägen:** Das Beteiligungsmanagement sollte ferner prüfen, ob die formulierten Beschlussvorschläge inhaltlich und formal korrekt sind. So ist etwa darauf zu achten, dass der Bericht des Aufsichtsrats über die Prüfung des Jahresabschlusses tatsächlich auch beschlossen wird. Andernfalls wären negative Folgen bei der regelmäßigen Entlastung des Aufsichtsrats zu befürchten.[100]
- **Unternehmensinteresse und Kompatibilität mit den Vorgaben der kommunalen Gebietskörperschaft:** Das Beteiligungsmanagement muss abschätzen, ob der Beschlussvorschlag im Unternehmensinteresse liegt. Das ergibt sich vor allem durch eindeutige Vorgaben der Gesellschafter (z. B. durch Satzungsbestimmungen, Zielvorgaben oder sonstige Beschlüsse). Insbesondere sofern es mehrere Gesellschafter gibt, kann es sein, dass der Beschlussvorschlag einer inhaltlichen Vorgabe der kommunalen Gebietskörperschaft widerspricht. Hierauf muss das Beteiligungsmanagement im Rahmen der Mandatsbetreuung hinweisen. Sollte der Beschlussvorschlag gleichwohl im Unternehmensinteresse liegen, muss das Beteiligungsmanagement den Mandatsträger ebenfalls darauf aufmerksam machen.
- **Umlaufbeschlüsse:** Die Zulässigkeit und der Umgang mit Umlaufbeschlüssen ergibt sich aus dem Gesetz, gegebenenfalls auch Konkretisierungen im Gesellschaftsvertrag oder der Geschäftsordnung des Aufsichtsrats. In der Praxis findet sich oft die Regelung, dass zum einen jedes Aufsichtsratsmitglied dem Umlaufverfahren zustimmen muss und zum anderen sein Votum zum Beschlussvorschlag abgeben kann. Widerspricht im Umlaufverfahren nur ein Mitglied der Beschlussfassung, ist diese damit gescheitert. Umlaufbeschlüsse sollten immer die Ausnahme sein, sind aber in bestimmten Situationen zu vermeiden.

---

[100]Vgl. § 171 Abs. 2 AktG i. V. m. BGH, Urteil vom 21.06.2010, II ZR 24/09.

PRAXISTIPP: Rückfragen des Beteiligungsmanagements vor dem Hintergrund der Haftung des Aufsichtsrats

Übersicht

Für die Mitglieder des Aufsichtsrats sind aus rechtlicher Sicht und unter Haftungs-gesichtspunkten einzig die von der Geschäftsführung versandten Vorlagen und in der Sitzung gestellte und protokollierte Rückfragen sowie deren Beantwortung relevant, wenn es im Zweifelsfall zu einer möglichen Haftungssituation kommen sollte.

Das Beteiligungsmanagement hat dies bei der Mandatsbetreuung zu berück-sichtigen. Das heißt bei unklaren Formulierungen oder fehlenden Sachver-halten kann bzw. sollte das Beteiligungsmanagement gesonderte Informationen bei der Gesellschaft einholen. Selbst wenn die Kommentierung mit den hierbei gewonnenen Informationen angereichert wird, kann es für das betroffene Auf-sichtsratsmitglied nötig sein, die Informationen in der Aufsichtsratssitzung von der Geschäftsführung selbst einzuholen. Den Aufsichtsratsmitgliedern sollte in der Kommentierung klar gezeigt werden, welche Informationen oder Abwägungen zur Entscheidungsfindung noch fehlen. Des Weiteren sollten Empfehlungen für zu stellende Fragen formuliert werden.

Fristen

Unter prozessualen Gesichtspunkten sind Fristen eine wesentliche Determinante der Kommentierung des Beteiligungsmanagements. Zu unterscheiden sind:

- Wie oben beschrieben die Fristen des Zugangs der Unterlagen beim Beteiligungs-management. Diesem können unter Umständen bestimmte Unterlagen auch bereits vor den Aufsichtsratsmitgliedern vorliegen (z. B. Wirtschaftsplan, Jahresabschluss).
- Fristen innerhalb des Beteiligungsmanagements: Gemeint ist insbesondere die Frist, bis wann die Kommentierung an die jeweiligen Adressaten versandt werden muss. Den Adressaten sollte es möglich sein, sich neben den Aufsichtsratsunterlagen auch mit der Kommentierung des Beteiligungsmanagements ausreichend befassen zu können.

PRAXISTIPP: Versandfristen

Übersicht

Wir empfehlen, in den Unternehmensdokumenten eine Versandfrist für die Unter-lagen festzulegen, die einen Zugang mindestens 14 Tage vor der jeweiligen Sitzung regelt.

Die Kommentierung des Beteiligungsmanagements sollte in diesem Fall eine Woche vor der Sitzung bei den Aufsichtsratsmitgliedern eingehen. Idealerweise steht den Mitgliedern des Aufsichtsrats für ihre Vorbereitung mindestens ein Wochenende zur Verfügung.

Information der Geschäftsführung

Eine im Zuge der Erstellung der Kommentierung aufkommende Frage ist, ob und inwieweit die Geschäftsführung des betroffenen Unternehmens über deren Inhalte vorab informiert wird, also bevor das Beteiligungsmanagement die Kommentierung an die eigentlichen Adressaten versendet. Vorteil einer solchen Vorgehensweise ist es, mögliche Missverständnisse aufseiten des Beteiligungsmanagements auszuräumen. Dagegen besteht jedoch auch immer die Gefahr, dass die Geschäftsführung den Versuch unternimmt, die Kommentierung „weichzuspülen", also kritische Anmerkungen zu entfernen oder vorteilhafte Argumente hervorzuheben. Ob eine Vorabinformation erfolgt, sollte im Ermessen des Beteiligungsmanagements liegen, gegebenenfalls nach Rücksprache mit der Verwaltungsspitze.

Als weitere Frage ergibt sich, ob und inwieweit die fertige Kommentierung des Beteiligungsmanagements parallel zur Versendung an die Aufsichtsratsmitglieder der Geschäftsführung in Kopie übermittelt wird. Dies kann auch in Teilen erfolgen. So sollten Kommentierungen zu Vorlagen, die die Geschäftsführung persönlich betreffen (z. B. Be- und Anstellung), immer von der Übersendung ausgenommen werden. Ein Vorteil kann sein, dass sich die Geschäftsführung auf vom Beteiligungsmanagement aufgeworfene Fragen und Anmerkungen vorbereitet und dadurch die Effizienz der Sitzungen verbessert wird. Ein möglicher Nachteil liegt darin, dass die Geschäftsführung insbesondere bei kritischen Kommentierungen den gewonnenen Informationsvorsprung nutzt, um eigene Interessen zu verfolgen.

4.4.3.3 Teilnahme des Beteiligungsmanagements an Sitzungen

Im Folgenden wird unterschieden zwischen

- der Teilnahme des Beteiligungsmanagements an Aufsichtsratssitzungen und
- seiner Teilnahme an Vorbesprechungen.

Teilnahme an Sitzungen des Aufsichtsrats und seiner Ausschüsse

Um eine effiziente und effektive Mandatsbetreuung zu gewährleisten, ist die Teilnahme einer Vertreterin bzw. eines Vertreters des Beteiligungsmanagements an den Aufsichtsrats- und Ausschusssitzungen sehr zu empfehlen. Aus der Kenntnis der schriftlichen Vorlagen und dem späteren Protokoll allein lässt sich der Diskussionsverlauf in der Sitzung nicht immer ausreichend ableiten. Nur bei einer Teilnahme des Beteiligungsmanagements an der Sitzung können Aufgaben wie Protokollprüfung und

Beschlusskontrolle wirksam erledigt werden. Die Teilnahme ist zudem hilfreich, um die Aufsichtsratsmitglieder mit ihrem Erfahrungshintergrund und ihren Informationsbedürfnissen besser einschätzen zu können, Kontakt zur Geschäftsführung zu halten und nicht zuletzt das Unternehmen und seine Leistungserbringung besser kennenzulernen.

Für die kommunalen Mandatsträgerinnen und Mandatsträger hat die Teilnahme des Beteiligungsmanagements an den Sitzungen zwei Vorteile: Zum einen wird die Mandatsbetreuung aus den oben erwähnten Gründen besser, da auf individuelle Bedürfnisse der Aufsichtsratsmitglieder eingegangen werden kann. Zum anderen kann das Beteiligungsmanagement in der Sitzung bei Bedarf mündliche Einschätzungen zu verschiedenen Themen abgeben, wenn etwa formale Fragen zu Abstimmungsmodalitäten oder zum Verhalten bei Interessenkonflikten von Aufsichtsratsmitgliedern zu beantworten sind.

Der Status des Beteiligungsmanagements in den Sitzungen stellt sich üblicherweise wie folgt dar: Es nimmt als Gast teil, es sei denn, der Aufsichtsrat oder der Ausschuss beschließt im Einzelfall Gegenteiliges. Wie alle anderen Gäste auch melden sich die Mitarbeiterin bzw. der Mitarbeiter des Beteiligungsmanagements in der Regel nicht zu Wort; sie antworten nur dann, wenn sie von der Sitzungsleitung darum gebeten werden. Je nach Gepflogenheiten im Organ kann es in der Praxis auch vorkommen, dass das Beteiligungsmanagement eine deutlich aktivere Rolle einnimmt und in die Diskussionen eingebunden wird.

So wünschenswert die Teilnahme des Beteiligungsmanagements an Aufsichtsratssitzungen auch sei, ist sie rechtlich nicht immer problemlos zu realisieren: § 109 Abs. 1 AktG beschränkt den Kreis der Teilnehmer an Sitzungen von Aufsichtsräten und Ausschüssen auf die Mitglieder des Aufsichtsrats und die Geschäftsführung: „An den Sitzungen des Aufsichtsrats und seiner Ausschüsse sollen Personen, die weder dem Aufsichtsrat noch dem Vorstand angehören, nicht teilnehmen. Sachverständige und Auskunftspersonen können zur Beratung über einzelne Gegenstände zugezogen werden." Diese Vorschrift gilt zwingend für alle pflichtmitbestimmten Aufsichtsräte.[101]

„Ständige Gäste" gibt es demnach im obligatorischen Aufsichtsrat nicht. Zwar können gemäß § 109 Abs. 1 Satz 2 AktG Sachverständige und Auskunftspersonen zur Beratung einzelner Gegenstände hinzugezogen werden. Das ist jedoch nur möglich, indem zu Beginn der Sitzung der Gaststatus durch Beschluss des Aufsichtsrats bestätigt wurde, wenn auch formal nur zu ausgewählten Tagesordnungspunkten. Vielfach wird jedoch so verfahren, dass der Aufsichtsrat der Teilnahme des Beteiligungsmanagements für die gesamte Sitzung zustimmt.

Für den fakultativen Aufsichtsrat stellt sich die Rechtslage anders dar.[102] Ist im Gesellschaftsvertrag die Teilnahme von Gästen nicht geregelt, muss der Aufsichtsrat diese ebenfalls beschließen. Der Gesellschaftsvertrag kann für den fakultativen Aufsichtsrat aber auch generell bestimmte Gäste zulassen, so etwa die mit dem Beteiligungsmanagement der Gesellschafter befassten Personen.

---

[101] Durch Verweis von § 25 Abs. 1 Nr. 2 MitbestG bzw. § 1 Abs. 1 Nr. 3 DrittelbG auf § 109 AktG.

[102] Ein Verweis auf § 109 AktG ist in § 52 Abs. 1 GmbHG nicht enthalten.

PRAXISTIPP: Musterformulierung für die Sitzungsteilnahme im Gesellschaftsvertrag

Über die Zulassung von Sachverständigen und Auskunftspersonen zu einzelnen Sitzungen oder einzelnen Sitzungsgegenständen des Aufsichtsrats entscheiden die anwesenden Aufsichtsratsmitglieder. Vertreter des Beteiligungsmanagements dürfen als Gast an allen Sitzungen des Aufsichtsrats teilnehmen, ohne dass es eines jeweils gesonderten Beschlusses bedarf. Der Aufsichtsrat kann im Ausnahmefall Abweichendes beschließen.

Teilnahme des Beteiligungsmanagements an Vorbesprechungen
In der Praxis gibt es neben den Sitzungen des Aufsichtsrats und seiner Ausschüsse unterschiedliche Vorbesprechungen, an denen eine Teilnahme des Beteiligungsmanagements zielführend ist:

- Gespräche des Aufsichtsratsvorsitzenden mit der Geschäftsführung zur Vorbereitung der Aufsichtsratssitzung: In diese Gespräche kann das Beteiligungsmanagement frühzeitig seine inhaltlichen Anforderungen an die Tagesordnung und die Sitzungsvorlagen einbringen.
- Vorgespräche der kommunalen Aufsichtsratsmitglieder: Diese werden insbesondere bei Gesellschaften mit mehreren Gesellschaftern sowie bei mitbestimmten Unternehmen geführt, da hier in der Regel großes Interesse daran besteht, dass die kommunalen Mitglieder im Aufsichtsrat einheitlich den Willen der kommunalen Gebietskörperschaft umsetzen.[103] Bei den Vorgesprächen der Aufsichtsratsmitglieder kann das Beteiligungsmanagement Erläuterungen zu seinen Kommentierungen im Rahmen der Mandatsbetreuung abgeben, Fragen beantworten und Themen aufnehmen, die für die kommunalen Aufsichtsratsmitglieder wichtig sind.

Selbstverständlich sollte unabhängig von Vorbesprechungen – oder gerade wenn diese nicht üblich sind – das Beteiligungsmanagement die Rolle eines ständigen Ansprechpartners einnehmen.

4.4.3.4 Schulungen für kommunale Aufsichtsratsmitglieder
Einige Kommunalverfassungen verlangen, dass die kommunale Gebietskörperschaft ihren Vertreterinnen und Vertretern in den Organen kommunaler Unternehmen regelmäßig Fortbildungsmöglichkeiten anbietet.[104] Auch wenn eine derartige Forderung

---

[103] Bei mitbestimmten Unternehmen sind auch gesonderte Vorbesprechungen der Arbeitnehmerseite im Aufsichtsrat üblich.

[104] Siehe Anlage 8.1 Übersicht Kommunalrecht.

nicht normiert ist, erscheint es durchaus sinnvoll, dass das Beteiligungsmanagement entsprechende Schulungsmaßnahmen organisiert, um den ehrenamtlichen Organmitgliedern – insbesondere neu ins Mandat gekommenen Personen – das nötige Rüstzeug für die Mandatswahrnehmung zu vermitteln.

Folgende Themen können Gegenstand derartiger Schulungen sein:

- Regelungen der jeweiligen Kommunalverfassung für die wirtschaftliche Betätigung der kommunalen Gebietskörperschaft
- Rechtsformen kommunaler Unternehmen
- örtliche Grundlagen der Beteiligungssteuerung und des Beteiligungsmanagements (z. B. Hauptsatzung) einschließlich vorhandener Instrumente der Beteiligungssteuerung (z. B. Beteiligungsrichtlinie[105], Corporate Governance Kodex[106])
- Instrumente des Beteiligungscontrollings vor Ort (z. B. unterjähriges Berichtswesen)
- Rechte und Pflichten der Mitglieder des Aufsichtsrats einer kommunalen GmbH (z. B. Grundlagen des Aufsichtsrats der GmbH, persönliche Voraussetzungen für die Tätigkeit im Aufsichtsrat, Organisation des Aufsichtsrats, Rechte der Mitglieder des Aufsichtsrats, Pflichten, Haftungsfragen)[107]
- betriebswirtschaftliche Grundlagen (z. B. Rechnungswesen, Wirtschaftsplanung, Jahresabschluss, Kennzahlen)
- Risikofrüherkennung und Risikomanagement in Unternehmen
- Compliance in kommunalen Beteiligungen
- Funktionsweise der Internen Revision
- Grundlagen für Investitionsentscheidungen und deren Wirtschaftlichkeit
- Grundlagen und Entwicklungstrends in Branchen kommunaler Unternehmen

Für die Organisation solcher Veranstaltungen gibt es mehrere Möglichkeiten:

1. Einzelne Gesellschaften können für ihre Aufsichtsratsmitglieder Schulungen durchführen; in diesem Fall hat das Beteiligungsmanagement kaum Einfluss auf die Inhalte der Veranstaltungen. Allerdings sind hiermit auch Vorteile verbunden: Beispielsweise kann während der Schulung ein Austausch über Aufsichtsratsinterna stattfinden, die Kosten liegen beim Unternehmen und die Ausrichtung kann eher unternehmensspezifisch sein.
2. Das Beteiligungsmanagement organisiert für alle von der Gebietskörperschaft bestimmten Aufsichtsratsmitglieder entsprechende Veranstaltungen und bedient sich dabei externer Referenten, z. B. eines Rechtsanwalts für rechtliche Fragen oder eines

---

[105] Siehe auch Abschn. 4.3.4.1 Beteiligungsrichtlinie.

[106] Siehe auch Abschn. 4.2.4.1 Corporate Governance Kodex.

[107] Erfahrungsgemäß interessieren die Mandatsträger insbesondere Haftungsfragen.

Wirtschaftsprüfers für betriebswirtschaftliche Themen. Vorteil dieser Vorgehensweise ist die nachgewiesene Expertise der Referenten und die Möglichkeit der Schulung aller kommunalen Organmitglieder, nicht nur von ausgewählten Unternehmen. Ein Nachteil kann sein, dass die Externen meist relativ weit von den kommunalen Gegebenheiten entfernt sind und für ihre Vorträge entsprechende Kosten anfallen.

3. Mitarbeiterinnen und Mitarbeiter des Beteiligungsmanagements referieren selbst. Vorteil dieser Vorgehensweise ist die Verfügbarkeit der Referenten für die Schulungsteilnehmer, falls sich später Rückfragen ergeben sollten. Die Eigendurchführung setzt jedoch einerseits ausreichende Expertise und personelle Kapazitäten voraus, andererseits ist ein entsprechendes „Standing" des Beteiligungsmanagements in Verwaltung und Politik notwendig.

4.4.4 Küraufgaben

4.4.4.1 Handreichung für Aufsichtsratsmitglieder

In der Praxis gibt es immer wieder Detailfragen aus der Politik zu den Rechten und Pflichten von Aufsichtsratsmitgliedern, die das Beteiligungsmanagement beantworten muss. Hilfreich insbesondere für neue Mandatsträgerinnen und Mandatsträger ist es, wenn sie neben etwaigen Schulungen auch eine Handreichung erhalten können, in der die wichtigsten Themen und Fragestellungen der Aufsichtsrattätigkeit beschrieben werden. Die klassische Aufsichtsratsliteratur hilft hier nur bedingt weiter, da für kommunale Aufsichtsräte besondere Vorschriften gelten,[108] die Inhalte der Kommunalverfassungen von Bundesland zu Bundesland variieren und vor Ort teils besondere Vorgaben gelten (z. B. eine Beteiligungsrichtlinie[109] oder ein Corporate Governance Kodex[110]). Zudem sieht sich das Aufsichtsratsmitglied mit einer Fülle von Gesetzen, Kommentierungen, Urteilen und Sekundärliteratur konfrontiert, die mehr Verwirrung als Klarheit erzeugen. Für den juristisch nicht vorgebildeten Aufsichtsrat ist es sehr anstrengend und kaum zumutbar, sich darin zurechtzufinden.

In der kommunalen Praxis haben mehrere Städte für diesen Fall kurze und übersichtliche Handreichungen zusammengestellt, um – insbesondere neuen – Mandatsträgerinnen und Mandatsträgern notwendiges Grundlagenwissen zu vermitteln.

Falls genügend Arbeitskapazitäten und Know-how beim Beteiligungsmanagement vorhanden sind, kann auch ein spezielles und umfangreicheres Handbuch für kommunale Aufsichtsratsmitglieder erstellt werden. Dieses sollte den Mitgliedern der politischen Vertretungskörperschaft zu Beginn der Mandatsübernahme überreicht werden. Solche

---

[108] Siehe z. B. §§ 394, 395 AktG mit Sondervorschriften bei Beteiligung von Gebietskörperschaften.

[109] Siehe auch Abschn. 4.3.4.1 Beteiligungsrichtlinie.

[110] Siehe auch Abschn. 4.2.4.1 Corporate Governance Kodex.

vom Beteiligungsmanagement erarbeiteten Aufsichtsratshandbücher gibt es beispielsweise in Frankfurt am Main, Leipzig und Nürnberg.

PRAXISTIPP: Gliederung des Leipziger Aufsichtsratshandbuchs

1	**Einleitung**
1.1	Ziel des Handbuches
1.2	Kommunalrechtliche Vorgaben für die wirtschaftliche Betätigung der Gebietskörperschaft
1.3	Corporate Governance Kodex
2	**Die Gesellschaft mit beschränkter Haftung**
2.1	Rechtliche Grundlagen der GmbH
2.2	Organe der GmbH
2.2.1	Gesellschafterversammlung
2.2.2	Geschäftsführung
2.2.3	Aufsichtsrat
2.3	Unternehmensinteresse versus Gesellschafterinteresse?
3	**Aufgaben des Aufsichtsrats**
3.1	Überwachung und Beratung der Geschäftsführung
3.2	Sicherstellung der Abschlussprüfung
3.3	Bestellung und Anstellung der Geschäftsführer
3.4	Vertretung der Gesellschaft gegenüber der Geschäftsführung
4	**Besetzung des Aufsichtsrats**
4.1	Bestellung und Abberufung der Aufsichtsratsmitglieder
4.2	Größe des Aufsichtsrats
4.3	Amtszeit des Aufsichtsrats und seiner Mitglieder
4.4	Persönliche Voraussetzungen und notwendige Sachkunde der Mitglieder im Aufsichtsrat
4.5	Stellvertreter und Ersatzmitglieder
5	**Organisation des Aufsichtsrats**
5.1	Vorsitzender des Aufsichtsrats
5.2	Einberufung und Sitzungsfrequenz
5.3	Sitzungsablauf und Beschlussfassungen
5.4	Verstöße gegen Form- und Fristerfordernisse
5.5	Protokoll
5.6	Gäste des Aufsichtsrats
5.7	Ausschüsse des Aufsichtsrats
5.8	Umgang mit Aufsichtsratsunterlagen nach Beendigung des Mandats

Handbücher für kommunale Aufsichtsratsmitglieder, die nicht vonseiten der Kommune herausgegeben werden, bilden unter Umständen die Gegebenheiten vor Ort nicht hinreichend ab – sowohl bezüglich der Kommunalverfassung des Bundeslandes als auch des jeweiligen Beteiligungsmanagements und der Beteiligungssteuerung.

4.4.4.2 Elektronisches Gremienportal

Unter einem „Elektronischen Gremienportal" ist eine Plattform mit Onlinezugriff zu verstehen, über die insbesondere Mandatsträgerinnen und Mandatsträgern Informationen zur Verfügung gestellt werden können. Hierbei handelt es sich in der Praxis zumeist um Aufsichtsratsunterlagen der Unternehmen.

In den vergangenen Jahren hat sich die Nutzung derartiger unternehmensspezifischer Portale verstärkt, wobei selten einheitliche Lösungen vorzufinden sind. Das führt jedoch gerade im kommunalen Umfeld zu dem Problem, dass „Multi-Mandatsträger" mit unterschiedlichen Systemen, Benutzernamen, Passwörtern und Passwortrichtlinien konfrontiert werden, was der Akzeptanz zunehmend abträglich ist. Ein solches Portal hat jedoch eine Vielzahl positiver Aspekte: z. B. das Einsparen von Papier sowie Druck- und gegebenenfalls

Portokosten, die permanente Verfügbarkeit auch älterer Dokumente und die Zeitersparnis. Um diese Vorteile realisieren zu können, ist die Etablierung eines singulären Systems pro kommunaler Gebietskörperschaft sinnvoll. Hierfür könnte beispielsweise das in der Regel bereits vorhandene Ratsinformationssystem genutzt werden.[111]

Sollte in einer kommunalen Gebietskörperschaft ein geeignetes Portal existieren, so sollte auch das Beteiligungsmanagement seine Informationen hierüber verbreiten. Bei den Informationen kann es sich um die schriftlich verfassten Stellungnahmen für die jeweiligen Mandatsträger (Mandatsbetreuung) und die unterjährigen Controllingberichte handeln.[112] Darüber hinaus können die Adressaten über das Portal diverse Basisdokumente der einzelnen Beteiligungsunternehmen wie den Gesellschaftsvertrag oder die Geschäftsordnungen einsehen.

Ein großer Vorteil für das Beteiligungsmanagement ist die zeitliche Ersparnis, da den Mandatsträgern Informationen und Leistungen frühzeitiger zur Verfügung gestellt werden können und die Arbeit letztlich effizienter gestaltet wird. So kann der Zeitverlust bei der postalischen Zustellung von Informationen vermindert werden. Darüber hinaus stehen den Adressaten die Informationen bei Nutzung mobiler Endgeräte wie Tablets oder Smartphones jederzeit und ortsunabhängig zur Verfügung. Über die Einstellung neuer Dokumente in das System kann per E-Mail informiert und direkt an das Portal weitergeleitet werden.

4.4.4.3 Evaluierung von Aufsichtsräten

Aufsichtsräte öffentlicher Unternehmen sehen sich einer Vielzahl von Herausforderungen gegenüber. Sie müssen mit der immer schneller voranschreitenden gesellschaftlichen, politischen und technologischen Entwicklung Schritt halten, komplexe kaufmännische Zusammenhänge und unternehmerische Besonderheiten begreifen und sich auf (rechtliche) Veränderungen einstellen.

Die Aufgaben und Herausforderungen der Aufsichtsräte verlangen nach wiederholter Kontrolle und kontinuierlicher Professionalisierung des Aufsichtsrats. Dem kommt der Deutsche Corporate Governance Kodex (DCGK) in Ziffer 5.6 nach, der die Forderung enthält: „Der Aufsichtsrat soll regelmäßig die Effizienz seiner Tätigkeit überprüfen." Hauptziel der Effizienzprüfung ist die Stärkung der Zusammenarbeit und Kommunikation im Aufsichtsrat.

Die Durchführung einer Effizienzprüfung bietet den formalen Anlass, sich mit dieser Zielstellung auseinanderzusetzen. Es kann sich nämlich herausstellen, dass viele Mitglieder ähnliche Aspekte der eigenen Arbeit kritisieren, die Missstände jedoch zuvor aus

---

[111] Die Etablierung eines singulären Systems ist jedoch mit Herausforderungen verbunden, wozu etwa das Rechtesystem (Gewährung und Abgrenzung von Zugriffsmöglichkeiten, Definition und Verteilung von Nutzerrollen), die Systemsicherheit oder Fragen des Datenschutzes gehören.

[112] Siehe auch Abschn. 4.4.3.2 Vorbereitung und Begleitung von Aufsichtsratssitzungen und Abschn. 4.5.2.2 Unterjähriges Berichtswesen.

Mangel an Gelegenheit nicht angesprochen haben. Eventuell kann der Aufsichtsrat im Anschluss an die Evaluation verborgenes oder bisher ungenutztes Potenzial besser ausschöpfen.

Grob beinhaltet eine Evaluation die Themen „Organisation und Arbeitsweise des Aufsichtsrats", „Informationsversorgung der Aufsichtsratsmitglieder", „Zusammensetzung und Vergütung des Aufsichtsrats" sowie „Besetzung und Arbeitsweise der Ausschüsse".

Der Aufsichtsrat sollte seine Evaluierung selbst initiieren und das Prüfungsverfahren, die einzelnen Inhalte sowie den Umgang mit den Ergebnissen besprechen. Dabei sind folgende Methoden möglich:

- offene und nicht strukturierte Diskussion im Rahmen einer Sitzung
- Diskussion im Aufsichtsrat auf Basis eines kurzen Fragenkatalogs
- Nutzung eines Fragebogens, der von jedem Aufsichtsratsmitglied ausgefüllt wird und dessen (zusammengefasste) Ergebnisse im Aufsichtsrat diskutiert werden

Während die ersten beiden Vorgehensweisen regelmäßig ohne externe Begleitung auskommen, kann die dritte Methode mit externer Unterstützung durchgeführt werden. Diese kann neue Impulse geben, eine objektive und professionelle Auswertung gewährleisten, indem sie auf bewährte Methoden und Erfahrungswerte zurückgreift. Zudem kann der externe Berater den Prozess moderieren. Die Beauftragung einer externen Unterstützung ist jedoch auch mit Kosten verbunden; zudem wird der Prozess vermutlich zeitaufwendiger sein. Oftmals können Berater, die auch börsennotierte Unternehmen beraten, die kommunalen Gegebenheiten nur schwer einschätzen.

Die Form und Häufigkeit der Durchführung sollten unternehmensindividuell gewählt werden. In der kommunalen Praxis hat sich gezeigt, dass eine zu häufige – insbesondere jährliche – Frequenz wenig zielführend ist, da in kurzen Zeiträumen meist keine oder nur geringe Änderungen zu diagnostizieren sind oder die Aufsichtsratsmitglieder die Evaluierung als lästige Pflicht empfinden. Letzteres wird noch verstärkt, wenn ein formalisierter Prozess ohne tatsächliche Diskussion durchgeführt wird.

Das Beteiligungsmanagement kann mit seinen Kenntnissen der Kommunalwirtschaft und zu rechtlichen wie politischen Aspekten, die den Aufsichtsrat angehen, bei einer Evaluation unterstützen. Eine wertvolle Hilfestellung kann etwa die Ausformulierung zielführender Fragen sein.

PRAXISTIPP: Exemplarischer Fragenkatalog

1. Wie bewerten Sie die Diskussionskultur, die Sitzungsatmosphäre und die Qualität der im Aufsichtsrat getroffenen Entscheidungen?
2. Inwieweit kommt der Aufsichtsrat seiner Funktion als Beratungs- und Kontrollorgan der Geschäftsführung nach?

3. Wie schätzen Sie den Informationsaustausch zwischen Geschäftsführung und Aufsichtsrat ein?
4. Wie funktioniert die Kommunikation zwischen Aufsichtsratsmitgliedern und dem/der Aufsichtsratsvorsitzenden?
5. Wie beurteilen Sie die Einhaltung der Vertraulichkeit?
6. Wie bewerten Sie die fachliche Expertise im Aufsichtsrat? Mit welchen Mitteln kann diese ausgebaut werden?
7. Wie schätzen Sie das Schulungsangebot für Mandatsträger ein? Welche Aspekte sollten gegebenenfalls zusätzlich thematisiert werden?

Grundsätzlich stellt die Effizienzprüfung des Aufsichtsrats eine zielführende Maßnahme dar, die nicht zu Unrecht auch eine normative Grundlage – ob im DCGK oder kommunalen Kodizes – hat. Sie sollte jedoch nicht zum Selbstzweck durchgeführt werden, sondern dem tatsächlichen Effizienzgewinn verpflichtet sein. Hierzu bedarf es der grundlegenden Bereitschaft der einzelnen Mandatsträgerinnen und Mandatsträger für diese Form der Selbstreflexion und Selbstkritik.

4.5   Das ABC des Beteiligungscontrollings

4.5.1   Aufgabenbeschreibung

Unter Beteiligungscontrolling wird die Auswertung wichtiger Daten, Vorgänge und Informationen zur Geschäftsentwicklung aus den Gesellschaften verstanden. Das Ziel besteht darin, den Entscheiderinnen und Entscheidern in Verwaltung und Politik alle steuerungsrelevanten Informationen zur Verfügung zu stellen. Das Beteiligungscontrolling liefert zeitnah Aussagen über die aktuelle wirtschaftliche Situation des jeweiligen Unternehmens und ist damit wesentlicher Bestandteil einer funktionierenden Beteiligungssteuerung (Bremeier 1999, S. 12; Weiblen 2011, S. 630 f.).

Gegenstand der Betrachtung sind regelmäßig der jährliche Wirtschaftsplan sowie Jahresabschluss und unterjährige Berichterstattungen der Unternehmen. In zeitlicher Hinsicht zeigt sich folgender schematischer Ablauf (Abb. 4.16).

Das Beteiligungscontrolling läuft in der Regel wie folgt ab:

- Festlegung von Umfang, Adressatenkreis und gegebenenfalls Zeitpunkt der Vorlage- und Berichtspflichten der Unternehmen (z. B. im Gesellschaftsvertrag oder durch Weisung an die Geschäftsführung)
- Aufstellung von Wirtschaftsplan und Jahresabschluss sowie unterjähriger Berichterstattungen der Unternehmen in Verantwortung der Geschäftsführung
- zeitnahe Auswertung und Aufbereitung der Daten der Unternehmen durch das Beteiligungsmanagement und Verteilung an die festgelegten Adressaten

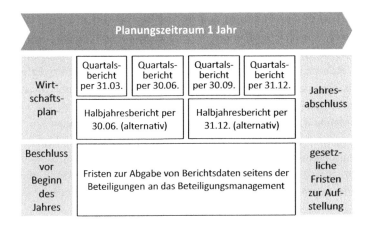

Abb. 4.16 Schematischer Ablauf des Beteiligungscontrollings

Für das kommunale Beteiligungscontrolling gelten folgende Besonderheiten:

- Selbstverständlich haben Unternehmen die gesetzlichen Vorschriften (Handels- und Steuerrecht, GmbH- und Aktiengesetz usw.) sowie die Vorgaben des Gesellschafts-vertrages einzuhalten; bei kommunalen Unternehmen kommen dazu auf Grundlage der jeweiligen Kommunalverfassung in der Regel auch Vorgaben für die Wirtschafts-planung und den Jahresabschluss.[113] Die Prüfung der vollständigen Einhaltung dieser Vorgaben kann jedoch nicht Aufgabe des Beteiligungsmanagements sein, sondern liegt in der Verantwortung der Geschäftsführungen.
- Hinsichtlich Wirtschaftsplanung und unterjährigem Berichtswesen ist zu beachten, dass das Beteiligungsmanagement, das diese im Rahmen des Beteiligungscontrollings auswertet, immer eine „externe" Controllingeinheit ist, die auf Daten des Unter-nehmens zurückgreift. Das Beteiligungscontrolling kann daher immer nur so gut sein, wie es das Rechenwerk der Gesellschaft und/oder die zur Verfügung gestellten Informationen zulassen (Weiblen 2011, S. 628 f.).[114]
- Für kommunale Unternehmen gilt das Spezifikum, dass sie einem öffentlichen Zweck verpflichtet sind.[115] Im Mittelpunkt ihrer unternehmerischen Betätigung steht die Bewältigung der vorgegebenen Sachaufgaben, zum Beispiel in einer Region ein bestimmtes infrastrukturelles, medizinisches oder kulturelles Angebot für die Bevölkerung vorzuhalten. Hinzu kommen häufig allgemeine politische Vorgaben des

---

[113] Siehe auch Abschn. 2.1.5 Kommunalrechtliche Vorgaben für privatrechtliche Unternehmen.

[114] Zur Revision dieser Prozesse siehe Abschn. 4.5.5.4 Revision der Planungs- und Berichts-prozesse der Beteiligungsunternehmen.

[115] Siehe auch Abschn. 2.1.1 Öffentlicher Zweck.

kommunalen Gesellschafters, die eingehalten werden sollen, etwa soziale Gesichtspunkte oder Umweltverträglichkeit. Die Steuerung kommunaler Unternehmen ist damit in der Regel komplexer als die rein erwerbswirtschaftlich orientierter Gesellschaften: Während letztere vor allem an ihrem wirtschaftlichen Erfolg gemessen werden, lassen sich kommunale Unternehmen nicht allein mit diesem Kriterium beurteilen. Zusätzlich zu den ökonomischen Zielstellungen an die Gesellschaften (z. B. Rentabilität) sind die konkreten Sachaufgaben gesondert zu beurteilen.[116] Insofern lassen sich die in der Privatwirtschaft entwickelten Instrumentarien des Beteiligungscontrollings nur bedingt auf die Situation der Kommunalwirtschaft übertragen. So ist bei öffentlichen Unternehmen die verstärkte Einbeziehung von Leistungsdaten sinnvoll, mit denen die Erfüllung des öffentlichen Zwecks und der Sachaufgaben belegt werden kann.

4.5.2   EXKURS: Wirtschaftsplan, unterjähriges Berichtswesen und Jahresabschluss

Im Folgenden werden zunächst die Hauptgegenstände des Beteiligungscontrollings dargestellt: Wirtschaftsplan, unterjähriges Berichtswesen und Jahresabschluss.

4.5.2.1 Wirtschaftsplan

Der Wirtschaftsplan beinhaltet die Abbildung der unternehmerischen Strategie in Zahlen und dient der betriebswirtschaftlichen Steuerung des Beteiligungsunternehmens. Durch die Verabschiedung des Wirtschaftsplans im zuständigen Organ der Gesellschaft (laut Gesellschaftsvertrag entweder der Aufsichtsrat oder die Gesellschafterversammlung) erhält dieser zudem als betriebswirtschaftlicher Handlungsrahmen Verbindlichkeit für die jeweilige Geschäftsführung.

Die Kommunalverfassungen sowie gegebenenfalls ergänzende Vorschriften für Eigenbetriebe geben zu beachtende Mindestinhalte und -anforderungen zum Wirtschaftsplan und zur Finanzplanung vor.[117] Obligatorisch sind zumeist Erfolgsplan, Vermögensplan, um Teil auch Liquiditätsplan sowie Stellenübersicht bzw. Stellenplan. Bei Unternehmen mit mehreren Sparten bzw. Bereichen bietet sich zusätzlich eine Erfolgsplanung auf Ebene der einzelnen Sparten an, soweit diese nicht bereits vorgeschrieben ist. Ergänzt werden sollte das Zahlenwerk des Wirtschaftsplans in jedem Fall um eine detaillierte verbale Erläuterung der Planungsprämissen, der einzelnen geplanten Positionen sowie von wesentlichen Chancen und Risiken, die nicht in den Plansätzen abgebildet sind.

---

[116] Siehe auch Abschn. 4.2.4.2 Zielvorgaben durch Zielbilder oder Eigentümerziele.

[117] Siehe Anlage 8.1 Übersicht Kommunalrecht. Weitere empfehlenswerte Bestandteile des Wirtschaftsplans finden sich in Abschn. 4.5.5.1 Vereinheitlichung des Planungs- und Berichtswesens.

Der Wirtschaftsführung ist eine fünfjährige Finanzplanung zugrunde zu legen. Das bedeutet, dass neben dem eigentlichen Planjahr auch dessen Vorjahr sowie drei Folgejahre (Mittelfristplanung) darzustellen sind. Dabei ist das laufende Wirtschaftsjahr – also das Jahr, in dem der Plan aufzustellen ist – das erste Jahr des fünfjährigen Planungszeitraums. Naturgemäß sind die Ansätze der Mittelfristplanung weniger präzise wie die des eigentlichen Planjahres. Das zuständige Unternehmensorgan beschließt regelmäßig nur das eigentliche Planjahr und nimmt die mittelfristige Planung zur Kenntnis.

Aufgrund der Ausrichtung der Wirtschaftsplanung auf die Zukunft kommt ihr aus Steuerungsgesichtspunkten eine besondere Bedeutung zu. Abgebildet sind die strategischen Ziele und die Geschäftspolitik der kommenden Jahre, basierend auf der strategischen Unternehmensplanung.[118] Die Aufgabe des Beteiligungsmanagements besteht nunmehr darin, entweder einen Abgleich mit vorhandenen strategischen Vorgaben der kommunalen Gebietskörperschaft sowie sonstige strategische Setzungen durchzuführen oder die Strategie kritisch zu hinterfragen und gegebenenfalls zu intervenieren.

4.5.2.2 Unterjähriges Berichtswesen

Beim unterjährigen Berichtswesen werden wichtige vorab festgelegte und von den Unternehmen gelieferte Daten und Informationen der Beteiligungen durch das Beteiligungsmanagement gesichtet und ausgewertet. Zweck des unterjährigen Beteiligungscontrollings ist insbesondere die fortwährende Informationsversorgung des Beteiligungsmanagements jenseits der mit deutlichem zeitlichen Abstand vorliegenden Wirtschaftspläne (Beschluss in der Regel im Vorfeld des Wirtschaftsjahres) und Jahresabschlüsse (Aufstellung sowie Feststellung nach Ende des Wirtschaftsjahres). Auf Basis der vorliegenden und ausgewerteten Daten können etwa Plan-Ist-Abweichungen und deren Ursachen sowie wesentliche Entwicklungen identifiziert werden. Das ist Voraussetzung dafür, dass die kommunale Gebietskörperschaft entsprechend reagieren und gegebenenfalls steuernd eingreifen kann.[119]

Für das Beteiligungsmanagement bestehen zwei grundsätzliche Möglichkeiten, entsprechende Informationen aus den Unternehmen zu erhalten:

- Berichterstattung der Geschäftsführung an den Aufsichtsrat oder
- Aufbau eines gesonderten Berichtsweges zwischen dem Unternehmen und dem Beteiligungsmanagement

---

[118] Siehe auch Abschn. 4.2.4.3 Prüfung strategischer Unternehmensplanungen.

[119] Zur Auswertung der erhaltenen unterjährigen Daten siehe auch Abschn. 4.5.4.2 Frühwarnsystem – Controllingberichte des Beteiligungsmanagements.

Berichterstattung der Geschäftsführung an den Aufsichtsrat

Die Geschäftsführung ist in der Regel gefordert, dem Aufsichtsrat regelmäßig Berichte über die Lage der Gesellschaft zu erstatten. Auch wenn die ausführlichen Vorgaben des § 90 Aktiengesetz für die Berichte an den Aufsichtsrat bei der GmbH nicht automatisch gelten,[120] verweisen doch viele Gesellschaftsverträge kommunaler Unternehmen auf diese Vorschrift oder bilden sie angepasst nach. In diesem Fall hat die Geschäftsführung dem Aufsichtsrat zu folgenden Sachverhalten zu berichten:

- mindestens einmal jährlich über die beabsichtigte Geschäftspolitik und andere grundsätzliche Fragen der Unternehmensplanung (insbesondere Finanz-, Investitions- und Personalplanung), wobei auf Abweichungen der tatsächlichen Entwicklung von früher berichteten Zielen unter Angabe von Gründen einzugehen ist
- mindestens einmal jährlich über die Rentabilität der Gesellschaft, insbesondere die Rentabilität des Eigenkapitals
- mindestens vierteljährlich über den Gang der Geschäfte, insbesondere den Umsatz, und die Lage der Gesellschaft
- über Geschäfte, die für die Rentabilität oder Liquidität der Gesellschaft von erheblicher Bedeutung sein können – möglichst so rechtzeitig, dass der Aufsichtsrat im Vorhinein Gelegenheit hat, zu ihnen Stellung zu nehmen

Aufbau eines gesonderten Berichtsweges zwischen dem Unternehmen und dem Beteiligungsmanagement

Das kommunale Beteiligungsmanagement kann alternativ zur Nutzung der Unternehmensberichterstattung an den Aufsichtsrat auch den – mit einem Mehraufwand verbundenen – Weg gehen und von den Unternehmen gesonderte unterjährige Berichte abfordern, etwa Erfolgs- und Liquiditätsdaten, Kennzahlen oder Personaldaten zum Berichtsstichtag (quartalsweise oder halbjährlich) und in der Jahreserwartung einschließlich aussagekräftiger Erläuterungen.[121]

4.5.2.3 Jahresabschluss

Der Jahresabschluss stellt den rechnerischen Abschluss eines Wirtschaftsjahres dar. Die Bilanz sowie die Gewinn- und Verlustrechnung (GuV) bilden für Unternehmen mit der

---

[120]Vgl. § 52 Abs. 1 GmbHG, § 25 Abs. 1 Nr. 2 MitbestG und § 1 Abs. 1 Nr. 3 DrittelbG verweisen gleichermaßen nur auf § 90 Abs. 3, 4 und 5 Satz 1 und 2 AktG. Es sei darauf hingewiesen, dass nach § 52 Abs. 1 GmbHG im Gesellschaftsvertrag ein anderes bestimmt werden kann.

[121]Vgl. Abb. 4.20: Schematischer Ablauf des Beteiligungscontrollings.

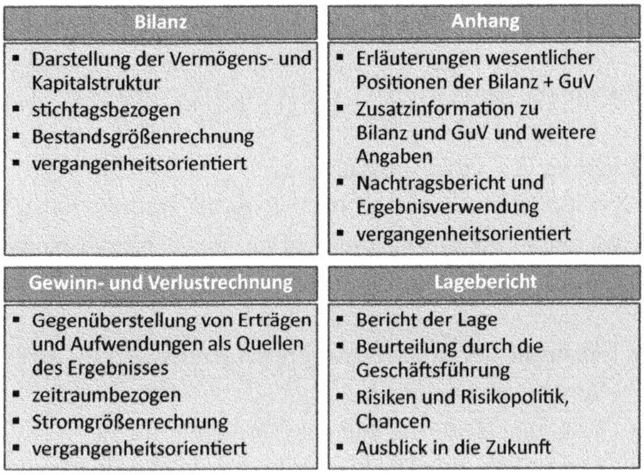

Abb. 4.17 Bestandteile des Jahresabschlusses nach HGB

Bilanz	Anhang
• Darstellung der Vermögens- und Kapitalstruktur • stichtagsbezogen • Bestandsgrößenrechnung • vergangenheitsorientiert	• Erläuterungen wesentlicher Positionen der Bilanz + GuV • Zusatzinformation zu Bilanz und GuV und weitere Angaben • Nachtragsbericht und Ergebnisverwendung • vergangenheitsorientiert

Gewinn- und Verlustrechnung	Lagebericht
• Gegenüberstellung von Erträgen und Aufwendungen als Quellen des Ergebnisses • zeitraumbezogen • Stromgrößenrechnung • vergangenheitsorientiert	• Bericht der Lage • Beurteilung durch die Geschäftsführung • Risiken und Risikopolitik, Chancen • Ausblick in die Zukunft

Pflicht zur Buchführung[122] die Hauptbestandteile des Jahresabschlusses. In der Regel werden diese um den Anhang und den Lagebericht ergänzt, da die meisten Kommunalverfassungen verlangen, dass Jahresabschluss und Lagebericht in entsprechender Anwendung der Vorschriften für große Kapitalgesellschaften gemäß HGB aufgestellt und geprüft werden.[123]

Neben dem Zahlenwerk von Bilanz und GuV enthalten Anhang und Lagebericht wichtige Informationen:

- Der Anhang erläutert die Bilanz sowie die Gewinn- und Verlustrechnung und liefert zusätzliche Informationen zu wesentlichen Positionen. Weiterhin beinhaltet er Angaben zu Bilanzierungs- und Bewertungsmethoden, zur Entwicklung des Anlagevermögens (Anlagenspiegel) und Angaben zu Beteiligungsverhältnissen.
- Im Lagebericht der Geschäftsführung sind der Geschäftsverlauf einschließlich des Geschäftsergebnisses und die Lage der Gesellschaft so darzustellen, dass ein den tatsächlichen Verhältnissen entsprechendes Bild der Vermögens-, Finanz- und Ertragslage vermittelt wird. Die Geschäftsführung würdigt das abgelaufene Geschäftsjahr sowie die Vorgänge von besonderer Bedeutung nach dem Bilanzstichtag und gibt einen Ausblick in die Zukunft. Weiterhin werden wesentliche Risiken und Chancen erläutert (Abb. 4.17).

---

[122] Vgl. § 238 und § 242 HGB.

[123] Zu den Regelungen in den jeweiligen Kommunalverfassungen siehe Anlage 8.1 Übersicht Kommunalrecht.

Die Bilanz, die Gewinn- und Verlustrechnung sowie der Anhang bieten eine vergangenheitsorientierte Betrachtungsweise, wogegen der Lagebericht auch einen Ausblick in die Zukunft gewährt.

Prüfung des Jahresabschlusses

Dem Beteiligungsmanagement liegt als Informationsquelle regelmäßig der Bericht des Abschlussprüfers über die Prüfung des Jahresabschlusses vor. Dessen Entstehung und Verwendung kann in folgendem vereinfachten Prozess beschrieben werden:

- Auswahl des Abschlussprüfers (gegebenenfalls unter Durchführung eines formellen Vergabeverfahrens)[124]
- Wahl und Beauftragung des Abschlussprüfers
- Aufstellung von Jahresabschluss und Lagebericht durch die Geschäftsführung des Unternehmens
- Prüfung von Jahresabschluss und Lagebericht durch den Abschlussprüfer mit
  - Ordnungsmäßigkeitprüfung und
  - Prüfung gemäß § 53 Abs. 1 HGrG[125]
- Abschlussgespräch des Abschlussprüfers mit der Geschäftsführung in der Regel auf Basis eines Berichtsentwurfs[126]
- Erstellung des Prüfungsberichts und Erteilung des Bestätigungsvermerks durch den Abschlussprüfer
- Prüfung des Jahresabschlusses, des Lageberichts und des Ergebnisverwendungsvorschlages der Geschäftsführung durch den Aufsichtsrat; Teilnahme und Berichterstattung des Abschlussprüfers bei der entsprechenden Sitzung
- schriftlicher Bericht des Aufsichtsrats an die Gesellschafterversammlung
- Feststellung des Jahresabschlusses durch die Gesellschafterversammlung[127]
- Offenlegung des Jahresabschlusses durch das Unternehmen und gegebenenfalls Übersendung an die Rechtsaufsichtsbehörde der kommunalen Gebietskörperschaft[128]

---

[124] Siehe auch Abschn. 4.3.4.2 Auswahl des Abschlussprüfers.

[125] In diesem Fall ist die Ordnungsmäßigkeit der Geschäftsführung zu prüfen (§ 53 Abs. 1 Nr. 1 HGrG; als Basis dient ein Fragenkatalog nach IDW PS 720) und im Prüfungsbericht auf spezifische Sachverhalte einzugehen (§ 53 Abs. 1 Nr. 2 HGrG).

[126] Siehe auch Abschn. 4.5.5.3 Teilnahme an der Schlussbesprechung zum Jahresabschluss.

[127] Gemäß § 45 Abs. 2 i. V. m. § 46 Nr. 1 GmbHG kann die Aufgabe der Feststellung des Jahresabschlusses auch auf ein anderes Organ der Gesellschaft übertragen werden. Im Regelfall ist die Gesellschafterversammlung zuständig.

[128] Siehe Anlage 8.1 Übersicht Kommunalrecht.

Management Letter des Abschlussprüfers

Der Abschlussprüfer kann zusätzlich einen Management Letter erstellen, dessen Adressat die Geschäftsführung ist. Er beinhaltet Feststellungen des Abschlussprüfers, die sich bei der Abschlussprüfung ergeben haben und deren Kenntnis für das geprüfte Unternehmen von Nutzen sind, aber nicht unmittelbar Gegenstand des Prüfungsauftrags oder nicht als wesentlich anzusehen sind. Diese Sachverhalte werden nicht in den Prüfungsbericht aufgenommen.

Für das Beteiligungsmanagement kann der Management Letter als zusätzliche Informationsquelle sehr interessant sein. Eine Überlassungs- oder Informationspflicht sollte dem Beteiligungsunternehmen vorgegeben werden (z. B. Weisung).

4.5.3   Pflichtaufgaben

4.5.3.1   Anlagen zum Haushaltsplan der kommunalen Gebietskörperschaft

Anlagen des kommunalen Haushaltsplans sind aufgrund der Vorgaben der Kommunalverfassungen in vielen Bundesländern die Wirtschaftspläne der Beteiligungsgesellschaften sowie gegebenenfalls die Jahresabschlüsse.[129] Hier ist es in der Regel Aufgabe des Beteiligungsmanagements, die entsprechenden Unterlagen im Prozess der Haushaltsplanung bei den Beteiligungsgesellschaften zu beschaffen und pünktlich beizubringen. Hierzu sollten die Gesellschaften frühzeitig über den Zeitpunkt informiert werden, der für die Abgabe des Wirtschaftsplans gesetzt wurde. Die Einhaltung der Zeitvorgaben wird oftmals durch das Beteiligungsmanagement überwacht. Empfehlenswert ist es, im Gesellschaftsvertrag eine Verpflichtung der Gesellschaft zur Übergabe der dem Haushalt beizulegenden Unterlagen festzulegen. Ein solcher Zulieferungsautomatismus verhindert zeitaufwendige Nachfragen.

4.5.3.2   Kommunaler Gesamtabschluss

In den meisten Bundesländern wurde in den vergangenen Jahren die sogenannte kommunale Doppik eingeführt. Für die kommunale Gebietskörperschaft ergibt sich daraus häufig die Pflicht, einen Gesamtabschluss aufzustellen. Da die jeweiligen Bundesländer unterschiedliche Regelungen getroffen haben, kann an dieser Stelle keine einheitliche rechtliche Verpflichtung ausgemacht werden.

Sofern ein Gesamtabschluss zu erstellen ist, sind darin neben der Kernverwaltung auch die Beteiligungsunternehmen derart darzustellen, als ob eine geschlossene wirtschaftliche Einheit betrachtet würde. Damit soll die tatsächliche wirtschaftliche Lage der kommunalen Gebietskörperschaft vollständig erfasst werden, was jedoch – dies

---

[129] Ebd.

Tab. 4.2 Pflichtaufgaben des Beteiligungscontrollings in einzelnen Bundesländern

Bundesland	Inhalt der Pflichtaufgabe
Brandenburg	Eine mit dazu qualifiziertem Personal ausgestattete Stelle soll allgemein die Einhaltung der gemeindewirtschaftlichen Vorschriften, also auch die Regelungen zu Wirtschaftsplanung und Jahresabschluss, kontrollieren[130]
Mecklenburg-Vorpommern	Hier gehören die Errichtung eines Beteiligungscontrollings und die Koordination der Wirtschaftsplanung der Unternehmen mit der Haushaltsplanung zu den gesetzlich vorgegebenen Pflichtaufgaben der Kommune[131]

liegt in der Natur der Sache eines Jahresabschlusses – immer nur eine rückblickende Bewertung erlaubt.

Insbesondere im Vorfeld der erstmaligen Aufstellung eines Gesamtabschlusses sind innerhalb der Verwaltung und in Zusammenarbeit mit den Beteiligungsunternehmen große Herausforderungen zu bewältigen. Aufgabe des Beteiligungsmanagements kann es sein, zeitliche und inhaltliche Vorgaben zur ordnungsgemäßen Einbeziehung der Beteiligungsunternehmen zu konzipieren (z. B. im Rahmen einer Konsolidierungsrichtlinie der kommunalen Gebietskörperschaft an ihre Beteiligungsunternehmen) und bei der Umsetzung zu unterstützen.

4.5.3.3 Pflichtaufgaben des Beteiligungscontrollings in einzelnen Bundesländern

Nur in zwei Bundesländern gibt es weitere gesetzlich verbriefte Pflichtaufgaben aus dem Bereich des Beteiligungscontrollings (Tab. 4.2).

4.5.4 Ergänzungsaufgaben

4.5.4.1 Analyse des Wirtschaftsplans

Gegenstand der Wirtschaftsplananalyse ist in der Regel die Bewertung des Planes durch das Beteiligungsmanagement vor dessen Verabschiedung durch das jeweils zuständige Organ. Ziel der Wirtschaftsplananalyse ist:

- Bewertung der Geschäftspolitik und der strategischen Aufstellung der Gesellschaft in einer mittelfristigen Sicht mit den dazugehörenden konkret geplanten Maßnahmen
- Beurteilung der Umsetzung des öffentlichen Zwecks – also die konkret vom Unternehmen zu erbringenden Leistungen sowie die Form der Leistungserstellung

---

[130]Vgl. § 98 Nr. 1 BbgKVerf vom 15.10.2018.
[131]Vgl. § 75a KV M-V vom 13.07.2011.

- Abbildung der sonstigen Ziele der Gesellschafter bzw. Umsetzung von Gesellschafterbeschlüssen in der vorgelegten Wirtschaftsplanung (z. B. hinsichtlich Leistungsangebot, Personalpolitik, Finanzierungs- und Investitionstätigkeit)
- Analyse der wirtschaftlichen Lage des Unternehmens im Planungszeitraum
- Abschätzung zukünftiger wirtschaftlicher Chancen und Risiken

PRAXISTIPP: Schwerpunkte der Wirtschaftsplananalyse

Übersicht

Konkret kann bei der Analyse eines Wirtschaftsplans und hier mit Fokus auf das Planjahr – in Bezug auf einzelne Schwerpunkte – wie folgt vorgegangen werden.

Prämissenkritik:

- Welche Prämissen der Geschäftsführung liegen der Wirtschaftsplanung zugrunde?
- Wie werden diese aus Sicht des Beteiligungsmanagements gewürdigt?
- Entsprechen sie den Zielvorgaben der Gesellschafter und den Zielsetzungen der kommunalen Gebietskörperschaft und stehen sie im Einklang mit einer etwaigen strategischen Unternehmensplanung?
- Welche Auswirkungen ergeben sich bei Beschlussfassung und Verfolgung des Wirtschaftsplans auf den Haushalt der kommunalen Gebietskörperschaft?

Erfolgsplanung:

- Was sind die wesentlichen Treiber der Erfolgsplanung?
- Welche Leistungen plant das Unternehmen im Wirtschaftsjahr zu erbringen (definierte Leistungsdaten)?
- Welcher Personaleinsatz ist geplant und welche Personalaufwendungen resultieren hieraus (korrespondierend zu Stellenplan/Stellenübersicht)?

Planung der Liquidität/Vermögensplanung:

- Wie entwickelt sich die Liquidität insgesamt?
- Welche Investitionen plant das Unternehmen? Wie sollen die Investitionen finanziert werden?

- Ist eine Planbilanz Bestandteil des Wirtschaftsplans? Falls ja: Wie entwickelt sich das Eigenkapital des Unternehmens?[132]

Mittelfristplanung:

- Wie gestaltet sich die wirtschaftliche Entwicklung des Unternehmens in den Folgejahren?
  Plausibilität der Planung:

- Greifen die Bestandteile der Planung schlüssig ineinander?
- Entsprechen die Ansätze im Haushaltsplan der kommunalen Gebietskörperschaft denen im Wirtschaftsplan des Unternehmens?[133]

Qualität der schriftlichen Erläuterungen:

- Sind die Erläuterungen ausreichend und angemessen, um die Wirtschaftsplanung in allen Aspekten beurteilen zu können?

4.5.4.2 Frühwarnsystem – Controllingberichte des Beteiligungsmanagements

Die wichtigste und gleichzeitig anspruchsvollste Aufgabe des Beteiligungscontrollings ist es, ein Frühwarnsystem für wirtschaftliche Risiken der Beteiligungsunternehmen zu entwickeln. Instrument der Wahl ist hier das unterjährige Berichtswesen, also die Erstellung von Controllingberichten durch das Beteiligungsmanagement.

Der Begriff „Frühwarnsystem" bedeutet an dieser Stelle jedoch nicht, dass eine vollständige und fortwährende Kontrolle der wirtschaftlichen Entwicklung des Unternehmens erfolgt. Das Beteiligungsmanagement kann nicht die Funktionsfähigkeit und Angemessenheit des Rechnungswesens im Unternehmens sowie dessen Risikomanagement ersetzen. Vielmehr dient das Frühwarnsystem im Rahmen unterjähriger Controllingberichte dem Erkennen und Adressieren von sich abzeichnenden Fehlentwicklungen, um gegebenenfalls steuernd eingreifen zu können.

Für die Erstellung von Controllingberichten durch das Beteiligungsmanagement müssen wichtige betriebliche Daten, Vorgänge und Informationen zur Geschäftsentwicklung der Beteiligungsunternehmen regelmäßig ausgewertet und als steuerungs-

---

[132] Das ist insbesondere dann relevant, wenn die kommunale Gebietskörperschaft die Bilanzierung der Beteiligungsunternehmen in ihrem Jahresabschluss unter Heranziehen des Eigenkapitals des betreffenden Unternehmens vornimmt (z. B. Eigenkapitalspiegelbildmethode).

[133] Siehe auch Abschn. 4.6 Das ABC der Einbeziehung der Beteiligungsunternehmen in die kommunale Haushaltswirtschaft.

relevante Informationen aufbereitet werden. Das unterjährige Berichtswesen basiert demnach auf Daten und Informationen der Beteiligungsunternehmen, die im Jahresverlauf die wirtschaftliche Entwicklung dokumentieren.[134] Idealerweise sollten diese Daten und Informationen durch Erläuterungen zu den wesentlichen Plan-Ist-Abweichungen sowie auf das Ende des Geschäftsjahres bezogene Erwartungswerte ergänzt werden; offene Fragen sollten durch Rücksprache des Beteiligungsmanagements mit dem Unternehmen geklärt werden.

Das Beteiligungsmanagement erstellt auf dieser Basis komprimierte Controllingberichte, in denen die unterjährige Geschäftsentwicklung zusammengefasst, eingeordnet und kommentiert wird. Adressaten der unterjährigen Controllingberichte des Beteiligungsmanagements sollten sein: die Verwaltungsspitze, die politische Vertretungskörperschaft oder ein von ihr gebildeter Beteiligungsausschuss und die von der kommunalen Gebietskörperschaft entsandten Mitglieder im Aufsichtsrat und in der Gesellschafterversammlung.

Das unterjährige Berichtswesen sollte einheitlich strukturiert sein, um den Adressaten die Arbeit mit den Dokumenten zu erleichtern. Dadurch wird die Steuerungsunterstützungsleistung des Beteiligungsmanagements effektiviert.

Inhalte
Der unterjährige Controllingbericht des Beteiligungsmanagements sollte eine stichtagsbezogene Darstellung enthalten und den Vergleich von Plan-, Ist- und Erwartungswerten erlauben. Das wird sich in der Regel auf folgende Teilpläne der Wirtschaftsplanung beziehen:

- Erfolgsplanung
- Liquiditätsplanung
- Leistungsplanung
- Personalplanung

Kernbestandteil des Berichts ist die Erfolgsbeurteilung (Abb. 4.18).
Im Rahmen der Erfolgsbeurteilung plausibilisiert und bewertet das Beteiligungsmanagement die unterjährigen Ergebnisse zum Berichtsstichtag und die jeweils prognostizierten Jahreswerte.

---

[134]Zu möglichen Wegen der Datenbeschaffung durch das Beteiligungsmanagement siehe auch Abschn. 4.5.2.2 Unterjähriges Berichtswesen.

Erfolgsübersicht	Ist	Geschäftsjahr 2018			kum. Berichtsmonate			
Angaben in T€	Jahr 2017	Plan	Erw.	Abw.	Ist 2017	Plan 2018	Ist 2018	Abw.
Gesamtleistung	12.967	11.855	7.979	-3.876	10.040	5.569	3.970	-1.599
dav. Umsatzerlöse	13.356	9.410	7.639	-1.771	9.580	4.352	3.906	-446
dav. sonst. betr. Erträge	236	2.680	343	-2.337	460	1.216	66	-1.150
Betriebsaufwand	12.153	11.179	7.137	-4.042	10.235	5.367	9.086	3.719
dav. Materialaufwand	9.871	7.550	3.969	-3.581	9.511	3.775	8.314	4.539
dav. Personalaufwand	1.211	1.313	1.291	-22	558	613	625	12
dav. Abschreibungen	796	1.609	1.548	-61	0	624	0	-624
dav. sonst. betr. Aufwände	276	707	330	-377	166	355	147	-208
Finanzergebnis	-160	-159	-140	19	-82	-80	-76	4
Steuern vom Einkommen und Ertrag	207	163	216	53	29	81	94	13
Ergebnis nach Steuern	446	354	486	132	-307	40	-5.287	-5.327
sonstige Steuern	14	17	16	-1	9	7	8	1
Jahresergebnis	433	337	470	133	-315	33	-5.295	-5.328

Prognose (Jahressicht)	unterjährige Betrachtung
Soll-Ist-Vergleich Plan/Erwartung/ Vorjahresvergleich	Soll-Ist-Vergleich Plan/Ist/Vorjahres- vergleich

Abb. 4.18   Beispiel für die Erfolgsübersicht eines Quartalsberichts

Die Inhalte des unterjährigen Berichtswesens der bbvl (Managementreport) werden weiter unten dargestellt.[135] Außerdem hat die bbvl einen Musterreport mit fiktiven Angaben entwickelt, der diesem Leitfaden als Anlage beigefügt ist.[136]

Ampelsystem

Das unterjährige Berichtswesen des Beteiligungsmanagements kann sich eines Ampelsystems bedienen, um auf einen Blick zu zeigen, ob die Situation kritisch ist (rote Ampel) oder ob keine Probleme bestehen (grüne Ampel). Ein solches Ampelsystem kann – je nach Ausrichtung des Beteiligungscontrollings – unterschiedliche Sachverhalte betreffen:

- Falls die Controllingberichte allein beschreibenden Charakter haben, sollte sich die Ampelstellung auf die wirtschaftliche Lage der Gesellschaft beziehen, gegebenenfalls auch auf die Risikoeinschätzung.

---

[135] Siehe auch Abschn. 7.2.2.3 Managementreport.

[136] Siehe Anlage 8.2 Muster: Managementreport der bbvl.

Ampel	Erläuterung
Rot	Dringender Handlungsbedarf. Eine solche Ampelstellung kann zum Beispiel auf akute Liquiditätsschwierigkeiten hinweisen oder auf die Gefährdung des Unternehmensbestandes aufgrund der Geschäftsentwicklung (z. B. angesichts akuter Umsatzeinbrüche). Sie kann aber auch darauf aufmerksam machen, dass notwendig zu treffende Beschlüsse noch ausstehen.
Gelb	Mittelfristiger Handlungsbedarf. Hier sind in der Regel aus der aktuellen Entwicklung Probleme abzusehen, die jedoch nicht akut sind (z. B. unterlassene Investitionen).
Grün	Kein Handlungsbedarf. Diese Ampel ist zu setzen, wenn kein Handlungsbedarf besteht oder bereits durch geeignete Gegenmaßnahmen auf vorhandene Probleme reagiert wurde.

Abb. 4.19   Mögliche Ampelstellungen für unterjährige Controllingberichte

- Falls die Controllingberichte handlungsleitend sein sollen und primär die Aufgabe haben, den aktuellen Handlungsbedarf für die Gesellschaft oder die Gesellschafter zu zeigen, ist die Abbildung des Handlungsbedarfs in der Ampelstellung sinnvoll.
- Selbstverständlich ist auch eine Mischung beider Sachverhalte möglich.

Exemplarisch wird im Folgenden die Ampelstellung für den Handlungsbedarf dargestellt, der sich in drei Ebenen gliedert (Rot, Gelb, Grün) (Abb. 4.19).

Erstellungsrhythmus

Für den Berichtsturnus der unterjährigen Berichterstattung des Beteiligungsmanagements ist die Situation vor Ort ausschlaggebend:

- In der Regel bietet sich die Berichterstattung quartalsweise an.
- Bei risikoarmen Unternehmen kann die Berichterstattung halbjährlich geschehen.
- Immer wieder wird es notwendig sein, den Berichtsturnus zu verkürzen. So ist ein monatliches Berichtswesen bei Unternehmen empfehlenswert, die akute wirtschaftliche Probleme haben. Zumindest sollte dann vom Beteiligungsmanagement ein monatlicher Liquiditätsstatus abgefordert und analysiert werden.

Das Instrument kann nur dann Akzeptanz und letztlich Steuerungswirkung entfalten, wenn der Zeitraum zwischen dem Berichtsstichtag und dem Zugang des Controllingberichts des Beteiligungsmanagements bei den Adressaten möglichst kurz ist.

Anforderungen

Wie oben dargestellt, baut das kommunale Beteiligungscontrolling mit der Erstellung unterjähriger Controllingberichte auf dem internen Rechnungswesen des Beteiligungsunternehmens auf, also auf Informationen aus der Finanzbuchhaltung, der Kosten- und Leistungsrechnung, der Investitionsrechnung oder dem Controlling. Fehler des internen Rechnungswesens werden automatisch an das Beteiligungscontrolling weitergegeben. Aus diesem Grund ist die Plausibilisierung der von den Gesellschaften gelieferten Zahlen eine wichtige Aufgabe des Beteiligungsmanagements.[137] Zwar wird man nie jeden Fehler finden können, oft lässt sich jedoch im Vergleich mit dem später festzustellenden Jahresabschluss ablesen, wie valide die Zuarbeiten der Beteiligungsunternehmen waren.

Ein funktionierendes Berichtswesen zählt zu den wesentlichen Erfolgsfaktoren für eine nachhaltige und erfolgreiche Steuerung der Beteiligungsunternehmen. In der kommunalen Praxis können dabei folgende Probleme auftreten:

- Die Unternehmen liefern keine bzw. keine belastbare Erwartung zum Jahresende.
- Die Unternehmen planen und berichten nicht oder nur unzureichend über die Liquidität.
- Das Herunterbrechen des Jahresplans auf die Berichtsperiode des Controllingberichts entspricht nicht dem tatsächlichen Geschäftsverlauf, da etwa ein Jahreswert zum Zweck der Berichterstattung lediglich geviertelt bzw. halbiert wird.
- Plan-Ist-Abweichungen werden nur unzureichend durch das Unternehmen erklärt.

Lösungswege für derartige Probleme werden in diesem Praxisleitfaden aufgezeigt.[138]

4.5.4.3 Analyse des Jahresabschlusses

Gegenstand der Jahresabschlussanalyse durch das Beteiligungsmanagement ist die Auseinandersetzung mit dem Jahresabschluss, dem Lagebericht, dem Bestätigungsvermerk und der Berichterstattung des Abschlussprüfers.[139] Anlässe dafür können sein:

- Unterstützung von Mandatsträgern der kommunalen Gebietskörperschaft im Aufsichtsrat der Gesellschaft im Vorfeld der Befassung zum Jahresabschluss (Mandatsbetreuung)

---

[137] Unter Umständen kann das Beteiligungsmanagement auch die Berichtsprozesse des Unternehmens prüfen, siehe auch Abschn. 4.5.5.4 Revision der Planungs- und Berichtsprozesse der Beteiligungsunternehmen.

[138] Siehe auch Abschn. 6.2 Umgang des Beteiligungsmanagements mit möglichen Widerständen.

[139] Zum Jahresabschluss siehe auch Abschn. 4.5.2.3 Jahresabschluss.

- Bevorstehen der Feststellung des Jahresabschlusses durch die Gesellschafterversammlung und inhaltliche Vorbereitung der Mitglieder der Gesellschafterversammlung durch das Beteiligungsmanagement
- Situationsbezogene Analysen des Beteiligungsmanagements nach Bedarf oder durch Auftrag

Aufgabe des Beteiligungsmanagements ist es nicht, im Rahmen der Jahresabschlussanalyse eine „zweite Abschlussprüfung" durchzuführen, was per se auch nicht möglich wäre. Vielmehr dient sie der Analyse der Kernaussagen aus dem Blickwinkel des jeweiligen Adressaten einschließlich der Würdigung der Ertrags-, Vermögens- und Finanzlage des Unternehmens im entsprechenden Wirtschaftsjahr. Ziel der Jahresabschlussanalyse ist es, ein fundiertes Urteil zur wirtschaftlichen Lage des Unternehmens einschließlich der Zahlungsfähigkeit zu fällen. Ferner können begrenzte Aussagen über die zukünftige Entwicklung der Gesellschaft abgeleitet werden.

Wesentliche Bestandteile der Jahresabschlussanalyse sind der Plan-Ist-Vergleich für das abgelaufene Wirtschaftsjahr, die Entwicklung im Vergleich zum Vorjahr, eine Prüfung des Erfüllungs- bzw. Umsetzungsstandes der strategischen Unternehmensziele und die Identifizierung möglicher Risiken. Kritische Punkte sollten aufbereitet und adressiert werden.

PRAXISTIPP: Schwerpunkte der Jahresabschlussanalyse

Übersicht
Konkret könnte – in Bezug auf einzelne Schwerpunkte – folgendermaßen vorgegangen werden.

Formelle Rahmenbedingungen der Jahresabschlussprüfung:

- Wurde der Prüfungsauftrag korrekt abgearbeitet (insbesondere hinsichtlich festgelegter Prüfungsschwerpunkte)?
- Welcher Bestätigungsvermerk wurde erteilt?

Analyse von Abweichungen und Zielerreichung:

- Wurde der dem Wirtschaftsjahr zugrunde liegende Wirtschaftsplan erfüllt (Plan-Ist-Betrachtung)? Welche Ursachen bestehen für eine Abweichung von den Vorgaben?
- Wie entwickelte sich die wirtschaftliche Lage des Unternehmens im Vergleich zum Vorjahr sowie gegebenenfalls im Vergleich eines längeren Betrachtungszeitraums (Ist-Ist-Betrachtung)? Welche Ursachen bestehen für Veränderungen?

- Wie ist die Erfüllung des öffentlichen Zwecks und gegebenenfalls bestehender weitergehender Zielvorgaben der kommunalen Gebietskörperschaft oder sonstiger strategischer Setzungen der Gesellschafter zu bewerten?

Analyse der Ertragslage:

- Welche wesentlichen Ertrags- und Aufwandsentwicklungen im Zusammenhang mit der Leistungserstellung haben das Wirtschaftsjahr geprägt?
- Spielten Sondereffekte eine Rolle?
- Welche Rolle nahm die Entwicklung des Unternehmensumfeldes ein?

Analyse der Finanzlage:

- Wie hat sich die Liquidität des Unternehmens entwickelt und sind hieraus Risiken für die Zukunft erkennbar?
- Wie ist die Investitionstätigkeit zu bewerten und welche Auswirkung hatte sie auf die Finanzlage?

Analyse der Vermögenslage:

- Wie haben sich das Bilanzvolumen oder einzelne Bilanzpositionen entwickelt und welche Ursachen bestehen für Veränderungen (z. B. etwaiger Vermögensverzehr, Anlagenintensität, Eigenkapitalquote oder Veränderungen des Fremdkapitals)?

Analyse der Bilanzpolitik:

- Wurden Spielräume (insbesondere Ansatz- und Bewertungswahlrechte und sachverhaltsgestaltende Maßnahmen) genutzt, die wesentliche Auswirkungen auf die Ertrags-, Finanz- und Vermögenssituation haben?
- Gab es Veränderungen zum Vorjahr?

Verwendung des Jahresergebnisses:

- Wie sieht der Vorschlag der Geschäftsführung zur Verwendung des Jahresergebnisses aus?
- Entspricht dieser den Vorgaben der Gesellschafter?
- Wie ist der Verwendungsvorschlag wirtschaftlich einzuordnen?

§ 53 Haushaltsgrundsätzegesetz:

- Gibt es besondere Feststellungen des Abschlussprüfers?

- Gibt es aus Sicht des Beteiligungsmanagements im Rahmen der Beantwortung des Fragenkatalogs zur Prüfung der Ordnungsmäßigkeit der Geschäftsführung wesentliche Anmerkungen?

Wesentliche Risiken und Chancen gemäß Geschäftsführung:

- Ergeben sich aus dem Lagebericht der Geschäftsführung wesentliche Risiken?
- Sind aus Sicht des Beteiligungsmanagements spezifische Risiken hervorzuheben und gegenüber Adressaten (z. B. Aufsichtsrat, Gesellschafterversammlung) zu kommunizieren?

Die Analyse des Jahresabschlusses durch das Beteiligungsmanagement stellt eine wichtige Aufgabe im Rahmen des Beteiligungscontrollings dar. Dabei muss man sich jedoch auch der Grenzen des Instruments bewusst sein (Abb. 4.20).

4.5.5 Küraufgaben

4.5.5.1 Vereinheitlichung des Planungs- und Berichtswesens

Ausgangspunkt des Planungs- und Berichtswesens sind zunächst die jeweils in einem Bundesland geltenden gesetzlichen oder sonstigen Vorgaben über Inhalte und Aufbau des Wirtschaftsplans. Abgesehen davon existiert in der Praxis eine große Vielfalt an

Abb. 4.20 Schema zu Grenzen der Jahresabschlussanalyse

Darstellungsformen und Inhalten bzw. Umfängen in der Planung und Berichterstattung von Beteiligungsunternehmen. Die Vereinheitlichung betrifft die Wirtschaftspläne und das Berichtswesen aller Unternehmen sowohl auf der Ebene der einzelnen Bestandteile (z. B. Erfolgsplan – unterjährige Erfolgsrechnung) als auch deren Gliederung sowie in der zeitlichen Dimension; wenn also beispielsweise ein quartalsweises Controlling der Liquidität eines Unternehmens erfolgen soll, so muss diese für einen funktionierenden Plan-Ist-Vergleich ebenfalls quartalsweise geplant sein.

Es hat durchaus Vorteile, diesbezüglich eine Vereinheitlichung zu erreichen:

- Erhöhung der Vergleichbarkeit sowohl für die Adressaten (z. B. Mitglieder des für die Beratung/Beschlussfassung zuständigen Unternehmensorgans) als auch für das Beteiligungsmanagement
- Erhöhung der Aussagekraft der Wirtschaftsplanung durch Abbildung bestimmter Planinhalte mit besonderer Bedeutung für die kommunale Gebietskörperschaft, etwa von Leistungsdaten (z. B. Auslastung eines Kulturbetriebs) oder von Finanz-beziehungen zum kommunalen Haushalt, mit der gleichzeitigen Möglichkeit des Controllings dieser Ansätze
- Möglichkeit der Nutzung des (zusätzlichen) Datenmaterials für das Erstellen des Beteiligungsberichts
- Optimierung der Verarbeitungsmöglichkeiten des Beteiligungsmanagements im Fall der Nutzung eines IT-gestützten Beteiligungscontrollings[140]

Die Vereinheitlichung des Planungs- und Berichtswesen wird im Idealfall durch Regelungen im Gesellschaftsvertrag des jeweiligen Unternehmens umgesetzt und gegebenenfalls in der Geschäftsordnung für die Geschäftsführung oder korrespondierende Gesellschafterbeschlüsse mit Weisung an die Geschäftsführung erfolgen. Durch das Beteiligungsmanagement sollten konkrete Vorgaben erarbeitet werden.

PRAXISTIPP: Formulierungsvorschlag für den Gesellschaftsvertrag

Übersicht
Die Geschäftsführung hat für jedes Geschäftsjahr in entsprechender Anwendung der [gesetzliche Vorschriften] einen Wirtschaftsplan aufzustellen und diesen dem [zuständiges Organ] rechtzeitig vor Beginn des Geschäftsjahres zur Beschluss-fassung vorzulegen. Der Wirtschaftsführung liegt eine fünfjährige Finanzplanung (laufendes Jahr, Planjahr sowie drei Folgejahre) zugrunde. Der Wirtschaftsplan mit aussagekräftigen Erläuterungen hat den Vorgaben des Beteiligungsmanagements der [kommunale Gebietskörperschaft] zu entsprechen.

---

[140] Siehe auch Abschn. 4.5.5.7 DV-Unterstützung des Beteiligungscontrolling.

Die Geschäftsführung hat der [kommunale Gebietskörperschaft] quartalsweise/ halbjährlich über die Umsetzung des Wirtschaftsplans und zur wirtschaftlichen Situation zu berichten. Diese Berichte sowie deren aussagekräftige Erläuterungen haben den Vorgaben des Beteiligungsmanagements der [kommunale Gebiets-körperschaft] zu entsprechen.

Eine Vereinheitlichung des Planungs- und Berichtswesen kann für alle Beteiligungs-unternehmen, bei denen dies gesellschaftsrechtlich durchsetzbar ist, unterschiedliche Ausgestaltungsgrade annehmen:

- Es werden lediglich einzelne Rahmensetzungen vorgenommen, etwa dass ein Wirt-schaftsplan auch Prognosezahlen zum aktuellen Geschäftsjahr enthalten muss oder die Berichte bestimmte Kennzahlen darzustellen haben. In diesem Fall haben die Planung und das Berichtswesen der unterschiedlichen Beteiligungsunternehmen über das gesamte Portfolio hinweg zwar einzelne einheitliche Bestandteile, insgesamt bleibt es jedoch bei einer größeren Heterogenität.
- Es wird eine weitgehende Standardisierung des Planungs- und Berichtswesen der Beteiligungsunternehmen veranlasst. In der Konsequenz ist bei den beteiligten Gesell-schaften der Aufbau des Wirtschaftsplans und der unterjährigen Berichterstattung identisch, wobei unternehmensspezifische Besonderheiten selbstverständlich abgebildet werden müssen.[141]

Welcher der beiden Wege sinnvoll ist, hängt von der Situation vor Ort ab, insbesondere von Art und Umfang des Beteiligungsportfolios.

4.5.5.2 Wirtschaftsplangespräche

Da die Wirtschaftsplanung große Bedeutung für die Umsetzung der strategischen Vor-gaben der kommunalen Gebietskörperschaft und die zukünftige Ausrichtung einer Gesellschaft hat, sollte das Beteiligungsmanagement zumindest bei den wirtschaftlich bedeutenden Beteiligungsunternehmen Möglichkeiten nutzen, frühzeitig mit diesen dazu ins Gespräch zu kommen. Hier bieten sich zwei alternative Gelegenheiten an:

- Sofern die Notwendigkeit besteht, eine Gesellschaft beispielsweise über die von den Gesellschaftern erwartete Ausschüttung, eine maximale Zuschusshöhe oder sonstige Planungsprämissen zu informieren, bietet sich ein Wirtschaftsplangespräch an, das vor dem Start der internen Prozesse der Gesellschaft zur Planerstellung durchgeführt

---

[141] Zur konkreten Umsetzung in Leipzig siehe Abschn. 7.2.2 Instrumente des Beteiligungs-controllings der bbvl.

wird. Ziel dieses Gesprächs ist es, die Anforderungen der kommunalen Gebietskörperschaft klar zu vermitteln und ein gemeinsames Verständnis zu den Rahmenbedingungen der Planung zu erhalten. Gesprächsteilnehmer sollten das für die
Gesellschaft zuständige Mitglied der Verwaltungsspitze (in der Regel der Vorsitzende
des Aufsichtsrats), das Beteiligungsmanagement und die Geschäftsführung sein.
Wichtig ist, dass auf Ebene der kommunalen Gebietskörperschaft etwaige Planungsprämissen geklärt worden sind, um zu verhindern, dass die Geschäftsführung
Kontakte zu nicht anwesenden Vertretern der Verwaltungsspitze nutzt, um für sie
unbequeme Zielsetzungen zu hintertreiben.

- Alternativ kann ein Wirtschaftsplangespräch unmittelbar im Vorfeld der Versendung
  des Wirtschaftsplans an den Aufsichtsrat erfolgen; dann liegen bereits belastbare Zahlen und Daten vor. Das Gespräch zwischen Aufsichtsratsvorsitzendem,
  Beteiligungsmanagement und Geschäftsführung kann der Klärung dienen, ob
  gegebenenfalls vorhandene Planungsprämissen in die Planungen Eingang gefunden
  haben und/oder ob der Plan den formellen Vorgaben entspricht und grundsätzlich
  beschlussfähig ist.

4.5.5.3 Teilnahme an der Schlussbesprechung zum Jahresabschluss

Bevor die Jahresabschlussprüfung beendet wird, findet regelmäßig die Schlussbesprechung des Abschlussprüfers mit der Geschäftsführung der geprüften Gesellschaft
statt. Hier erläutert der Prüfer mündlich die Prüfungsergebnisse; die Geschäftsführung
hat die Möglichkeit, zu einzelnen Feststellungen oder zu noch offenen Fragen Stellung
zu nehmen.

Die Schlussbesprechung erfolgt in der Regel auf Basis eines vorläufigen Prüfungsberichts. Es kommt häufig vor, dass der Bericht auf Grundlage der Diskussionen in der
Schlussbesprechung noch einmal geändert wird.

Die Schlussbesprechung kann somit auch für das Beteiligungsmanagement eine
wichtige Informationsquelle sein. Hier besteht die Möglichkeit, vertiefende Erkenntnisse aus der Abschlussprüfung zu erhalten und Fragen direkt mit dem Abschlussprüfer
zu klären, etwa zur Bilanzpolitik oder zu den genutzten Bilanzierungs- und Bewertungs-
spielräumen.[142] Das Beteiligungsmanagement hat so auch die Chance, noch vor Fertig-
stellung des Prüfungsberichts Einfluss auf einzelne Inhalte zu nehmen.

Selbst wenn relevante Fragen in der Schlussbesprechung aus Sicht des Beteiligungsmanagements ausreichend beantwortet werden konnten, wird es diese Themen in seiner
Kommentierung des Jahresabschlusses für den Aufsichtsrat im Rahmen der Mandatsbetreuung[143] gegebenenfalls erneut aufgreifen.

---

[142] Siehe auch Abschn. 4.5.4.3 Analyse des Jahresabschlusses.
[143] Siehe auch Abschn. 4.4.3.2 Vorbereitung und Begleitung von Aufsichtsratssitzungen.

4.5.5.4 Revision der Planungs- und Berichtsprozesse der Beteiligungsunternehmen

Die Berichte des Beteiligungsmanagements werden maßgeblich von der Qualität der aus den Beteiligungsunternehmen erhaltenen Daten beeinflusst. Eine hohe Qualität der Ausgangsdaten kann wiederum nur erreicht werden, wenn in den Beteiligungsunternehmen die Planungs- und Berichtsprozesse sachgerecht sind, die Geschäftsvorfälle korrekt geplant und gebucht werden und eine korrekte Aggregation der Daten erfolgt.

Insbesondere wenn die Ist-Daten des Jahresabschlusses für das Beteiligungsmanagement den Schluss zulassen, dass in der Wirtschaftsplanung oder im unterjährigen Berichtswesen grobe Fehler bestanden, ist eine Revision der Planungs- und Berichtsprozesse der Beteiligungsunternehmen sinnvoll. Auftraggeber kann der Gesellschafter oder der Aufsichtsrat sein. Mit der Durchführung einer solchen Prüfung kann das Rechnungsprüfungsamt der kommunalen Gebietskörperschaft oder ein externer Revisor (z. B. eine Wirtschaftsprüfungsgesellschaft) beauftragt werden. Nur in Ausnahmefällen dürfte das Beteiligungsmanagement in der Lage sein, selbst eine solche Prüfung durchzuführen.

4.5.5.5 Nutzung betriebswirtschaftlicher Kennzahlen

Betriebswirtschaftliche Kennzahlen erfüllen – neben unternehmensindividuellen Leistungskennzahlen – einen wichtigen Zweck. Sie können zur Beurteilung der Unternehmen, zum Festlegen von Unternehmenszielen und der Messung ihres Erreichens verwendet werden. Eine wesentliche Funktion von Kennzahlen ist demnach neben der Analyse der Ist-Situation die quantitative Erfassung umfassender Sachverhalte mit der Möglichkeit deren Bewertung. Ferner dienen sie dazu, Schwachstellen zu identifizieren und die Wirksamkeit von Maßnahmen zu überprüfen.

Kennzahlen können ein wichtiges Mittel zur Einschätzung eines Unternehmens und zur Ableitung steuerungsrelevanter Informationen sein. Dabei muss aber immer bedacht werden, dass die Aussagekraft einer einzelnen Kennzahl eingeschränkt ist, vor allem dann, wenn sie losgelöst von anderen Zusammenhängen betrachtet wird. Insofern sollte zur Ableitung von Informationen immer auch mit der Betrachtung von Vorjahreswerten (Zeitreihen) und gegebenenfalls von vergleichbaren Werten anderer Unternehmen (Benchmarking) ein aussagekräftiges Bezugssystem aufgebaut werden, um so im Zweifel mögliche Fehlinterpretationen zu vermeiden. Ferner ist nicht jede Kennzahl für jedes Unternehmen gleichermaßen aussagekräftig.

Von Kennzahlensystemen spricht man, wenn Einzelkennzahlen systematisch verknüpft werden. „Stammvater" der Kennzahlensysteme ist die DuPont-Kennzahlenpyramide, deren Spitzenkennzahl, der Return on Investment (RoI), sukzessive über mehrere Ebenen hinweg aufgespalten wird. Kennzahlensysteme können hilfreich sein, um eine Informationsüberlastung der Entscheider durch zu viele Kennzahlen (sogenannte Kennzahlengräber) zu vermeiden.[144] In der Praxis des kommunalen Beteiligungsmanagements finden derartige Systeme allerdings kaum Anwendung, sodass nachfolgend auf einzelne Kennzahlen eingegangen wird.

Die Berechnung und Nutzung von Kennzahlen zur Beurteilung der Ertrags-, Finanz- und Vermögenslage eines Unternehmens ist ein zentraler Bestandteil des Beteiligungscontrollings, insbesondere bei der Analyse des Jahresabschlusses[145] und der Wirtschaftsplanung[146] sowie im Rahmen des unterjährigen Berichtswesens.[147]

Zu berücksichtigen ist darüber hinaus, dass die Abbildung von Kennzahlen bei einer Reihe von Kommunalverfassungen ein Mindesterfordernis bei der Erstellung des Beteiligungsberichts ist. Häufig ist hier formuliert, dass die wichtigsten Kennzahlen der Vermögens-, Finanz- und Ertragslage des Unternehmens darzustellen sind.

Beispiele für relevante Kennzahlen sind die Eigenkapitalrentabilität (Ertragslage), die Anlagenintensität (Vermögenslage) oder die Liquiditätsgrade 1 bis 3 (Finanzlage) sowie branchenspezifische Kennzahlen zur Beurteilung von Leistungen des Unternehmens (Leistungserstellung). Die nachfolgende Übersicht zeigt wesentliche Analysegegenstände der Vermögens-, Finanz- und Ertragslage, auf die im Weiteren exemplarisch näher eingegangen wird (Abb. 4.21).

Analyse der Ertragslage

Bei der Analyse der Ertragslage (Erfolgsanalyse) ist zunächst die Ertragsstruktur zu analysieren und die Frage zu klären, woher die Erlöse kommen und wie sie sich zusammensetzen (Erlösquellen). Ergeben sich die Erträge zum Beispiel aus der gewöhnlichen oder aus außergewöhnlicher Geschäftstätigkeit?[148]

Als wichtige Kennzahlen zur Analyse der Aufwandsstruktur können die Materialaufwands- und die Personalaufwandsquote genannt werden.

$$\text{Materialaufwandsquote (in \%)} = \frac{\text{Materialaufwand}}{\text{Umsatz}} \times 100$$

---

[144] Vgl. Gabler Wirtschaftslexikon, Stichwort: Kennzahlensystem, (unter: https://bit.ly/2DEAJHj); zuletzt eingesehen am 11.09.2020.

[145] Siehe auch Abschn. 4.5.4.3 Analyse des Jahresabschlusses.

[146] Siehe auch Abschn. 4.5.4.1 Analyse des Wirtschaftsplans.

[147] Siehe auch Abschn. 4.5.4.2 Frühwarnsystem – Controllingberichte des Beteiligungsmanagements.

[148] Vor Umsetzung des BilRUG war dies unmittelbar in der Gewinn- und Verlustrechnung enthalten bzw. daraus ersichtlich. Seit Umsetzung des BilRUG muss zusätzlich der Anhang zum Jahresabschluss bemüht werden.

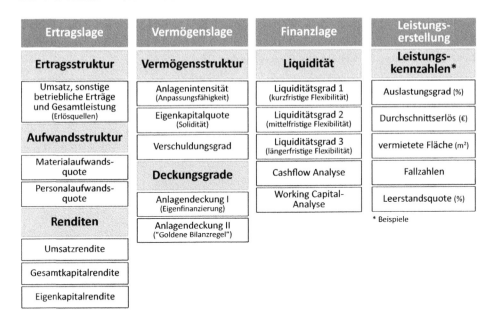

Abb. 4.21 Gegenstände zur Analyse der Vermögens-, Finanz- und Ertragslage

Die Materialaufwandsquote stellt das Verhältnis zwischen dem Materialaufwand und den Umsatzerlösen des Unternehmens dar.[149] So kann etwa verglichen werden, ob Wettbewerber die Leistung mit geringerem Materialaufwand erzielen und somit möglicherweise Hinweise auf Unwirtschaftlichkeiten im Betriebsablauf bestehen. Materialkosten sind überwiegend variable Kosten, das heißt bei sinkenden Umsätzen sind sie weitgehend automatisch ebenso rückläufig.

$$\text{Personalaufwandsquote (in \%)} = \frac{\text{Personalaufwand}}{\text{Umsatz}} \times 100$$

Bei der Personalaufwandsquote wird das Verhältnis zwischen dem Personalaufwand und den Umsatzerlösen des Unternehmens berechnet. Hohe Personalkostenquoten bedeuten einen hohen Fixkostenanteil, das heißt die Personalkosten sind in der Regel auch bei rückläufigen Umsätzen weiter zu zahlen. Bei Quoten von mehr als 50 % der Gesamtleistung oder der Umsatzerlöse gelten Unternehmen im Allgemeinen als personalkostenintensiv.

---

[149] Grundsätzlich kann anstatt des Umsatzes auch auf die Gesamtleistung abgestellt werden. Das gilt auch für die weiteren Kennzahlen.

Als wesentliche Kennzahlen zur Analyse der Rentabilität eines Unternehmens können die Umsatz- und Eigenkapitalrentabilität sowie die Gesamtkapitalrentabilität oder auch Return on Investment (RoI) herangezogen werden.[150]

$$\text{Umsatzrentabilität (in \%)} = \frac{\text{Jahresergebnis}}{\text{Umsatz}} \times 100$$

Die Umsatzrentabilität stellt das Verhältnis Gewinn zu Umsatz dar; sie gibt an, wie viel Prozent des Umsatzes als Gewinn verblieben sind. Das heißt eine Umsatzrendite von 10 % entspricht einem Gewinn von 10 Cent je Euro Umsatz. Eine schwache Umsatzrendite (unterer einstelliger Bereich) deutet meist auf einen hart umkämpften, wettbewerbsintensiven Markt hin.

$$\text{Eigenkapitalrentabilität (in \%)} = \frac{\text{Jahresergebnis}}{\text{Umsatz}} \times 100$$

Die Eigenkapitalrentabilität beantwortet die Frage, wie viel Prozent des Gewinns auf das eingesetzte Eigenkapital entfällt. Sie gibt demnach Informationen über die Verzinsung des eingesetzten Eigenkapitals und ist aus diesem Grund vor allem aus Sicht der kommunalen Gesellschafterin wichtig. Je größer die Eigenkapitalrentabilität, desto besser ist die Beurteilung des Unternehmens.

$$\text{Gesamtkapitalrentabilität (in \%)} = \frac{\text{Jahresergebnis} + \text{Zinsaufwand}}{\text{Bilanzsumme}} \times 100$$

Die Gesamtkapitalrentabilität oder Return on Investment (RoI) gibt das Verhältnis des Kapitalgewinns zum Gesamtkapital (Bilanzsumme) an. Der RoI gibt an, welche Rendite das gesamte im Unternehmen eingesetzte Kapital innerhalb einer Periode erwirtschaftet hat (Verzinsung des arbeitenden Kapitals) bzw. wie hoch der prozentuale Anteil des Kapitalgewinns am Gesamtkapital ausfällt.

Analyse der Vermögenslage
Zur Analyse der Vermögenslage bietet sich die Analyse der Anlagenintensität, der Eigenkapitalquote und des Verschuldungsgrades an.

$$\text{Anlagenintensität (in \%)} = \frac{\text{Anlagevermögen}}{\text{Bilanzsumme}} \times 100$$

Die Anlagenintensität stellt das Verhältnis des Anlagevermögens zum Gesamtvermögen dar; sie gibt an, wie viel Prozent des Gesamtkapitals im Anlagevermögen gebunden sind. Das dauernd zur Verfügung stehende Anlagevermögen bindet langfristig Kapital, welches fixe Kosten verursacht (Abschreibungen, gegebenenfalls Zinsen).

---

[150] Die Berechnung insbesondere dieser Kennzahl kann je nach Quelle differieren.

$$\text{Eigenkapitalquote (in \%)} = \frac{\text{Eigenkapital}}{\text{Bilanzsumme}} \times 100$$

Die Eigenkapitalquote stellt das Verhältnis des Eigenkapitals zur Bilanzsumme dar. Das Eigenkapital steht als Haftungsmasse für Gläubiger zur Verfügung. Je höher der Eigenkapitalanteil ist, desto niedriger ist das Gläubigerrisiko einzustufen und umgekehrt.

$$\text{Verschuldungsgrad} = \frac{\text{Fremdkapital}}{\text{Eigenkapital}}$$

Der Verschuldungsgrad gibt das Verhältnis zwischen Fremd- und Eigenkapital an. Ein berechneter Koeffizient von weniger als 1 bedeutet, dass das Fremdkapital geringer ist als das Eigenkapital. Mit steigendem Verschuldungsgrad (Koeffizient vor allem größer als 1) sinkt die finanzielle Unabhängigkeit eines Unternehmens und das Kreditrisiko für Gläubiger steigt. Ein hoher Anteil an Fremdkapital verursacht des Weiteren beispielsweise Zinsaufwendungen, die wiederum ergebnismindernd wirken.

Um zu prüfen, ob ein Unternehmen solide finanziert ist, ermittelt man die Anlagendeckung. Demnach sollen nach dem Grundsatz der Fristenkongruenz langfristig dienende Vermögensgegenstände auch durch langfristig zur Verfügung stehendes Kapital finanziert sein. Dabei kann nach Anlagendeckung I und II unterschieden werden.

$$\text{Anlagendeckung I (in \%)} = \frac{\text{Eigenkapital}}{\text{Anlagevermögen}} \times 100$$

Die Anlagendeckung I stellt das Verhältnis des Eigenkapitals zum Anlagevermögen dar. Wird ein Wert von 100 % erreicht (in der Praxis sehr selten), so ist die „Goldene Bilanzregel" im engeren Sinne erfüllt, also das komplette Anlagevermögen über das Eigenkapital finanziert.

$$\text{Anlagendeckung II (in \%)} = \frac{\text{Eigenkapital + langfristiges Fremdkapital}}{\text{Anlagevermögen}} \times 100$$

Mit der Anlagendeckung II wird das Verhältnis von langfristig zur Verfügung stehendem Kapital zum Anlagevermögen ermittelt. Wird hierbei der Wert von 100 % überschritten, so ist die „Goldene Bilanzregel" im weiteren Sinne erfüllt, also das Anlagevermögen komplett durch Eigenkapital und langfristiges Fremdkapital finanziert.

Analyse der Finanzlage

Zur Analyse der Finanzlage ist die Ermittlung der Liquiditätsgrade 1 bis 3 zu empfehlen. Unter Liquidität ist die Fähigkeit eines Unternehmens zu verstehen, allen Zahlungsverpflichtungen zum jeweiligen Fälligkeitstermin in voller Höhe nachkommen zu können.

$$\text{Liquiditätsgrad 1 (in \%)} = \frac{\text{liquide Mittel}}{\text{kurzfristige Verbindlichkeiten}} \times 100$$

So ermittelt man mit dem Liquiditätsgrad 1 (Barliquidität) das Verhältnis der liquiden Mittel zu den kurzfristigen Verbindlichkeiten. Damit kann die Frage beantwortet werden, ob ein Unternehmen in der Lage ist, die kurzfristigen Zahlungsverpflichtungen allein durch eigene liquide Mittel zu erfüllen.

$$\text{Liquiditätsgrad 2 (in \%)} = \frac{\text{liquide Mittel} + \text{Forderungen und sonstige Vermögensgegenstände}}{\text{kurzfristige Verbindlichkeiten}} \times 100$$

Der Liquiditätsgrad 2 betrachtet das Verhältnis des Geldvermögens (liquide Mittel, Forderungen und sonstige Vermögensgegenstände) zu den kurzfristigen Verbindlichkeiten. Ergibt sich ein Wert, der kleiner als 1 ist, so ist das Unternehmen nicht in der Lage, alle kurzfristigen Verbindlichkeiten durch momentan zur Verfügung stehendes Vermögen zu decken (Engpass).

$$\text{Liquiditätsgrad 3 (in \%)} = \frac{\text{liquide Mittel} + \text{Forderungen und sonstige Vermögensgegenstände} + \text{Vorräte}}{\text{kurzfristige Verbindlichkeiten}} \times 100$$

Beim Liquiditätsgrad 3 wird das Verhältnis des gesamten Umlaufvermögens zu den kurzfristigen Verbindlichkeiten betrachtet. Ist dieser Wert kleiner als 1, so ist es strenggenommen möglich, dass zur Deckung von Verbindlichkeiten Anlagevermögen verkauft werden muss.

Ein weiteres Maß für die Liquidität (insbesondere die Liquidität 3. Grades) ist das Working Capital (auch Nettoumlaufvermögen).

$$\text{Working Capital} = \text{Umlaufvermögen} - \text{kurzfristige Verbindlichkeiten}$$

Das Working Capital wird aus der Differenz von Umlaufvermögen und kurzfristigen Verbindlichkeiten ermittelt. Ergibt sich ein negativer Wert, ist das Anlagevermögen teilweise durch kurzfristiges Fremdkapital finanziert, was der „Goldenen Bilanzregel" widerspricht.

4.5.5.6 Unternehmensvergleich (Benchmarking)

Benchmarking bezeichnet eine Managementmethode, mit der sich durch zielgerichtete Vergleiche mehrerer Unternehmen einer Branche das jeweils beste als Referenz zur Leistungsoptimierung herausfinden lässt. Der Unternehmensvergleich ist einer der effektivsten Wege, externes Wissen rasch in die eigene Gesellschaft einzubringen. Das bei einem Benchmarking-Projekt erarbeitete Wissen ist in höchstem Maße praxisorientiert – es entstammt der Praxis und hat sich im Alltag bewährt.

Viele Unternehmen haben ein vitales Interesse an Vergleichen mit Wettbewerbern bzw. anderen Unternehmen. Ziel eines solchen Benchmarkings ist es, durch die konkrete Analyse, was andere Unternehmen besser machen als das eigene, Optimierungspotenzial zu erschließen und letztlich zu den „Klassenbesten" aufzuschließen. Dazu ist es in der Regel notwendig, den Unternehmensvergleich bis hin zu den Prozessen der Leistungserstellung herunterzubrechen. Die Durchführung einer solchen Benchmarkanalyse stellt einen ressourcenintensiven Prozess dar, welcher zudem ein hohes Maß an Know-how und ein gutes Netzwerk erfordert.

Kommunale Gesellschafter haben zumeist kein derart tiefgehendes Interesse. Erwünscht ist jedoch anlassbezogenes Wissen darüber, wie das wirtschaftliche Ergebnis des eigenen Unternehmens im Vergleich zu kommunalen Unternehmen der gleichen Branche in anderen Städten oder Landkreisen aussieht. Hier geht es vor allem um die Gegenüberstellung von Kennzahlen, nicht von Prozessen. Die Aufgabe zur Durchführung eines solchen Unternehmensvergleichs obliegt in der Regel dem Beteiligungsmanagement.

Methodisch verläuft ein solches Benchmarking wie folgt:

- **Auswahl der Vergleichsunternehmen:**
  Diese sollten nicht nur von den Aufgaben und von der Größe (Umsatz, Mitarbeiter) her vergleichbar sein, sondern auch in der Struktur der Leistungserbringung. So ist es wenig sinnvoll, eine Verkehrsgesellschaft, die ein ausgedehntes U-Bahn-Netz betreibt, mit einem reinen Busunternehmen zu vergleichen.
- **Datengewinnung:**
  In der Regel kann das Beteiligungsmanagement nur auf öffentlich zugängliche Daten zugreifen. Zu nennen sind hier unter anderem Geschäftsberichte der Unternehmen, Beteiligungsberichte und veröffentlichte Jahresabschlüsse.
- **Datenvergleich:**
  Da die öffentlich zugänglichen Informationen zu den Benchmark-Unternehmen meist nicht umfassend genug sind, dass sich alle zu vergleichenden Kennzahlen daraus errechnen ließen, ist ihr Aussagewert nicht immer eindeutig. Wenn das Ergebnis des Vergleichs etwa lautet, dass ein Unternehmen bei gleichem Umsatz und gleicher Leistung viel weniger Personalkosten hat, so kann das auch darauf zurückzuführen sein, dass hier ein Teil der Wertschöpfungskette ausgelagert bzw. fremdvergeben wurde. Selbst wenn in Geschäftsberichten Kennzahlen mit identischer Bezeichnung veröffentlicht werden (z. B. im ÖPNV: Auslastungsgrad), kann es sein, dass völlig unterschiedliche Berechnungsmethoden zugrunde liegen.

Soll das Beteiligungsmanagement öfter Vergleichszahlen erfassen, ist sicherlich eine entsprechende EDV-Lösung sinnvoll (siehe das folgende Kapitel).

PRAXISTIPP: Nutzung des Benchmarkings kommunaler Unternehmen

Betriebsvergleiche werden von verschiedenen Unternehmensverbänden und sonstigen Einrichtungen angeboten und von vielen kommunalen Unternehmen genutzt. Das Beteiligungsmanagement sollte einen Überblick gewinnen, in welchen Branchen die kommunalen Unternehmen an Vergleichsringen teilnehmen (z. B. ÖPNV, Wohnungswesen, Krankenhäuser). Bei Bedarf können diese Benchmarkings herangezogen werden, um die Steuerung des Unternehmens und insbesondere das Beteiligungscontrolling zu verbessern. Dazu ist in der Regel eine Gesellschafterweisung erforderlich, mit der die Geschäftsführung zur regelmäßigen Übersendung des Betriebsvergleichs aufgefordert wird. Sinnvoll ist dies allerdings nur, wenn das Beteiligungsmanagement personell und fachlich in der Lage ist, die erhaltenen Daten adäquat auszuwerten.

4.5.5.7 DV-Unterstützung des Beteiligungscontrollings

Mittlerweile haben vornehmlich Großstädte ihr Beteiligungscontrolling ausgebaut und mit einem Frühwarnsystem ausgestattet, das den Entscheidungsträgern frühzeitig wesentliche steuerungsrelevante Informationen über die Beteiligungsunternehmen zur Verfügung stellt. Im Fokus stehen betriebswirtschaftliche Größen wie Gesamterfolg, Vermögensentwicklung, Finanzierung und Liquidität, aber auch Leistungserstellung und spezifische Kennzahlen.

Aufgrund der Größe und zunehmenden Komplexität der Beteiligungsportfolien gibt es in vielen Städten Bedarf an einer optimalen Umsetzung des Beteiligungscontrollings über Datenbanklösungen. Dagegen stoßen händische Zusammenführungen oder die Nutzung von Standard-Tabellenkalkulationsprogrammen (z. B. MS Excel) an ihre Grenzen. Datenbanklösungen gewährleisten eine schnelle Verfügbarkeit der Daten (z. B. GuV, Bilanz, Leistungsdaten), das Vorhalten von Vergangenheitswerten, eine generell deutlich erhöhte Datensicherheit und -qualität sowie den dezentralen Zugriff durch die einzelnen Akteure des Beteiligungsmanagements entsprechend den zugewiesenen Rechten. Vordefinierte Kennzahlenberechnungen, automatische Plausibilitätsprüfungen, Zeitreihen- und weitere wirtschaftliche Analysen können problemlos durchgeführt werden. Eine Datenbank bietet zudem den Vorteil, dass auch Daten von Vergleichsunternehmen vorgehalten werden können, um auf Basis dieser „Benchmarks" die Lage des eigenen Unternehmens besser beurteilen zu können. Dabei ist zu beachten, dass die pro Unternehmen benötigten Kennzahlen differieren und sich im Lauf der Zeit auch ändern können. Beispielsweise unterscheiden sich Kennzahlen zur Beurteilung von Krankenhäusern maßgeblich von denen für Stadtwerke.

Insbesondere bei der Erstellung unterjähriger Controllingberichte des Beteiligungsmanagements[151], aber auch bei der Erstellung des Beteiligungsberichts[152] bietet eine IT-Unterstützung große Hilfestellungen. Sie ermöglicht dem Beteiligungsmanagement nicht nur den Rückgriff auf Vergangenheits- und Vergleichsdaten[153], sondern hilft zudem bei der Überprüfung und dem Verständnis von Daten sowie bei der Berechnung zahlreicher

---

[151] Siehe auch Abschn. 4.5.2.2 Unterjähriges Berichtswesen.
[152] Siehe auch Abschn. 4.3.2.5 Beteiligungsbericht.
[153] Siehe auch Abschn. 4.5.5.6 Unternehmensvergleich (Benchmarking).

Kennzahlen[154]. Das Beteiligungsmanagement kann sich so optimal auf das eigentliche Controlling konzentrieren, das in der zeitnahen Erstellung aktueller Controllingberichte in Form der Bewertung der Daten und der Formulierung von Handlungsempfehlungen besteht, ohne eigenen zusätzlichen Datenverwaltungsaufwand leisten zu müssen.

Wenn eine kommunale Gebietskörperschaft die Unterstützung des Beteiligungsmanagements mittels einer IT-Lösung nutzt, können im Beteiligungscontrolling die größten positiven Effekte realisiert werden. Für den Austausch und die Aufbereitung der Informationen sowie den Steuerungsprozess zwischen Verwaltung und Unternehmensbeteiligungen werden mittels einer standardisierten Datenbank Kontinuität und Qualitätsstandards geschaffen.

Softwareanforderungen

Die Hinweise zu Sicherheits- und Software-Ergonomieaspekten für IT-Produkte zur Unterstützung der Kommune im Bereich der Beteiligungsverwaltung[155] gelten analog.

Daneben sollte in diesem Bereich auf eine besonders flexible Auswertungsmöglichkeit geachtet werden, da erfahrungsgemäß im Controllingbereich sehr häufig neue Anfragen und damit Auswertungsanforderungen entstehen.

4.6   Das ABC der Einbeziehung der Beteiligungsunternehmen in die kommunale Haushaltswirtschaft

4.6.1   Aufgabenbeschreibung

Das kommunale Beteiligungsportfolio repräsentiert einerseits ausgelagerte Vermögensbestandteile, andererseits existiert eine Fülle von finanziellen Beziehungen zwischen der kommunalen Gebietskörperschaft und ihren Beteiligungsunternehmen, zum Beispiel die Gewinnausschüttung der Gesellschaften, Zuwendungen der kommunalen Gebietskörperschaft etc.

Gerade in Zeiten knapper kommunaler Kassen ist es absolut legitim, wenn die kommunale Gebietskörperschaft ihre Beteiligungsunternehmen zur Finanzierung des Haushaltes heranzieht. Im Folgenden werden die unterschiedlichen Ansatzpunkte dargestellt.

Eine Besonderheit dieses Kapitels ist, dass keine Ergänzungsaufgaben definiert wurden.

---

[154] Siehe auch Abschn. 4.5.5.5 Nutzung betriebswirtschaftlicher Kennzahlen.
[155] Siehe auch Abschn. 4.3.4.6 DV-Unterstützung der Beteiligungsverwaltung.

4.6.2   Pflichtaufgaben

Die Haushaltswirtschaft der kommunalen Gebietskörperschaft und die Wirtschaftsführung in den einzelnen Beteiligungsunternehmen stellen integriert zu betrachtende
Sphären dar. Das ergibt sich unmittelbar aus den allgemeinen Grundsätzen der Haushaltsführung, wonach diese unter anderem den Kriterien Klarheit, Wahrheit und Vollständigkeit zu entsprechen hat. Deutlich wird dies darüber hinaus aus den an anderer
Stelle bereits dargestellten Pflichten über die Beifügung von Wirtschaftsplänen und
Jahresabschlüssen[156] zum Haushaltsplan der kommunalen Gebietskörperschaft sowie
zur Darstellung wesentlicher Finanzbeziehungen zu den Unternehmen im Beteiligungsbericht.

Es ist demnach unerlässlich, dass sich sämtliche das Verhältnis zwischen
Beteiligungsunternehmen und kommunaler Gebietskörperschaft betreffende Sachverhalte im doppischen oder kameralen Haushalt widerspiegeln. Dabei bestehen zwei
grundsätzliche Philosophien zur Ausgestaltung des Prozesses:

- **Bottom-up-Prozess:** Die Ansätze des Unternehmens aus der Wirtschafts- bzw.
  Mittelfristplanung werden nach Prüfung und Verifizierung in den Haushalt übernommen. Die Rolle des Beteiligungsmanagements ist hier eher gering und erschöpft
  sich regelmäßig in der Lieferung der Daten an die Haushaltsabteilung, sofern diese
  nicht direkt vom Unternehmen abgefordert werden.
- **Top-Down-Prozess:** Ausgehend von strategischen Zielstellungen werden durch die
  Gebietskörperschaft Vorgaben für die Finanzbeziehungen zwischen Kommunalhaus-
  halt und Unternehmen kommuniziert. Das Beteiligungsmanagement nimmt hier eine
  Scharnierfunktion zwischen der Gebietskörperschaft und dem Unternehmen ein,
  indem es verwaltungsintern an der Erarbeitung der Vorgaben mitwirkt und für die
  Kommunikation und Umsetzung gegenüber dem Unternehmen Sorge trägt.[157] Dabei
  ist zu beachten, dass nicht jede zu erfassende haushaltsrelevante Beziehung mit einer
  Vorgabe zu versehen ist.

In der Praxis sollte der zweiten Vorgehensweise entsprochen werden.

Der Gesetzgeber in Mecklenburg-Vorpommern hat den Gedanken einer Koordination
der Wirtschaftsplanung der Unternehmen mit der Haushaltsplanung als Aufgabe des
Beteiligungsmanagements explizit festgeschrieben.[158]

---

[156] Siehe auch Abschn. 4.5.3.1 Anlagen zum Haushaltsplan der kommunalen Gebietskörperschaft.
[157] Siehe auch Abschn. 4.5.5.2 Wirtschaftsplangespräche.
[158] Vgl. § 75a KV M-V vom 13.07.2011.

4.6.3   Küraufgaben

4.6.3.1 Kombination von Haushaltsansätzen mit unterjährigem Controlling

Für die kommunale Gebietskörperschaft stellt die Haushaltsplanung eine wichtige, mit erheblichem Aufwand verbundene Aufgabe dar. Nicht minder wichtig sind – sozusagen in Fortsetzung der Haushaltsplanung – die Haushaltsdurchführung und deren unterjährige Steuerung. Auch hierbei kann das Beteiligungsmanagement eine wichtige Rolle spielen, wenn im Rahmen des unterjährigen Berichtswesens[159] die Entwicklung (aller oder ausgewählter) haushaltsrelevanter Positionen der Unternehmen in das Controlling einbezogen wird.

In der Praxis sollten die hierfür notwendigen Daten zusätzlich zu den im Rahmen der unterjährigen Berichterstattung gelieferten Controllingdaten von den Beteiligungsunternehmen abgefragt werden, sofern nicht manche Angaben wie das Jahresergebnis ohnehin bereits Berichtsgegenstand sind. Wichtig sind sowohl die zahlungswirksamen als auch die nicht zahlungswirksamen Verbindungen zum kommunalen Haushalt.

Aus den Daten können – je nach Entwicklung – Implikationen für die weitere Haushaltsdurchführung und auch die Haushaltsplanung des Folgejahres resultieren. Einige sind hier exemplarisch dargestellt:

- Das Jahresergebnis eines Unternehmens entwickelt sich aufgrund einer guten Auftragslage positiv. Für das Folgejahr kann eine (höhere) Gewinnausschüttung vorgesehen werden, wenn die entsprechende Liquidität im Haushalt benötigt wird.
- Ein Unternehmen erwartet eine Verschlechterung des Jahresergebnisses, das zu einem Jahresfehlbetrag führen wird. Bei Anwendung der Eigenkapitalspiegel(bild-)methode zur Bilanzierung der Beteiligungen ergibt sich im Haushalt eine Abschreibung.
- Ein Unternehmen hat erfolgreich Fördermittel bei einem Dritten beantragt. Eine im Wirtschaftsplan von der kommunalen Gebietskörperschaft eigentlich vorgesehene Zahlung ist gegebenenfalls nicht mehr notwendig oder verschiebt sich aufgrund angepasster Prioritätensetzungen.

4.6.3.2 Konzept zur Haushaltskonsolidierung oder Haushaltssicherung

Im Gegensatz zu Haushaltskonsolidierungsmaßnahmen, die eine kommunale Gebietskörperschaft einleiten kann, bevor der Haushalt nicht mehr ausgeglichen ist, wird ein Haushaltssicherungskonzept bei Unterdeckung gesetzlich vorgeschrieben und von der Rechtsaufsicht geprüft. Die Bundesländer haben die gesetzlichen Verpflichtungen, wann ein Haushaltssicherungskonzept anzuwenden ist, jeweils unterschiedlich normiert. Die Regelungen können voneinander abweichen, zum Teil wird etwa die Angabe von Fristen

---

[159] Siehe auch Abschn. 4.5.4.2 Frühwarnsystem – Controllingberichte des Beteiligungsmanagements.

gefordert oder es sind begriffliche Unterschiede zu beobachten.[160] Ziel eines solchen Konzeptes ist es, den Haushalt schnellstmöglich wieder auszugleichen.

Konzepte zur Haushaltskonsolidierung oder Haushaltssicherung sollten in jedem Fall die Beteiligungsunternehmen der kommunalen Gebietskörperschaft mit einbeziehen. Diese Aufgabe liegt zumeist beim Beteiligungsmanagement. Häufig geschieht dies ad hoc, wenn die Sparzwänge am dringlichsten sind. Eine grundsätzliche Problematik liegt darin, dass der Spielraum für direkt umsetzungsfähige Maßnahmen dann oftmals beschränkt ist.

Prinzipiell sollten in beiderseitigem Interesse zwischen der kommunalen Gebietskörperschaft und den betroffenen Unternehmen plan und gestaltbare Haushaltsbeiträge vereinbart werden. Der Haushaltskonsolidierung und der Haushaltssicherung liegen langfristige Prozesse zugrunde, die mit einer entsprechend langfristigen Umsetzungsstrategie untersetzt werden sollten.

Haushaltsbeiträge von Beteiligungsunternehmen müssen nicht nur in Form von Gewinnabführungen an den Haushalt bestehen. Auch bei vertraglichen Leistungsbeziehungen oder im Bereich der Zuschussgestaltung gibt es vielfältige Möglichkeiten, kommunale Unternehmen bei der Aufgabe der Haushaltskonsolidierung einzubeziehen. Angesichts der Finanzlage vieler Kommunen stellt dies eines der wichtigsten Betätigungsfelder für das Beteiligungsmanagement dar. Beispiele für mögliche Haushaltsbeiträge werden detailliert im nächsten Kapitel vorgestellt.

4.6.3.3 Haushaltsbeiträge von Beteiligungsunternehmen

In der kommunalen Praxis sind vielfältige Situationen denkbar, in denen es erforderlich wird, Beiträge von Beteiligungsunternehmen zum kommunalen Haushalt zu generieren:

- Erschließung weiterer Finanzierungsquellen für den Wunsch der Gebietskörperschaft nach qualitativem oder quantitativem Ausbau freiwilliger Aufgaben
- freiwillige Ermittlung von Konsolidierungsbeiträgen zur Sicherstellung der nachhaltigen Ausgeglichenheit und Genehmigungsfähigkeit des Haushalts
- obligatorische Notwendigkeit der Haushaltssicherung aufgrund gesetzlicher Vorgaben bei nicht erfolgtem Haushaltsausgleich

Bei der Festlegung von Haushaltsbeiträgen der Beteiligungsunternehmen nimmt das Beteiligungsmanagement eine zentrale Rolle ein. Es muss die entsprechenden Stellhebel und deren Auswirkungen kennen. Je nach dem Druck, der bezüglich der Ermittlung von Haushaltsbeträgen auf der kommunalen Gebietskörperschaft lastet, muss sich das Beteiligungsmanagement unterschiedliche Fragen stellen:

---

[160]Während § 72 Abs. 4 SächsGemO vom 09.03.2018 etwa von einem Haushaltsstrukturkonzept spricht, ist in § 82a des Gesetzes über das Neue Kommunale Rechnungswesen im Saarland von einem Haushaltssanierungsplan die Rede.

- Welche Maßnahmen lassen sich schnell ermitteln (ohne umfangreiche Berechnungen oder Bewertungen)?
- Welche Maßnahmen sind schnell und einfach umsetzbar? Welche Maßnahmen versprechen bei möglichst geringem Arbeitsaufwand möglichst hohe Effekte?
- Welche Maßnahmen wirken kurzfristig und einmalig, welche versprechen eine nachhaltige Wirkung? Welche Wechselwirkungen und Interdependenzen sind jeweils mit einer Maßnahme verbunden?
- Ist für die Umsetzung einer Maßnahme externe Unterstützung notwendig (z. B. von Rechtsanwälten, Steuer- oder Transaktionsberatern)? Wo ist die Gebietskörperschaft auf die Mitwirkung Dritter angewiesen (Mitgesellschafter, Behörden etc.)?

Bei den hier vorgesehenen Betrachtungen darf sich das Beteiligungsmanagement nicht auf die unmittelbaren Beteiligungen beschränken, sondern muss das gesamte Beteiligungsportfolio in den Blick nehmen.

Mögliche Haushaltsbeiträge
Potenzielle Haushaltsbeiträge kommunaler Unternehmen lassen sich in der nachfolgenden Matrix einordnen. Sie dienen demnach entweder der Erzielung von Einnahmen für den Haushalt der kommunalen Gebietskörperschaft oder der Verringerung von Ausgaben. Ferner haben die einzelnen Maßnahmen entweder mehrjährigen Charakter, können grundsätzlich für mehrere Jahre wirksam sein, oder sie sind strikt einmalig und somit nicht wiederholbar (Abb. 4.22).[161]

Dem Beteiligungsmanagement obliegt in der Regel die Prüfung, welche dieser Maßnahmen zur Generierung von Haushaltsbeiträgen praktikabel und sinnvoll sind. Dabei sind zwingend die jeweiligen gesetzlichen Vorgaben zu beachten, insbesondere das Steuerrecht. Besonders ist hier auf verdeckte Gewinnausschüttungen[162] zu achten.

Im Folgenden werden die einzelnen Maßnahmen zur Generierung von Haushaltsbeiträgen detailliert erläutert.

- **Einfordern von (höheren) Gewinnabführungen:**
  Wenn ein Beteiligungsunternehmen zum Ende des Wirtschaftsjahres ein positives Jahresergebnis ausweist, besteht für die kommunale Gebietskörperschaft als Eigentümerin die Möglichkeit, den Gewinn ganz oder teilweise aus dem Unternehmen herauszuziehen oder durch Vortrag auf Folgejahre bzw. Einstellung in die Gewinnrücklage zu thesaurieren. Das ist mit jeweils unterschiedlichen Folgen verbunden.

---

[161] Die Abkürzungen EH und FH beziehen sich auf die Wirkung der Maßnahme im Ergebnishaushalt (EH) und/oder im Finanzhaushalt (FH) des doppischen Haushalts der kommunalen Gebietskörperschaft.

[162] Vgl. § 8 Abs. 3 KStG; siehe auch Abschn. 2.3.4 Steuerrecht.

Erzielen von Einnahmen	Verringerung von Ausgaben
mehrjährig • Einfordern von (höheren) Gewinnabführungen (EH, FH) • Einfordern von Mittelweiterleitungen aus gemeinnützigen Unternehmen (EH, FH) • Erhöhung von Bürgschaftsentgelten (EH, FH) • Erhöhung von Erbbauzinsen (EH, FH) • Anpassung von Zinsen für Gesellschafterdarlehen (EH, FH) • Anpassung von Tilgungen von Gesellschafterdarlehen (FH) • Konzessionsabgaben (EH, FH)	• Reduzierung von Vergütungen für Leistungen (EH, FH) • Kürzung von Zuwendungen (EH, FH) • Kürzung von Investitionszuwendungen (FH) • Auslagern von Aufgaben oder weitergehenden Verpflichtungen auf Beteiligungsunternehmen (fallbezogen) • Übertragung von Bauvorhaben auf Beteiligungsunternehmen (FH, gegebenenfalls EH in der Folgewirkung)
einmalig • Kapitalherabsetzung (EH, FH) • Entschädigung für Leitungsrechte (EH, FH) • Hebung von Reserven und gegebenenfalls Abführung (fallbezogen) • Veräußerung von Unternehmen oder Unternehmensteilen zur Generierung eines Haushaltsbeitrags (EH, FH)	• Behandlung von Verlustausgleichen (EH, FH) • Einstellung defizitärer Geschäftsbereiche/Unternehmen oder Veränderung von Unternehmen zur Ergebnisverbesserung oder Verlustreduzierung (fallbezogen)

Abb. 4.22 bbvl-Matrix: Haushaltsbeiträge von Beteiligungsunternehmen und deren Auswirkungen auf den Ergebnis- und Finanzhaushalt

Eine Gewinnabführung führt im kommunalen Haushalt zu einem Liquiditätszufluss, der jedoch nicht in Höhe des auszuschüttenden Betrages erfolgt, sondern abzüglich der Kapitalertragsteuer in Höhe von 15 % zuzüglich 5,5 % Solidaritätszuschlag.[163] Die Abführung ist ergebniswirksam in Höhe des Bruttobetrags der Abführung grundsätzlich abzüglich der Steuerbelastung. Gleichzeitig reduziert sich das Eigenkapital des Unternehmens in Höhe des Gesamtbetrags, was bei Anwendung der Eigenkapitalspiegel(bild-)methode entsprechend negative Auswirkungen auf den Ergebnishaushalt hat.

Vor dem oben skizzierten Hintergrund sind im Zweifel Maßnahmen, die nicht zu einer Steuerbelastung führen (z. B. die Verzinsung eines Gesellschafterdarlehns), der Generierung von Gewinnausschüttungen vorzuziehen.

---

[163] Vgl. § 43a Abs. 1 Nr. 2 EStG.

Eine Thesaurierung durch Vortrag auf das neue Geschäftsjahr ermöglicht es, die Ausschüttung in einem Folgejahr vorzunehmen oder Verluste des Folgejahres auszugleichen. Der Betrag bleibt in der gleichen Höhe im Eigenkapital erhalten. Während also der (gegebenenfalls anteilige) Eigenkapitalzuwachs positiv wirkt, fließt der Kommune hierdurch keine Liquidität zu.

Im Fall einer Einstellung in die Gewinnrücklage bedarf es zur späteren Realisierung einer Ausschüttung ebenfalls eines Gesellschafterbeschlusses. Im Allgemeinen wird eine Gewinnrücklage aber als vorteilhaft erachtet, wenn das Unternehmen in den Folgejahren Fremdkapital aufnehmen muss. Die Wirkung ist analog dem Vortrag auf das neue Geschäftsjahr.

- **Einfordern von Mittelweiterleitungen aus gemeinnützigen Unternehmen:**[164]
  Gemeinnützigen Gesellschaften wie der gGmbH ist es zur Wahrung ihres Gemeinnützigkeitsstatus und dem damit verbundenen Erhalt der Steuervergünstigung nicht gestattet, Gewinne an die Gesellschafter auszuschütten. Es ist jedoch zulässig, Mittel an die kommunale Gesellschafterin in ihrer Form als juristische Person des öffentliches Rechts zuzuwenden (Mittelweiterleitung entsprechend § 58 Abs. 1 Nr. 2 AO). Dabei ist unbedingt darauf zu achten, dass zum erstmaligen Erhalt des Status die Vorgaben der Abgabenordnung – etwa hinsichtlich der Ausgestaltung des Gesellschaftsvertrages – genauestens eingehalten werden.

  Ebenso ist die unschädliche Mittelweiterleitung an Bedingungen geknüpft. So ist es zur Vermeidung einer Fehlverwendung notwendig, dass auch die juristische Person des öffentlichen Rechts die Mittel für steuerbegünstigte Zwecke im Sinne der AO verwendet. Möglich wäre es nach derselben Grundlage grundsätzlich auch, die Mittel einer anderen, ebenfalls steuerbegünstigten Körperschaft außerhalb der kommunalen Gebietskörperschaft zur Verwendung zu steuerbegünstigten Zwecken zuzuwenden und dadurch eine Haushaltsentlastung zu generieren.

- **Erhöhung von Bürgschaftsentgelten:**
  Kommunale Gebietskörperschaften können zum Beispiel für fremdkapitalfinanzierte Investitionen ihrer Beteiligungsunternehmen eine Bürgschaft für die Kredite übernehmen. Aus den Erwägungen des Haushaltsrechts (wirtschaftliche und sparsame Mittelverwendung, Risikovorsorge) sowie des Europäischen Beihilfenrechts[165] darf dies jedoch nicht kostenfrei erfolgen. Neben der Zahlung eines regelmäßigen Bürgschaftsentgelts (Avalprovision) kann auch ein einmaliges Bearbeitungsentgelt vereinbart werden. Die Mittel fließen dem kommunalen Haushalt zu. In der Regel haben kommunale Gebietskörperschaften als Grundlage dafür durch ihre politischen Vertretungskörperschaften eine Bürgschaftsordnung sowie eine begleitende Bürgschaftsentgeltordnung beschließen zu lassen. Eine Erhöhung der fälligen Zahlungen ist

---

[164] Vgl. § 55 AO; siehe auch Abschn. 2.3.4 Steuerrecht.
[165] Siehe auch Abschn. 2.4.2 EU-Beihilfenrecht.

allerdings nur begrenzt möglich, wobei der Hebel eindeutig beim Bearbeitungsentgelt liegt und eher neue Übernahmen von Bürgschaften betroffen sind. Das jährliche Bürgschaftsentgelt – das sich zudem aufgrund der Tilgung der zugrunde liegenden Fremdkapitalverbindlichkeit stetig reduziert – kann hier kaum genutzt werden, da es einerseits eher der Abschöpfung des sonst für das Unternehmen entstehenden marktunüblichen Vorteils dient und andererseits bereits mit der Bürgschaftsübernahme verbindlich festgelegt wird.

Bekannt ist aus manchen Kommunen, dass die Ausreichung von Bürgschaften als Mittel der Generierung von Haushaltsbeiträgen genutzt wurde bzw. wird. Sollte die Bürgschaft für das Unternehmen jedoch eigentlich nicht notwendig sein, besteht die Gefahr einer verdeckten Gewinnausschüttung.[166]

- **Erhöhung von Erbbauzinsen:**
  Im Rahmen der Vermögensverwaltung setzen kommunale Gebietskörperschaften häufig die in ihrem Eigentum befindlichen Grundstücke zur Generierung von Einnahmen ein. Neben dem Verkauf kommt dabei grundsätzlich auch die Verpachtung auf Basis der Vorgaben des Erbbaurechtsgesetzes infrage, welche selbstverständlich auch an ein Beteiligungsunternehmen erfolgen kann. Regelmäßig ist damit die Vereinnahmung des Erbbauzinses als Entgelt verbunden. Dieser kann als Geld- oder Sachleistung definiert werden und einmalig oder wiederkehrend geregelt sein.

  Der Erhöhung des Erbbauzinses sind enge Grenzen gesetzt, was häufig bereits in den ursprünglichen Erbbaurechtsverträgen über Wertsicherungsklauseln geschieht. Einseitige Erhöhungen ohne diese Klauseln sind bei bestehenden Verträgen nicht möglich. Neben Wertsicherungsklauseln ergibt sich für die kommunale Gebietskörperschaft bei Neuabschlüssen entsprechender Verträge die Möglichkeit, durch Erhöhung des Grundstückswertes – in der Regel Basis des Erbbauzinses – eine Erhöhung der Zahlungen zu erreichen.

- **Anpassung von Zinsen und/oder Tilgungen der Gesellschafterdarlehen:**
  In der Praxis kommt es vor, dass die kommunale Gebietskörperschaft als Gesellschafterin Darlehen an ihre Beteiligungsunternehmen vergibt. Dabei ist grundsätzlich zu beachten, dass in den Kommunalverfassungen in der Regel Verbote für das Betreiben von Bankunternehmen festgeschrieben sind, was auch ein Verbot des Betreibens von Bankgeschäften im Sinne des Kreditwesengesetzes (KWG) impliziert. Die Zulässigkeit eines solchen Vorhabens und auch die fehlende Notwendigkeit der Erlaubnis des Betriebes kann jedoch in der Regel mit dem Konzernprivileg nach § 2 Abs. 1 Nr. 7 bzw. § 2 Abs. 6 Satz 1 Nr. 5 KWG begründet werden. Darüber hinaus muss die Gebietskörperschaft wirtschaftlich in der Lage sein, derartige Geschäfte abzuschließen, ohne dadurch ihre originäre Aufgabenerfüllung zu gefährden. Folglich sollten vor Vergabe eines Gesellschafterdarlehens entsprechende Prüfungen vorgenommen werden, inwieweit sowohl aufseiten der Gebietskörperschaft als auch

---

[166] Siehe auch Abschn. 2.3.4 Steuerrecht.

seitens des Unternehmens Genehmigungsnotwendigkeiten (etwa bei der zuständigen Rechtsaufsichtsbehörde und/oder der Bundesanstalt für Finanzdienstleistungsaufsicht) oder gar Verbotstatbestände bestehen.

Bei Zulässigkeit und wirtschaftlicher Machbarkeit der Gewährung eines Gesellschafterdarlehens muss zudem sowohl aus haushalts- als auch aus beihilfenrechtlichen Gründen eine angemessene (marktübliche) Verzinsung vereinbart werden. Unzulässig wären gegebenenfalls Darlehen, die zinsfrei vergeben werden und daher das Beteiligungsunternehmen marktunüblich begünstigen würden, wodurch es zu einer Wettbewerbsverzerrung und einer Beeinträchtigung des Handels zwischen den Mitgliedsstaaten kommen könnte.[167] Die Zinszahlungen (sowie natürlich die Tilgungen) stehen dem Haushalt der kommunalen Gebietskörperschaft entsprechend dem jeweiligen Darlehensvertrag zu.

Bei der Vergabe der Darlehen ist zu beachten, dass eine Erhöhung etwa der Zinszahlungen bei bereits geschlossenen Verträgen kaum möglich ist und zudem die Gefahr besteht, dass eine überhöhte Zinsvereinbarung seitens der Finanzbehörden als verdeckte Gewinnausschüttung[168] gewertet wird. Aus steuerrechtlicher wie aus beihilfenrechtlicher Perspektive ist daher auf einen marktüblichen (und damit die konkrete Situation des Unternehmens betrachtenden) Zinssatz zu achten.

Insbesondere vor der Errichtung eines Unternehmens, das später voraussichtlich Jahresüberschüsse erwirtschaften wird, sollte vom Beteiligungsmanagement geklärt werden, ob von Anfang an steuerunschädlich ein Gesellschafterdarlehen implementiert werden kann (z. B. zum Erwerb betriebsnotwendigen Anlagevermögens von der kommunalen Gebietskörperschaft).

- **Konzessionsabgaben:**
Kommunen können Konzessionsabgaben für das Recht erheben, dass Versorgungsunternehmen den öffentlichen Raum und insbesondere öffentliche Verkehrswege zu nutzen, um ihre Versorgungsleitungen zum Endverbraucher zu legen und zu betreiben.[169] Das betrifft die Versorgung mit Energie (Strom und Gas), Wärme und Wasser. Bezüglich der Zulässigkeit und Ausgestaltung von Konzessionsabgaben existieren unterschiedliche Rechtsrahmen.[170] Die Optimierungsmöglichkeiten sind hier aufgrund des hohen Maßes an Verrechtlichung und der teils ausdrücklichen rechtlichen Normierungen von Höchstbeträgen stark begrenzt. Beim Abschluss entsprechender Vereinbarungen sollte demnach der höchstmögliche Betrag erhoben

---

[167] Siehe auch Abschn. 2.4.2 EU-Beihilfenrecht.

[168] Vgl. § 8 Abs. 3 KStG; siehe auch Abschn. 2.3.4 Steuerrecht.

[169] Trotz des Fokus auf der Energieversorgung kann § 48 Abs. 1 S. 1 EnWG als Legaldefinition der Konzessionsabgabe genutzt werden.

[170] Strom und Gas: EnWG und KAV; Wasser: KAEAnO und A/KAE; Fernwärme: keine analoge Regelung, aber steuerliche Vorgaben, sofern es sich um ein kommunales Unternehmen handelt.

werden.[171] Eine jeweils im Einzelfall zu prüfende Optimierungsmöglichkeit liegt ferner in den Möglichkeiten des § 3 KAV, wonach neben oder anstelle von Konzessionsabgaben im Bereich Strom und Gas auch Rabatte für die kommunale Gebietskörperschaft oder weitere in der Verordnung explizit benannte Leistungen vereinbart werden können.

- **Kapitalherabsetzung:**

Noch vor wenigen Jahren, als die Kameralistik in den kommunalen Gebietskörperschaft allgemein gebräuchlich war, stellten Kapitalherabsetzungen ein brauchbares Instrument dar, um Haushaltsbeiträge aus den Beteiligungsunternehmen zu generieren, wenn sie zur Haushaltskonsolidierung oder -sicherung benötigt wurden. In Unternehmen mit hohen Stammkapitalquoten wurde dann eine Kapitalherabsetzung auf Basis des § 58 GmbHG angedacht. Das Verfahren ist vergleichsweise kompliziert, da die Möglichkeit des Widerspruchs von Gläubigern besteht (deren Ansprüche zu befriedigen oder sicherzustellen sind) und für die Gesellschaft Transaktionskosten anfallen. Mit nahezu flächendeckender Umsetzung der Doppik hat diese Maßnahme insbesondere dort an Bedeutung verloren, wo eine Bilanzierung der Beteiligungsunternehmen anhand der Eigenkapitalspiegelbildmethode erfolgt. Für die Gesellschaft hat die Maßnahme zudem zur Folge, dass mit dem reduzierten Haftungskapital gegebenenfalls eine reduzierte Bonität verbunden ist, was Fremdkapitalaufnahmen verteuert.

- **Entschädigung für Leitungsrechte:**

Wenn ein Versorgungsunternehmen seine Versorgungsleitungen auf (unter oder über) einem Grundstück verlegt, mindert dies in der Regel den Wert des Grundstücks. Unter gewissen Umständen steht dem Grundstückseigentümer für diese Belastung eine Entschädigung zu. Dabei ist jedoch zu beachten, dass bestimmte Leitungsverlegungen auch kostenfrei zu dulden sind. Das betrifft insbesondere Leitungen und Zubehör, die für den Anschluss des Grundstücks an das Netz benötigt werden.[172] Anders sieht es jedoch bei Leitungen aus, die beispielsweise der überörtlichen Stromversorgung (Hoch- und Höchstspannungsleitungen) dienen (Wissenschaftlicher Dienst des Bundestages 2017, S. 4). Hier besteht bei Duldung der Anspruch auf Entschädigung im Wege eines (zeitlich begrenzten) Gestattungsvertrages oder der Eintragung einer

---

[171] Es ist zu beachten, dass die Versorgungsunternehmen die Aufwendungen für die Konzessionsabgaben möglichst vollständig auf die Endverbraucher – also die Einwohnerinnen und Einwohner der Kommune und die Kommune selbst – abwälzen werden. Hohe Konzessionsabgaben sorgen also immer auch für höhere Preise.

[172] Vgl. etwa § 12 NDAV (Gas), § 12 NAV (Strom) oder § 8 ABVWasserV (Wasser), § 8 AVBFernwärmeV (Fernwärme).

(zeitlich unbefristeten) Dienstbarkeit in das Grundbuch.[173] Im Fall einer Weigerung stehen Energieversorgungsunternehmen auf Basis des § 45 EnWG in Verbindung mit den jeweiligen landesrechtlichen Vorgaben die Mittel der Entziehung (Enteignung) oder Beschränkung von Grundeigentum zur Verfügung. Für die Entschädigungspraxis existieren keine einheitlichen Vorgaben, sodass in der Regel auf landesrechtliche Vorgaben (Enteignungs- und Entschädigungsgesetze) zurückzugreifen ist.

Den kommunalen Gebietskörperschaften bieten sich dahingehend Möglichkeiten, Entschädigungen für Leitungsrechte auf eigenen Grundstücken zu erhalten, sofern diese rechtlich zulässig sind.

- **Hebung von Reserven und gegebenenfalls Abführung:**
  Eine weniger aufwendige Maßnahme kann in der Weisung an die Gesellschaft bestehen, nicht betriebsnotwendiges Vermögen zu veräußern. Ein erster Anhaltspunkt für das Bestehen derartiger „Reserven" der Unternehmen kann in den Ausführungen des Jahresabschlussprüfers zur Prüfung nach § 53 HGrG (Fragenkreis 11) enthalten sein. Im Zweifel kann jedoch nur eine gesonderte Prüfung hierüber Auskunft geben.
  Veräußert das Unternehmen beispielsweise ein nicht benötigtes Grundstück, werden daraus einmalige sonstige betriebliche Erträge erlöst. Diese können entweder zu reduzierten Zuweisungen aus dem Haushalt der kommunalen Gebietskörperschaft oder zu Gewinnabführungen an selbige resultieren. Es besteht aber das Risiko, dass Vermögensgegenstände veräußert werden, die aktuell nicht betriebsnotwendig sind, es aber in Zukunft sein könnten.

- **Veräußerung von Unternehmen oder Unternehmensteilen zur Generierung eines Haushaltsbeitrags:**
  Aus einer gänzlich anderen Motivation heraus kann seitens der kommunalen Gebietskörperschaft eine vollständige oder teilweise Veräußerung von Unternehmen oder Unternehmensteilen erfolgen.[174] Ursache einer solchen Maßnahme ist zumeist die Notwendigkeit eines Haushaltsbeitrags. Gegenstand der Veräußerung sind entweder das Unternehmen selbst oder aber einzelne Unternehmensteile (Share Deal), was vom sogenannten Asset Deal zu unterscheiden ist, in dessen Rahmen ausschließlich Vermögensgegenstände des Unternehmens veräußert werden.
  Im doppischen Haushalt der kommunalen Gebietskörperschaft hat die Veräußerung eines Unternehmens die Reduzierung des Finanzanlagevermögens zur Folge, während sich das Umlaufvermögen um den Kaufpreis erhöht. Bei einer Veräußerung über Buchwert (Verkaufspreis > Buchwert) tritt ein Buchgewinn ein; ferner steht der kommunalen Gebietskörperschaft der entsprechende Liquiditätszuwachs (Kaufpreiszahlung in bar) zur Verfügung. Im Fall einer reinen Veräußerung zum Buchwert ist der Vorgang dagegen bezüglich der Vermögensrechnung neutral; die Liquidität steht dagegen trotzdem zur Verfügung.

---

[173] Vgl. §§ 1018 ff. BGB.
[174] Siehe auch Abschn. 3.5 Materielle Privatisierung.

- **Reduzierung von Vergütungen für Leistungen:**

  Hat eine kommunale Gebietskörperschaft mit einem Beteiligungsunternehmen einen Leistungsvertrag geschlossen, so ist für die Leistungserbringung ein vertragliches Entgelt zu zahlen. Im Falle einer Konsolidierungsnotwendigkeit im kommunalen Haushalt besteht folglich grundsätzlich die Möglichkeit, im Rahmen der vertraglichen Parameter eine Kürzung des Entgeltes herbeizuführen. Es ist jedoch darauf zu achten, dass damit in der Regel zur Vermeidung einer verdeckten Gewinnausschüttung auch eine Reduzierung des Leistungsumfangs einhergeht. Eine verdeckte Gewinnausschüttung wiederum wäre mit negativen steuerlichen Folgen sowohl auf Ebene des Gesellschafters als auch der Gesellschaft verbunden.

  Sofern eine Verkürzung der Zahlung nicht möglich ist, kann über eine Verschiebung der Zahlungsfrist nachgedacht werden. Langfristige Verträge mit regelmäßigen Zahlungen (z. B. quartalsweise) könnten dabei hinsichtlich des Zahlungsziels angepasst werden. Wurde also etwa bislang mit Beginn des Quartals eine Leistung entlohnt und nach Ablauf des Quartals abgerechnet, kann die Zahlung auf das Ende des Quartals und eine parallel erfolgende Abrechnung verschoben werden. Das führt zumindest im Finanzhaushalt zu kurzfristigen Entlastungen.

- **Kürzung von Zuwendungen:**[175]

  Kommunale Beteiligungen übernehmen in manchen Fällen dauerdefizitäre Aufgaben und sind dann häufig auf Zuwendungen aus dem kommunalen Haushalt angewiesen, um überhaupt in der Lage zu sein, ihren Aufgaben nachzukommen. Das ist häufig in den Bereichen Kultur oder Wirtschaftsförderung der Fall. Zahlungen können dabei einerseits zur Unterstützung der Aufrechterhaltung des laufenden Betriebs oder zur Ermöglichung von Investitionen in das bewegliche oder unbewegliche Anlagevermögen geleistet werden. Die Zuwendungen führen bei der kommunalen Gebietskörperschaft in der Regel sowohl im Ergebnis- als auch im Finanzhaushalt zu einer Belastung (Aufwendung und Auszahlung). Abweichungen können aus besonderen rechtlichen Regelungen entstehen.[176]

  Haushaltsbeiträge können für die Kommune dann entstehen, wenn diese Zuwendungen gekürzt oder aufgrund von Nichtverwendung in den Beteiligungsunternehmen entsprechend der jeweiligen Zuwendungsbescheide zurückgefordert werden.

---

[175] Der Begriff der Zuwendung stellt einen Sammelbegriff dar. Darunter wird begrifflich zwischen den Empfängern der Zuwendung unterschieden: Während Zuwendungen vom öffentlichen an den privaten Sektor als Zuschüsse bezeichnet werden, spricht man bei Zahlungen innerhalb des öffentlichen Sektors von Zuweisungen.

[176] So kann die Gemeinde im Freistaat Sachsen nach § 36 Abs. 8 SächsKomHVO-Doppik für geleistete Investitionszuwendungen unter Umständen einen Sonderposten aktivieren und diesen aufwandswirksam über die Zweckbindungsfrist des bezuschussten Vermögensgegenstandes oder über zehn Jahre linear vollständig abschreiben.

- **Auslagern von Aufgaben oder weitergehenden Verpflichtungen auf Beteiligungsunternehmen:**

  Innerhalb der Kernverwaltung der kommunalen Gebietskörperschaft können Aufgaben bestehen, die defizitär sind und eine unmittelbar negative Haushaltswirkung haben. Sofern es sich dabei um Aufgaben handelt, die auch ein Dritter übernehmen kann, besteht die Möglichkeit, die Belastung aus dem unmittelbaren Haushalt der Kommune herauszunehmen. Dabei kann die Leistung entweder direkt am Markt beschafft oder aber ein leistungsfähiges Beteiligungsunternehmen damit beauftragt werden. Ziel ist es, die defizitäre Einrichtung zur Entlastung der kommunalen Gebietskörperschaft auf ein wirtschaftlich starkes kommunales Unternehmen zu übertragen. Klassische Beispiele sind etwa Organisationseinheiten innerhalb der Verwaltung, die sich den Bereichen Stadtbeleuchtung, Fuhrpark oder Bauhofleistungen (z. B. Grünflächenpflege, Winterdienst) widmen.

  Auch diese Maßnahmen sollten jedoch im Vorfeld im Rahmen einer Wirtschaftlichkeitsuntersuchung analysiert werden, bei der unter anderem folgende Sachverhalte zu betrachten wären, um eine sachgerechte Bewertung vornehmen zu können:

  - unmittelbare und mittelbare Auswirkungen auf den Haushalt und den gegebenenfalls zu erstellenden Gesamtabschluss (Personalkosten, Sach- und Gemeinkosten, sonstige Betriebskosten, Instandhaltungs- und Wartungsaufwand, Investitionsstau bzw. Investitionsbedarf, Finanzierungskosten, Transaktionskosten sowie Erlösoptionen, etwa im Fall einer gleichzeitigen Veräußerung von Sachanlagevermögen)
  - Fragen der Möglichkeit einer Inhouse-Vergabe der kommunalen Gebietskörperschaft
  - Auswirkungen der Maßnahme auf das Beteiligungsunternehmen, zum Beispiel: Kann dieses die defizitäre Aufgabe dauerhaft tragen? Sind die Arbeitsbedingungen des von der kommunalen Gebietskörperschaft übergehenden Personals mit denen des Unternehmens kompatibel (tarifvertragliche Entlohnung, Zusatzversorgung etc.)? Besteht die Gefahr einer verdeckten Gewinnausschüttung?

  Darüber hinaus sind – im Rahmen der Einhaltung der rechtlichen Vorgaben – weitere Maßnahmen denkbar, um etwa Infrastruktureinrichtungen der kommunalen Gebietskörperschaft durch Beteiligungsunternehmen auslasten zu lassen (z. B. forcierte Nutzung einer Stadthalle).

- **Übertragung von Bauvorhaben auf Beteiligungsunternehmen:**

  Neben der Erfüllung ganzer Aufgabenbündel kann es sich für die kommunale Gebietskörperschaft als zielführend erweisen, bestimmte Aufgabenbestandteile an ein Beteiligungsunternehmen zu übergeben. Das kann sowohl aus finanziellen als auch aus kapazitativen Erwägungen geschehen. In der jüngeren Vergangenheit betraf dies vor allem Einrichtungen der sozialen Infrastruktur, etwa den Bau von Kindertagesstätten oder Flüchtlingsunterkünften. Diese werden durch das Beteiligungsunternehmen errichtet und der kommunalen Gebietskörperschaft anschließend zur

Nutzung zur Verfügung gestellt. Dafür gibt es verschiedene Möglichkeiten, etwa den direkten Verkauf, Mietkauf oder die langfristige Vermietung. Die Umsetzung ist mit jeweils unterschiedlichen Haushaltseffekten verbunden, wobei bei einer angespannten Liquiditätssituation insbesondere langfristige Vertragsbeziehungen vorteilhaft sein können. Zu beachten ist jedoch, dass diese langfristigen Verbindungen ein kreditähnliches Rechtsgeschäft darstellen können, das je nach Ausgestaltung der Kommunalverfassung genehmigungspflichtig ist.

- **Behandlung von Verlustausgleichen:**

  Für Beteiligungsunternehmen, die das Wirtschaftsjahr mit einem negativen Jahresergebnis beenden, kann selbiges im Rahmen der Feststellung des Jahresabschlusses von der kommunalen Gesellschafterin ausgeglichen werden. Andererseits besteht die Möglichkeit, diesen Verlust vorzutragen und mit Gewinnen aus Folgejahren auszugleichen. Bei einem Vortrag auf neue Rechnung reduziert sich das Eigenkapital des Unternehmens in der Höhe des Jahresfehlbetrags, es entsteht jedoch kein Zahlungsfluss aus dem kommunalen Haushalt heraus (Belastung für den Ergebnishaushalt, Neutralität im Finanzhaushalt). Bei Ausgleich des Jahresfehlbetrags wird dagegen das Eigenkapital in bisheriger Höhe wiederhergestellt; gleichzeitig muss aber auch Geld in das Unternehmen fließen (Neutralität im Ergebnishaushalt, Belastung des Finanzhaushalts). Mischformen in Form von Teilausgleichszahlungen und teilweisem Vortrag sind möglich.

  Verhindern lässt sich die Notwendigkeit einer Befassung mit negativen Jahresergebnissen nur, wenn entweder unterjährig Mittel aus dem kommunalen Haushalt in das Unternehmen fließen, steuernd auf die Geschäftsführung eingewirkt wird oder gar Maßnahmen der Veränderung des Unternehmens (z. B. formelle oder materielle Privatisierung; Beendigung von Geschäftsfeldern oder des Unternehmens)[177] ergriffen werden.

  Für Verlustausgleiche können darüber hinaus zu beachtende rechtliche Vorgaben bestehen (insbesondere bei Eigenbetrieben), ferner können vertragliche bzw. gesellschaftsvertragliche Vereinbarungen zu beachten sein.

- **Einstellung defizitärer Geschäftsbereiche/Unternehmen oder Veränderung von Unternehmen zur Verlustreduzierung:**

  Zum Beteiligungsportfolio einer kommunalen Gebietskörperschaft gehören immer auch Zuschussbetriebe. Zudem sind nicht alle Unternehmen dauerhaft wirtschaftlich erfolgreich und es kann vorkommen, dass sie Verluste einfahren. Das Beteiligungsmanagement erkennt dies im Rahmen des Beteiligungscontrollings und untersucht regelmäßig dessen Ursachen. Die Verluste können sowohl einmalig bzw. selten oder auch dauerhaft auftreten.

  Bei dauerhaften Verlusten eines Beteiligungsunternehmens kann ein Haushaltsbeitrag in der Ultima Ratio darin bestehen, einzelne defizitäre Geschäftsbereiche oder das

---

[177] Siehe auch Kap. 3 Der Lebenszyklus des Unternehmens: Gründung, Veränderung, Beendigung.

Unternehmen in Gänze zu schließen, um negative Effekte auf die Vermögensrechnung (Eigenkapitalspiegelbildmethode, gegebenenfalls notwendige Kapitalerhöhungen) und/oder die Ergebnis- und Finanzrechnung (Verlustausgleich, etwaige Nachschüsse oder notwendige Kapitalerhöhungen) der kommunalen Gebietskörperschaft sowie letztlich einen langfristigen Vermögensverzehr zu verhindern. Das ist allerdings nur möglich, sofern der öffentliche Zweck des Unternehmens nicht betroffen oder verzichtbar ist.

Basis einer solchen Entscheidung muss immer eine tiefgehende Analyse sein.[178] Neben einer Beendigung kann im Ergebnis der Analyse gegebenenfalls auch eine Veränderung des betreffenden Unternehmens in Betracht kommen.[179]

4.7   Das ABC der Geschäftsführerangelegenheiten

4.7.1   Aufgabenbeschreibung

Die Geschäftsführung ist nicht nur ein gesetzlich zwingendes Organ der Gesellschaft,[180] das die GmbH nach außen vertritt und intern die Geschäfte führt. Zugleich ist sie Sachwalterin der Interessen der Gesellschafter. Die Auswahl der Mitglieder der Geschäftsführung und deren Anbindung an die kommunale Willensbildung sind wichtige Faktoren sowohl für den Erfolg des Unternehmens als auch für eine erfolgreiche kommunale Beteiligungssteuerung.

Dem Beteiligungsmanagement kann im „Lebenszyklus einer Geschäftsführung" eine Vielzahl von Themen begegnen, die sich im Zusammenhang mit Geschäftsführerangelegenheiten stellen:

- Auswahl eines neuen Mitgliedes der Geschäftsführung
- Bestellung der Mitglieder der Geschäftsführung, also deren Bevollmächtigung, für die GmbH zu handeln
- Verhandlung der Details des Geschäftsführeranstellungsvertrags (nachfolgend auch als Anstellungsvertrag bezeichnet), insbesondere die Verhandlung der Vergütung
- Abschluss des Anstellungsvertrags sowie in der Regel auch dessen Änderung oder Verlängerung

---

[178] Siehe auch Abschn. 4.2.3.1 Aufgabenkritik – strategische Analyse des Unternehmensportfolios.
[179] Siehe auch Abschn. 3.4 Veränderungen von Unternehmen.
[180] Vgl. § 6 Abs. 1 GmbHG.

- gegebenenfalls die Verhandlung und der Abschluss (sowie später die Auswertung) von Zielvereinbarungen mit Mitgliedern der Geschäftsführung, wobei der Erfüllungsgrad der Ziele über die Auszahlung leistungsabhängiger Vergütungsbestandteile entscheidet
- Überwachung der Fristen für die Be- und Anstellung
- gegebenenfalls Abberufung, Kündigung des Anstellungsvertrags oder die Verhandlung und der Abschluss einer Aufhebungsvereinbarung mit Mitgliedern der Geschäftsführung

Auf der Grundlage von Gesetzen oder des Gesellschaftsvertrags kann die Gesellschafterversammlung oder der Aufsichtsrat für diese Geschäftsführerangelegenheiten zuständig sein. In der Praxis ist in kommunalen Unternehmen dafür fast immer ein Mitglied der Verwaltungsspitze verantwortlich, entweder als Mitglied der Gesellschafterversammlung oder als Vorsitzende/-r des Aufsichtsrats.

4.7.2 Pflichtaufgaben: Bestellung und Anstellung der Mitglieder der Geschäftsführung

Zwischen Bestellung und Anstellung ist grundsätzlich zu unterscheiden: Während die Bestellung die organschaftliche Stellung des Geschäftsführungsmitglieds begründet, regelt die Anstellung die Beziehung zur Gesellschaft durch einen Anstellungsvertrag.

Auch wenn Bestellung und Anstellung in der Regel eng zusammenhängen, muss dies nicht immer so sein: Ein Mitglied der Geschäftsführung kann bestellt sein, ohne einen Anstellungsvertrag abgeschlossen zu haben, oder jemand kann aus der Geschäftsführung ausgeschieden sein (durch Abberufung oder Amtsniederlegung) und trotzdem über einen wirksamen Anstellungsvertrag verfügen, der von der Gesellschaft zu erfüllen ist.

Da die GmbH grundsätzlich eine Geschäftsführung haben muss, ist deren Bestellung eine Pflichtaufgabe; die Regelung der Anstellung ist dringend zu empfehlen.

Gesetzliche Regelungen

Die Gesetze regeln, welches Organ für die Bestellung der Mitglieder der Geschäftsführung zuständig ist:

- Bei GmbHs ohne Aufsichtsrat ist zwangsläufig die Gesellschafterversammlung zuständig.[181]
- Bei GmbHs mit nur fakultativem oder dem Drittelbeteiligungsgesetz unterliegendem Aufsichtsrat gilt das im Grundsatz ebenso; zuständig ist die Gesellschafterversammlung.

---

[181] Vgl. § 46 Nr. 5 GmbHG.

Allerdings kann sich Abweichendes aus dem Gesellschaftsvertrag ergeben und die Zuständigkeit dem Aufsichtsrat übertragen werden.[182]

- Bei GmbH, die dem Mitbestimmungsgesetz unterliegen, liegt die Zuständigkeit zwingend beim Aufsichtsrat.[183]

In den Gesetzen ist hier jeweils von „Bestellung" oder „Abberufung" die Rede – die Kompetenzen zur Anstellung, also zum Abschluss bzw. zur Kündigung des Anstellungsvertrags, werden nicht thematisiert. Wenn die Zuständigkeit für die Anstellung auch im Gesellschaftsvertrag nicht explizit genannt wird, liegt sie immer bei dem Organ, das für die Bestellung zuständig ist.

Bei der GmbH ist damit in der Regel dasselbe Organ für die Bestellung und Anstellung der Mitglieder der Geschäftsführung zuständig: entweder die Gesellschafterversammlung oder der Aufsichtsrat. Allerdings kann abweichend davon auch eine gesplittete Zuständigkeit sinnvoll sein, etwa die Bestellung der Geschäftsführung durch die Gesellschafterversammlung und die Anstellung durch den Aufsichtsrat, der mit dem operativen Geschäft der Gesellschaft meist besser vertraut ist. Allerdings ist zu beachten, dass es bei Teilung der Zuständigkeiten zu Problemen bei der Beendigung des Anstellungsvertrags kommen kann. Wenn diese zum Beispiel durch den Aufsichtsrat erfolgt, führt dies nicht automatisch zur Beendigung der Organstellung; zusätzlich muss durch die Gesellschafterversammlung ein separater Beschluss zur Abberufung herbeigeführt werden.

Die Kommunalverfassungen einzelner Bundesländer enthalten Vorgaben, nach denen die kommunale Gebietskörperschaft in den Gesellschaftsverträgen ihrer Beteiligungen sicherzustellen hat, dass die Bestellung und Abberufung der Mitglieder der Geschäftsführung in der Beschlusszuständigkeit der Gesellschafterversammlung liegt.[184] Zu beachten ist jedoch, dass dies nicht umsetzbar ist, wenn das Mitbestimmungsgesetz gilt.[185]

Zeitliche Begrenzung von Anstellung und Bestellung
Die Anstellung der Mitglieder der Geschäftsführung – und damit die Laufzeit des Anstellungsvertrags – wird in der kommunalen Praxis zumeist befristet vorgenommen, wobei wiederholte Anstellungen möglich sind. Die Begrenzung liegt häufig bei fünf Jahren; in manchen Fällen wird bei erstmaliger Anstellung auf drei Jahre befristet (Regierungskommission Deutscher Corporate Governance Kodex 2018, Ziffer 5.1.2). Eine Begrenzung der Anstellungsdauer wird empfohlen. Zum einen bedeutet sie für

---

[182]Vgl. § 45 Abs. 2 GmbHG.

[183]Vgl. § 31 MitbestG i. V. m. § 84 AktG.

[184]Vgl. § 96a Abs. 1 Nr. 2 lit. c SächsGemO vom 09.03.2018, wobei die Kompetenz auch auf den Aufsichtsrat übertragen werden kann.

[185]Vgl. § 31 MitbestG i. V. m. § 84 AktG.

beide Vertragsparteien Planungssicherheit, zum anderen bietet eine Befristung die Möglichkeit, relativ flexibel auf auftretende Probleme mit den Geschäftsführungsmitgliedern reagieren zu können. Zudem kann im Fall einer Trennung eine gegebenenfalls mögliche finanzielle Belastung des Unternehmens eingeschränkt werden.

Eine Begrenzung der Dauer der Bestellung ist dagegen möglich, aber nicht erforderlich, da ein Mitglied der Geschäftsführung jederzeit und ohne Angabe von Gründen durch die Gesellschafterversammlung abberufen werden kann.[186] Eine Ausnahme bildet die GmbH, die unter das Mitbestimmungsgesetz fällt, da dieses hinsichtlich Bestellung und Abberufung der Geschäftsführung auf die §§ 84 und 85 AktG verweist.[187] Demnach kann der Aufsichtsrat ein Mitglied der Geschäftsführung nur auf höchstens fünf Jahre bestellen, wobei eine wiederholte Bestellung zulässig ist. Außerdem kann der Aufsichtsrat die Bestellung nur dann widerrufen, wenn ein wichtiger Grund vorliegt. Ein solcher Grund ist namentlich eine grobe Pflichtverletzung, die Unfähigkeit zur ordnungsgemäßen Geschäftsführung oder der Vertrauensentzug durch die Gesellschafterversammlung (es sei denn, dass das Vertrauen aus offenbar unsachlichen Gründen entzogen worden ist).[188]

4.7.3 EXKURS I: Anstellungsverträge mit Mitgliedern der Geschäftsführung

Im Hinblick auf die finanziellen Folgen für die Beteiligungsunternehmen im Fall einer unvorteilhaften oder im Nachhinein strittigen Vertragsgestaltung ist die kompetente Unterstützung durch das Beteiligungsmanagement, gegebenenfalls unter Einbindung des kommunalen Rechtsamtes oder eines externen Rechtsanwalts, von besonderer Bedeutung.

In der Praxis ist die Festlegung von Standardinhalten sinnvoll. Bei der Verwendung von generell einheitlichen und vorformulierten Regelungen ist jedoch zu beachten, dass diese als Allgemeine Geschäftsbedingungen (AGB) ausgelegt werden können und somit der AGB-Kontrolle[189] unterliegen. Bestehen danach Zweifel bei der Auslegung, geht dies zulasten der anstellenden Gesellschaft als AGB-Verwender.

---

[186]Vgl. § 38 GmbHG.

[187]Vgl. § 31 Abs. 1 MitbestG.

[188]Vgl. § 84 Abs. 3 AktG i. V. m. § 31 Abs. 1 MitbestG.

[189]Vgl. §§ 305 ff. BGB.

PRAXISTIPP: Vermeidung einer AGB-Kontrolle

Es ist zwingend zu empfehlen, gegenüber dem zukünftigen Mitglied der Geschäftsführung (Vertragspartner) zu kommunizieren, dass jede Regelung individuell verhandelbar ist und dahingehend auch Verhandlungsbereitschaft der anstellenden Gesellschaft besteht. Zudem sollten die Verhandlungsgespräche und Verhandlungsstände eindeutig dokumentiert werden, um die individuellen Verhandlungen beweisbar zu machen.

Die nachfolgend dargestellten Kerninhalte können Gegenstand von Anstellungsverträgen sein.

4.7.3.1 Befristung

Wie oben beschrieben ist es empfehlenswert, in den Anstellungsvertrag eine Befristung der Laufzeit aufzunehmen, das heißt der Vertrag sollte sich nicht automatisch verlängern. In der Praxis orientiert sich die Laufzeit des Anstellungsvertrags oftmals an der Dauer der Bestellung. An diesem Punkt sind die Vertragsparteien jedoch vollkommen frei in der Gestaltung.

Ferner ist es sinnvoll, das Auslaufen des Vertrages an das gesetzliche Renteneintrittsalter zu koppeln.[190] Für beide Vertragspartner besteht dann die Option zu entscheiden, ob der Vertrag einvernehmlich über diesen Zeitpunkt hinaus verlängert werden soll oder nicht.

PRAXISTIPP: Formulierungsvorschlag für den Anstellungsvertrag – Befristung

Übersicht
„Der Vertrag beginnt am … und endet am …
    Ohne dass es einer Kündigung bedarf, endet dieser Vertrag mit Ablauf des Jahres, in dem die Geschäftsführerin/der Geschäftsführer die Voraussetzungen für den Anspruch auf Regelaltersrente erfüllt."

Kündigung
Mit einer später eventuell erforderlichen Abberufung des Mitglieds der Geschäftsführung ist nicht automatisch die Beendigung des Anstellungsvertrags verbunden, vielmehr bedarf dies einer gesonderten Kündigung. Daher sollte in einem Geschäftsführeranstellungsvertrag

---

[190] „Die Altersgrenze für Mitglieder der Geschäftsführung soll den Vorgaben der gesetzlichen Regelaltersrente entsprechen" (Stadt Leipzig 2013, Ziffer 8.3.2).

neben der Beendigung durch Zeitablauf und Eintritt des Rentenalters eine Kündigungsmöglichkeit vereinbart werden. Grundsätzlich kann man zwischen zwei Arten der
Kündigung unterscheiden,

- der außerordentlichen (fristlosen) Kündigung und
- der ordentlichen (fristgemäßen) Kündigung.

Für die Gesellschaft sollte stets die Möglichkeit der **ordentlichen Kündigung** im Fall
der jederzeit (bzw. bei der mitbestimmten GmbH nur aus wichtigem Grund) möglichen Abberufung bestehen, da die Beendigung der Organstellung des Mitglieds der
Geschäftsführung nicht automatisch zur Beendigung des Anstellungsverhältnisses führt
und umgekehrt.[191] Aus Gründen der Rechtssicherheit sollte im Anstellungsvertrag eine
konkrete Kündigungsfrist vereinbart werden. Geschieht dies nicht, bestimmt sich die
Kündigungsfrist nach den Regelungen des Dienstvertragsrechts. Soll dem Mitglied der
Geschäftsführung gekündigt werden, so geschieht dies durch das zuständige Organ.
Grundsätzlich bietet sich die Regelung einer Kopplungsvereinbarung im Anstellungsvertrag an (siehe Formulierungsvorschlag). Eine solche Kopplungsklausel bedeutet,
dass die Abberufung als Mitglied der Geschäftsführung gleichzeitig als Kündigung
des Anstellungsvertrags gilt. Dies hat den Zweck, der Gesellschaft langwierige
Rechtsstreitigkeiten über die dann in aller Regel auch notwendige Kündigung des
Anstellungsvertrags zu ersparen, zumal in diesen Fällen grundsätzlich kein Anspruch
auf Weiterbeschäftigung besteht. Dieses Ziel anzustreben ist durchaus legitim; die
Rechtsprechung hat bislang entsprechende Kopplungsklauseln im Grundsatz als wirksam angesehen.[192] Dabei ist darauf zu achten, dass die Kopplungsvereinbarung nicht
die sofortige Beendigung des Anstellungsvertrags vorsieht. Eine solche Vereinbarung
wäre unwirksam, da dies einer Umgehung der zwingenden Kündigungsvorschriften des
§ 622 BGB gleichkäme. Die gesetzlichen Kündigungsfristen sind auch im Rahmen einer
Kopplungsvereinbarung zu beachten. Im Ergebnis ist eine Kopplungsklausel zulässig,
solange sie nicht die Mindestkündigungsfrist nach § 622 BGB umgeht.[193] Das Mitglied der Geschäftsführung fällt per se nicht unter das Kündigungsschutzgesetz, denn
gemäß § 14 Abs. 1 Nr. 1 KSchG gilt dieses Gesetz nicht für Mitglieder des Organs einer
juristischen Person, die zu deren gesetzlicher Vertretung berufen sind.

Eine ordentliche Kündigungsmöglichkeit für das Mitglied der Geschäftsführung sollte
nach Möglichkeit nicht Bestandteil des Vertrages werden. Hintergrund ist zu vermeiden,
dass die Gesellschaft unvermittelt ohne ordentliche Geschäftsführung agieren muss und
sich folglich großer Unsicherheit aussetzt.

---

[191]Vgl. OLG Frankfurt, Urteil vom 18.02.1994, 10 U 16/93.

[192]Vgl. BGH, Urteil vom 29.05.1989, II ZR 220/88; BGH, Urteil vom 15.11.2016, II ZR 217/15.

[193]Vgl. BGH, Urteil vom 29.05.1989, II ZR 220/88; zuletzt etwa OLG Karlsruhe, Urteil vom
25.10.2016, 8 U 122/15.

Die **außerordentliche Kündigung** beendet den Anstellungsvertrag regelmäßig fristlos. Sie ist nur wirksam, wenn ein wichtiger Grund vorliegt.[194] Anders als beim Widerruf der Bestellung gemäß § 38 Abs. 2 GmbHG kommen für die außerordentliche Kündigung durch die Gesellschaft nur solche wichtigen Gründe in Betracht, die in der Person des Geschäftsführungsmitglieds selbst liegen (siehe Formulierungsvorschlag). Maßgeblich sind hier alle Umstände des Einzelfalls. Dabei kann sich die Gesellschaft nicht auf solche Vorgänge berufen, die ihr bereits bei Bestellung des Mitglieds der Geschäftsführung bekannt waren. Auch durch das Mitglied der Geschäftsführung ist der Anstellungsvertrag aus wichtigem Grund vorzeitig kündbar, das betrifft insbesondere die Verletzung von Pflichten ihm gegenüber durch die Gesellschaft. Gründe können zum Beispiel sein:

- Anordnung gesetzeswidriger Maßnahmen durch die Gesellschafter
- unberechtigte Entziehung oder Einschränkung der Vertretungsmacht
- systematische Vorenthaltung notwendiger Informationen durch die Gesellschafter
- Erhebung von haltlosen, rufschädigenden Vorwürfen gegenüber dem Geschäftsführungsmitglied
- zeitliche und gesundheitliche Überforderung des Mitglieds der Geschäftsführung

Hinsichtlich der formalen Voraussetzungen der außerordentlichen Kündigung gelten die Regelungen des § 626 Abs. 2 BGB.

Für den Rechtsstreit über die Kündigung (wie auch für sonstige Rechtsstreitigkeiten zwischen Gesellschaft und Geschäftsführungsmitglied aus dem Anstellungsvertrag) sind gemäß § 5 Abs. 1 Satz 3 ArbGG nicht die Arbeitsgerichte, sondern die ordentlichen Gerichte (z. B. Amtsgericht, Landgericht) zuständig.

PRAXISTIPP: Formulierungsvorschlag für den Anstellungsvertrag – Kündigung

Übersicht
„Die Abberufung gilt als ordentliche Kündigung dieses Anstellungsvertrags mit einer Frist von sechs Monaten zum Kalendermonatsende. Die Frist beginnt mit schriftlicher Bekanntgabe des Beschlusses über die Abberufung durch persönliche Übergabe oder durch Zustellung unter der letzten der Gesellschaft bekannten Wohnanschrift der Geschäftsführerin/des Geschäftsführers.

Das Recht jeder Vertragspartei zur außerordentlichen Kündigung dieses Vertrages ohne Einhaltung einer Kündigungsfrist bleibt unberührt. Als wichtiger Grund für eine Kündigung durch die Gesellschaft gilt insbesondere:

---

[194]Vgl. § 626 Abs. 1 BGB.

- die unberechtigte Amtsniederlegung
- die Vornahme zustimmungspflichtiger Geschäfte ohne die hierfür erforderliche Zustimmung des Aufsichtsrats/der Gesellschafterversammlung
- die Nichtbefolgung einer Weisung der Gesellschafterversammlung
- die Missachtung von Beschlüssen der Gesellschafterversammlung oder des Aufsichtsrats
- die Eröffnung des Insolvenzverfahrens über das Vermögen der Geschäftsführerin/des Geschäftsführers oder die Ablehnung der Eröffnung des Insolvenzverfahrens mangels einer die Kosten deckenden Masse
- die Abgabe einer eidesstattlichen Versicherung gemäß § 802c ZPO durch die Geschäftsführerin/den Geschäftsführer oder die Anordnung der Haft gegen ihn zur Abgabe der eidesstattlichen Versicherung"

Vertraglicher Abfindungsanspruch

Mit der Beendigung des Anstellungsvertrags erwirbt das Mitglied der Geschäftsführung nicht per se einen Anspruch auf die Zahlung einer Abfindung, da für diese keine gesetzliche Grundlage oder Verpflichtung besteht. Den Vertragsparteien steht es jedoch frei, im Anstellungsvertrag einen Abfindungsanspruch zu vereinbaren.

Soll das Mitglied der Geschäftsführung zum Beispiel eine Abfindung korrespondierend zu einer für die Gesellschaft einseitig möglichen ordentlichen Kündigung erhalten, ist dafür eine Regelung im Anstellungsvertrag erforderlich (siehe Formulierungsvorschlag). Durch eine solche Regelung wird rasch Klarheit über die noch zu leistenden Zahlungen geschaffen.

Es sollte darüber hinaus geregelt werden, dass das Mitglied der Geschäftsführung die Abfindung nicht beanspruchen kann, wenn die Beendigung des Anstellungsvertrages aufgrund seines Verhaltens herbeigeführt worden ist.

Für die Höhe der Abfindung gibt es keinen allgemein gültigen Maßstab. Gelegentlich wird eine fixe Abfindungssumme vereinbart. Es empfiehlt sich jedoch, die Höhe der Abfindung an der auf die Restvertragslaufzeit entfallenden Grundvergütung (Jahresgrundgehalt) auszurichten, also ohne etwaige leistungsabhängige Vergütungsbestandteile und Altersversorgung. Hierfür empfiehlt sich eine prozentuale Regelung. Wie hoch der prozentuale Anteil ausfällt, steht allein in der Disposition der Vertragsparteien und sollte als Verhandlungsbaustein im Rahmen der Vertragsgespräche genutzt werden.

PRAXISTIPP: Formulierungsvorschlag für den Anstellungsvertrag – Abfindung

Übersicht

„Beendet die Gesellschaft das Anstellungsverhältnis mit der Geschäftsführerin/dem Geschäftsführer durch als ordentliche Kündigung geltende Abberufung aus Gründen, die die Geschäftsführerin/der Geschäftsführer nicht zu vertreten hat, besteht für die Geschäftsführerin/den Geschäftsführer Anspruch auf eine Abfindung in Höhe von X % des Jahresgrundgehalts, das für den Zeitraum zwischen vorzeitiger Vertragsbeendigung und dem in … [Verweis auf den entsprechenden Paragrafen] vereinbarten Ende der Vertragslaufzeit angefallen wäre.

Der Abfindungsanspruch ist fällig mit Beendigung des Anstellungsverhältnisses. Der Abfindungsanspruch entfällt, wenn die Gesellschaft zur Kündigung aus wichtigem Grund berechtigt ist oder sich im Nachhinein herausstellt, dass die Gesellschaft das Anstellungsverhältnis auch aus wichtigem Grund hätte kündigen können."

Probezeit

Für Anstellungsverträge mit Mitgliedern der Geschäftsführung existiert zur Probezeit keine gesetzliche Regelung, anders als bei befristeten Arbeitsverhältnissen.[195] Insbesondere mit Blick auf die privatautonome Gestaltungsfreiheit der Vertragsparteien ist es jedoch rechtlich anerkannt, auch eine Probezeit, innerhalb derer die Parteien das Geschäftsführeranstellungsverhältnis mit einer festgelegten (kurzen) Frist kündigen können, wirksam zum Vertragsbestandteil zu machen (Bernhardt und Bredol 2015, S. 419, 422). Bei einer paritätisch mitbestimmten GmbH (unterliegt dem Mitbestimmungsgesetz) besteht allerdings das Risiko, dass die Vereinbarung einer Probezeit gegen die Regelungen des § 31 MitbestG i. V. m. § 84 Abs. 1 S. 5 AktG und die danach geltende Höchstdauer der Anstellung von fünf Jahren verstößt und daher unwirksam ist.

Bei der praktischen Anwendung sind die Vor- und Nachteile einer Probezeit abzuwägen. Vorteilhaft ist, dass der Anstellungsvertrag mit einer verkürzten Kündigungsfrist von beispielsweise vier Wochen und ohne die Verpflichtung zur Zahlung einer Abfindung vor Ablauf der regulären Vertragslaufzeit beendet werden kann. Allerdings stellt die Probezeit faktisch die beiderseitige Form einer abgekürzten Kündigungsoption dar, womit das Risiko besteht, dass auch das Mitglied der Geschäftsführung diese Option in Anspruch nimmt. Für den Fall einer nur aus einer Person bestehenden Geschäftsführung muss daher oft kurzfristig eine Nach- oder zunächst Interimsbesetzung sichergestellt werden, was in den meisten Fällen nicht einfach zu bewerkstelligen ist. Zudem betrifft die Probezeit – wie bei der Kündigung – nur das Anstellungsverhältnis; es ist deshalb für eine ordnungsgemäße Beendigung der Bestellung zu sorgen. Das kann im Wege einer Amtsniederlegung durch das Mitglied der Geschäftsführung geschehen oder über eine Abberufung durch das zuständige Organ; in jedem Fall ist beides mit erhöhtem Verwaltungsaufwand verbunden.

---

[195]Vgl. § 15 Abs. 3 Teilzeit- und Befristungsgesetz.

4.7.3.2 Vergütungsbestandteile

Die Zusammensetzung und Ausgestaltung der Vergütung der Geschäftsführungsmitglieder bestimmt sich nach den im Anstellungsvertrag getroffenen Regelungen. Der Vergütungsanspruch kann sich zusammensetzen aus einem festen Grundgehalt, gegebenenfalls einer Sprecherzulage, einer leistungsabhängigen Vergütung (auch Tantieme genannt) und einem Altersversorgungsbestandteil.

Festes Grundgehalt

In der Praxis ist es üblich, mit dem Mitglied der Geschäftsführung ein festes (Brutto-) Jahresgrundgehalt zu vereinbaren, das in zwölf monatlichen Teilbeträgen zum Ende eines Kalendermonats auszuzahlen ist. Die Höhe des Grundgehalts kann zwischen den Parteien frei vereinbart werden, sollte aber in einem angemessenen Verhältnis zu den übrigen Bestandteilen der Vergütung stehen sowie den deutlich überwiegenden Anteil der Gesamtvergütung einnehmen. Es ist darauf zu achten, dass das Grundgehalt auch tatsächlich so ausgezahlt wird, wie es vereinbart wurde.

Sprecherzulage

In der Praxis werden teils Vorsitzende oder Sprecherinnen/Sprecher der Geschäftsführung bestimmt. Deren hervorgehobene Position kann sich auch in der Vergütung durch die Vereinbarung einer sogenannten Sprecherzulage widerspiegeln. Die Höhe einer solchen Zulage ist grundsätzlich frei verhandelbar, sollte aber von der konkreten Aufgabenfülle abhängig gemacht werden.

Leistungsabhängiger Gehaltsbestandteil

Neben dem festen Grundgehalt kann mit dem Mitglied der Geschäftsführung eine leistungsabhängige Vergütung vereinbart werden (Tantieme). Im Anstellungsvertrag sollte die Höhe der Tantieme und gegebenenfalls eine maximale Obergrenze klar definiert werden (siehe Formulierungsvorschlag). Als Instrument zur Bemessung der leistungsabhängigen Vergütung bietet sich eine Zielvereinbarung an, wozu ebenfalls eine Festlegung im Anstellungsvertrag sinnvoll ist (siehe Formulierungsvorschlag).

Hinsichtlich des konkreten Nutzens einer leistungsabhängigen Vergütung, der Voraussetzung für deren Gewährung und die darüber hinaus relevanten Punkte verweisen wir auf Abschn. 4.7.6.3 dieses Leitfadens.

Angemessenheit der Vergütung

Wichtig ist darüber hinaus die Frage der Angemessenheit der Gesamtvergütung.[196]

---

[196] Siehe auch Abschn. 4.7.6.2 Prüfung der Angemessenheit der Vergütung von Mitgliedern der Geschäftsführung.

PRAXISTIPP: Formulierungsvorschlag für den Anstellungsvertrag – Vergütung

Übersicht

„Als Vergütung für ihre/seine Tätigkeit erhält die Geschäftsführerin/der Geschäftsführer ein festes Jahresgrundgehalt in Höhe von … € brutto (in Worten: … Euro).
Das Jahresgrundgehalt wird nach Abzug der gesetzlichen Abgaben in zwölf
gleichen Monatsraten jeweils zum Ende eines Kalendermonats ausgezahlt.

Zusätzlich zum Jahresgrundgehalt erhält die Geschäftsführerin/der Geschäftsführer eine an ihre/seine Funktion als Vorsitzende/Vorsitzender/Sprecherin/
Sprecher der Geschäftsführung geknüpfte jährliche Zulage in Höhe von … € brutto
(in Worten: … Euro).

Die Geschäftsführerin/Der Geschäftsführer erhält eine Tantieme nach Maßgabe
der folgenden Regelungen:

- Die Tantieme beträgt bei Zielerreichung [jährlich] maximal … € (in Worten:
  … Euro).
- Voraussetzungen für die Gewährung der Tantieme sind der Abschluss
  einer Zielvereinbarung sowie das Erreichen der darin vereinbarten Ziele
  im jeweiligen Geschäftsjahr. Die Höhe der Tantieme hängt vom Grad der
  Erreichung der in der Zielvereinbarung festgelegten Ziele ab. Die jeweilige
  Zielvereinbarung ist Bestandteil des Anstellungsvertrags."

Altersversorgung

Neben dem festen Jahresgrundgehalt und gegebenenfalls einem leistungsabhängigen
Gehaltsbestandteil besteht die Möglichkeit, eine Altersversorgung vertraglich zu vereinbaren.

In der Vergangenheit erfolgte eine Altersversorgung oftmals in Form einer Direkt-
zusage, bei der das Geschäftsführungsmitglied mit dem Erreichen des vereinbarten
Renteneintrittsalters einen unmittelbaren Versorgungsanspruch gegenüber dem Unternehmen erwirbt. Dabei entsteht dem Unternehmen ein schwer zu kalkulierendes
finanzielles Risiko. Um den Versorgungsaufwand klar an die Laufzeit des Anstellungsvertrags zu koppeln und somit für das Unternehmen kalkulierbar zu machen, wird heute
vermehrt auf beitragsorientierte Leistungszusagen zurückgegriffen, bei denen das Unternehmen zugunsten des Mitglieds der Geschäftsführung einen jährlichen Beitrag in eine
Pensions- oder Unterstützungskasse bzw. eine Direktversicherung einzahlt. Der Versorgungsanspruch des Geschäftsführungsmitglieds richtet sich in diesem Fall letztlich an
das Versicherungsunternehmen.

PRAXISTIPP: Formulierungsvorschlag für den Anstellungsvertrag – Altersversorgung

Übersicht

„Die Gesellschaft verpflichtet sich, zusätzlich zu der Vergütung nach § … [entsprechender Paragraf im Vertrag] jährlich … € (in Worten: … Euro) nach Wahl der Geschäftsführerin/des Geschäftsführers in eine Anwartschaft auf Alters-, Invaliditäts- oder Hinterbliebenenversorgung durch einen Versorgungsträger im Sinne von § 1 b Abs. 2 bis 4 BetrAVG umzuwandeln (beitragsorientierte Leistungszusage).

Die Einzelheiten, insbesondere zur Versorgungsart und zu den Leistungen im Versorgungsfall, werden in einer gesonderten Versorgungsvereinbarung zwischen den Vertragsparteien geregelt. Diese ist Bestandteil des Anstellungsvertrags."

4.7.3.3 Sonstige Nebenleistungen

Unter sonstigen Nebenleistungen lassen sich insbesondere die Zurverfügungstellung eines Dienstwagens, der Abschluss einer Unfallversicherung für den Invaliditäts- und Todesfall sowie die Gehaltsfortzahlung im Krankheitsfall zusammenfassen.

Dienstwagen

Für die Gestellung eines Dienstwagens ist zu prüfen, ob es Vorgaben der kommunalen Gebietskörperschaft oder des Unternehmens gibt, die es zu beachten gilt. Diese Regelungen können sich sowohl auf das Einräumen einer privaten Nutzungsmöglichkeit als auch auf die Fahrzeugklasse und die Höhe der Leasingrate bzw. des Listenpreises beziehen. Sind diesbezüglich keinerlei kommunale Vorgaben vorhanden, empfiehlt es sich, im Geschäftsführeranstellungsvertrag entsprechende Regelungen zu treffen. Aufgrund einer etwaigen Außenwirkung ist den Vertragsparteien zu empfehlen, die Dienstwagenregelung sensibel auszugestalten.

PRAXISTIPP: Formulierungsvorschläge für den Anstellungsvertrag – Nebenleistungen

Übersicht

„Die Gesellschaft stellt der Geschäftsführerin/dem Geschäftsführer zur dienstlichen Nutzung für die Dauer des Anstellungsvertrags einen Dienstwagen zur Verfügung, der auch zu Privatfahrten benutzt werden kann. … [gegebenenfalls konkrete Vorgabe zu Fahrzeugklasse, Leasingrate oder Listenpreis]. Die Versteuerung des geldwerten Vorteils für die private Nutzung obliegt der Geschäftsführerin/dem Geschäftsführer."

Alternativformulierung:
„Die Gesellschaft stellt der Geschäftsführerin/dem Geschäftsführer zur dienst-
lichen Nutzung für die Dauer des Anstellungsvertrags einen Dienstwagen zur
Verfügung. Hierfür gelten folgende Regelungen: … [Vorgaben der kommunalen
Gebietskörperschaft oder des Unternehmens].“

Unfallversicherung, Entgeltfortzahlung im Krankheitsfall und Krankentagegeld
Der Abschluss einer Unfallversicherung (mit Abdeckung des dienstlichen und privaten
Risikos) kann im Rahmen der Vertragsverhandlungen als Verhandlungsbaustein genutzt
werden, da sie eine für das Unternehmen in der Regel vergleichsweise kostengünstige
Absicherung des Mitglieds der Geschäftsführung für existentielle Gesundheitsschäden dar-
stellt.

**PRAXISTIPP: Formulierungsvorschlag für den Anstellungsvertrag – Unfallver-
sicherung**

„Die Gesellschaft schließt zugunsten der Geschäftsführerin/des Geschäftsführers
für die Dauer des Anstellungsvertrags eine Unfallversicherung mit folgenden
Deckungssummen ab: …“

Ferner besteht die Möglichkeit, im Anstellungsvertrag eine Regelung zur Fortzahlung
der Vergütung im Krankheitsfall zu treffen. Zwar gilt das Entgeltfortzahlungsgesetz als
typisches Arbeitnehmerschutzgesetz für Mitglieder der Geschäftsführung nicht unmittelbar, jedoch kann auch das Geschäftsführungsmitglied im Krankheitsfall eine Fortzahlung seiner Vergütung verlangen. Anwendbar ist § 616 BGB: Danach behält der
Dienstverpflichtete seinen Vergütungsanspruch, wenn er ohne sein Verschulden für eine
verhältnismäßig kurze Zeit am Erbringen seiner Dienste gehindert wird. Diese auslegungs-
bedürftige Regelung sollte durch eine Klausel im Anstellungsvertrag präzisiert werden.

PRAXISTIPP: Formulierungsvorschlag für den Anstellungsvertrag – Krankheit

„Ist die Geschäftsführerin/der Geschäftsführer durch Arbeitsunfähigkeit infolge
Krankheit an der Ausübung ihrer/seiner Tätigkeit gehindert, erhält sie/er sein festes
Jahresgrundgehalt gemäß § … [entsprechender Paragraf im Vertrag] für die ersten
sechs Wochen der Verhinderung weiter. Die Vorschriften des Entgeltfortzahlungsgesetzes gelten im Übrigen entsprechend.“

Die Vereinbarung einer den (für Mitglieder der Geschäftsführung nicht anwendbaren) Vorschriften des Entgeltfortzahlungsgesetzes entsprechenden Krankentagegeldzahlung in Form einer Nettolohnaufstockung als freiwillige Arbeitgeberleistung stellt eine klare Nebenleistung dar, da das Mitglied der Geschäftsführung darauf keinen gesetzlichen Anspruch hat. Für die Vertragsverhandlungen kann die Vereinbarung einer solchen Regelung einen durchaus sinnvollen Verhandlungsbaustein darstellen, der etwa als Substitut zu einer höheren Gehaltsforderung dienen kann. Da das Entgeltfortzahlungsgesetz für Geschäftsführungsmitglieder nicht gilt und ansonsten bei längerer Krankheit das Gehalt wegfällt, kann eine Versorgungslücke auftreten. Eine Fortzahlung der vollständigen Bezüge im Krankheitsfall sichert das Bruttoeinkommen über einen längeren Zeitraum ab, was diesem den Abschluss einer privaten Krankentagegeldversicherung erspart.

PRAXISTIPP: Formulierungsvorschlag für den Anstellungsvertrag – Krankentagegeld

„Sollte die Arbeitsunfähigkeit länger als sechs Wochen dauern, so erhält die Geschäftsführerin/der Geschäftsführer für die Dauer von bis zu 20 Wochen das feste Jahresgrundgehalt gemäß § … [entsprechender Paragraf im Vertrag] fortgezahlt unter Abzug der von ihrer/seiner privaten Krankenversicherung erbrachten Barleistungen (z. B. Krankentagegeld), mindestens jedoch des Betrages, der dem bei Bestehen der gesetzlichen Krankenversicherungspflicht von der Krankenkasse zu zahlenden Krankengeld entspricht. Die Höhe der erhaltenen Barleistungen teilt die Geschäftsführerin/der Geschäftsführer der Gesellschaft monatlich im Nachhinein schriftlich mit."

Veröffentlichung der Vergütung

Ausgehend von den Bestimmungen des Deutschen Corporate Governance Kodexes sowie des Public Corporate Governance Kodexes des Bundes[197] hat in den vergangenen Jahren eine Vielzahl kommunaler Gebietskörperschaften eigene Kodizes verabschiedet, welche die Veröffentlichung der Vergütung der Mitglieder der Geschäftsführung kommunaler Beteiligungsunternehmen vorsehen, teils unter Hinweis auf die entsprechenden Regelungen der §§ 285 und 286 HGB. Auch manche landesrechtlichen Vorgaben sehen eine grundsätzliche Veröffentlichungsverpflichtung vor.[198] Vor diesem Hintergrund empfiehlt es sich, mit Abschluss des Anstellungsvertrags eine entsprechende gesonderte Einwilligung des Geschäftsführungsmitglieds zur Veröffentlichung seiner Vergütung

---

[197] Siehe auch Abschn. 4.2.4.1 Corporate Governance Kodex.
[198] Vgl. u. a. §§ 65, 65a Landeshaushaltsordnung Schleswig-Holstein, § 70a Abs. 2 kV M-V vom 13.07.2011, § 3 Abs. 1 Nr. 15 Hamburgisches Transparenzgesetz, §§ 65, 65a. Landeshaushaltsordnung Nordrhein-Westfalen.

einzuholen. Nur eine vom Mitglied der Geschäftsführung gesondert zu unterschreibende Einwilligungserklärung erfüllt die grundsätzlichen Anforderungen an die Freiwilligkeit. Ist die Einwilligung in den Regelungstext des Anstellungsvertrags integriert und wird nicht deutlich, wie das Mitglied der Geschäftsführung seine Einwilligung verweigern kann, verbleibt das Risiko einer nicht wirksam eingeholten Einwilligung. Diese sollte den jeweils gelten Datenschutzbestimmungen (z. B. Datenschutz-Grundverordnung, Bundesdatenschutzgesetz, Landesdatenschutzgesetz) entsprechen.

PRAXISTIPP: Formulierungsvorschlag für eine Einwilligungserklärung

Übersicht

„Die Geschäftsführerin/der Geschäftsführer erteilt hiermit ihre/seine Einwilligung, ihre/seine … [Nennung: Gesamtvergütung, jährliche Aufwendungen für die Altersversorgung etc.] im Anhang zum Jahresabschluss der Gesellschaft offenzulegen. Für die Zeit nach ihrem/seinem Ausscheiden willigt sie/er darin ein, dass die dann amtierende Geschäftsführung diese Angaben vornimmt.

Solange die Geschäftsführerin/der Geschäftsführer diese Funktion ausübt, trägt sie/er dafür Sorge, dass die entsprechenden Angaben im Anhang des Jahresabschlusses der Gesellschaft gemacht werden.

Grund für die Offenlegung ist das berechtigte Interesse der … [Nennung z. B. der kommunalen Gebietskörperschaft] daran, den Umgang mit öffentlichen Geldern transparent zu gestalten und auf diese Weise das Vertrauen der Bürgerinnen und Bürger in die Lauterkeit der öffentlichen Verwaltung und das Management der kommunalen Unternehmen zu stärken.

Der Geschäftsführerin/Dem Geschäftsführer ist bekannt, dass sie/er die Einwilligung verweigern kann, ohne dass ihr/ihm daraus Nachteile entstehen, und dass sie/er diese Einwilligung jederzeit mit Wirkung für die Zukunft widerrufen kann, sofern dem Widerruf keine Rechtsgründe entgegenstehen.

[Unterschrift]"

4.7.4 EXKURS II: Amtsniederlegung und Aufhebungsvereinbarung

4.7.4.1 Amtsniederlegung

Neben der Beendigung der Organstellung als Mitglied der Geschäftsführung durch Abberufung[199] gibt es noch einen weiteren Weg mit derselben Wirkung, nämlich

---

[199] Siehe auch Abschn. 4.7.2 Pflichtaufgaben: Bestellung und Anstellung der Mitglieder der Geschäftsführung.

die Amtsniederlegung. Im Grundsatz kann das Mitglied der Geschäftsführung seine Organstellung bei der Gesellschaft selbst jederzeit und ohne Vorliegen/Angabe eines wichtigen Grundes durch eine „Amtsniederlegung" (Niederlegungserklärung) beenden. Die Niederlegung darf jedoch nicht zur „Unzeit" erfolgen – darunter sind insbesondere „Krisenzeiten" der Gesellschaft zu verstehen, beispielsweise eine bevorstehende oder bereits vorhandene Insolvenz der GmbH oder der Umstand, dass kein Nachfolger oder Interimsgeschäftsführer in Aussicht ist.

Die Amtsniederlegung ist gegenüber dem für die Bestellung zuständigen Organ zu erklären. Sie ist grundsätzlich an keine besondere Form gebunden (kann also auch mündlich erklärt werden), es sei denn, der Gesellschaftsvertrag der GmbH enthält entsprechende Erfordernisse. Aus Nachweisgründen und für die nötige Vorlage zur Anmeldung der Amtsniederlegung beim Handelsregister ist auf jeden Fall zu empfehlen, die Niederlegung schriftlich abzufassen und einen Nachweis des Zugangs zu dokumentieren. Eine Zustimmung der Gesellschaft zur Amtsniederlegung ist nicht erforderlich.

Die Niederlegung des Amtes als Mitglied der Geschäftsführung ist mit deren Zugang beim zuständigen Organ wirksam. Es kommt insoweit (zur Vermeidung der Haftung) nicht auf die Löschung der Geschäftsführerstellung aus dem Handelsregister an. Unabhängig davon bedarf die Niederlegung – ebenso wie zuvor die Bestellung – der Anmeldung zur Eintragung ins Handelsregister.[200] Grundsätzlich sollte man daher beim Handelsregister folgende Unterlagen für die Anmeldung der Niederlegung vorlegen können:

• das Original des Niederlegungsschreibens
• den Nachweis des Zugangs im Original

PRAXISTIPP: Formulierungsvorschlag für eine Amtsniederlegung

Übersicht
„Sehr geehrte Damen und Herren,
  in meiner Eigenschaft als Geschäftsführerin/Geschäftsführer der Gesellschaft … mit dem Sitz in … lege ich mein Amt mit sofortiger Wirkung/mit Wirkung zum [Zeitpunkt] nieder. [Ich gebe Ihnen zugleich Gelegenheit, bis zu diesem Zeitpunkt ein neues Mitglied der Geschäftsführung zu bestellen, sodass dessen Eintragung mit meiner Löschung im Register verbunden werden kann.]
  Ich bitte Sie, mir den Zugang dieses Schreibens zu bestätigen und die Empfangsbestätigung umgehend an mich zurückzusenden.

---

[200]Vgl. § 39 GmbHG.

> Die Unterzeichnung und Rücksendung des Bestätigungsschreibens beinhaltet kein Einverständnis zur Niederlegung des Geschäftsführeramtes, sondern bestätigt nur den Erhalt des Briefes.
>
> Mit freundlichen Grüßen
>
> [Unterschrift]"

4.7.4.2 Aufhebungsvereinbarung

So wie es für die Beendigung der Organstellung verschiedene Wege gibt, kann auch der Geschäftsführeranstellungsvertrag auf unterschiedliche Weise beendet werden. In Betracht kommen die Kündigung durch eine der Vertragsparteien, der Ablauf einer vereinbarten Befristung, der Eintritt einer vereinbarten auflösenden Bedingung[201] und die einvernehmliche Beendigung durch eine Aufhebungsvereinbarung. Mit letzterer ist eine schnelle, „geräuschlose" und für beide Seiten optimale Gestaltung der Beendigung eines Anstellungsverhältnisses möglich. Für das Abschließen des Aufhebungsvertrags ist das Organ zuständig, das auch für den Abschluss des Anstellungsvertrags zuständig war. Es entscheidet über den Abschluss durch Beschluss. Dieser genehmigende Beschluss muss ausdrücklich gefasst sein. Bei der Verhandlung über den Abschluss eines Aufhebungsvertrags sollten insbesondere die nachfolgenden Punkte berücksichtigt werden:

- **Beendigungszeitpunkt:**
  In der Aufhebungsvereinbarung sollte schriftlich vereinbart werden, zu welchem Zeitpunkt der Anstellungsvertrag aufgelöst wird.
- **Freistellung:**
  Sofern eine Freistellung des Mitgliedes der Geschäftsführung gewollt ist, bedarf es einer entsprechenden Regelung. Die Freistellung kann dabei widerruflich oder unwiderruflich ausgestaltet werden. Bei einer unwiderruflichen Freistellung ist es sinnvoll, eine ausdrückliche Vereinbarung über die Anrechnung noch bestehenden Urlaubs zu verhandeln.
- **Anrechnungsklausel:**
  Wichtig ist ferner eine Regelung darüber, ob andere Bezüge, die das Mitglied der Geschäftsführung während der Freistellung unter Umständen verdient, auf die weiterlaufende Vergütung angerechnet werden.
- **Abfindung:** Ein wichtiger Regelungsgenstand ist die Bezifferung eines einvernehmlich auszuhandelnden Abfindungsbetrags.[202] Bei der Ausgestaltung der Abfindung ist zu klären, wie mit einem leistungsabhängigen Vergütungsbestandteil für das laufende Geschäftsjahr umzugehen ist.

---

[201] Siehe auch Abschn. 4.7.3.1 Befristung.

[202] Vgl. zur Höhe der Abfindung Abschn. 4.7.3.1 Befristung.

- **Nutzung/Übernahme des Dienstwagens, Handynutzung, Notebook:**
  Da in den Anstellungsverträgen häufig nicht geregelt ist, wie mit einer etwaigen Herausgabepflicht oder dem Nutzungsumfang von der/dem Geschäftsführerin/ Geschäftsführer überlassenen Gegenständen umzugehen ist, bietet sich eine klarstellende Regelung in der Aufhebungsvereinbarung an. Es sollte vereinbart werden, ob und in welchem Umfang die Gegenstände weiterhin genutzt werden dürfen bzw. herauszugeben sind.
- Ebenfalls sollten die Punkte Verschwiegenheitsverpflichtung und Zeugnis oder Referenzschreiben geregelt werden.

Mit der Aufhebungsvereinbarung wird nur das Anstellungsverhältnis beendet, nicht die Bestellung. Daher muss eine Amtsniederlegung durch das Mitglied der Geschäftsführung oder eine Abberufung durch das zuständige Organ erfolgen. Gegebenenfalls ist eine Nach- oder Interimsbesetzung der Geschäftsführung sicherzustellen.

4.7.5   Ergänzungsaufgaben

4.7.5.1 Einheitliche Unterstützung in Geschäftsführerangelegenheiten

Wie oben dargestellt, sind die Gesellschafterversammlung und/oder der Aufsichtsrat für die Bestellung und/oder Anstellung der Mitglieder der Geschäftsführung zuständig.[203] Die entsprechenden Fäden laufen somit bei der/dem Vorsitzenden der Gesellschafterversammlung oder des Aufsichtsrats zusammen. Die jeweils zuständige Person spielt für die Steuerung der jeweiligen Geschäftsführung die Hauptrolle: Sie wählt die Mitglieder der Geschäftsführung mit aus, verhandelt den Anstellungsvertrag (einschließlich der Höhe der einzelnen Vergütungsbestandteile) und etwaige Zielvereinbarungen. Häufig ist diese Person wesentlicher Gesprächspartner für die Geschäftsführung, sorgt für die Vermittlung des Willens des kommunalen Gesellschafters und verhindert, dass sich Gesellschaft und Geschäftsführung verselbständigen.

Sofern diese Aufgaben für alle Gesellschaften im Beteiligungsportfolio von einer Person wahrgenommen werden – etwa der/dem Hauptverwaltungsbeamten – ist selbstverständlich eine hohe Einheitlichkeit der Verfahren über alle Geschäftsführungen hinweg sichergestellt. Insbesondere in Großstädten mit einem umfangreichen Beteiligungsportfolio ist die Ausgangslage jedoch regelmäßig eine andere: Hier können je nach Aufgabenzuordnung mehrere Personen für die Steuerung der Geschäftsführung zuständig sein, da neben dem Hauptverwaltungsbeamten oftmals verschiedene Fachdezernentinnen und -dezernenten den Aufsichtsratsvorsitz einzelner Gesellschaften wahrnehmen. Damit ist die Zuständigkeit für Geschäftsführerangelegenheiten auf unterschiedliche Personen

---

[203] Siehe auch Abschn. 4.7.2 Pflichtaufgaben: Bestellung und Anstellung der Mitglieder der Geschäftsführung.

verteilt und eine einheitliche Bearbeitung nicht ohne weiteres möglich. Dennoch sind einheitliche Standards und Vorgehensweisen dringend zu empfehlen; insbesondere sollten über alle Gesellschaften hinweg die Rahmenbedingungen der Vergütung vereinheitlicht sowie wesentliche Standardinhalte der Anstellungsverträge festgelegt sein.[204]

Einheitliche Standards der Prozesse im Zusammenhang mit Geschäftsführerangelegenheiten setzen in der Regel voraus, dass diese Aufgabe innerhalb der Kommunalverwaltung zentralisiert bearbeitet wird. Dies sollte beim Beteiligungsmanagement geschehen.[205] Die Verantwortung verbleibt bei den Personen, die jeweils für Geschäftsführerangelegenheiten zuständig sind. Das Beteiligungsmanagement sollte diesen Personenkreis als „Servicestelle" aktiv unterstützen, indem es zum Beispiel auf die notwendigen Formalien und Gremienbeteiligungen bei der Be- und Anstellung achtet, bei der Formulierung der Geschäftsführeranstellungsverträge behilflich ist oder Vergütungswünsche einordnet.

Aus einer solchen Unterstützung ergeben sich zahlreiche Vorteile:

- Neue Formulierungen für Geschäftsführeranstellungsverträge, die Sachverhalte klarstellen und spätere Rechtsstreitigkeiten mit Mitgliedern der Geschäftsführung vermeiden, können vergleichsweise schnell und umfassend umgesetzt werden. Idealerweise befinden sich die Anstellungsverträge in einem kontinuierlichen Verbesserungsprozess.
- Manchmal müssen den Mitgliedern der Geschäftsführungen im Anstellungsvertrag potenzielle „Zumutungen" abverlangt werden, etwa die Veröffentlichung ihrer Vergütung, die Einrichtung eines Selbstbehalts bei D&O-Versicherungen[206] oder die Vereinbarung vorzeitiger Kündigungsmöglichkeiten.[207] Solche Sachverhalte lassen sich am wirksamsten durchsetzen, wenn sie ohne Ausnahme in allen Anstellungsverträgen

---

[204] Hinsichtlich der Vereinheitlichung der Anstellungsverträge sei der Vollständigkeit halber darauf verwiesen, dass hier eventuell Restriktionen der AGB-Kontrolle zu beachten sind – detaillierte Ausführungen finden sich in Abschn. 4.7.3 EXKURS I: Anstellungsverträge mit Mitgliedern der Geschäftsführung.

[205] Alternativ ist eine Zentralisierung der Unterstützung bei Geschäftsführerangelegenheiten auch beim Rechtsamt oder beim Personalamt möglich, da hier rechtliche bzw. personalwirtschaftliche Expertise vorhanden ist. Spätestens wenn beabsichtigt ist, Zielvereinbarungen mit der Geschäftsführung abzuschließen, ist jedoch eine gute Kenntnis der Marktbedingungen, der wirtschaftlichen Situation und der Leistungserstellung des jeweiligen Unternehmens erforderlich, sodass das Beteiligungsmanagement die erste Wahl für eine Steuerungsunterstützung hinsichtlich der Geschäftsführerangelegenheiten darstellt.

[206] Eine Directors-and-Officers-Versicherung (D&O-Versicherung) ist eine Vermögensschadenhaftpflichtversicherung, die von der Gesellschaft für ihre Organe (Geschäftsführung, Aufsichtsrat) und für ihre leitenden Angestellten abgeschlossen werden kann. Die Forderung nach einem Selbstbehalt für Mitglieder der Geschäftsführung ist Bestandteil des Deutschen Corporate Governance Kodexes und für Aktiengesellschaften nach § 93 Abs. 2 S. 3 AktG verpflichtend.

[207] Siehe auch Abschn. 4.7.3 EXKURS I: Anstellungsverträge mit Mitgliedern der Geschäftsführung.

vereinbart werden, wobei auch hier darauf zu achten ist, eine AGB-Kontrolle zu vermeiden.[208] Das setzt voraus, dass eine zentrale Stelle darüber informiert ist, wann welche Verträge auslaufen bzw. wann ohnehin Vertragsanpassungen anstehen (z. B. um Gehaltserhöhungen umzusetzen) und bei welchem Geschäftsführungsmitglied die erforderlichen Änderungen noch umzusetzen sind.[209]

- Durch die Gesamtsicht über alle Geschäftsführeranstellungsverträge entsteht eine sehr gute Vergleichbarkeit der vertraglichen Regelungsinhalte in der kommunalen Gebietskörperschaft. Von Vorteil ist weiterhin die Möglichkeit, eine Art „örtlichen Vergütungsvergleich" (unter Berücksichtigung der unterschiedlichen Branchen) durchführen zu können. Damit dürften sich auf Dauer eher maßvolle Gehaltssteigerungen durchsetzen.

- Möglich wird der Aufbau eines einheitlichen Fristenmanagements zur Überwachung aller Termine, die sich aus der Bestellung oder der Anstellung ergeben.

- Ferner bietet sich die Chance, einige der im Folgenden dargestellten Instrumente effektiver einsetzen zu können. Insbesondere ist hier die Zielvereinbarung mit der Geschäftsführung[210] zu nennen, da die Einführung eines so komplexen Instruments flächendeckend nur dann erfolgreich umsetzbar sein wird, wenn der Prozess für alle Unternehmen weitgehend ähnlich funktioniert.

Eine wirksame Unterstützung durch das Beteiligungsmanagement bei Geschäftsführerangelegenheiten setzt nicht voraus, dass hier alle relevanten Akten (Anstellungsvertrag, Zielvereinbarungen, Schriftwechsel etc.) im Original verwaltet werden. Wichtig ist aber, dass das Beteiligungsmanagement entweder Zugriff auf die Akten hat oder ihm Kopien zur Verfügung stehen.

4.7.5.2 Führung von Geschäftsführerakten

Eine wesentliche Organisationsaufgabe im Zusammenhang mit Geschäftsführerangelegenheiten besteht in der ordnungsgemäßen Verwaltung sämtlicher relevanter Unterlagen wie Geschäftsführeranstellungsverträge oder mit der Vertragsdurchführung verbundene Dokumente. Das gilt insbesondere für Eigengesellschaften und Mehrheitsbeteiligungen der kommunalen Gebietskörperschaft. Eine gesetzliche Vorgabe, welchen Inhalt und Umfang die Aktenführung aufweisen muss, gibt es nicht, allerdings resultiert insbesondere aus dem Persönlichkeitsrecht und der Vertraulichkeit der anstellungsvertraglichen Regelungen als vertraglicher Nebenverpflichtung die Notwendigkeit, diese Unterlagen vor dem Zugriff Dritter geschützt aufzubewahren.

---

[208] Ebd.

[209] Außerdem wird häufig eine Vorgabe des Hauptverwaltungsbeamten erforderlich sein, nach der Vertragsverlängerungen nur möglich sind, wenn der entsprechende Passus vom jeweiligen Mitglied der Geschäftsführung akzeptiert wird.

[210] Siehe auch Abschn. 4.7.6.3 Zielvereinbarungen mit der Geschäftsführung.

Folgende Dokumente werden in der Regel vorgehalten:

- Unterlagen zum Auswahlverfahren (Anforderungsprofil, Stellenanzeigen, Protokolle der Findungskommission etc.) inklusive Bewerbungsunterlagen der aktuell bestellten Mitglieder der Geschäftsführung (Profile, Lebensläufe, Arbeitszeugnisse, Referenzen etc.)[211]
- polizeiliche Führungszeugnisse (sofern von den Mitgliedern der Geschäftsführung abgefordert)
- Bestellungsbeschlüsse (falls nicht bereits bei den Gesellschafterakten abgelegt)
- Anstellungsverträge nebst sämtlicher vertraglicher Ergänzungen
- Zielvereinbarungen mit den Mitgliedern der Geschäftsführung (inklusive deren Auswertungen)
- Schriftwechsel (z. B. Anzeige von Nebentätigkeiten)

Häufig ist die Aktenführung dezentral bei der Person organisiert, die maßgeblich mit der Be- und/oder Anstellung befasst ist:

- Ist die Gesellschafterversammlung das hierfür verantwortliche Organ, liegen die Akten beim Vorsitzenden der Gesellschafterversammlung, also zumeist im Tresor des Hauptverwaltungsbeamten.
- Trägt der Aufsichtsrat die Verantwortung, ist die/der Aufsichtsratsvorsitzende für die Verwaltung der Akten verantwortlich.

Eine Alternative zu dieser dezentralen Aktenführung – insbesondere für große Verwaltungen mit unterschiedlichen Verantwortungsträgern – ist die Aktenführung an zentraler Stelle. Es wird empfohlen, die Akten vom Beteiligungsmanagement verwalten zu lassen. Letztlich sollte eine Entscheidung darüber mit der vorstehend beschriebenen Steuerung der Geschäftsführerangelegenheiten korrelieren.

Grundsätzlich ist bei der Führung von Geschäftsführerakten zu beachten, dass es sich um hoch vertrauliche und sensible Daten handelt. Voraussetzung ist daher unter anderem die Verschließbarkeit der Unterlagen und ein personell beschränkter Datenzugriff. Zudem sollten möglichst wenige Menschen in den Prozess eingebunden werden.

Zu berücksichtigen ist jedoch, dass die administrative Umsetzung der Anstellungsverträge, insbesondere die Gehaltszahlung sowie steuer- und sozialversicherungsrechtliche Angelegenheiten, in der Regel durch die Personalabteilung der jeweiligen Gesellschaft erfolgt. Für diese ist essenziell, Kenntnis von etwaigen Änderungen vertraglicher Konditionen oder auch dem Ende der Vertragslaufzeit zu erhalten, etwa im Fall einer Kündigung oder Aufhebung. Die zur Abrechnung erforderlichen Daten sind

---

[211] Die Bewerbungsunterlagen der nicht ausgewählten Kandidatinnen und Kandidaten sind unter Beachtung der datenschutzrechtlichen Fristen zu vernichten.

an die Personalabteilung des jeweiligen Unternehmens zu übermitteln und von dieser zu pflegen. Sofern eine Einsichtnahme in die Unterlagen erforderlich ist (z. B. Prüfung/Einsicht der Verträge durch Wirtschaftsprüfer o. ä.), kann dies bei der aktenführenden Stelle oder dem Mitglied der Geschäftsführung erfolgen.

4.7.5.3 Fristenmanagement

In Zusammenhang mit Geschäftsführerangelegenheiten – insbesondere der Be- und Anstellung – sind zahlreiche Fristen zu überwachen und einzuhalten. Dazu zählen insbesondere folgende:

- Auslaufen von Bestellungen (bei Befristungen)
- Auslaufen der Anstellungsverträge (wird im Anstellungsvertrag auf das gesetzliche Renteneintrittsalter Bezug genommen, ist dies gesondert zu überwachen)
- feststehende Kündigungsfristen in Anstellungsverträgen
- vertragliche Anzeigepflichten der Geschäftsführungsmitglieder zur Vertragsverlängerung sowie darauf aufbauende Entscheidungsfristen für das zuständige Organ
- etwaige vertragliche Fristen für Zielvereinbarungen[212] sowie damit zusammenhängend Fristen zur Auswertung der individuellen Zielerreichung und zur Auszahlung leistungsabhängiger Vergütungsbestandteile

Sofern das Beteiligungsmanagement für Geschäftsführerangelegenheiten oder Geschäftsführerakten zuständig ist, sind die Fristen dort bekannt. Auf dieser Basis können deren Einhaltung überwacht und notwendige Prozesse rechtzeitig initiiert werden.

4.7.6 Küraufgaben

4.7.6.1 Unterstützung bei der Suche und Auswahl von Mitgliedern der Geschäftsführung

Für die Geschäftsführung einer kommunalen GmbH ist es wichtig, nicht nur eine Persönlichkeit zu finden, die über Führungsstärke und fachliche Expertise verfügt; sie sollte auch Abläufe und Zwänge in kommunalen Verwaltungen und der Kommunalpolitik einschätzen können.

Das Beteiligungsmanagement sollte frühzeitig in die Neu- oder Nachbesetzung von Geschäftsführungspositionen eingebunden sein. So kann sichergestellt werden, dass alle für die Be- und Anstellung erforderlichen Entscheidungen hinsichtlich Formalia und Terminierung eingehalten werden. Für den Such- und Auswahlprozess empfiehlt sich folgendes Vorgehen (Abb. 4.23).

---

[212] Siehe auch Abschn. 4.7.6.3 Zielvereinbarungen mit der Geschäftsführung.

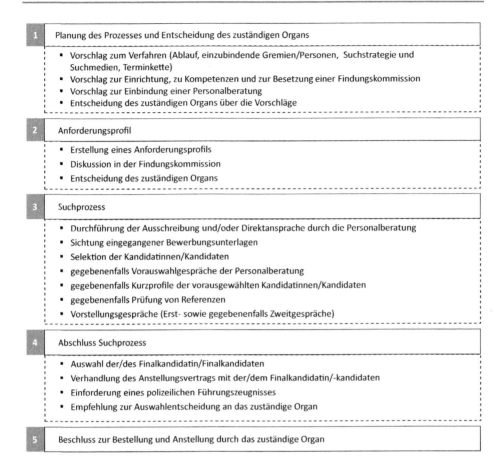

1 Planung des Prozesses und Entscheidung des zuständigen Organs

- Vorschlag zum Verfahren (Ablauf, einzubindende Gremien/Personen, Suchstrategie und Suchmedien, Terminkette)
- Vorschlag zur Einrichtung, zu Kompetenzen und zur Besetzung einer Findungskommission
- Vorschlag zur Einbindung einer Personalberatung
- Entscheidung des zuständigen Organs über die Vorschläge

2 Anforderungsprofil

- Erstellung eines Anforderungsprofils
- Diskussion in der Findungskommission
- Entscheidung des zuständigen Organs

3 Suchprozess

- Durchführung der Ausschreibung und/oder Direktansprache durch die Personalberatung
- Sichtung eingegangener Bewerbungsunterlagen
- Selektion der Kandidatinnen/Kandidaten
- gegebenenfalls Vorauswahlgespräche der Personalberatung
- gegebenenfalls Kurzprofile der vorausgewählten Kandidatinnen/Kandidaten
- gegebenenfalls Prüfung von Referenzen
- Vorstellungsgespräche (Erst- sowie gegebenenfalls Zweitgespräche)

4 Abschluss Suchprozess

- Auswahl der/des Finalkandidatin/Finalkandidaten
- Verhandlung des Anstellungsvertrags mit der/dem Finalkandidatin/-kandidaten
- Einforderung eines polizeilichen Führungszeugnisses
- Empfehlung zur Auswahlentscheidung an das zuständige Organ

5 Beschluss zur Bestellung und Anstellung durch das zuständige Organ

Abb. 4.23 Beispiel des Prozessablaufs beim Auswahlprozess (wenn die Zuständigkeit für die Bestellung und Anstellung beim selben Organ liegt)

Prozessplanung – Entscheidungsvorbereitung des zuständigen Organs

Im Vorfeld der Suche und Auswahl von Mitgliedern der Geschäftsführung sollte zwischen Beteiligungsmanagement und der/dem Vorsitzenden des zuständigen Organs das konkrete Verfahren vorabgestimmt werden, und zwar in Bezug auf den konkreten Ablauf, die erforderlichen Termine sowie die einzubindenden Gremien und Personen.

Zudem sollte im Vorfeld erwogen werden, ob eine Findungskommission gebildet wird. In der Praxis wird diese häufig durch das zuständige Organ eingesetzt, um die Entscheidung entsprechend vorzubereiten. Die Zusammensetzung der Findungskommission kann flexibel den jeweiligen Erfordernissen angepasst werden, ihr können zum Beispiel der/die Vorsitzende und weitere Mitglieder des zuständigen Organs, der Verwaltungsspitze, der politischen Vertretungskörperschaft oder externe Experten angehören. Mitglieder der aktuellen Geschäftsführung sollten dagegen nicht darin vertreten sein. Eine

Findungskommission sollte personell so bemessen und besetzt sein, dass ein effektives und zielorientiertes Vorgehen gewährleistet ist.

Auch die Suchstrategie (Suchmedien) muss festgelegt werden. Hier gibt es zwei gängige Möglichkeiten, die gegebenenfalls miteinander verknüpft werden können:

- Eine Form der Suchstrategie ist die Ausschreibung der Position. Ziel ist es, einen möglichst großen Kreis von geeigneten Bewerberinnen und Bewerbern anzusprechen und zur Bewerbung zu motivieren. Inhaltliche Anforderungen, Zuständigkeiten und Pflichten stellen wichtige Bestandteile dar; in den meisten Fällen werden die Inhalte der Ausschreibung aus dem Anforderungsprofil abgeleitet. Ein gängiges Instrument ist die externe Veröffentlichung der Stellenausschreibung durch Anzeigenschaltung sowohl in Print- als auch Onlinemedien. Insbesondere Fachzeitschriften bieten noch immer eine sehr gute Reichweite. Allerdings fallen je nach Verbreitungsmedium unterschiedlich hohe Kosten an. Zeitpunkt und Dauer der Veröffentlichung können die Anzahl der eingehenden Bewerbungen beeinflussen.
- Eine weitere Möglichkeit stellt die Direktansprache potenzieller Bewerberinnen und Bewerber dar. Diese sollte von einer externen Personalberatung (Headhunter) mit Fachexpertise der entsprechenden Branche vorgenommen werden.

Bei der zweiten Form der Suchstrategie ergibt sich zwangsläufig das Hinzuziehen einer externen Personalberatung. Diese verfügt über langjährige Erfahrung, über ein Netzwerk zu potenziellen Kandidaten/Kandidatinnen, kennt sich in den spezifischen Branchen aus und weiß, wie infrage kommende Persönlichkeiten gezielt angesprochen werden können. Darüber hinaus geht die Personalberatung mit einem hohen Grad an Objektivität und Sachlichkeit an das gesamte Verfahren heran. Mit der Beauftragung einer Personalberatung sind aber auch Herausforderungen verbunden: Neben den zusätzlichen Kosten gehört dazu ein höherer Koordinations- und Kommunikationsaufwand, insbesondere bei der Abstimmung des Anforderungsprofils sowie in Vorbereitung der Vorstellungen der Kandidatinnen und Kandidaten.

Sämtliche Ergebnisse der Vorabstimmung über den Auswahlprozess müssen dem zuständigen Organ als Vorschlag unterbreitet werden. Basierend auf den Vorschlägen entscheidet es über die Einrichtung und Festlegung der Kompetenzen einer Findungskommission, die Suchstrategie und das Hinzuziehen einer externen Personalberatung. Anschließend ist der externe Personalberater auszuwählen und zu beauftragen.

Erstellung eines Anforderungsprofils

Wichtig für den Such- und Auswahlprozess ist die Erstellung eines Anforderungsprofils. Darin sind die zur Erfüllung der Aufgaben notwendigen Fachkenntnisse und Fähigkeiten in Form einer systematischen Zusammenstellung aller zentralen Kriterien formuliert. Das Anforderungsprofil sollte weder zu allgemein noch zu speziell angelegt sein, um bei der Auswahl Spielraum zu haben.

Ausgehend von der Situation des Unternehmens und der etwaigen Geschäftsver-teilung sollte das Anforderungsprofil folgende Punkte beinhalten:

- Aufgaben des Geschäftsführungsmitglieds
- erforderliche fachliche Expertise der Kandidaten/Kandidatinnen (z. B. Ausbildung/ Studium, Branchen- und Sachkenntnisse)
- persönliche Qualifikation (z. B. unternehmerisches Denken, Führungserfahrung, Erfahrung mit Kommunalpolitik und öffentlicher Verwaltung)
- vertragliche und sonstige Rahmenbedingungen (z. B. Befristung der Bestellung, maximale Höhe der Vergütung, Nebenleistungen, Umzug an den Sitz der Gesell-schaft)

Auch das Anforderungsprofil sollte durch das zuständige Organ final beschlossen werden.

Suchprozess
Im Anschluss erfolgt die Umsetzung der abgestimmten Suchstrategie (z. B. Schaltung von Anzeigen, Ansprache potenzieller Bewerber und Bewerberinnen). Dabei ist eine Vor-auswahl aus allen eingegangenen Bewerbungen auf Basis der vorliegenden Unterlagen zu treffen. Bezüglich der fachlichen Expertise sowie der persönlichen Qualifikation sollte die Überprüfung durch einen Abgleich der im Anforderungsprofil festgelegten Kriterien mit Inhalt, Umfang und Ergebnissen bisheriger Tätigkeiten sowie deren Umständen und Rahmenbedingungen erfolgen. Mit diesen vorausgewählten Personen kann daraufhin zur vertiefenden Einschätzung der fachlichen Qualifikation, der persön-lichen Kompetenzen und der Führungsqualitäten ein eingehendes persönliches Vor-auswahlgespräch geführt werden. Darauf basierend kann für die in der engeren Wahl stehenden Kandidatinnen und Kandidaten ein Kurzprofil erstellt werden, das Angaben über persönliche Daten, Aus- und Weiterbildung, beruflichen Werdegang, Einkommens-vorstellungen und Verfügbarkeit sowie eine Beurteilung der Persönlichkeit auf der Grundlage des Gesprächs und des vereinbarten Anforderungsprofils enthält.

Auf Grundlage des Vorauswahlverfahrens und der gegebenenfalls durch eine Personalberatung erstellten Kurzprofile ist eine Auswahl von Personen zu treffen, die sich dem zuständigen Organ oder der Findungskommission persönlich vorstellen. Ent-sprechend der Kandidatenlage, der ausgeschriebenen Stelle und der Struktur der Personalauswahl können auch mehrere Gespräche durchgeführt werden (Erst- und Zweitgespräch); gegebenenfalls erhalten die in die engere Auswahl genommenen Kandidatinnen oder Kandidaten eine Aufgabe, etwa die Vorbereitung einer Präsentation zu einem bestimmten Thema.

Spätestens in dieser Phase des Suchprozesses sollten auch die Referenzen der Kandidatin/des Kandidaten überprüft werden.

Abschluss des Suchprozesses

In vielen kommunalen Gebietskörperschaften wird dem zuständigen Organ nur eine Person zur Bestellung/Anstellung präsentiert.

Es empfiehlt sich, den Anstellungsvertrag bereits vor der Entscheidung des zuständigen Organs mit der Finalkandidatin/dem Finalkandidaten zu verhandeln und unter Vorbehalt des Beschlusses zur Be- und Anstellung abzuschließen. Ansonsten kann sich die Verhandlungsposition gegenüber einem bereits bestellten Mitglied der Geschäftsführung verschlechtern. Sichergestellt werden sollte eine kompetente Unterstützung bei der Vertragsgestaltung und Vertragsverhandlung, etwa durch das Beteiligungsmanagement oder das externe Gutachten einer Personalberatung.

Vor Abschluss des Anstellungsvertrages wird das Einholen eines polizeilichen Führungszeugnisses empfohlen.

PRAXISTIPP: Bildung eines Personalausschusses

Die Einrichtung einer Findungskommission kann entfallen, wenn der Aufsichtsrat – sofern zuständiges Organ – einen Personal- oder Präsidialausschuss gebildet hat, der Geschäftsführerangelegenheiten im Zusammenhang mit Fragen der Be- und Anstellung (inklusive Vergütung) für den Aufsichtsrat vorberät oder entscheidet.

Die Einrichtung eines solchen Ausschusses ist zu empfehlen. Die Befugnis zur Bildung eines Ausschusses steht ausdrücklich und allein dem Aufsichtsratsplenum zu. Das Einsetzen eines Ausschusses erfolgt entweder durch seine Geschäftsordnung oder durch Beschluss. Der Gesamtaufsichtsrat bleibt dabei immer Herr des Verfahrens und kann eine an einen Ausschuss übertragene Aufgabe jederzeit wieder an sich ziehen.

4.7.6.2 Prüfung der Angemessenheit der Vergütung von Mitgliedern der Geschäftsführung

Besondere Bedeutung im Rahmen der Vertragsverhandlungen mit Mitgliedern der Geschäftsführung besitzt die Höhe der Vergütung. Zielführend ist eine Prüfung der Marktüblichkeit und Angemessenheit der Vergütung. Diese kann entweder vom Beteiligungsmanagement durchgeführt werden oder über Beauftragung einer Personalberatungsgesellschaft mit der Erstellung eines entsprechenden Gutachtens.

Die Vergütung von Geschäftsführungsmitgliedern kann auf verschiedene Weise eingeordnet werden:

- horizontaler Vergütungsvergleich mittels Vergleich mit ausgewählten Unternehmen der gleichen Branche, ähnlicher Größe und Komplexität (deren Vergütung veröffentlicht wird) oder mittels Vergütungsstudien, welche die veröffentlichten Vergütungen von Unternehmen verschiedener Branchen darstellen

- vertikaler Vergütungsvergleich, der die Vergütungsstruktur sowie das Lohn- und Gehaltsgefüge im Unternehmen berücksichtigt und die Vergütung der Geschäftsführungsmitglieder ins Verhältnis zur Vergütung der übrigen Belegschaft setzt
- örtlicher Vergütungsvergleich (Vergleich mit der Vergütung anderer Geschäftsführerinnen und Geschäftsführer in der kommunalen Gebietskörperschaft)

Bei einer Verhandlung über Vergütungssteigerungen kann zudem die Entwicklung der Lebenshaltungskosten (Verbraucher-Preis-Index) zurate gezogen werden.

PRAXISTIPP: Horizontaler Vergütungsvergleich

Übersicht
Zur Durchführung eines horizontalen Vergütungsvergleichs kann sich das kommunale Beteiligungsmanagement am Markt verfügbarer Vergütungsstudien bedienen. Diese sind jedoch mit zusätzlichen Kosten verbunden.

Unabhängig von derartigen Studien kann das Beteiligungsmanagement auf Basis öffentlich verfügbarer Daten auch eigene Einordnungen vornehmen. Basis dafür können – sofern eine entsprechende gesetzliche Pflicht zur Veröffentlichung besteht[213] – die Beteiligungsberichte einzelner kommunaler Gebietskörperschaften oder Angaben in Jahresabschlüssen (Bundesanzeiger) bzw. Geschäftsberichte von Unternehmen sein.

4.7.6.3 Zielvereinbarungen mit der Geschäftsführung

Wie bereits dargestellt,[214] sollte mit dem Mitglied der Geschäftsführung neben dem festen Grundgehalt eine leistungsabhängige Vergütung vereinbart werden. Diese dient primär der Steuerung des Geschäftsführungsmitglieds. So kann die Berücksichtigung der Zielvorgaben der kommunalen Gebietskörperschaft[215] oder sonstiger strategischer Setzungen der Gesellschafter durch bestimmte Ziele gewährleistet werden. Die Vereinbarung einer leistungsabhängigen Vergütung dient zudem der Kommunikation mit dem Mitglied der Geschäftsführung, um ihm ein jährliches Feedback zu seiner Leistung zu geben. Ferner dient sie der Verhinderung der Verselbständigung der Geschäftsführung und der Stärkung des Beteiligungsmanagements.

Eine Tantieme für die Geschäftsführungsmitglieder soll zu einer wirtschaftlich positiven Entwicklung der Gesellschaft beitragen, indem sie entsprechende Anreize für einen langfristigen Erfolg des Unternehmens setzt.

---

[213] Siehe auch Abschn. 4.7.3.3 Sonstige Nebenleistungen (Veröffentlichung der Vergütung).

[214] Vgl. Abschn. 4.7.3.2 Vergütungsbestandteile.

[215] Siehe auch Abschn. 4.2.4.2 Zielvorgaben durch Zielbilder oder Eigentümerziele.

Je nach Branche und konkreter Unternehmenssituation variieren die Höhe der leistungsabhängigen Vergütung und die konkrete inhaltliche Ausgestaltung der Zielvereinbarungen. Bei mehreren Mitgliedern einer Geschäftsführung können außerdem unterschiedliche, individuell ausgestaltete Ziele vereinbart werden. Letzteres ist jedoch weniger empfehlenswert, da dann gegebenenfalls jedes Mitglied der Geschäftsführung seine eigene Agenda verfolgen könnte.

Voraussetzung für die Gewährung einer leistungsabhängigen Vergütung sollte der Abschluss einer Zielvereinbarung auf Grundlage entsprechender anstellungsvertraglicher Regelungen sein. Nicht empfehlenswert ist hingegen, die Auszahlung einer leistungsabhängigen Vergütung allein an die persönlichen Einschätzungen der Mitglieder des zuständigen Organs oder nur deren/dessen Vorsitzenden zu knüpfen. Damit könnte letztlich keine Steuerungswirkung entfaltet werden, da nicht festgelegt ist, welche Leistung am Ende honoriert werden soll.

Die in der Zielvereinbarung enthaltenen Zielstellungen sollen eine angemessene Verknüpfung der Eigentümerinteressen mit den persönlichen Interessen des Mitglieds der Geschäftsführung an den inhaltlichen und materiellen Ergebnissen seiner Arbeit darstellen. Die Zielvereinbarung sollte vor Beginn des Vereinbarungszeitraums festgelegt sein.

Wesentlich für die Ausgestaltung der Ziele ist eine auf konkrete Maßnahmen und Kennzahlen heruntergebrochene Zielformulierung. Die Zielinhalte sollten jedoch dabei nicht zu kleinteilig gewählt werden. Die Zieldefinition sollte stets unter der Maßgabe erfolgen, dass

- Ziele spezifisch auf die Gesellschaft abgestimmt sind,
- Ziele messbar formuliert werden,
- Ziele anspruchsvoll sind und nicht das operative „Tagesgeschäft" abbilden,
- Ziele auch realistisch erreichbar sind und
- eine verbindliche Terminierung des Erfüllungszeitraums erfolgt (Abb. 4.24).

Die Bandbreite der möglichen Ziele ist breit gefächert und unternehmensspezifisch. Faktoren, die die Zielvereinbarung inhaltlich ausgestalten, können beispielsweise sein:

Abb. 4.24 SMART-Vorgaben für den Abschluss einer Zielvereinbarung

- **Wirtschaftliche Faktoren:**
  Auf eine reine Erfüllung der Wirtschaftsplanung sollte nicht abgestellt werden, da dies regelmäßig zu einer sehr konservativen Planung seitens der Geschäftsführung führen wird. Nichtsdestoweniger können aus Steuerungsgesichtspunkten einzelne Ansätze des Wirtschaftsplans durchaus zielrelevant sein. Dies können etwa Liquiditätsziele, Investitions- oder Instandhaltungsquoten, Rentabilitätsvorgaben, Jahresergebnis bzw. Ausschüttung, operatives Ergebnis oder auf die Kapitalstruktur gerichtete Ziele (z. B. Abbau von Verbindlichkeiten, Eigenkapitalquote) sein.
- **Markt- und leistungsspezifische Faktoren:**
  Entsprechend dem Geschäftsfeld des Unternehmens können unterschiedliche Ziele relevant sein, die mit der unmittelbaren Leistungserbringung zusammenhängen. Das können etwa die Entwicklung von Konzepten und Strategien, der lokale Marktanteil eines Unternehmens oder die Erhöhung von Auslastung, Kunden- bzw. Besucherzahlen sein. Bei der Festlegung derartiger Ziele ist darauf zu achten, dass sie mit den wirtschaftlichen und den übergeordneten Zielen der kommunalen Gebietskörperschaft korrespondieren und bestenfalls aus diesen abgeleitet werden.
- **Maßnahmenspezifische Faktoren:**
  Für bestimmte Unternehmen kann es sinnvoll sein, die Ziele der Geschäftsführung an der Planung und plangemäßen Durchführung spezieller Maßnahmen oder Projekte auszurichten, etwa Investitionsvorhaben, Umsetzung von Geschäftsprozessoptimierungen, Einführung standardisierter Systeme (Qualitäts-, Compliance- oder Risikomanagement) oder branchenspezifische Zertifizierungen.
- **Persönliche Faktoren:**
  Diese können etwa das besondere Engagement des Mitglieds der Geschäftsführung oder die positive Vertretung des Unternehmens in der Branche und in der Region betreffen. Die Gewichtung dieser Faktoren sollte in der Regel eher gering ausfallen, da entsprechende Vorgaben einen sehr subjektiven Charakter ausweisen und ihre Erfüllung schwer zu messen ist („Nasenfaktor").

Bei der Formulierung der Zielvereinbarung ist auf folgende Sachverhalte zu achten:

- Bezug zur anstellungsvertraglichen Regelung hinsichtlich des Anspruchs des Geschäftsführungsmitglieds auf die Tantieme
- Höhe der erreichbaren Tantieme für den benannten Vereinbarungszeitraum
- konkrete Formulierung der einzelnen Teilziele unter Beachtung der SMART-Vorgaben (klare Beschreibung des Zielinhalts, Kriterien der Zielerfüllung, Berücksichtigung der Auswertungsmöglichkeit des zuständigen Organs, das heißt Festlegung von Art und Zeitpunkt des Nachweises der Zielerfüllung)
- angemessene Gewichtung der jeweiligen Teilziele (prozentualer Anteil an der vollständigen Zielerreichung) unter Beachtung des Steuerungsinteresses
- weitgehendes Vermeiden von Zielkonflikten zwischen den einzelnen Teilzielen

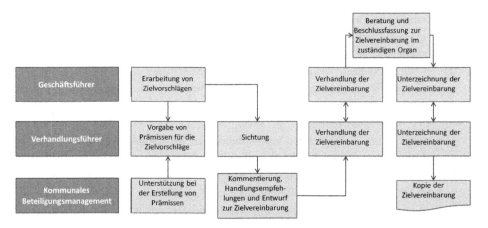

Abb. 4.25 Prozessablauf einer Zielvereinbarung

Ergänzend dazu kann es sinnvoll sein, die Gewährung jeglicher Tantieme an eine oder mehrere unternehmensspezifische Bedingungen zu knüpfen, etwa ein positives Jahresergebnis oder den Nichteintritt eines bestimmten existenzbedrohenden Risikos. Tritt beispielsweise dieses Risiko ein, wird unabhängig von der konkreten Zielerfüllung keine Tantieme gewährt.

Prozess der Zielvereinbarung
Grundsätzlich ist das für den Anstellungsvertrag zuständige Gesellschaftsorgan[216] auch zuständig für den Abschluss und die Auswertung der Zielvereinbarung.

Ziele sollten regelmäßig – idealerweise vor Beginn eines jeden Zielvereinbarungszeitraums – zwischen den Mitgliedern der Geschäftsführung und dem Vertreter des zuständigen Gesellschaftsorgans (Verhandlungsführer) verhandelt werden.

Am Anfang des Zielvereinbarungsprozesses sollte das Mitglied der Geschäftsführung dem Verhandlungsführer konkrete Vorschläge für mögliche zu vereinbarende Ziele unterbreiten. Alternativ kann der Prozess auch damit beginnen, dass der Verhandlungsführer Prämissen für die Zielvorschläge des Geschäftsführungsmitglieds setzt. Das Beteiligungsmanagement sollte von Anfang an in den Zielvereinbarungsprozess eingebunden sein, indem es entweder die Zielvorschläge sichtet und bewertet oder den Verhandlungsführer bei seinen Prämissen unterstützt. Die Rolle des Beteiligungsmanagements ist dabei gerichtet auf die Verwend-, Erreich- und Messbarkeit der Ziele, die Formulierung von Handlungsempfehlungen und das Verfassen eines Entwurfs zur Zielvereinbarung, der als Basis für das Zielvereinbarungsgespräch zwischen dem Verhandlungsführer und dem Mitglied der Geschäftsführung dient. Ist die Zielvereinbarung ausverhandelt, wird sie dem zuständigen Organ zur Beratung und Beschlussfassung vorgelegt. Dem Beschluss folgt der Abschluss der Zielvereinbarung (Unterzeichnung) (Abb. 4.25).

---

[216] Siehe auch Abschn. 4.7.2 Pflichtaufgaben: Bestellung und Anstellung der Mitglieder der Geschäftsführung.

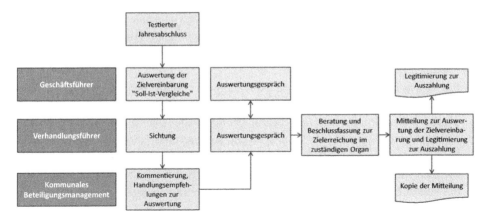

Abb. 4.26 Prozessablauf der Zielauswertung

Prozess der Zielauswertung

Die Zielauswertung findet in der Regel auf Basis des geprüften und testierten Jahres-abschlusses und den ansonsten in der Zielvereinbarung definierten Nachweisen der Ziel-erfüllung statt. Dabei erfolgt eine Bewertung zum Erreichen der in der Zielvereinbarung fixierten Ziele im jeweiligen Vereinbarungszeitraum.

Zur Auswertung der Zielerreichung sollte ein Auswertungsgespräch geführt werden. Vor diesem Gespräch sollte das Mitglied der Geschäftsführung im ersten Schritt eine eigene Auswertung der in der Zielvereinbarung definierten Teilziele mithilfe eines Soll-Ist-Abgleichs vornehmen und diese an den Verhandlungsführer weiterleiten. Analog zum Prozess der Zielvereinbarung sollte auch bei der Auswertung das Beteiligungs-management einbezogen werden. Dessen Aufgabe ist die Prüfung des vom Geschäfts-führungsmitglied vorgelegten Soll-Ist-Vergleichs sowie die bedarfsweise Formulierung von Hinweisen und Handlungsempfehlungen für den Verhandlungsführer und gegebenenfalls das zuständige Organ.

Im Anschluss wird im dafür zuständigen Organ über die Zielerreichung und ent-sprechende Gewährung der Tantieme beraten und beschlossen. Abschließend sollte das Geschäftsführungsmitglied vom Verhandlungsführer eine Mitteilung zur erfolgten Ziel-auswertung, der Zielerreichung und der Höhe der sich daraus ergebenden Tantieme-gewährung erhalten. Regelmäßig wird dabei auch die Auszahlung legitimiert (Abb. 4.26).

4.7.6.4 DV-Unterstützung bei Geschäftsführerangelegenheiten

Moderne IT-Lösungen bieten durch das Vorhalten von Daten und Dokumenten eine umfassende Unterstützung der durch das Beteiligungsmanagement bearbeiteten Prozesse zu Geschäftsführerangelegenheiten:

- Sie helfen bei der lückenlosen Verwaltung wichtiger Dokumente, zum Beispiel von Bestellungsbeschlüssen, Anstellungsverträgen sowie deren Änderungen, Zielvereinbarungen etc. Das Auffinden einzelner Dokumente kann durch eine spezielle Suchfunktion erleichtert werden.
- Sie ermöglichen die vollständige Abbildung der Höhe der Vergütung für jedes Geschäftsführungsmitglied – sowohl was die vertraglich vereinbarten Bestandteile angeht (festes Grundgehalt, Sprecherzulage, maximale Höhe der Tantieme, Zusage zu einer Altersversorgung etc.) als auch die real ausgezahlten Tantiemen. Selbstverständlich sollte hierzu eine Historienfunktion vorhanden sein.
- Sie unterstützen bei der Beachtung von Terminen und Fristen. So können das Datum des Auslaufens von Bestellung und Anstellungsvertrag ebenso vermerkt werden wie vertraglich vereinbarte Fristen, etwa bis wann ein Mitglied der Geschäftsführung seine Vorschläge für eine Zielvereinbarung einzureichen hat oder bis wann es mitteilen muss, dass es für eine erneute Amtszeit zur Verfügung steht. Erinnerungsfunktionen helfen, notwendige Gremienabläufe nicht zu gefährden.

Besondere Bedeutung kommt der Individualisierbarkeit einer IT-Lösung zu, um flexibel auf Bedürfnisse vor Ort reagieren zu können. Zur Wahrung der Sicherheit dieser besonders sensiblen Daten und Dokumente sind durch die IT-Lösung unbedingt gesonderte Vorkehrungen zu treffen.

Literatur

Bernhardt, Marion, und Martin Bredol. 2015. Rechtsfragen zu Organstellung und Anstellungsvertrag von Geschäftsführern einer paritätisch mitbestimmten GmbH. *NZG – Neue Zeitschrift für Gesellschaftsrecht* 11:419–424.

Bremeier, Wolfram. 1998. Kommunales Beteiligungsmanagement. Konzeptionen und Erfahrungen. In *Organisationswandel öffentlicher Aufgabenwahrnehmung*, Hrsg. Dietrich Budäus, 287–317. Baden-Baden: Nomos.

Bremeier, Wolfram. 1999. Steuerung kommunaler Unternehmen. *Socialmanagement* 1 (1999): 10–13.

Bundesministerium der Finanzen. 2009. Grundsätze guter Unternehmens- und Beteiligungsführung im Bereich des Bundes. Public Corporate Governance Kodex des Bundes (PCGK). Hinweise für gute Beteiligungsführung bei Bundesunternehmen Berufungsrichtlinien. https://bit.ly/2IXjrcg. Zugegriffen: 11. Sept. 2020.

Deutscher Städtetag. 2009. Eckpunkte für einen Public Corporate Governance Kodex (PCGK) für kommunale Unternehmen. https://bit.ly/2KnqFn8. Zugegriffen: 11. Sept. 2020.

Freie und Hansestadt Hamburg. 2020. Hamburger Corporate Governance Kodex (HCGK). http://www.beteiligungsbericht.fb.hamburg.de/Download/HamburgerCorporateGovernanceKodexab2020.pdf. Zugegriffen: 11. Sept. 2020.

Jung, Burkhard. 2013. Strategische Steuerung kommunaler Unternehmen in bewegten Zeiten. *Public Governance*, Herbst 2013, 4 f.

Lutter, Marcus und Peter Hommelhoff. 2012. *GmbH-Gesetz*. Kommentar. Köln: Verlag Dr. Otto Schmidt KG.

Lutter, Marcus, Gerd Krieger und Dirk A. Verse. 2014. *Rechte und Pflichten des Aufsichtsrats*. Köln: Verlag Dr. Otto Schmidt

Porter, Michael E. 1980. *Competitive Strategy: Techniques for Analyzing Industries and Competitors*. New York: Free Press.

Regierungskommission Deutscher Corporate Governance Kodex. 2018. Deutscher Corporate Governance Kodex (DCGK). https://bit.ly/2QkYOtv. Zugegriffen: 11. Sept. 2020.

Ruter, Rudolf X., und Markus Häferle. o. J. Der Wechsel des Abschlussprüfers in Unternehmen der öffentlichen Hand als Bestandteil einer effektiven Corporate Governance? https://bit. ly/2DC1vQo. Zugegriffen 11. Sept. 2020.

Schäfer, Ute. 2008. Die komparativen Besonderheiten des Leipziger Corporate Governance Kodex für eine zielführende und wirkungsvolle Beteiligungssteuerung und Unternehmensführung. In *Corporate Governance in der öffentlichen Wirtschaft*, Hrsg. von der Gesellschaft für öffentliche Wirtschaft, 83-96. Berlin: Bundesverband Öffentliche Dienstleistung.

Seibt, Christoph H. 2010. § 76 Leitung der Aktiengesellschaft. In *Aktiengesetz. Kommentar*, Hrsg. Karsten Schmidt und Marcus Lutter, 1041–1060. Köln: Verlag Dr. Otto Schmidt KG.

Senatsverwaltung für Finanzen Berlin. 2015. Hinweise für Beteiligungen des Landes Berlin an Unternehmen. https://www.berlin.de/sen/finanzen/vermoegen/downloads/beteiligungshin-weise_dezember-2015-satzung-17-9-2020.pdf. Zugegriffen: 05. Aug. 2021.

Smend, Axel und Christian Ziche. 2013. Vorsorge treffen. Die Verpflichtung des Aufsichtsrats auf das Interesse der Gesellschafterkommune in der Eigengesellschaft. In *Unternehmensrelevantes Recht. Jahrbuch 2013*, Hrsg. Deutscher AnwaltSpiegel, 36–39. Frankfurt a. M.: F.A.Z.-Institut für Management-, Markt- und Medieninformationen GmbH.

Stadt Leipzig. 2013. *Leipziger Corporate Governance Kodex. Richtlinien für Unternehmenssteuerung und Unternehmensführung der Stadt Leipzig*. https://publicgovernance.de/media/PCGK_Leipzig_2013.pdf. Zugegriffen: 05. Aug. 2021.

Tegtmeier, André. 2008. Beteiligungsunternehmen durch Zielvorgaben steuern, In *Der Neue Kämmerer, Jahrbuch 2008*, 77–80. Frankfurt a. M., Friedberg: FAZ-Institut, Financial Gates GmbH.

Von Eiff, Wilfried. 2012. Wettbewerbsstrategie. Bedeutung Des Porter-Ansatzes Für Kliniken. *Health & Care Management* 5 (2012): 14–17.

Von Obstfelder, Volkmar. 1998. Das Beteiligungsmanagement in der Freien und Hansestadt Hamburg In *Organisationswandel öffentlicher Aufgabenwahrnehmung*, Hrsg. Dietrich Budäus, 311–345. Baden-Baden: Nomos.

Weiblen, Willi. 2011. Beteiligungscontrolling und -management. In *Unternehmen der öffentlichen Hand*, Hrsg. Beatrice Fabry und Ursula Augsten, 596–658. 2. Auflage. Baden-Baden: Nomos.

Wissenschaftlicher Dienst des Bundestages. 2017. Ausarbeitung Energieleitungsbau und Grundstücksentschädigung. https://www.bundestag.de/resource/blob/504120/a03df8de59ce072d1ca7bb867add70d6/WD-7-015-17-pdf-data.pdf. Zugegriffen: 05. Aug. 2021.

Organisation und Aufbau des kommunalen Beteiligungsmanagements

5

5.1 Einleitung

In diesem Kapitel steht die Organisation des kommunalen Beteiligungsmanagements im Mittelpunkt – es geht also um die Organisationseinheit, die die zahlreichen zuvor beschriebenen Aufgaben umsetzen soll.

Bis in die 1990er-Jahre wurde diese Organisationseinheit ausschließlich als „Beteiligungsverwaltung" bezeichnet. Heute ist dagegen der Name „Beteiligungsmanagement" vorherrschend.[1] Das hat auch etwas mit den veränderten Aufgaben der Organisationseinheit zu tun: Stand zuvor wirklich die Beteiligungsverwaltung als Hauptaufgabe im Vordergrund (also das Vorhalten der Beteiligungsakten und das Überwachen der Einhaltung normativer Vorschriften), kamen ab den 1990er-Jahren weitere Aufgaben hinzu, insbesondere das Beteiligungscontrolling. „Erst Beteiligungsverwaltung und Beteiligungscontrolling zusammen ermöglichen ein umfassendes Beteiligungsmanagement", lautete damals ein wichtiges Credo (Bremeier 1998, S. 295) – häufig hat sich dieses auch in der Veränderung des Namens der Organisationseinheit niedergeschlagen.

Im Rahmen der folgenden Ausführungen werden zunächst die Regelungsgegenstände der Kommunalverfassungen in Bezug auf das Beteiligungsmanagement dargestellt. Anschließend werden die unterschiedlichen Organisationsformen des kommunalen Beteiligungsmanagements mit ihren Vor- und Nachteilen betrachtet. Darauf aufbauend werden Anforderungen an das Personal, die Organisation und die IT-Ausstattung des Beteiligungsmanagements skizziert.

---

[1] In einigen kommunalen Gebietskörperschaften heißt die Organisationseinheit weiterhin „Beteiligungsverwaltung", zum Teil wird auch der Begriff „Beteiligungscontrolling" verwendet.

A. Tegtmeier, *Praxisleitfaden Kommunales Beteiligungsmanagement*, https://doi.org/10.1007/978-3-658-34243-2_5

5.2   Rechtliche Anforderungen an das Beteiligungsmanagement

Alle Kommunalverfassungen der Bundesländer enthalten detaillierte Vorgaben für die wirtschaftliche Betätigung der kommunalen Gebietskörperschaften, aber nur acht von ihnen enthalten Regelungen, die direkt das Beteiligungsmanagement betreffen:[2]

- In Baden-Württemberg[3], Niedersachsen[4], Rheinland-Pfalz[5] und Sachsen[6] wird explizit auf die Verantwortung der kommunalen Gebietskörperschaft hingewiesen, ihre Beteiligungsunternehmen zu steuern und zu überwachen, insbesondere um den öffentlichen Zweck nachhaltig erfüllen zu können. Daraus ergibt sich zwar, dass an geeigneter Stelle in der Kommunalverwaltung ein effektives Beteiligungsmanagement aufgebaut werden muss, dessen Aufgaben sind in den vier Kommunalverfassungen jedoch nicht konkret verankert.
- Anders in Brandenburg[7], Mecklenburg-Vorpommern[8], Sachsen-Anhalt[9] und Schleswig–Holstein[10]. In den jeweiligen Kommunalverfassungen wird nicht nur festgelegt, dass die kommunale Gebietskörperschaft zur Steuerung ihrer Beteiligungsunternehmen explizit eine gesonderte Organisationseinheit einzurichten hat, es sind auch Aufgaben dieses Beteiligungsmanagements geregelt. Dazu gehören zum Beispiel die Kontrolle der Einhaltung kommunalrechtlicher Vorschriften, die Steuerung der Beteiligungen zur Erreichung strategischer und finanzieller Ziele, die Wahrnehmung einer Beteiligungsverwaltung, die Errichtung eines Beteiligungscontrollings sowie die Unterstützung und Beratung der Vertreterinnen und Vertreter der kommunalen Gebietskörperschaft in den Organen der Unternehmen (Mandatsbetreuung).

Für die drei Stadtstaaten sind die Regelungen der Landeshaushaltsordnungen maßgeblich. Während in Bremen und Hamburg keine Vorgaben zum Beteiligungs-

---

[2] Siehe Anlage 8.1 Übersicht Kommunalrecht.

[3] Vgl. § 103 Abs. 3 GemO BW vom 19.06.2018.

[4] Vgl. § 150 NKomVG vom 20.06.2018.

[5] Vgl. § 85 Abs. 3 S. 1 GemO RP vom 19.12.2018.

[6] Vgl. § 99 Abs. 1 SächsGemO vom 09.03.2018.

[7] Vgl. § 98 BbgKVerf vom 15.10.2018.

[8] Vgl. § 75a KV M-V vom 13.07.2011.

[9] Vgl. § 130 Abs. 4 KVG LSA vom 22.06.2018. In Sachsen-Anhalt wurde ferner bereits im Jahr 2005 ein Leitfaden zu den Aufgaben des Beteiligungsmanagements veröffentlicht, der den Kommunen als Arbeitsgrundlage zur Verfügung gestellt wurde (Ministerium des Innern des Landes Sachsen-Anhalt, 2005: Beteiligungsmanagement Leitfaden Nr. 3.). Auch andere Bundesländer verfügen über mehr oder weniger aktuelle und umfassende Leitfäden.

[10] Vgl. § 109a GO S–H vom 04.01.2018.

management gemacht werden, legt die Berliner Landeshaushaltsordnung fest, dass die Verwaltung der Beteiligungen in der Senatsverwaltung für Finanzen erfolgt, womit die Existenz einer entsprechenden Organisationseinheit festgeschrieben ist.[11]

5.3   Organisationsformen des Beteiligungsmanagements

Für die Organisation des kommunalen Beteiligungsmanagements gibt es im Wesentlichen sieben unterschiedliche Modelle:

1. Zentrale Ansiedlung beim Hauptverwaltungsbeamten
2. Zentrale Ansiedlung im Dezernat für Finanzen
3. Zentrale Ansiedlung in einem anderen Dezernat
4. Dezentrale Ansiedlung bei den einzelnen Fachdezernaten
5. Mischform der zentral/dezentralen Ansiedlung
6. Beteiligungsholding
7. Eigenständiges Tochterunternehmen

Die ersten fünf Organisationsmodelle sind innerhalb der Verwaltung angesiedelt, die letzten beiden außerhalb.

Im Folgenden werden diese Organisationsformen näher beschrieben. Dabei ist es nicht Ziel dieses Leitfadens, ein einzelnes Modell für die Ansiedlung und Ausgestaltung des Beteiligungsmanagements als Präferenz darzustellen. Jede Organisationsform hat ihre Vorzüge und Nachteile[12] und letztendlich sind die lokalen Gegebenheiten eine ausschlaggebende Determinante für die konkrete Organisation und Ausgestaltung des Beteiligungsmanagements.

5.3.1   Zentrale Ansiedlung beim Hauptverwaltungsbeamten

In 20 % (Papenfuß und Aufenacker 2011, S. 32)[13] der deutschen Großstädte ist eine Stabsstelle Beteiligungsmanagement beim Hauptverwaltungsbeamten angesiedelt; in Landkreisen und kleineren Kommunen sind es 15 % (Bremeier et al. 2006, S. 42 f.)[14]. Beispiele für dieses Organisationsmodell sind Augsburg, Lübeck und Potsdam (Abb. 5.1).

---

[11] Vgl. § 65 Abs. 2 LHO des Landes Berlin.

[12] Siehe KGSt (2012, S. 64–67) und Papenfuß und Aufenacker (2011, S. 35–43) zu den unterschiedlichen Vor-und Nachteilen der Organisationsmodelle.

[13] Bezieht sich auf Städte ab 100.000 Einwohner.

[14] Bezieht sich auf Landkreise und Kommunen zwischen 10.000 und 50.000 Einwohnern.

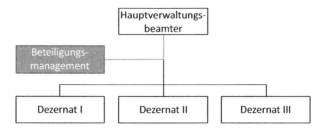

Abb. 5.1 Zentrale Ansiedlung des Beteiligungsmanagements beim Hauptverwaltungsbeamten

Ein solches Beteiligungsmanagement ist durch kurze Wege zum Hauptverwaltungsbeamten gekennzeichnet. Es verfügt über eine vergleichsweise hohe „Durchschlags-
kraft", sowohl im Binnenverhältnis zu anderen Verwaltungseinheiten als auch im
Außenverhältnis zu den Unternehmen – jedenfalls dann, wenn der Hauptverwaltungsbeamte das Beteiligungsmanagement als Informations- und Beratungsinstrument nutzt,
es auch in Konfliktsituationen stützt und dadurch mit Autorität ausstattet.

Mit dieser Organisationsform wird die strategische und die operative Steuerung der
Beteiligungsunternehmen einer gesamtkommunalen Sicht unterworfen. Sie bietet die
Chance einer strategischen Gesamtsteuerung von Verwaltung und Unternehmen „aus
einer Hand".

Eine mögliche Gefahr dieses Organisationsmodells besteht vor allem in mangelnder
Branchennähe. Ein wirksames Beteiligungsmanagement sollte eine Einschätzung der
Markt- und Rahmenbedingungen eines Unternehmens vornehmen können. Grundsätzlich
sind daher Schnittstellen zu den Fachdezernaten erforderlich. Diese Notwendigkeit ergibt
sich insbesondere dann, wenn der Hauptverwaltungsbeamte nicht Mitglied der Aufsichtsräte der Unternehmen ist oder es um die konkrete Leistungssteuerung der Unternehmen
geht. Ferner sind Arbeitskontakte zur Kämmerei nötig, um die haushalterische Sicht in
die Empfehlungen des Beteiligungsmanagements einbeziehen zu können.

5.3.2 Zentrale Ansiedlung im Dezernat für Finanzen

Die Ansiedlung im Finanzdezernat ist das mit Abstand häufigste Organisationsmodell
des Beteiligungsmanagements in Deutschland (Papenfuß und Aufenacker 2011, S. 32).[15]
Beispiele sind Essen, Frankfurt und Wiesbaden. Das Beteiligungsmanagement ist dabei
zumeist als Abteilung oder Sachgebiet in der Kämmerei organisiert, manchmal auch als
eigenständiges Amt (Abb. 5.2).

---

[15]Danach ist das Beteiligungsmanagement von Großstädten in 53,3 % der untersuchten Fälle bei
der Kämmerei angesiedelt. Bremeier et al. (2006, S. 42 f.) kommen zu dem Ergebnis, dass bei
68 % der untersuchten Kommunen und Kreise das Beteiligungsmanagement im Finanzdezernat
sitzt.

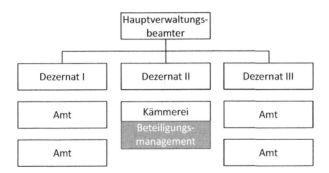

Abb. 5.2 Zentrale Ansiedlung des Beteiligungsmanagements im Dezernat für Finanzen

Möglich wird hier eine stringente Steuerung der Beteiligungsunternehmen unter fiskalischen Gesichtspunkten, insbesondere die effektive Umsetzung der Haushalts-interessen. Als Vorteile erweisen sich sowohl das hohe finanzwirtschaftliche Know-how des Finanzressorts als auch die kurzen Abstimmungswege bei Fragen des Haushalts, ins-besondere der Haushaltsplanung, oder eines kommunalen Gesamtabschlusses.

Auf der anderen Seite besteht die Gefahr, dass die Leistungssteuerung und die Über-wachung der Umsetzung des öffentlichen Zwecks des Beteiligungsunternehmens unter-repräsentiert sind, vor allem dann, wenn das Beteiligungsmanagement fast ausschließlich unter finanziellen Gesichtspunkten erfolgt und das damit betraute Personal nur über ein geringes Maß an branchenspezifischem Fachwissen verfügt. Ferner besteht ein gewisses Risiko, dass durch die fiskalische Fokussierung die strategische Gesamtsteuerung des kommunalen Beteiligungsportfolios in den Hintergrund gerät.

5.3.3 Zentrale Ansiedlung in einem anderen Dezernat

Ein zentrales Beteiligungsmanagement, das weder zum Hauptverwaltungsbeamten noch zum Finanzdezernat gehört, ist eher selten (Papenfuß und Aufenacker 2011, S. 32; Bremeier et al. 2006, S. 42 f.). Ein Beispiel ist in München (Referat für Arbeit und Wirt-schaft) zu finden (Abb. 5.3).

Ein Vorteil dieser Organisationsform liegt in der großen Nähe zur Fachlichkeit des jeweiligen Dezernats. Ein Nachteil kann darin liegen, dass hier relativ viele Schnitt-stellen zu organisieren sind: zum Hauptverwaltungsbeamten, zum Finanzdezernat und zu den übrigen Fachdezernaten.

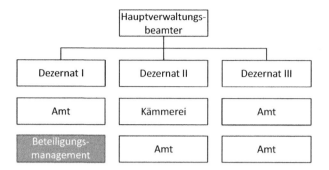

Abb. 5.3 Zentrale Ansiedlung des Beteiligungsmanagements in einem weiteren Dezernat

5.3.4   Dezentrale Ansiedlung bei den einzelnen Fachdezernaten

Diese Organisationsform des Beteiligungsmanagements kommt zwar in der wissen-schaftlichen Literatur vor, nicht aber in der kommunalen Praxis (Papenfuß und Aufenacker 2011, S. 28 ff.). Sie wird hier dennoch beschrieben, einerseits weil sie theoretisch möglich ist, andererseits weil ihre Darstellung in Abgrenzung zu dem folgenden Modell (Mischform aus zentral und dezentral) sinnvoll erscheint (Abb. 5.4).

Im Gegensatz zu den zuvor beschriebenen zentralen Organisationsformen orientiert sich die dezentrale Ansiedlung allein an branchenspezifischen Aspekten: Jedes Dezernat, dem ein Unternehmen fachlich zuzuordnen ist, verfügt über eine eigene Organisations-einheit Beteiligungsmanagement. Die Kulturbetriebe werden also beispielsweise im Kulturdezernat betreut, eine kommunale Altenpflegeheimgesellschaft im Dezernat Soziales. Vorteil dieses Modells ist die hohe Fachlichkeit, die in die Beteiligungs-steuerung einfließt.

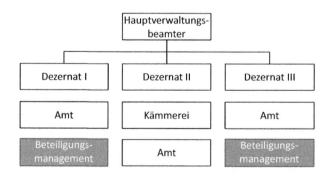

Abb. 5.4 Dezentrale Ansiedlung des Beteiligungsmanagements bei einzelnen Fachdezernaten

Mit der Organisationsform sind jedoch mehrere Nachteile verbunden: Insbesondere kann bei einer Aufteilung des Beteiligungsmanagements auf mehrere Dezernate die Einheitlichkeit der Beteiligungssteuerung der Gebietskörperschaft verlorengehen, da die Wahrscheinlichkeit hoch wäre, dass die unterschiedlichen Organisationseinheiten unterschiedliche Steuerungsstandards entwickeln. Außerdem besteht die Gefahr, dass die betriebswirtschaftliche Sichtweise sowie strategische und fiskalisch-haushalterische Zusammenhänge weniger im Vordergrund der Beteiligungssteuerung stehen.

5.3.5 Mischform der zentral/dezentralen Ansiedlung

Matrixorganisationen, bei denen eine Aufteilung der Steuerungsaufgaben zwischen zentralen (z. B. im Finanzdezernat) und dezentralen (in den Fachdezernaten) Einheiten erfolgt, existieren in 16 % der deutschen Großstädte (Papenfuß und Aufenacker 2011, S. 32). Beispiele dafür sind die Stadtstaaten, da dieses Modell klassisch von den meisten Landesregierungen angewendet wird, aber auch die Stadt Mannheim[16] (Abb. 5.5).

Bei dieser Mischform der zentral/dezentralen Ansiedlung obliegt die operative Umsetzung des Beteiligungsmanagements zwar den einzelnen Fachdezernaten, es existiert aber gleichzeitig auch ein zentrales Beteiligungsmanagement, das über Querschnittskompetenzen verfügt, um eine Einheitlichkeit der Arbeit sicherzustellen.

In diesem Organisationsmodell besteht also eine Arbeitsteilung, bei der jeweils spezialisierte Verwaltungseinheiten für fachliche, finanzielle und gegebenenfalls auch strategische Aspekte der Beteiligungssteuerung verantwortlich sind, was zu einer effizienten Nutzung der jeweils verfügbaren Kernkompetenzen führt. Hierdurch kann vor allem bei komplexen Beteiligungsportfolien wirksame Steuerungsunterstützung geleistet werden.

Allerdings muss gewährleistet sein, dass Doppelarbeit vermieden wird und dass die zentralisierten Steuerungsvorgaben von den operativen Einheiten auch umgesetzt werden. Dieses Modell führt daher regelmäßig zu einer Vielzahl von Schnittstellen und zu hohem Kommunikationsaufwand. In den Beteiligungsunternehmen kann zudem die Wahrnehmung entstehen, dass für sie kein einheitlicher Ansprechpartner vorhanden ist.

Da die Matrixorganisation ferner vergleichsweise personalintensiv ist, dürfte sie für kleinere kommunale Gebietskörperschaften mit überschaubarem Portfolio nicht infrage kommen.

---

[16] In Mannheim gibt es sogar neben einem zentralen Beteiligungscontrolling im Finanzdezernat und dezentralen Beteiligungsmanagementeinheiten in den Fachdezernaten ein Referat Strategisches Beteiligungsmanagement beim Oberbürgermeister; vgl. Stadt Mannheim, Beschluss des Gemeinderats vom 23.06.2009 betr. Aufbau strategisches Beteiligungsmanagement und Aufbau Beteiligungscontrolling (Beschlussvorlage Nr. 288/2009).

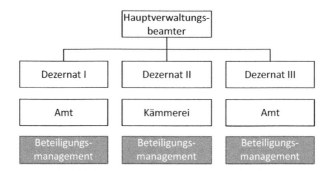

Abb. 5.5 Mischform der zentral/dezentralen Ansiedlung des Beteiligungsmanagements

5.3.6 Beteiligungsholding

Unter einer Beteiligungsholding, die in 4 % der deutschen Großstädte vorzufinden ist (Papenfuß und Aufenacker 2011, S. 32), ist eine kommunale Eigengesellschaft zu verstehen, die weitgehend die Anteile an den Beteiligungen der kommunalen Gebietskörperschaft hält. Die Beteiligungsholding übernimmt nicht nur die Aufgaben des Beteiligungsmanagements, sondern auch die Rolle des Gesellschafters. Beteiligungsholdings existieren unter anderem in den Städten Darmstadt und Mühlheim/Ruhr[17] (Abb. 5.6).

Die Beteiligungsholding darf allerdings nicht mit der klassischen kommunalen Querverbundsholding verwechselt werden, die vorrangig den Zweck verfolgt, Gewinne aus den Versorgungssparten mit Verlusten aus dem Verkehrsbereich und/oder den Bädern steuerlich miteinander zu verrechnen.[18] Dennoch kann die Beteiligungsholding gleichzeitig auch eine Querverbundsholding sein.

Ein entscheidender Vorteil der Beteiligungsholding ist strukturbedingt die uneingeschränkte Kontroll- und Steuerungsmöglichkeit aufgrund der übertragenen Gesellschafterfunktion – damit wird ein Beteiligungsmanagement „aus einer Hand" mit klar festgelegten Zuständigkeiten und Verantwortungen ermöglicht. Die natürliche Konzernsicht der Holding auf ihr Beteiligungsportfolio geht mit einer finanziellen Gesamtbetrachtung einher (Konzernabschluss).

Der gewichtigste Nachteil liegt in dem mit der Übertragung der Gesellschafterrechte einhergehenden Verlust an Steuerungseinfluss der kommunalen Gebietskörperschaft und ihrer Organe, aus dem eine Machtkonzentration auf Ebene der Holding folgt. Rechtlich

---

[17]HEAG Holding AG – Beteiligungsmanagement der Wissenschaftsstadt Darmstadt; Beteiligungsholding Mülheim an der Ruhr GmbH (BHM).

[18]Siehe auch Abschn. 2.3.4 Steuerrecht.

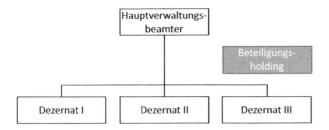

Abb. 5.6 Beteiligungsholding

ist es die Holding, die als Gesellschafterin unmittelbar entscheidet und nicht etwa der Hauptverwaltungsbeamte als Gesellschaftervertreter. Um eine zu starke Verschiebung der Machtbalance von der kommunalen Gebietskörperschaft zur Beteiligungsholding zu verhindern, ist eine enge Anbindung der Holding an die Verwaltung und die Entscheidungen der kommunalen Gebietskörperschaft notwendig.[19]

5.3.7 Eigenständiges Tochterunternehmen

Ein mit den Aufgaben des Beteiligungsmanagements beauftragtes Tochterunternehmen der kommunalen Gebietskörperschaft unterscheidet sich von der zuvor dargestellten Beteiligungsholding dadurch, dass dieses keine Gesellschafterfunktion wahrnimmt und somit rein unterstützend wirkt. Dieses Modell kommt häufiger vor als die Beteiligungsholding; es wird von 6,7 % der deutschen Großstädte genutzt (Papenfuß und Aufenacker 2011, S. 32). Derartige Beteiligungsmanagement-Unternehmen existieren in unterschiedlichen Rechtsformen: als Eigenbetrieb (in Heidelberg, Kiel und Saarbrücken), Anstalt des öffentlichen Rechts (in Halle/Saale) und Gesellschaft mit beschränkter Haftung (in Leipzig, Abb. 5.7).[20]

Zentraler Vorteil der Gründung eines eigenständigen Tochterunternehmens zur Wahrnehmung der Aufgaben des Beteiligungsmanagements ist die Chance zur Bündelung

---

[19]Möglichkeiten der Anbindung der Holding an die kommunale Gebietskörperschaft ergeben sich etwa aus der gut durchdachten Ausgestaltung von Informations- und Zustimmungspflichten für Maßnahmen der Holdingsgeschäftsführung im Gesellschaftsvertrag sowie die konsequente Wahrnehmung von Einflussmöglichkeiten über die Gesellschafterversammlung der Holding und in den Aufsichtsräten im Konzern. Darüber hinaus sollte der Hauptverwaltungsbeamte dafür sorgen, dass die Holdinggeschäftsführung durch ihn in der gleichen Weise geführt wird, wie es verwaltungsintern gegenüber den Beigeordneten/Dezernenten geschieht.

[20]Eigenbetrieb Städtische Beteiligungen (ESB) der Stadt Heidelberg, Eigenbetrieb Beteiligungen der Landeshauptstadt Kiel, BMS Beteiligungsmanagementbetrieb der Landeshauptstadt Saarbrücken, BMA BeteiligungsManagementAnstalt Halle (Saale) Anstalt des öffentlichen Rechts, Beratungsgesellschaft für Beteiligungsverwaltung Leipzig mbH.

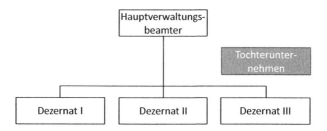

Abb. 5.7 Eigenständiges Tochterunternehmen

hoher fachlicher und betriebswirtschaftlicher Expertise in einer Einheit. Die dadurch ermöglichte inhaltliche und auch fiskalische Betreuung der Unternehmen ist geeignet, Sach- und Finanzziele gleichermaßen zu betrachten.

Als nachteilig erweist sich bei dieser Organisationsform in der Regel, dass die Wahrnehmung der Gesellschafterrechte der kommunalen Gebietskörperschaft weiterhin durch die Verwaltung erfolgen muss und hierfür entsprechende personelle Ressourcen vorzuhalten sind. Ferner sind vielfältige Schnittstellen zu unterschiedlichen Verwaltungseinheiten erforderlich.

5.3.8 Fazit

Anhand der vorstehend aufgeführten Vor- und Nachteile wird deutlich, dass es keine ideale Organisationsform gibt, da immer auch Nachteile identifizierbar sind. Grundsätzlich ist es mit jedem dieser Organisationsmodelle möglich, ein gutes Beteiligungsmanagement durchzuführen – wenn die jeweiligen Nachteile durch organisatorische Vorkehrungen reduziert werden können. Vordringlich ist es in jedem Fall, die Definition der Schnittstellen mit Sorgfalt durchzuführen. Bei einer Ansiedlung des Beteiligungsmanagements außerhalb der Verwaltung muss ferner der Verbleib von Steuerungseinfluss in der Verwaltung gesichert sein.

Für die konkrete organisatorische Ausgestaltung des Beteiligungsmanagements ist die Ausgangslage in der kommunalen Gebietskörperschaft maßgeblich, insbesondere der Umfang des Beteiligungsportfolios und der vorhandene Steuerungsanspruch: Wird das Beteiligungsmanagement lediglich als Vermögensverwaltung verstanden, so ist eine Zuordnung zur Kämmerei die logische Konsequenz. Steht jedoch der Aspekt der strategischen Steuerung im Vordergrund, dürfte eher eine Ansiedlung beim Hauptverwaltungsbeamten erfolgen (Bremeier et al. 2006, S. 42).

Wichtiger als die Organisationsform sind letztlich die konkreten Befugnisse, Ressourcen und Instrumente des Beteiligungsmanagements sowie dessen qualitative und quantitative personelle Ausstattung.

5.4 Anforderungen an das Personal des Beteiligungsmanagements

Hinsichtlich des Personals des Beteiligungsmanagements werden häufig zwei Fragen gestellt: Wie viele Mitarbeiter werden insgesamt benötigt? Und: Welche fachlichen Qualifikationen sind erforderlich?

Obgleich beide Fragen nicht abschließend beantwortet werden können, sollen nachfolgend Hinweise dargestellt werden, um sich der Thematik zu nähern.

Angemessenheit der Personalausstattung
Zur Beantwortung der ersten Frage kann eine empirische Studie aus dem Jahr 2011 herangezogen werden, die das Beteiligungsmanagement deutscher Großstädte untersucht hat (Papenfuß und Aufenacker 2011). Im Ergebnis ist unter anderem festzustellen, dass mit der Größenklasse der Stadt die Anzahl der Beteiligungsmanager und -managerinnen steigt und gleichzeitig die Zahl der im Durchschnitt von jeder Person zu betreuenden Beteiligungsunternehmen sinkt (Tab. 5.1).

Die Verhältniszahlen „unmittelbare privatrechtliche Beteiligungen pro Beteiligungsmanager/-in" und „Summe der betreuten Beteiligungen pro Beteiligungsmanager/-in" zeigen, über welche Personalausstattung das Beteiligungsmanagement zum Stichtag der Erhebung in bestimmten Größenklassen verfügte. Die Zahl sagt weder aus, ob diese Personalausstattung angemessen war, noch erhebt sie Anspruch auf Gemeingültigkeit, da Organisation und Aufgaben des Beteiligungsmanagements innerhalb der einzelnen Größenklassen stark differieren können.

Qualifikation des Personals
Hinsichtlich der erforderlichen fachlichen Qualifikation des Personals des Beteiligungsmanagements sind folgende Aspekte ausschlaggebend:

- **Organisationsform des Beteiligungsmanagements:**
  Die dargestellten unterschiedlichen Organisationsformen[24] führen zu spezifischen Anforderungen an das Personal. So werden bei einem zentralen Beteiligungsmanagement, das in der Kämmerei angesiedelt ist, eher finanz- und haushaltswirtschaftliche Kenntnisse erforderlich sein, während bei einem dezentralen Beteiligungsmanagement in den Fachressorts stärker auf fachliche Expertise geachtet werden dürfte. Relevant ist ferner, ob einzelne Personen neben dem Beteiligungsmanagement noch andere Aufgaben wahrzunehmen haben (z. B. Referententätigkeit, steuerliche Querschnittsaufgaben oder Mitarbeit bei der Erstellung eines konsolidierten Gesamtabschlusses).

---

[24] Siehe auch Abschn. 5.3 Organisationsformen des Beteiligungsmanagements.

Tab. 5.1 Personaleinsatz im öffentlichen Beteiligungsmanagement nach Größenklassen (Papenfuß und Aufenacker 2011, S. 47)

Größenklassen	Durchschnittszahl der Beschäftigten im Beteiligungs-management	Unmittelbare privatrechtliche Beteiligungen pro Beteiligungs-manager/-in[22]	Summe der betreuten Beteiligungen pro Beteiligungs-manager/-in[21]
100.000 bis 200.000 Einwohner (GK I)	4,0	7,3	14,0
200.000 bis 400.000 Einwohner (GK II)	5,2	4,4	10,6
mehr als 400.000 Einwohner (GK III)	15,1	2,8	8,8
Davon: ohne Stadt-staaten[23]	10,0	4,4	7,7
Berlin, Bremen, Hamburg	25,3	2,4	10,9

- **Aufgaben des Beteiligungsmanagements:**
  Mit den konkreten Aufgaben im Rahmen der Steuerungsunterstützung und den vom Beteiligungsmanagement eingesetzten Instrumenten verbinden sich Anforderungen nicht nur an den gesamten Personalbedarf (mehr Aufgaben erfordern in der Regel auch mehr Personal), sondern auch an die Qualifikation der Mitarbeiter/-innen: Spielt das Beteiligungscontrolling eine große Rolle, ist ein betriebswirtschaftlicher Hintergrund unverzichtbar, gegebenenfalls auch mit dem Schwerpunkt Controlling. Steht dagegen die Beteiligungsverwaltung im Mittelpunkt, kann eine juristische Ausbildung sinnvoll sein.

---

[21] Hier finden sich zusätzlich zu den unmittelbaren privatrechtlichen Beteiligungen einerseits alle unmittelbaren Beteiligungen der Stadt an öffentlich-rechtlichen Unternehmen wieder, andererseits alle mittelbaren Beteiligungsunternehmen (also Tochter- und Enkelgesellschaften unmittelbarer Beteiligungen).

[22] Hier wurden ausschließlich Gesellschaften in einer Privatrechtsform erfasst, an denen die Stadt direkt selbst beteiligt war.

[23] Bei den Großstädten mit mehr als 400.000 Einwohnern verfälschen die drei Stadtstaaten Berlin, Bremen und Hamburg das Bild, da sich deren Unternehmensportfolio von dem der übrigen Großstädte unterscheidet: Die Stadtstaaten verfügen einerseits über das Portfolio vergleichbarer Großstädte mit Branchen wie Versorgung, Entsorgung, Verkehr, Wirtschaftsförderung etc. Zusätzlich finden sich hier aber auch Unternehmen, wie sie in den Bundesländern üblich sind (Forschungs- und Wissenschaftseinrichtungen, Landesbanken, Förderinstitute, Lottogesellschaften etc.).

- **Größe des Unternehmensportfolios:**
  Je größer und vielschichtiger das Portfolio, desto mehr Personal wird grundsätzlich für das Beteiligungsmanagement benötigt. Gegebenenfalls müssen die Beteiligungsmanager/-innen auch eine gewisse fachliche Expertise mitbringen, um die Rahmenbedingungen der einzelnen Beteiligungen oder ihre Leistungen bewerten zu können (das bedeutet nicht zwingend, dass die Beschäftigten des Beteiligungsmanagements berufliche Erfahrungen in den unterschiedlichen Branchen der Beteiligungsunternehmen mitbringen müssen).
- **Herausheben einzelner Unternehmen:**
  Manchmal wird das Unternehmensportfolio durch ein einzelnes Unternehmen nachhaltig geprägt. Hat ein Landkreis zum Beispiel zwanzig eher unbedeutende Beteiligungen, aber ein Krankenhaus von Gewicht, wird man bei der Akquisition von neuem Personal vor allem Personen suchen, die bei der Steuerung dieses Krankenhauses unterstützen können.
- **Betreuungsintensität:**
  Nicht jede Beteiligung erfordert den gleichen Steuerungsaufwand. Für die Intensität der Steuerung ist einerseits die Bedeutung eines Unternehmens für die kommunale Gebietskörperschaft relevant, die sich beispielsweise aus strategischen Anforderungen, wirtschaftlicher Erheblichkeit, rechtlichen Vorgaben, aktuellen Ereignissen oder dem Fokus der Öffentlichkeit ergeben kann.[25] Andererseits ist die Betreuungsintensität abhängig vom Grad der Beteiligung, der Rechtsform etc.: Eine GmbH hat andere Steuerungserfordernisse als ein Zweckverband, unmittelbare Beteiligungen sind zumeist steuerungsintensiver als mittelbare, Konzerngesellschaften müssen in der Regel intensiver betreut werden als Unternehmen ohne Tochtergesellschaften. Aus der spezifischen Betreuungsintensität vor Ort ergeben sich auch Anforderungen an die Qualifikationen und die Expertise des Personals im Beteiligungsmanagement.
- Relevant ist natürlich auch die personelle und finanzielle Ausstattung der kommunalen Gebietskörperschaft. Die Ressourcen des Beteiligungsmanagements konkurrieren mit anderen wichtigen Aufgaben; letztlich ist es eine Frage der politischen Prioritätensetzung, wie viele Stellen mit welcher Eingruppierung dem Beteiligungsmanagement zur Verfügung gestellt werden.

Falls für das Beteiligungsmanagement neues Personal gesucht werden sollte, ist die Entwicklung eines Anforderungsprofils sinnvoll. Ausschlaggebend sind dabei vor allem die konkrete Vakanz sowie die Aufgaben und Instrumente des Beteiligungsmanagements.

Wichtig ist es außerdem, in das vorhandene Personal zu investieren. Die rechtlichen Rahmenbedingungen der einzelnen Unternehmen, Markt und Wettbewerb sowie

---

[25] Siehe auch Abschn. 4.2.3.2 Strukturierung des Beteiligungsportfolios entsprechend der Steuerungsintensität.

die Anforderungen der Kunden sind immer wieder Veränderungen unterworfen. Vom Beteiligungsmanagement wird erwartet, dass es diese Entwicklungen verfolgt. Das wird nur dann möglich sein, wenn sich das Beteiligungsmanagement im Austausch mit dem Beteiligungsmanagement vergleichbarer kommunaler Gebietskörperschaften befindet und die einzelnen Mitarbeiterinnen und Mitarbeiter Gelegenheit zum fachlichen Austausch und zur Weiterbildung erhalten.

5.5   Organisatorische Anforderungen

Wie oben dargestellt, gibt es keinen Königsweg für die Organisation des Beteiligungsmanagements.[26] Auch wenn in kommunalen Gebietskörperschaften mit ähnlichem Unternehmensportfolio das Beteiligungsmanagement häufig vergleichbare Strukturen und Instrumente aufweist, so kann doch die nächste kommunale Gebietskörperschaft eine gänzlich andere Lösung wählen.

Wie auch immer die Steuerungsunterstützung vor Ort organisiert ist: Es gibt starke verbindende Elemente. So muss jedes Beteiligungsmanagement die Rahmenbedingungen der Betätigung der einzelnen Beteiligungsunternehmen kennen, komplexe wirtschaftliche und fachliche Sachverhalte aufarbeiten, Risiken identifizieren, strategische und operative Themen sachgerecht analysieren und Empfehlungen an unterschiedliche Adressaten abgeben. Voraussetzung dafür sind gute Arbeitsbeziehungen zu den Beteiligungsunternehmen sowie Vertrauen in die Kompetenz des Beteiligungsmanagements bei den Adressaten der Berichte, Analysen und Zuarbeiten.

Hieraus ergeben sich unter anderem folgende organisatorische Anforderungen:

- **Gedächtnisfunktion:**
  Im Beteiligungsmanagement müssen alle wesentlichen Informationen vorliegen, um die Geschäftsvorfälle der Beteiligungsunternehmen adäquat beurteilen zu können. Dazu gehört zwingend eine funktionierende Aktenablage.[27]
- **Terminverwaltung:**
  Alle Abgabefristen für Berichte sowie Termine, zu denen Zuarbeiten des Beteiligungsmanagements erforderlich sind (z. B. Aufsichtsratssitzungen, Sitzungen der politischen Vertretungskörperschaft, Aktivitäten der Gesellschafterversammlung, Beteiligungsbericht, Geschäftsführerangelegenheiten), müssen vom Beteiligungsmanagement beachtet werden.[28] Es ist organisatorisch sicherzustellen, dass das für die Zuarbeiten erforderliche Personal auch verfügbar ist.

---

[26] Siehe auch Abschn. 5.3 Organisationsformen des Beteiligungsmanagements.

[27] Siehe auch Abschn. 4.3.2.1 Verwaltung der Beteiligungsakten.

[28] Siehe auch Abschn. 4.3.4.6 DV-Unterstützung der Beteiligungsverwaltung, Abschn. 4.7.5.3 Fristenmanagement und Abschn. 4.7.6.4 DV-Unterstützung bei Geschäftsführerangelegenheiten.

- **Vertretungsregelungen:**
  Sinnvoll ist es, dass nicht ein Mitarbeiter allein ein wichtiges Unternehmen betreut, sondern jede Person im Fall einer geplanten oder ungeplanten Abwesenheit aktiv vertreten werden kann.
- **Prozesse und Standards:**
  Die wesentlichen Bearbeitungsprozesse sollten schriftlich dokumentiert sein. Außerdem ist es sinnvoll, für wesentliche Instrumente und Berichte des Beteiligungsmanagements Standards zu formulieren, um einheitliche und qualitativ hochwertige Arbeitsergebnisse zu erreichen. Das kann etwa in Form einer Beteiligungsrichtlinie geschehen.[29]
- **Qualitätssicherung:**
  Bei allen Instrumenten des Beteiligungsmanagements sollte eine Qualitätssicherung gewährleistet sein, hauptsächlich in Form des Vier-Augen-Prinzips.
- **Serviceorientierung:**
  Das Beteiligungsmanagement liefert interne Serviceleistungen in Form von Steuerungsunterstützung – wichtig ist daher eine hohe Serviceorientierung bei allen Beschäftigten. Bei Bedarf sollte das Beteiligungsmanagement das Gespräch mit den Adressaten seiner Leistungen suchen, um zu klären, wie hoch die Zufriedenheit mit den einzelnen Instrumenten ist bzw. was deren konkrete Erwartungen sind. Ziel muss die Verbesserung der Aufgabenerfüllung des Beteiligungsmanagements sein.
- **Instrumente:**
  Der „Instrumentenkasten" des Beteiligungsmanagements sollte regelmäßig auf Möglichkeiten der Weiterentwicklung geprüft werden. Sinnvoll ist der fachliche Austausch mit anderen Beteiligungsmanagement-Unternehmen über die dort eingesetzten Instrumente.

5.6 IT-Unterstützung

Verschiedene Anbieter haben für das Beteiligungsmanagement IT-Lösungen auf Basis von Datenbanken entwickelt. Ob sich der Kauf eines solchen Produkts für die kommunale Gebietskörperschaft lohnt, hängt vor allem von drei Faktoren ab:

1. Der Größe des Beteiligungsportfolios: Je mehr Beteiligungsunternehmen und je weitverzweigter bzw. unübersichtlicher die Konzernstrukturen sind, desto eher ist eine Anschaffung sinnvoll.
2. Den konkreten Aufgaben des Beteiligungsmanagements: Gehört zum Beispiel die Erstellung des Beteiligungsberichts[30] oder die Umsetzung eines umfangreichen Beteiligungscontrollings[31] dazu, kann die Unterstützung durch eine Datenbank zu einer hohen Arbeitserleichterung führen.

---

[29] Siehe auch Abschn. 4.3.4.1 Beteiligungsrichtlinie.

[30] Siehe auch Abschn. 4.3.2.5 Beteiligungsbericht.

[31] Siehe auch Abschn. 4.5 Das ABC des Beteiligungscontrollings.

3. Der Personalausstattung des Beteiligungsmanagements: Je mehr Personen tätig sind, desto eher kann eine IT-Lösung zu einheitlichen Standards in der Datenablage beitragen. Insbesondere wenn es keine festen Vertretungsregelungen innerhalb des Beteiligungsmanagements gibt (z. B. feste „Branchenteams"), können alle berechtigten Personen auch im Fall der Abwesenheit eines Beteiligungsmanagers jederzeit die relevanten Informationen zu einem Unternehmen abrufen.

Etliche kommunale Gebietskörperschaften, auf die diese Faktoren zutreffen, greifen auf IT-Lösungen zurück, um ihr Beteiligungsmanagement optimal zu unterstützen. Daraus ergeben sich folgende Vorteile:

- Alle beteiligungsrelevanten Daten werden vollständig und in homogener Form vorgehalten. Sie sind ohne großen Aufwand abrufbar, Auswertungen können auch von technischen Laien jederzeit und entsprechend dem individuellen Informationsinteresse durchgeführt werden.
- Zur Optimierung der Beteiligungsverwaltung[32] kann auf alle wesentlichen Stammdaten der Unternehmen zurückgegriffen werden (allgemeine Informationen, Gesellschafter, Besetzung der Organe, Tochtergesellschaften etc.). Idealerweise geschieht dies unter Nutzung einer umfassenden Historienfunktion, mit der gewährleistet wird, dass Vergangenheitsdaten nicht gelöscht werden und Auswertungen zu jedem zurückliegenden Zeitpunkt möglich sind.[33]
- Zur Umsetzung des Beteiligungscontrollings stehen umfassende betriebswirtschaftliche Größen aus Wirtschaftsplänen, Jahresabschlüssen und dem unterjährigen Berichtswesen zur Verfügung, bei Bedarf für Jahrzehnte zurückliegend. Die Informationen sind schnell verfügbar und können umfassend ausgewertet werden: Automatische Plausibilitätsprüfungen, vordefinierte Kennzahlenberechnungen, Zeitreihenanalysen oder der Vergleich mit Benchmark-Daten[34] können jederzeit durchgeführt werden.
- Die Erarbeitung des Beteiligungsberichts wird durch die IT-Lösung deutlich vereinfacht, bestenfalls durch die automatisierte Erstellung des Berichtes in dem von der kommunalen Gebietskörperschaft verwendeten Textverarbeitungsprogramm.[35] Dadurch können Zeit und personelle Ressourcen gespart werden, die für andere Aufgaben der Beteiligungssteuerung sinnvoller eingesetzt werden können.
- Hinsichtlich der Geschäftsführerangelegenheiten[36] kann die Entwicklung der Höhe der einzelnen Vergütungsbestandteile für jedes Mitglied der Geschäftsführung

---

[32] Siehe auch Abschn. 4.3 Das ABC der Beteiligungsverwaltung.

[33] Siehe auch Abschn. 4.3.4.6 DV-Unterstützung der Beteiligungsverwaltung.

[34] Siehe auch Abschn. 4.5.5.6 Unternehmensvergleich (Benchmarking).

[35] Siehe auch Abschn. 4.3.4.6 DV-Unterstützung der Beteiligungsverwaltung.

[36] Siehe auch Abschn. 4.7 Das ABC der Geschäftsführerangelegenheiten.

lückenlos nachvollzogen werden. Gleichzeitig wird die vollständige Verwaltung wichtiger Dokumente ermöglicht, etwa von Bestellungsbeschlüssen, Anstellungsverträgen oder Zielvereinbarungen. Gleiches gilt für Termine und Fristen (beispielsweise das Auslaufen der Bestellung eines Mitglieds der Geschäftsführung), was hilfreich ist, um notwendige Gremienabläufe nicht zu gefährden.[37]

- Insbesondere wenn die IT-Lösung den Ablauf der wichtigsten Arbeitsprozesse des Beteiligungsmanagements berücksichtigt, können umfangreiche Erinnerungsfunktionen festgelegt werden, was zu einem hohen Maß an Prozesssicherheit führt. Individuell einstellbare Erinnerungsfunktionen sollten nicht nur Sitzungstermine und Fristen berücksichtigen, sondern auch darauf hinweisen, welche Dokumente noch abzufordern sind oder welche Angelegenheiten zeitnah der Aktualisierung bedürfen.

Prozess der Beschaffung einer IT-Lösung
Die Beschaffung und Einführung einer IT-Lösung stellt für das Beteiligungsmanagement einen umfangreichen Prozess dar, der vorbereitet und begleitet werden muss. Sinnvoll ist es, sich bereits vor der eigentlichen Vergabeentscheidung intensiv mit diesem Prozess zu befassen. Folgende Aspekte sind zu beachten:

Beteiligte: Für die Beschaffung der IT-Lösung sollte beim Beteiligungsmanagement eine Person verantwortlich sein, die nicht nur die Auswahl der Datenbank, sondern auch deren Implementierung betreut. Außerdem ist festzulegen, welche Einheiten in den Beschaffungsvorgang einzubeziehen sind: Die frühzeitige Einbindung der für die IT-Koordination zuständigen Verwaltungseinheit ist empfehlenswert; die Einbeziehung des Datenschutzbeauftragten sollte geprüft werden.

Lastenheft: Vor der Ausschreibung ist die Erstellung eines Lastenheftes erforderlich, das möglichst detailliert die Anforderungen an das zu beschaffende IT-Produkt beschreibt. Für das Lastenheft ist regelmäßig die Festlegung unterschiedlicher Kriterien (Kann-, Soll- und K.-o.-Kriterien) zielführend.

Besonderes Augenmerk ist auf die Aufstellung des Anforderungskatalogs zu richten. Zu klären ist beispielsweise:

- Welche Daten sollen erfasst werden: Stammdaten, Controllingdaten, Dokumente? In welcher Form soll die Erfassung geschehen?
- Welche Funktionalitäten werden konkret erwartet: Auswertungen im Rahmen der Beteiligungsverwaltung oder des Beteiligungscontrollings, automatisierte Erstellung des Beteiligungsberichts, Herstellung von Organigrammen, Historienfunktion,

---

[37] Siehe auch Abschn. 4.7.6.4 DV-Unterstützung bei Geschäftsführerangelegenheiten.

Erinnerungsfunktion, Workflow-Unterstützung, Adress- oder Dokumentenverwaltung?

- Welche Anforderungen an den Datenschutz existieren?[38]
- Welche Vorgaben ergeben sich für das Rechte- und Rollenkonzept? Welche unterschiedlichen Personen und Personengruppen sollen mit welchen Rechten (lesen, ändern, löschen etc.) auf einzelne Teile des Datenbestands zugreifen können?
- Welche Ansprüche bestehen in Bezug auf die Barrierefreiheit für sehbehinderte Menschen?

Für all diese Aspekte gilt: Eine grobe Festlegung sollte bereits zu Anfang des Projektes erfolgen, um sicherzustellen, dass die gewünschten Anforderungen mit der ausgewählten IT-Lösung abgebildet werden können. Die detaillierte Ausarbeitung, etwa des Rechte- und Rollenkonzepts, wird jedoch in der Regel während der Einführungsphase erfolgen.

Marktüberblick: Das Beteiligungsmanagement muss sich einen Überblick verschaffen, welche unterschiedlichen Datenbanklösungen am Markt verfügbar sind. Dabei spielt es eine große Rolle, dass die Lösung im kommunalen Umfeld entwickelt worden ist bzw. eine in der Privatwirtschaft verbreitete Lösung bereits im kommunalen Umfeld angewendet wird und entsprechend angepasst worden ist. Andernfalls wird die IT-Lösung zahlreiche für den kommunalen Bereich relevante Anforderungen (z. B. die automatisierte Erstellung des Beteiligungsberichts) nicht abbilden.

Häufig sind die Anbieter bereit, dem potenziellen Auftraggeber ihr Produkt in einer kostenlosen Präsentation vorzustellen. Das sollte vom Beteiligungsmanagement genutzt werden, um die Unterschiede zwischen einzelnen IT-Lösungen kennenzulernen.

Ressourcenplanung: Für die Auswahl und die Einführung des Produktes sind entsprechende Ressourcen einzuplanen. Das betrifft nicht nur die Kosten der IT-Lösung, sondern auch den notwendigen Personaleinsatz des Beteiligungsmanagements. Erforderlich ist dieser beispielsweise im Vorfeld der Vergabeentscheidung für die Aufstellung des Lastenhefts, die Begleitung der Beschaffung, die Prüfung der Angebote und die Präsentationen der Anbieter. Anschließend geht es um die Begleitung der Einführung, die Abstimmung mit dem ausgewählten Anbieter, die Teilnahme an Schulungen, die

---

[38] Moderne Systeme sind in der Lage, durch spezielle Funktionen an abgelaufene Datensätze zu erinnern. So können beispielsweise personengebundene Informationen, bei denen eine gesetzlich vorgeschriebene Löschfrist erreicht worden ist, erkannt werden. Datenschutzrechtliche Anforderungen wie „Privacy by Design" (= Datenschutz durch Technik, d. h. Datenschutz und Privatsphäre werden schon bei der Entwicklung der IT-Lösung beachtet) und „Privacy by Default" (= datenschutzgerechte Voreinstellungen) sollten dezidiert beachtet und implementiert sein, sodass die Anwenderin/der Anwender bei der Einhaltung gesetzlicher Datenschutzvorschriften zu personengebundenen Datensätzen aktiv unterstützt wird. Die konkreten Anforderungen sollten mit dem Datenschutzbeauftragten abgesprochen werden.

Einarbeitung in die IT-Lösung, den Test des neuen Systems sowie die Eingabe bzw. den Import von Daten.

Zeitplanung: Sowohl für die Auswahl als auch für die Einführung sollte jeweils mindestens ein halbes Jahr eingeplant werden.

Literatur

Bremeier, Wolfram. 1998. Kommunales Beteiligungsmanagement. Konzeptionen und Erfahrungen. In *Organisationswandel öffentlicher Aufgabenwahrnehmung*, Hrsg. von Dietrich Budäus, 287–317. Baden-Baden: Nomos Verlagsgesellschaft.

Bremeier, Wolfram, Hans Brinckmann, und Werner Killian. 2006. Public Governance kommunaler Unternehmen. Vorschläge zur politischen Steuerung ausgegliederter Aufgaben auf der Grundlage einer empirischen Erhebung. Düsseldorf: Hans-Böckler-Stiftung.

KGSt. 2012. Steuerung kommunaler Beteiligungen, Bericht 3/2012. Köln: Kommunale Gemeinschaftsstelle für Verwaltungsmanagement (KGSt) – Verband für kommunales Management.

Papenfuß, Ulf, Marcel, Aufenacker. 2011. Organisationsmodelle und Personaleinsatz im öffentlichen Beteiligungsmanagement. Eine Analyse auf Grundlage von Experteninterviews in 75 deutschen Großstädten. Zeitschrift für öffentliche und gemischtwirtschaftliche Unternehmen (ZögU) 1:25–51.

Wege zur Optimierung des Beteiligungsmanagements

Soll ein Beteiligungsmanagement neu aufgebaut oder Aufgaben und Instrumente eines bereits etablierten Beteiligungsmanagements erweitert werden, sind oftmals auch Widerstände zu überwinden. Nachfolgend werden Ansatzpunkte beschrieben, wie das Beteiligungsmanagement trotz solcher Widerstände optimiert werden kann.

6.1 Informationsasymmetrien

Informationsasymmetrien – also die ungleichmäßige Verteilung von Informationen zwischen den Akteuren der Unternehmensführung und der kommunalen Beteiligungssteuerung – stellen einerseits ein alltägliches Phänomen dar, andererseits aber auch ein wesentliches Problemfeld. Dabei ist ihre vollständige Auflösung schon aufgrund der Vertraulichkeit mancher Informationen für einzelne Beteiligte nicht möglich, eine Linderung dagegen schon.

Idealtypisch lassen sich im Zusammenhang mit dem Beteiligungsmanagement folgende Informationsbeziehungen und -bedürfnisse feststellen:

Geschäftsführung

Von allen Beteiligten verfügt die Geschäftsführung über die detailliertesten Informationen hinsichtlich des Unternehmens und nicht immer teilt sie diese gern. Insbesondere bei für die Gesellschaft kritischen oder für die Geschäftsführung unangenehmen Themen wird oftmals eine eher zurückhaltende Informationspolitik verfolgt. Dieses Interesse der Geschäftsführung kann mit der Anforderung des Aufsichtsrats oder der Verwaltungsspitze kollidieren, über alle wesentlichen Probleme schnell und umfassend informiert zu werden.

A. Tegtmeier, *Praxisleitfaden Kommunales Beteiligungsmanagement*, https://doi.org/10.1007/978-3-658-34243-2_6

Immer wieder kommt es vor, dass die Geschäftsführung gezielt einzelne Akteure mit gesonderten Informationen ausstattet, um etwa Entscheidungen des Aufsichtsrats oder der politischen Vertretungskörperschaft in ihrem Sinne zu beeinflussen.

Mitglieder des Aufsichtsrats

Um seiner Überwachungsaufgabe nachzukommen, erhält der Aufsichtsrat gemeinhin umfassende Berichte der Geschäftsführung. Er sollte daher gut über die wirtschaftliche Lage des Unternehmens informiert sein.

Falls die Geschäftsführung jedoch eine zurückhaltende Informationspolitik verfolgt, muss der Aufsichtsrat die notwendigen Auskünfte aktiv einfordern. Das geschieht im kommunalen Umfeld nicht immer und insbesondere dann nicht, wenn der Aufsichtsrat die Geschäftsführung mit einem hohen Vertrauensvorschuss ausgestattet hat. Da dies in der kommunalen Praxis häufig der Fall ist, sind die Aufsichtsräte manchmal nicht in der erforderlichen Detailtiefe informiert. Außerdem hat nicht jedes von der kommunalen Gebietskörperschaft bestimmte Aufsichtsratsmitglied ein ausgeprägtes Interesse an detaillierten Berichten.

Existiert eine Mandatsbetreuung des Beteiligungsmanagements, können zusätzliche Informationen zur Verfügung gestellt werden. Gleichzeitig können die Aufsichtsratsmitglieder in ihrer Informationseinforderung gegenüber der Geschäftsführung aktiv unterstützt werden.

Aufsichtsratsvorsitzende/-r

Die oder der Aufsichtsratsvorsitzende koordiniert die Arbeit im Aufsichtsrat, leitet dessen Sitzungen und nimmt dessen Belange nach außen wahr.

Regelmäßig ist mit dem Aufsichtsratsvorsitz aber noch weiteres verbunden:

- ein enger Kontakt zur Geschäftsführung
- die Vorbereitung der Aufsichtsratssitzung, unter anderem durch eine Besprechung mit der Geschäftsführung
- die Information durch die Geschäftsführung über wichtige Ereignisse, die für die Beurteilung von Lage oder Entwicklung der Gesellschaft von Bedeutung sind, und die Beratung dieser Angelegenheiten gemeinsam mit der Geschäftsführung
- gegebenenfalls die Verhandlung der Inhalte des Anstellungsvertrags und der Zielvereinbarungen mit den Mitgliedern der Geschäftsführung[1]

---

[1] Das ist nur gegeben, wenn der Abschluss des Anstellungsvertrags zu den Aufgaben des Aufsichtsrats gehört; siehe auch Abschn. 4.7.2 Pflichtaufgaben: Bestellung und Anstellung der Mitglieder der Geschäftsführung und Abschn. 4.7.6.3 Zielvereinbarungen mit der Geschäftsführung.

Aus diesen Gründen hat die oder der Aufsichtsratsvorsitzende zumeist einen deutlichen Informationsvorsprung gegenüber den übrigen Aufsichtsratsmitgliedern.

Mitglieder der Gesellschafterversammlung

Die Vertretung der kommunalen Gebietskörperschaft in der Gesellschafterversammlung liegt gemäß den Vorgaben vieler Kommunalverfassungen beim Hauptverwaltungsbeamten.[2]

Die Gesellschafterversammlung hat in der kommunalwirtschaftlichen Praxis schwerpunktmäßig formale Aufgaben zu erfüllen, etwa die Feststellung des Jahresabschlusses und die Entlastung von Geschäftsführung und Aufsichtsrat. Insoweit kann ihr Informationsinteresse beschränkt sein.

Das ändert sich jedoch, wenn wichtige strategische Entscheidungen anstehen, beispielsweise die Umwandlung, Beendigung oder materielle Privatisierung der Gesellschaft, die ein vertieftes Informationsinteresse bei den Gesellschaftern hervorrufen. Zum Teil haben die Gesellschafter auch im Gesellschaftsvertrag Zustimmungs- oder Informationsrechte der Gesellschafterversammlung verankert. Darüber hinaus räumt das GmbH-Gesetz jedem Gesellschafter ein umfassendes Auskunfts- und Einsichtsrecht ein.[3]

Im Zweifel sollte daher die Vertretung der kommunalen Gebietskörperschaft in der Gesellschafterversammlung gut über die Gesellschaft informiert sein.

Verwaltungsspitze

Mitglieder der Verwaltungsspitze nehmen in der Regel auch Aufgaben in den Organen der Beteiligungsunternehmen wahr, so in der Gesellschafterversammlung oder im Aufsichtsrat. In diesen Funktionen erfolgt zumeist eine regelmäßige direkte Kommunikation mit der Geschäftsführung, entweder mit oder ohne Einschaltung des Beteiligungsmanagements.

Naturgemäß erhält die Verwaltungsspitze weniger Informationen über Unternehmensvorgänge als die Geschäftsführung; sie verfügt jedoch über deutlich mehr Informationen als die politische Vertretungskörperschaft.

Ein besonderes Informationsinteresse der Verwaltungsspitze liegt immer vor, wenn Bezüge zum kommunalen Haushalt oder Leistungsbeziehungen zwischen der kommunalen Gebietskörperschaft und dem Unternehmen existieren.

---

[2] Siehe Anlage 8.1 Übersicht Kommunalrecht.

[3] Vgl. § 51a GmbHG: „1) Die Geschäftsführer haben jedem Gesellschafter auf Verlangen unverzüglich Auskunft über die Angelegenheiten der Gesellschaft zu geben und die Einsicht der Bücher und Schriften zu gestatten. 2) Die Geschäftsführer dürfen die Auskunft und die Einsicht verweigern, wenn zu besorgen ist, daß der Gesellschafter sie zu gesellschaftsfremden Zwecken verwenden und dadurch der Gesellschaft oder einem verbundenen Unternehmen einen nicht unerheblichen Nachteil zufügen wird. Die Verweigerung bedarf eines Beschlusses der Gesellschafter. 3) Von diesen Vorschriften kann im Gesellschaftsvertrag nicht abgewichen werden.“

Politische Vertretungskörperschaft

Zur Befriedigung ihres Informationsbedarfs kann die politische Vertretungskörperschaft verschiedene Quellen nutzen: die offizielle Kommunikation des Hauptverwaltungsbeamten und der übrigen Mitglieder der Verwaltungsspitze, Mitteilungen der Unternehmen, Presseveröffentlichungen und vielfältige Informationen aus weiteren formellen und informellen Quellen.

Ob die politische Vertretungskörperschaft auch Informationen von den Aufsichtsratsmitgliedern erhalten kann, die von ihr selbst bestimmt worden sind, ist nicht zuletzt von der Ausgestaltung der Kommunalverfassung abhängig. Die Rechtslage ist wie folgt:

- Aufsichtsratsmitglieder sind generell zur Verschwiegenheit verpflichtet, insbesondere über erhaltene vertrauliche Berichte und vertrauliche Beratungen.[4] Eine unbefugte Weitergabe vertraulicher Informationen, zum Beispiel an Mitglieder der eigenen Fraktion, steht unter Strafe.[5]
- Eine Einschränkung dieser strikten Verschwiegenheitspflicht ergibt sich aus § 394 AktG: „Aufsichtsratsmitglieder, die auf Veranlassung einer Gebietskörperschaft in den Aufsichtsrat gewählt oder entsandt worden sind, unterliegen hinsichtlich der Berichte, die sie der Gebietskörperschaft zu erstatten haben, keiner Verschwiegenheitspflicht. Für vertrauliche Angaben und Geheimnisse der Gesellschaft, namentlich Betriebs- oder Geschäftsgeheimnisse, gilt dies nicht, wenn ihre Kenntnis für die Zwecke der Berichte nicht von Bedeutung ist. Die Berichtspflicht nach Satz 1 kann auf Gesetz, auf Satzung oder auf dem Aufsichtsrat in Textform mitgeteiltem Rechtsgeschäft beruhen."[6]
- Einige Kommunalverfassungen, aber längst nicht alle, sehen eine Berichtspflicht der Aufsichtsratsmitglieder an die politische Vertretungskörperschaft bzw. den Hauptverwaltungsbeamten vor.[7] Erfüllt das Aufsichtsratsmitglied eine solche landesgesetzliche Berichtspflicht, gilt dies bei strenger Einhaltung der gesetzlich formulierten Grenzen nicht als Verstoß gegen die aktienrechtliche Verschwiegenheitspflicht. Adressat eines solchen Berichtes kann auch das Beteiligungsmanagement sein.[8] Hingegen können die eigene Fraktion oder Mitglieder der eigenen Partei nicht mittels

---

[4]Vgl. § 116 Satz 2 AktG. Diese Bestimmung gilt laut § 52 Abs. 1 GmbHG auch für die GmbH, sofern nicht im Gesellschaftsvertrag etwas anderes festgelegt wird.

[5]Vgl. z. B. § 85 Abs. 1 GmbHG: „Mit Freiheitsstrafe bis zu einem Jahr oder mit Geldstrafe wird bestraft, wer ein Geheimnis der Gesellschaft, namentlich ein Betriebs- oder Geschäftsgeheimnis, das ihm in seiner Eigenschaft als [...] Mitglied des Aufsichtsrats [...] bekanntgeworden ist, unbefugt offenbart."

[6]Die Bestimmung des § 394 AktG gilt laut § 52 Abs. 1 GmbHG auch für die GmbH, sofern nicht im Gesellschaftsvertrag etwas anderes festgelegt wird.

[7]Siehe Anlage 8.1 Übersicht Kommunalrecht. Gemeint ist hier eine Berichtspflicht nach § 394 Satz 3 AktG. Dieser wurde mit der Aktienrechtsnovelle 2016 neu eingefügt und stellt für das kommunal bestimmte Aufsichtsratsmitglied eine deutliche Besserstellung dar.

[8]Vgl. § 395 AktG.

eines solchen Berichtes informiert werden, da § 395 AktG den Kreis der Personen, denen gegenüber Berichtspflichten bestehen, erheblich einschränkt. Es betrifft nur solche Personen, die mit der kommunalen Beteiligungsverwaltung oder der Betätigungsprüfung betraut sind.

- Enthält die Kommunalverfassung keine entsprechende Regelung und sind auch die weiteren in § 394 Satz 3 AktG genannten Berichtspflichten nicht einschlägig festgelegt, hat das Aufsichtsratsmitglied auch gegenüber der politischen Vertretungskörperschaft strikt Vertraulichkeit zu wahren.

Beteiligungsmanagement

Das Beteiligungsmanagement hat ein umfassendes Informationsbedürfnis; der Informationszugang dagegen variiert entsprechend seiner Stellung in der Verwaltung und seiner Rechte gegenüber dem Beteiligungsunternehmen.

Aufgabe des Beteiligungsmanagements ist regelmäßig die Schaffung von Transparenz über das Beteiligungsportfolio sowie zur wirtschaftlichen Lage und den Risiken des einzelnen Beteiligungsunternehmens. Damit wird das Ziel verfolgt, die Informationslage der Verwaltungsspitze, der politischen Vertretungskörperschaft sowie der Vertreter der kommunalen Gebietskörperschaft in Gesellschafterversammlung und Aufsichtsrat zu verbessern. Das Beteiligungsmanagement ist daher das Hauptinstrument zur Verringerung von Informationsasymmetrien im Bereich der öffentlichen Wirtschaft.

Im Allgemeinen kann daher konstatiert werden, dass die unmittelbaren Informationsasymmetrien aller Anspruchsgruppen abnehmen, je mehr Informationen das Beteiligungsmanagement für sie aufbereitet.

6.2   Umgang des Beteiligungsmanagements mit möglichen Widerständen

Nicht immer wird die Arbeit des Beteiligungsmanagements positiv betrachtet. So hat das Beteiligungsmanagement durchaus mit Widerständen zu kämpfen, vor allem mit Vorbehalten bei den Unternehmen, aber auch mit fehlendem Interesse in Verwaltung und Politik.

- **Mögliche Vorbehalte der Unternehmen:**
  Hier ist zunächst die Furcht vor zu viel Transparenz zu nennen, vor dem Verlust von „Herrschaftswissen". Ferner gibt es oft die Befürchtung, die Informationswünsche des Beteiligungsmanagements könnten dem Unternehmen zu viel Arbeit machen, oder es besteht Misstrauen, dass die dem Beteiligungsmanagement gelieferten Daten veröffentlicht werden, zum Beispiel zum Nutzen von Wettbewerbern. Manchmal sind auch Vorbehalte hinsichtlich der Kompetenz des Beteiligungsmanagements zu hören:

Sie hätten kein Verständnis für Unternehmen und für Unternehmer, verfügten über zu wenig betriebswirtschaftliches Know-how und geringe Kenntnisse der Rahmenbedingungen der Gesellschaft. Auch „fehlende Schulterklappen" des Beteiligungsmanagements können ein Problem darstellen, wenn eine Geschäftsführung es etwa unter ihrer Würde empfindet, ein Gespräch mit einem „einfachen" Verwaltungsmitarbeiter zu führen.

- **Fehlendes Interesse der Verwaltungsspitze:**
  Nicht immer hält die Verwaltungsspitze die Leistungen des Beteiligungsmanagements für sinnvoll und hilfreich oder ist sich deren Nutzen überhaupt bewusst. In solchen Fällen dürften die Entscheider zumeist ohne Einbindung des Beteiligungsmanagements mit der Geschäftsführung kommunizieren. Manchmal wird die wirtschaftliche und strategische Bedeutung der Beteiligungsunternehmen aber auch einfach unterschätzt oder es besteht kein ausreichender Überblick über die Risiken und Konsequenzen der wirtschaftlichen Betätigung für den Kernhaushalt.
- **Fehlendes Interesse von Politik und Aufsichtsrat:**
  Zum Teil sehen auch Mandatsträgerinnen und Mandatsträger keinen Mehrwert im Beteiligungsmanagement. Nicht immer sind die eigenen Pflichten bekannt oder besteht eine Vorstellung, wie ein funktionierendes Beteiligungsmanagement die Arbeit im Aufsichtsrat unterstützen kann. Manchmal wird das Beteiligungsmanagement als lästiges Übel zur Erfüllung formeller Anforderungen gesehen oder gar als „Aufpasser aus der Verwaltung", den man in der Aufsichtsratssitzung lieber nicht dabei hat.

In ihrer Wirkung können diese Problemkreise die Tätigkeiten des Beteiligungsmanagements empfindlich stören, daher sind Strategien und Maßnahmen nötig, um derartige Schwierigkeiten überwinden zu können. Die folgenden fünf Aktivitäten können dazu beitragen, dieses Ziel zu erreichen (Abb. 6.1).

6.2.1 Aufgabenkatalog des Beteiligungsmanagements definieren

Zunächst gilt es, Klarheit über die Aufgaben und Pflichten sowie Rechte des Beteiligungsmanagements zu schaffen. Zumeist erfolgt dies durch das Beteiligungsmanagement selbst, und zwar im Auftrag und in Abstimmung mit dem zuständigen Mitglied der Verwaltungsspitze. In Einzelfällen – insbesondere wenn eine Beteiligungssteuerung völlig neu installiert oder die Funktionen eines etablierten Beteiligungsmanagements deutlich ausgeweitet werden sollen – kann auch auf die Unterstützung durch einen erfahrenen Berater zurückgegriffen werden.

Im ersten Schritt sind die Aufgaben und Pflichten des Beteiligungsmanagements zu erfassen. Hierunter fallen die gesetzlichen Vorgaben wie die Erstellung des Beteiligungs-

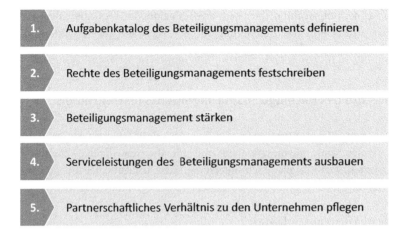

Abb. 6.1 Strategien zum Umgang mit Widerständen

berichts und die Verwaltung der Beteiligungsakten.[9] Hinzu kommen alle wesentlichen Aufgaben, die das Beteiligungsmanagement bereits erfüllt oder künftig erfüllen soll, etwa im Bereich der Mandatsbetreuung oder des Beteiligungscontrollings.[10]

Im zweiten Schritt werden aus den Aufgaben und Pflichten des Beteiligungsmanagements seine notwendigen Rechte abgeleitet:

- **Auskunfts- und Informationsrechte:**
  Diese Rechte folgen direkt aus den Aufgaben des Beteiligungsmanagements: Ein wirksames Beteiligungscontrolling ist nicht ohne die periodischen Geschäftsdaten des Unternehmens möglich und eine wirksame Mandatsbetreuung erfordert die rechtzeitige Kenntnis der Aufsichtsratsunterlagen. Daraus ergibt sich die Notwendigkeit, dass das Unternehmen dem Beteiligungsmanagement die entsprechenden Informationen termingerecht zur Verfügung stellt.
- **Mitwirkungsrechte:**
  Das wichtigste Mitwirkungsrecht ist zweifellos die Teilnahme des Beteiligungsmanagements als Gast an den Sitzungen des Aufsichtsrats – dieses sollte in jedem Fall gesichert sein.[11] Je nach Aufgabenspektrum des Beteiligungsmanagements können

---

[9] Die Pflichtaufgaben des Beteiligungsmanagements werden in Kap. 4 Aufgaben und Instrumente des Beteiligungsmanagements ausführlich dargestellt (siehe Abschn. 4.2.2, 4.3.2, 4.4.2, 4.5.3, 4.6.2 und 4.7.2).

[10] Siehe auch Abschn. 4.4 Das ABC der Mandatsbetreuung und Abschn. 4.5 Das ABC des Beteiligungscontrollings.

[11] Siehe auch Abschn. 4.4.3.3 Teilnahme des Beteiligungsmanagements an Sitzungen.

zu den Mitwirkungsrechten aber auch die Teilnahme an Wirtschaftsplan- und Jahres-
abschlussgesprächen, die Beteiligung an der Auswahl des Abschlussprüfers oder
anderes mehr zählen.[12]

6.2.2 Rechte des Beteiligungsmanagements festschreiben

Nachdem zuvor alle notwendigen Rechte des Beteiligungsmanagements definiert
wurden, müssen diese festgeschrieben und für die jeweiligen Akteure verbindlich
gemacht werden. Dafür eignen sich unterschiedliche Instrumente, die sich vor allem in
ihrer Zielrichtung, aber auch in dem beschließenden Organ unterscheiden.

- **Corporate Governance Kodex:**
  Im kommunalen Corporate Governance Kodex[13] werden gemeinhin alle Akteure
  der Beteiligungssteuerung und der Unternehmensführung beschrieben und ihre
  Kompetenzen sowie die Form ihrer Zusammenarbeit skizziert. Es ist selbstverständlich sinnvoll, hier auch die grundsätzlichen Aufgaben des Beteiligungsmanagements
  zu verankern. Gemeinhin wird im Kodex jedoch keine detaillierte Beschreibung aller
  Aufgaben, Rechte und Pflichten vorgenommen. Das bleibt eher der Beteiligungsrichtlinie oder weitergehenden Hinweisen zum Beteiligungsmanagement überlassen (siehe
  unten), denn idealtypisch baut dieses Instrument auf einem Corporate Governance
  Kodex auf. Es ist aber durchaus möglich – und wird in der kommunalen Praxis auch
  entsprechend umgesetzt –, alle Regelungsgegenstände in einem Dokument zu ver-
  einen, zum Beispiel im Kodex.
- **Beteiligungsrichtlinie:**
  In der Beteiligungsrichtlinie[14] oder den Hinweisen zum Beteiligungsmanagement
  können detailliert alle Anforderungen an das Beteiligungsmanagement verankert
  werden. Die Richtlinie wird häufig von der politischen Vertretungskörperschaft
  beschlossen, oft aber auch verwaltungsintern als Organisationsverfügung.
  In der Richtlinie kann detailliert festgelegt werden, welche Aufgaben das
  Beteiligungsmanagement hat und welche Auskunfts-, Informations- und Mitwirkungsrechte sich daraus ergeben. Die entsprechenden Pflichten der Beteiligungsunternehmen können konkret mit Inhalten und Terminstellungen verankert werden.

Zu beachten ist jedoch, dass sowohl der Kodex als auch die Richtlinie bzw. die Hinweise
zum Beteiligungsmanagement die Beteiligungsunternehmen nicht automatisch binden.

---

[12] Siehe auch die Abschn. 4.5.5.2 Wirtschaftsplangespräche, Abschn. 4.5.5.3 Teilnahme an der
Schlussbesprechung zum Jahresabschluss und Abschn. 4.3.4.2 Auswahl des Abschlussprüfers.
[13] Siehe auch Abschn. 4.2.4.1 Corporate Governance Kodex.
[14] Siehe auch Abschn. 4.3.4.1 Beteiligungsrichtlinie.

Eine Verbindlichkeit wird erst erreicht, wenn die betreffenden Inhalte mit einem der folgenden drei Instrumente „übersetzt" worden sind.[15]

Gesellschaftsvertrag
Im Gesellschaftsvertrag sollten wesentliche Rechte des Beteiligungsmanagements und Vorgaben der kommunalen Gebietskörperschaft als Gesellschafterin festgeschrieben werden, beispielsweise

- die grundsätzliche Möglichkeit des Beteiligungsmanagements, an den Sitzungen des Aufsichtsrats teilzunehmen, sowie das Zurverfügungstellen der Aufsichtsratsunterlagen auch an das Beteiligungsmanagement,
- Vorgaben für die Wirtschaftsplanung der Gesellschaft,
- Vorgaben für das unterjährige Berichtswesen gegenüber der kommunalen Gebietskörperschaft und
- Berichtspflichten der Gesellschaft gegenüber den Gesellschaftern sowie gegebenenfalls gesondert gegenüber der kommunalen Gesellschafterin.

Eine Verankerung im Gesellschaftsvertrag hat den Vorteil, dass damit alle Organe gebunden sind – also neben der Geschäftsführung auch der Aufsichtsrat.

Geschäftsordnung für die Geschäftsführung
Sofern die Geschäftsordnung von der Gesellschafterversammlung erlassen wird, ist sie ein besseres Instrument zur Verankerung der Rechte des Beteiligungsmanagements als der Gesellschaftsvertrag.[16] Das hat zwei Gründe:

- Es ist das flexiblere Instrument. Die Änderung des Gesellschaftsvertrags bedarf eines Beschlusses der Gesellschafterversammlung mit (mindestens) Dreiviertelmehrheit, der notariellen Beurkundung sowie der Eintragung in das Handelsregister.[17] Eine Änderung der Geschäftsordnung kann von der Gesellschafterversammlung dagegen ohne Notargebühren, jederzeit, mit einfacher Mehrheit und unter Verzicht auf Form und Frist erfolgen, falls der Gesellschaftsvertrag nicht etwas anderes bestimmt.
- Es ist das umfassendere Instrument. Von der Systematik und vom Umfang her eignet sich der Gesellschaftsvertrag eher schlecht, um detaillierte Einzelvorgaben zu

---

[15] Selbstverständlich funktionieren die im Folgenden dargestellten Instrumente aber auch ohne vorgeschaltete Beteiligungsrichtlinie.

[16] Das gilt nicht für Rechte, die im Zusammenhang mit dem Aufsichtsrat der Gesellschaft stehen (z. B. Sitzungsteilnahme des Beteiligungsmanagements im Aufsichtsrat). Hier ist der Gesellschaftsvertrag das Instrument der Wahl.

[17] Vgl. §§ 53, 54 GmbHG.

verankern. In der Geschäftsordnung können dagegen sehr ausführlich Pflichten der Geschäftsführung niedergelegt werden.

Die Geschäftsordnung für die Geschäftsführung sollte genutzt werden, um konkret festzulegen, welche Berichte und Informationen die Geschäftsführung dem Beteiligungsmanagement zu übergeben hat, und zwar inklusive formaler, inhaltlicher und terminlicher Vorgaben.

Gesellschafterweisung
Auch die Weisung der Geschäftsführung durch Beschluss der Gesellschafterversammlung[18] eignet sich, derartige Vorgaben umzusetzen.

6.2.3 Beteiligungsmanagement stärken

Die Stärkung des Beteiligungsmanagements kann nicht durch dieses selbst geschehen, sondern nur über Verwaltung und Politik. Hierfür gibt es drei Ansatzpunkte:

- **Rückendeckung durch die Verwaltungsspitze:**
  Der Hauptverwaltungsbeamte und die Verwaltungsspitze stärken ihr Beteiligungsmanagement, wenn es in alle Fragen der Beteiligungssteuerung eingebunden wird. Das bedeutet vor allem: keine Kommunikation mit Geschäftsführungen ohne Vorbereitung durch das Beteiligungsmanagement und ohne dessen Information über die Ergebnisse. Optimal läuft es, wenn das Beteiligungsmanagement bei diesen Gesprächen anwesend ist. Ergeben sich Konflikte mit dem Beteiligungsunternehmen (die es in der Regel nicht ohne Kenntnis seines direkten Vorgesetzten führen wird), sollte es hierin gestützt werden.
- **Rückendeckung durch den Aufsichtsrat:**
  Die von der kommunalen Gebietskörperschaft bestimmten Aufsichtsratsmitglieder sollten helfen, das Beteiligungsmanagement als Partner zu etablieren, denn schließlich hat das Beteiligungsmanagement gemeinhin die Aufgabe, die Aufsichtsratsmitglieder zu unterstützen und Pflichtverstöße des Aufsichtsrats zu vermeiden. Ein wichtiger Ansatzpunkt dafür ist ein Beschluss über die Teilnahme des Beteiligungsmanagements als Gast an den Sitzungen des Aufsichtsrats,[19] aber auch seine aktive Einbindung in strategische und operative Fragen.
- **Organisatorische Anbindung des Beteiligungsmanagements:**
  Eine möglichst „hoch angebundene" Ansiedlung des Beteiligungsmanagements in der Verwaltungshierarchie kann dessen Stellung ebenfalls verbessern („geliehene Autori-

---

[18] Vgl. §§ 37 Abs. 1 und 46 Nr. 6 GmbHG.

[19] Siehe auch Abschn. 4.4.3.3 Teilnahme des Beteiligungsmanagements an Sitzungen.

tät"). Die einzelnen Organisationsmodelle sowie deren Vor- und Nachteile sind in Kap. 5 Organisation und Aufbau des kommunalen Beteiligungsmanagements dieses Leitfadens dargestellt.

- **Verbesserung der personellen Ausstattung des Beteiligungsmanagements:**
  Für ein starkes Beteiligungsmanagement ist es von essenzieller Bedeutung, dass ein ausreichender personeller Rahmen vorhanden ist, sowohl was die Anzahl der Beschäftigten als auch deren Ausbildung und Qualifikationen angeht.[20] Zur Verbesserung der personellen Ausstattung braucht es einen politischen Konsens, mehr Geld ins System zu geben.

All das wird aber nur geschehen, wenn sich Verwaltung und Politik darauf verlassen können, dass ihnen das Beteiligungsmanagement unverzichtbare Unterstützungsleistungen zur Verfügung stellt.

6.2.4 Serviceleistungen des Beteiligungsmanagements ausbauen

Das Beteiligungsmanagement ist immer eine Serviceeinheit. Es sollte daher darauf bedacht sein, eine optimale Quantität und Qualität seiner Leistungen zu erzielen. Dabei ist selbstverständlich die personelle Ausstattung zu berücksichtigen, denn der „Einzelkämpfer" wird ein anderes Leistungsspektrum erbringen als ein vielköpfiges Team erfahrener Spezialisten.

Idealerweise sollte das Beteiligungsmanagement für die unterschiedlichen Adressaten folgende Leistungen erbringen:

- **Verwaltungsspitze:**
  Das Beteiligungsmanagement sollte als kompetenter und loyaler Berater der Verwaltungsspitze fungieren. Es sollte in der Beurteilung strategischer Fragen bewandert sein, über fundierte Informationen zur wirtschaftlichen Lage des Unternehmens und zu branchenspezifischen Entwicklungen verfügen sowie die wesentlichen Risiken realistisch einschätzen können. Gegebenenfalls kann durch die Bearbeitung von „Spezialthemen" – etwa die Unterstützung bei Geschäftsführerangelegenheiten[21] – die Expertise des Beteiligungsmanagements erweitert und zusätzlicher Nutzen für die Verwaltungsspitze gestiftet werden.
- **Verwaltung:**
  Ist das Beteiligungsmanagement in der übrigen Verwaltung anerkannt, stärkt dies die Beteiligungssteuerung. Das Beteiligungsmanagement sollte sich daher als

---

[20] Siehe auch Abschn. 5.4 Anforderungen an das Personal des Beteiligungsmanagements.
[21] Siehe auch Abschn. 4.7 Das ABC der Geschäftsführerangelegenheiten.

kompetenter Gesprächspartner der Verwaltung präsentieren, der über profunde Kenntnisse hinsichtlich Branchen und Unternehmen verfügt.

- **Aufsichtsratsmitglieder:**
  Das Beteiligungsmanagement sollte sich als aktiver Dienstleister gegenüber den Aufsichtsratsmitgliedern profilieren. Mittel können unter anderem die Mandatsbetreuung oder die Durchführung von Schulungen sein, in denen etwa Rechte und Pflichten der Mitglieder des Aufsichtsrats vermittelt werden.[22]

Ziel des Beteiligungsmanagements sollte es sein, dass die jeweiligen Adressaten von seiner Leistungsfähigkeit überzeugt sind.

6.2.5 Partnerschaftliches Verhältnis zu den Unternehmen pflegen

Das Beteiligungsmanagement sollte seinen Teil dazu beitragen, um mit jedem Beteiligungsunternehmen ein partnerschaftliches Miteinander zu pflegen. Hierzu gehören die folgenden Strategien:

- Klare Aufgabenabgrenzung zwischen Unternehmen und Beteiligungsmanagement
  Das Beteiligungsmanagement sollte keine Eingriffe in das operative Geschäft verfolgen und auf keinen Fall die „bessere Geschäftsführung" sein wollen. Auch sollten die Beteiligungsunternehmen nicht mit unnötigen Bürden belastet werden, etwa der Abfrage von „Datenfriedhöfen".
- Mittlerfunktion zwischen Verwaltung und Unternehmen
  Die Existenz des Beteiligungsmanagements kann für die Gesellschaft auch positiv sein, dann nämlich, wenn es seine Rolle als Vermittlerin zwischen Verwaltung und Kommunalwirtschaft versteht (ohne dabei das Interesse der kommunalen Gebietskörperschaft aus den Augen zu verlieren). In seiner Schnittstellenfunktion kann das Beteiligungsmanagement divergierende Interessen der jeweiligen Seite kommunizieren und die unterschiedlichen Zwänge von Verwaltung einerseits und privatrechtlichem Unternehmen andererseits darstellen. Darüber hinaus kann es seine Position durch die Entwicklung tragfähiger Kompromissvorschläge stärken.
- Begleitung der Unternehmen in kritischen Situationen
  Gerade wenn ein Unternehmen in Schwierigkeiten gerät, sollte ihm das Beteiligungsmanagement beratend zur Seite stehen. Als kompetenter Kenner von Verwaltung und Politik kann es gegebenenfalls Wege aus der Krise aufzeigen.

---

[22] Siehe auch die Abschn. 4.4.3.2 Vorbereitung und Begleitung von Aufsichtsratssitzungen und Abschn. 4.4.3.4 Schulungen für kommunale Aufsichtsratsmitglieder.

Wenn das Beteiligungsmanagement es auf diese Weise schafft, Widerstände bei den Unternehmen zu minimieren, trägt dies zur deutlichen Steigerung der Schlagkraft der Beteiligungssteuerung bei.

6.2.6 Fazit

Die vorstehenden Strategien und Maßnahmen zur Stärkung des Beteiligungsmanagements auch gegen Widerstände erheben weder Anspruch auf Vollständigkeit noch müssen alle Aktivitäten zwingend und in der genannten Reihenfolge umgesetzt werden.

Das Durchsetzen der Leistungen des Beteiligungsmanagements gegen Widerstände kann einen langwierigen und schwer zu strukturierenden Prozess bedeuten. Ohne Verbündete und Personen, die die Optimierung des Beteiligungsmanagements wollen und aktiv unterstützen, ist er zum Scheitern verurteilt.

Maßgeblicher Einflussfaktor für den Erfolg ist letztlich die Serviceorientierung und ein partnerschaftliches Agieren des Beteiligungsmanagements. Sollte seine fachliche Kompetenz gegenüber bestimmten Adressaten nicht ausreichen, so ist (berechtigterweise) mit schwindender Akzeptanz zu rechnen.

6.3 Ausbau des Aufgabenspektrums des Beteiligungsmanagements

In einer kommunalen Gebietskörperschaft kann es vorkommen, dass das Beteiligungsmanagement bzw. dessen Aufgabenspektrum erweitert werden sollen. Je nach Intention kann dies entweder mit vergleichsweise geringem Aufwand erfolgen (wenn etwa die Mandatsbetreuung statt für den Hauptverwaltungsbeamten nunmehr für alle von der kommunalen Gebietskörperschaft bestimmten Aufsichtsratsmitglieder vorgenommen werden soll) oder auch eine detaillierte Planung und Umsetzung bedeuten.

6.3.1 Ablaufstruktur

Nachfolgend wird die Grobstruktur eines möglichen Ablaufes dargestellt, nach dem ein umfassender Ausbau des Beteiligungsmanagements vorgenommen werden kann.

Schritt 1: Analyse – Ermittlung der Determinanten des Ausbaus und deren Einfluss auf das Vorhaben
- Anlass/Hintergrund des Vorhabens (z. B. Leistungsoptimierung, kritische Situation in einem Beteiligungsunternehmen)
- Struktur des Beteiligungsportfolios
- zu involvierende bzw. betroffene Akteure und deren Interessenlagen

- rechtliche Vorgaben (insbesondere der Kommunalverfassung) und kommunalspezifische Rahmenbedingungen (z. B. Leitbild der kommunalen Gebietskörperschaft, „Strategiefit")
- Pflichtaufgaben des Beteiligungsmanagements und deren Erfüllung
- aktuelles Aufgabenportfolio und Rechte des Beteiligungsmanagements inklusive Aufgabenkritik
- aktuelle Instrumente der Beteiligungssteuerung und Instrumentenkritik
- aktuelle und künftig mögliche Verfügbarkeit von personellen und finanziellen Ressourcen
- Schnittstellen zu anderen Verwaltungseinheiten

Schritt 2: Zielkonzept – Formulierung des Zielzustandes des Ausbauvorhabens
- Entwicklung alternativer Ausbau- bzw. Veränderungsszenarien mit Darstellung und Bewertung der Anforderungen (inklusive Ressourcen) und Wirkung
- vergleichende Gegenüberstellung der Szenarien
- Auswahl eines Zielkonzepts

Schritt 3: Umsetzungskonzept – Formulierung des Weges bis zum Erreichen des im Zielkonzept beschriebenen Zustandes
- Definition aufeinander aufbauender bzw. parallel verlaufender Umsetzungsschritte (Ablauforganisation des Umsetzungsprozesses) und deren zeitliche Abfolge
- konzeptionelle Überlegungen zur inhaltlichen Umsetzung der im Zielkonzept festgelegten Aufgabenerweiterung
- gegebenenfalls Festlegung der Aufbauorganisation inklusive Verantwortlichkeiten und Informationsschleifen des Umsetzungsprozesses
- gegebenenfalls Festlegung von Maßnahmen zur Begleitung des Veränderungsprozesses

Schritt 4: Umsetzung
- Verfolgung der Umsetzungsschritte und Schaffung der für die Zielerreichung notwendigen Voraussetzungen, z. B.
  - Einstellung benötigter Ressourcen in den Haushaltsplan
  - Formulierung, Abstimmung und Beschluss zur Beteiligungsrichtlinie
  - Modellierung von Geschäftsprozessen
  - Beschaffung der IT-Lösung zum Beteiligungsmanagement
  - Änderung von Gesellschaftsverträgen
  - Schulung von Mitarbeiterinnen und Mitarbeitern

6.3.2   Risikomanagement

Die Planung und Durchführung des Ausbaus des kommunalen Beteiligungsmanagements kann (und wird) mit unterschiedlichen Risiken und Problemen konfrontiert sein. Hier ist es unerlässlich, bereits im Vorfeld auf ein stringentes und nachhaltiges Risikomanagement zu achten. Risiken und daraus resultierende Probleme können insbesondere folgender Art sein:

- strategische Risiken:
  - schwindendes oder sich wandelndes Interesse der Verwaltungsspitze im Verlauf des Vorhabens
  - Änderung der strategischen Intentionen der Verwaltungsspitze oder der politischen Vertretungskörperschaft
- organisatorische und zeitliche Risiken:
  - Auftreten von Widerständen innerhalb der Verwaltung oder von externen Beteiligten oder Betroffenen (z. B. Geschäftsführungen der Beteiligungsunternehmen), verbunden mit Verzögerungen
  - Verzögerung von Entscheidungen durch langwierige Verfahren oder Schnittstellen zu anderen Verwaltungseinheiten
- finanzielle Risiken:
  - Nichtverfügbarkeit benötigter Finanzmittel
  - Verteuerung externer Leistungen
- personelle Risiken:
  - Nichtverfügbarkeit des notwendigen Personals (Anzahl, Qualifikation) bzw. hohe Lernkurven
  - Weggang des eigenen Personals während des Vorhabens
- technische Risiken:
  - Umfang der Beteiligungsmanagementsoftware ist nicht ausreichend/nicht erweiterbar/nicht kompatibel mit anderen Softwareprodukten (z. B. Gesamtabschluss)
  - Wegfall benötigter Lieferanten von technischen Leistungen
- externe Risiken:
  - gesetzliche Änderungen mit Einfluss auf das Vorhaben
  - Zwischenfall in einem Beteiligungsunternehmen
- politische Risiken:
  - Änderung der Mehrheitsverhältnisse in der politischen Vertretungskörperschaft nach Wahlen
  - Neuwahl des Hauptverwaltungsbeamten
- Ergebnisrisiken:
  - fehlerhafte Formulierung der Anforderungen
  - Verfehlen der Zielerreichung

6.3.3   Fazit

Der Ausbau des Aufgabenspektrums des kommunalen Beteiligungsmanagements stellt einen durchaus komplexen Vorgang dar, der darüber hinaus mit Risiken behaftet sein kann. Die damit verbundenen Herausforderungen müssen durch das Beteiligungsmanagement neben der regulären Arbeit bewältigt werden. Bei der Durchführung größerer Vorhaben zum Ausbau des Beteiligungsmanagements kann es daher hilfreich sein, externe Unterstützung in Anspruch zu nehmen. Das ist zwar mit zusätzlichen Kosten verbunden, kann aber dazu beitragen, den Erfolg des Vorhabens zu sichern.

Organisation und Aufgaben der bbvl als Beteiligungsmanagerin der Stadt Leipzig

7.1 Wer wir sind

Die Beratungsgesellschaft für Beteiligungsverwaltung Leipzig mbH (bbvl) wurde 1993 gegründet und ist ein 100 % Tochterunternehmen der Stadt Leipzig.

Unsere Hauptaufgabe besteht darin, ein effektives Beteiligungsmanagement für die Stadt Leipzig zu gewährleisten. Das genaue Leistungsspektrum ist in einem Geschäftsbesorgungsvertrag geregelt, dem *Grundvertrag über Leistungen der Beteiligungsverwaltung,* der im Jahr 1995 zwischen der Stadt Leipzig und der bbvl geschlossen wurde.

Die bbvl ist keine Holding und nimmt daher keine Gesellschafterfunktionen war. Sie dient ausschließlich der Entscheidungsvorbereitung. Diese Struktur hat sich vor allem in Konfliktfällen bewährt, da die bbvl hier als Vermittler auftreten kann.

Bevor die bbvl ihre Arbeit aufnahm, gab es in der Leipziger Stadtverwaltung kein Beteiligungsmanagement. Mit der Gründung der bbvl im Jahr 1993 verfolgte die Stadt folgende Ziele:

- Aufbau eines Beteiligungsmanagements sowie Entwicklung und Anwendung wirkungsvoller Steuerungsinstrumente für das städtische Beteiligungsportfolio
- Unterstützung der Stadt bei der Steuerung kommunaler Beteiligungen auf hohem Niveau: Informationsaufarbeitung und -bereitstellung für Verwaltung und Politik, Schaffung von Transparenz
- schnelle Personalbeschaffung für das Beteiligungsmanagement

Die bbvl ist nicht nur Beteiligungsmanager, sie ist gleichzeitig Beratungsgesellschaft der Stadt Leipzig, das heißt wir stehen der Stadt und ihren Beteiligungsunternehmen bei kaufmännischen, personellen und organisatorischen Fragestellungen beratend zur Seite. Die bbvl wird auch für externe Kunden tätig, in der Regel für kommunale Gebietskörper-

A. Tegtmeier, *Praxisleitfaden Kommunales Beteiligungsmanagement,*
https://doi.org/10.1007/978-3-658-34243-2_7

schaften und deren Unternehmen, die sie aktiv bei der Lösung vielfältiger Probleme unterstützt. So wurde die IT-Lösung, die wir für unser eigenes Beteiligungsmanagement in Leipzig entwickelt haben, auch an andere Bundesländer und Großstädte verkauft. Das Geschäftsmodell der bbvl ruht auf zwei Säulen:

- Als Beteiligungsmanager unterstützen wir die Stadt Leipzig bei der Steuerung ihres Beteiligungsportfolios.
- Als Beratungsunternehmen engagieren wir uns in Leipzig und überregional, entwickeln maßgeschneiderte Konzepte für öffentliche Verwaltungen sowie deren Eigen- und Beteiligungsgesellschaften (Abb. 7.1).

Die Kundenkreise beider Bereiche profitieren voneinander: Während einerseits die vielfältigen in Leipzig gesammelten Erfahrungen auch anderen kommunalen Gebietskörperschaften zugutekommen, inspirieren andernorts gewonnene Erkenntnisse das Engagement vor Ort. Die von uns generierten Synergieeffekte stellen wir allen Partnern gleichermaßen zur Verfügung.

Bei der bbvl waren in den letzten Jahren durchschnittlich 28 bis 30 Personen beschäftigt, vor allem Akademikerinnen und Akademiker. Die Mehrzahl von ihnen hat Betriebswirtschaft studiert, andere Jura, Volkswirtschaft, Geisteswissenschaften etc.

Aufsichtsratsvorsitzender der bbvl ist der Oberbürgermeister der Stadt Leipzig.

Abb. 7.1 Geschäftsmodell der bbvl

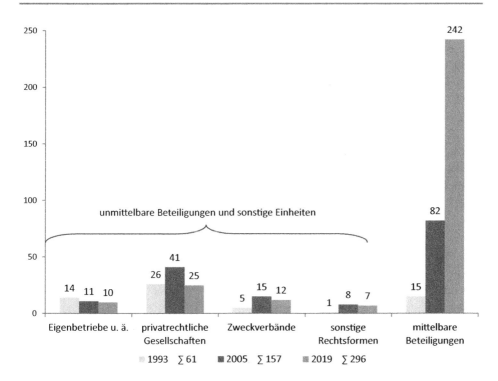

Abb. 7.2 Entwicklung des Leipziger Beteiligungsportfolios. (Beteiligungsbericht der Stadt Leipzig 1994; 2006; 2020)[1]

Beteiligungsportfolio der Stadt Leipzig

Die Stadt Leipzig verfügt über ein Beteiligungsportfolio, das mit dem jeder anderen Großstadt von rund 600.000 Einwohnern vergleichbar ist. Es besteht aus rund 296 Unternehmen und Einheiten (bbvl 2020, S. 12),[2]

- vom Zuschussbetrieb bis zum Gewinn ausschüttenden Unternehmen,
- in unterschiedlicher Größe, wirtschaftlicher Relevanz und Risikolage,
- in vielfältigen Rechtsformen sowie
- teils zusammen mit anderen öffentlichen oder privaten Mitgesellschaftern.

---

[1] Zahlen per 31.12.1993 (Abbildung der 1.–2. Beteiligungsebene), per 31.12.2005 (Abbildung der 1.–3. Beteiligungsebene) und per 31.12.2019 (Abbildung der 1.–5. Beteiligungsebene).

[2] In dieser Gesamtheit sind zahlreiche Beteiligungen folgender vier Gesellschaften enthalten, an denen die Stadt Leipzig (mittelbar oder unmittelbar) nur kleine Minderheitsanteile hält: Mitteldeutsche Energie AG (enviaM), European Energy Exchange AG, VNG Verbundnetz Gas AG, WV Energie AG.

Die Beteiligungsunternehmen sind in unterschiedlichen Branchen tätig: von Energie-
und Wasserversorgung über Abwasser- und Abfallentsorgung, Flughafen und ÖPNV,
Wohnungsbau, Kultur, Messe und Wirtschaftsförderung bis hin zu Krankenhaus, Altenpflegeheimen und Behinderteneinrichtungen (Abb. 7.2).

Das Beteiligungsportfolio der Stadt Leipzig zeigt für die letzten Jahrzehnte eine Entwicklung, die sich auch in anderen Städten nachvollziehen lässt:

- Die Zahl der unmittelbaren Beteiligungsunternehmen ist im Lauf der Zeit konstant bis
  abnehmend (z. B. bei den privatrechtlichen Gesellschaften). Gründe hierfür sind die
  Einstellung, Verschmelzung oder Privatisierung von Unternehmen. Dagegen gab es in
  den letzten Jahren in Leipzig kaum Neugründungen.
- Gleichzeitig ist bei den mittelbaren Beteiligungen ein großer Zuwachs zu ver-
  zeichnen. Die Expansion in neue Marktsegmente und die Ausgliederung etwa von
  Hilfsbetrieben hat zur Errichtung neuer Tochtergesellschaften geführt.

Mit der Größe und Komplexität des Beteiligungsportfolios sind erhöhte Anforderungen
an das Beteiligungsmanagement verbunden.

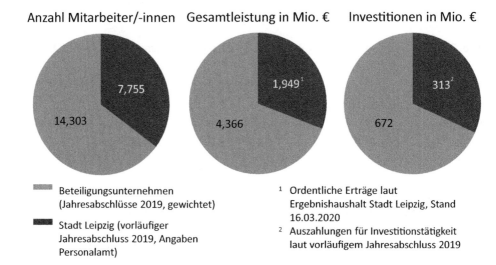

Abb. 7.3 Bedeutung der Kommunalwirtschaft in Leipzig. (bbvl 2020, S. 17)[3]

---

[3]Die genannten Werte wurden in Anlehnung an die Managementkonzernkonsolidierung berechnet:
Vollkonsolidierung (Anteilshöhe > 50 %): Mitarbeiter/-innen, Erträge und Aufwendungen, Vermögen und Kapital werden vollständig einbezogen; Quotenkonsolidierung (Anteilshöhe = 50 %):
Mitarbeiter/-innen, Erträge und Aufwendungen, Vermögen und Kapital werden hälftig einbezogen;
At Equity und Anschaffungskostenmethode (Anteilshöhe < 50 %): Allein Vermögen und Kapital
werden nach Unternehmensanteil einbezogen; d. h. Mitarbeiter, Gesamtleistung und Investitionen
sind in dieser Darstellung nicht berücksichtigt.

Bedeutung der Leipziger Kommunalwirtschaft

Die wirtschaftliche Betätigung hat für die Stadt Leipzig große Bedeutung. Wie die folgende Abbildung verdeutlicht, erfolgt ein Großteil der Leistungserbringung nicht mehr in der Leipziger Kernverwaltung, sondern in den städtischen Beteiligungsunternehmen (Abb. 7.3).

7.2 Aufgaben und Instrumente des Beteiligungsmanagements

7.2.1 Aufgaben der bbvl als Beteiligungsmanagerin der Stadt Leipzig

Die bbvl unterstützt die Stadt Leipzig umfassend bei der Steuerung ihres Beteiligungsvermögens. Wir begleiten Unternehmen von ihrer Gründung über Umstrukturierungen und Veränderungsprozesse bis zur Beendigung. Wir beraten die Entscheidungsträger der Stadt und der städtischen Unternehmen in vielfältigen strategischen und operativen Fragen. Wir haben ein Beteiligungsmanagement aufgebaut, das modernste Steuerungs- und Controllinginstrumente mit den spezifischen Anforderungen des kommunalen Gesellschafters verbindet.

Wir verstehen uns als Berater der Stadt Leipzig in allen übergreifenden Fragen der Steuerung kommunaler Unternehmen:

- Wie verändert sich das Markt- und Wettbewerbsumfeld der Unternehmen?
- Wie muss die Stadt darauf reagieren?
- Welche Anpassungen sind im Unternehmensportfolio und in einzelnen Unternehmen erforderlich?

Zu den Aufgaben der bbvl im Rahmen des Beteiligungsmanagements für die Stadt Leipzig zählen unter anderem (Abb. 7.4).

Strategisches Beteiligungsmanagement
- Aufgaben: Analyse des Beteiligungsportfolios sowie einzelner Beteiligungsunternehmen, Entwicklung und Umsetzung von Optimierungsvorschlägen, unternehmens- oder branchenspezifische Strategieentwicklung unter Berücksichtigung der Interessen der Stadt Leipzig
- Instrumente: Leipziger Corporate Governance Kodex, Eigentümerziele der Stadt Leipzig zur Steuerung der Beteiligungsunternehmen, Regelungen zur Steuerung der Eigenbetriebe, Aufgabenkritik – strategische Analyse des Beteiligungsportfolios, Kategorisierung des Beteiligungsportfolios
- Besonderheit: Die Umsetzung strategischer Vorgaben wird mit den Instrumenten des operativen Controllings überprüft

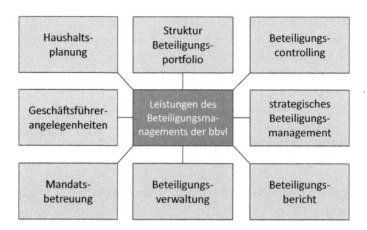

Abb. 7.4 Leistungen des Beteiligungsmanagements der bbvl

Struktur des Beteiligungsportfolios
- Aufgaben: bedarfsweise Modifikation des Beteiligungsportfolios der Stadt Leipzig bzw. einzelner Unternehmen, Realisierung von Veränderungen in der Beteiligungsstruktur (Neugründung, Erwerb, Rechtsformänderung, Umwandlung, Fusion, materielle Privatisierung, Beendigung)
- Instrumente: Rechtsformvergleich, Wirtschaftlichkeitsbetrachtung, Unternehmensbewertung
- Besonderheit: zum Teil strategische Analyse des Beteiligungsportfolios als Grundlage (Aufgabenkritik)

Beteiligungsverwaltung
- Aufgaben: zentrale Aktenführung über sämtliche Beteiligungsverhältnisse, Prüfung der Einhaltung gesetzlicher Grundlagen (Sicherstellung formeller Rechtmäßigkeit), Dokumentation und Terminüberwachung
- Instrumente: Aktenplan der Beteiligungsunternehmen, jährlicher Beteiligungsbericht, Erarbeitung von Richtlinien und Standards (z. B. Informations- und Zustimmungskatalog, Satzungen, Geschäftsordnungen)
- Besonderheit: IT-gestützte Beteiligungsverwaltung (Stammdatenverwaltung, Erstellung des Beteiligungsberichts etc.) als Eigenentwicklung der bbvl[4]

---

[4] Siehe auch Abschn. 7.6 IT-gestützte Beteiligungssteuerung –Anforderungen an Hard- und Software-Lösungen .

Mandatsbetreuung

- Aufgaben: Unterstützung aller von der Stadt bestimmten Mandatsträger in Aufsichtsräten, Betriebsausschüssen, Verbandsversammlungen etc. durch qualifizierte Informationsaufarbeitung und Verfahrenshinweise
- Instrumente: Kommentierung von Beschluss- und Informationsvorlagen, Abgabe von Empfehlungen, Protokollkontrolle, Schulungen zur Qualifizierung städtischer Aufsichtsratsmitglieder, Handbuch für Aufsichtsratsmitglieder
- Besonderheit: Teilnahme der bbvl als Gast an den Sitzungen der Überwachungsorgane und an Vorbesprechungen

Beteiligungscontrolling

- Aufgaben: Auswertung aktueller, homogen strukturierter Unternehmensdaten im Rahmen eines leistungsfähigen Informations-, Planungs- und Kontrollsystems, Aufbereitung von Informationen für die städtischen Entscheider über die wirtschaftliche Lage, die Leistungserstellung und die Risiken der Unternehmen („Frühwarnsystem")
- Instrumente[5]: unterjähriges Berichtswesen der bbvl über die Lage der Unternehmen (Managementreport); Kommentierung von Wirtschaftsplan und Jahresabschluss für städtische Mitglieder in Aufsichtsräten (Mandatsbetreuung); Wirtschaftsplanreport und Jahresabschlussreport (inklusive Einschätzung der Unternehmensentwicklung, Umsetzung der städtischen Zielvorgaben und Bewertung der wichtigsten Risiken) für städtische Entscheider
- Besonderheiten: standardisiertes und aufeinander abgestimmtes Planungs- und Berichtswesen, Ampelsystem bei den Reporten der bbvl, Einbeziehung von Leistungsdaten und Benchmarks, IT-gestütztes Beteiligungscontrolling (Controlling-Datenbank mit flexiblen Auswertungsmöglichkeiten) als Eigenentwicklung der bbvl[6]

Revision des Planungs- und Berichtswesens einzelner Unternehmen

- Aufgabe: Klärung, ob die unternehmensinternen Prozesse der Erstellung des Wirtschaftsplans und des unterjährigen Berichtswesens an die bbvl sachgerecht organisiert sind
- Instrument: Interne Revision der Prozesse
- Besonderheit: Rückgriff des Beteiligungscontrollings auf interne Daten des Beteiligungsunternehmens – Verfälschung des unterjährigen Berichtswesens der bbvl (Managementreport) durch falsche Daten des Unternehmens möglich

---

[5]Einzelne der von der bbvl eingesetzten Instrumente werden in Abschn. 7.2.2 Instrumente des Beteiligungscontrollings der bbvl näher erläutert.

[6]Siehe auch Abschn. 7.6. IT-gestützte Beteiligungssteuerung – Anforderungen an Hard- und Software-Lösungen.

Einbeziehung der Beteiligungsunternehmen in die städtische Haushaltsplanung

- Aufgaben: Erarbeitung von Vorschlägen für Haushaltsbeiträge der städtischen Unternehmen; Bereitstellung haushaltsrelevanter Daten aus den Unternehmensplanungen für die Haushaltsplanung; Analyse der Auswirkungen der unterjährigen Geschäftstätigkeit der Beteiligungsunternehmen in Bezug auf etwaige Änderungen bei der Bewertung der Finanzanlagen im städtischen Jahresabschluss
- Instrumente: Zuarbeit „Haushaltsansätze für die Beteiligungsunternehmen" an die Stadt Leipzig im Vorfeld der Haushaltsaufstellung, unterjährige Berichterstattung über absehbare Veränderungen des Eigenkapitals der Beteiligungsunternehmen im Jahresvergleich
- Besonderheit: Doppelhaushalt der Stadt Leipzig für zwei aufeinanderfolgende Jahre

Geschäftsführerangelegenheiten

- Aufgaben: Unterstützung der Verhandlungsführer/-innen und der zuständigen Organe bei der Bestellung und Abberufung von Mitgliedern der Geschäftsführung (z. B. durch Vorbereitung von Beschlussvorlagen) sowie der Anstellung (vertragliche Regelungen etc.), Einordnung von Gehaltsforderungen, Unterstützung bei der Festlegung der leistungsabhängigen Vergütung, Protokollführung bei Geschäftsführerthemen in den Sitzungen des Aufsichtsrats sowie etwaiger Ausschüsse
- Instrumente: Aktenplan der Geschäftsführerakten, Fristenkontrolle der Be- und Anstellung (DV-gestützt), Geschäftsführer-Anstellungsvertrag, Nutzung von Vergütungsstudien, Vergütungsvergleiche, Durchführung eines vertikalen Vergütungsvergleichs für Leipziger Beteiligungsunternehmen, jährliche individuelle Zielvereinbarungen mit der Geschäftsführung einschließlich deren Auswertung
- Besonderheit: zum Teil mehrjährige Tantiemeregelungen

Seit Gründung der bbvl hat sich eine deutliche Verschiebung von den operativen zu strategischen Aufgaben ergeben. Standen zu Anfang vor allem die Konzeption und Erarbeitung des Beteiligungsberichts, der Aufbau des Beteiligungscontrollings und die Umsetzung der Mandatsbetreuung im Mittelpunkt, nehmen heute Geschäftsführerangelegenheiten, strategische Themenstellungen – sowohl hinsichtlich des gesamten Portfolios als auch einzelner Unternehmen – sowie die langfristige Einbeziehung der Beteiligungsunternehmen in die städtische Haushaltsplanung einen deutlich breiteren Raum ein.

7.2.2 Instrumente des Beteiligungscontrollings der bbvl

Im Folgenden werden einzelne Instrumente der bbvl im Rahmen des Beteiligungscontrollings vorgestellt.

7.2.2.1 Vorgaben für Aufbau und Inhalt des Wirtschaftsplans der Beteiligungsunternehmen

Die bbvl macht den Beteiligungsunternehmen der Stadt Leipzig standardisierte Vorgaben für den zu erstellenden Wirtschaftsplan. Dieser enthält folgende Teilpläne:

- Erfolgsplan (Gewinn- und Verlustrechnung): Darin werden alle Erträge und Aufwendungen des Unternehmens erfasst. Die Gewinn- und Verlustrechnung bildet den Periodenerfolg als Saldo aus den Aufwands- und Ertragspositionen ab.
- Planung von Leistungsdaten: Branchen- oder geschäftsspezifische nichtmonetäre Größen und Kennzahlen (z. B. Besucherzahlen einer Kultureinrichtung) liefern Informationen über Art und Umfang der sachlichen Unternehmensleistung und erlauben gegebenenfalls Rückschlüsse auf den Prozess der Leistungserstellung
- Liquiditätsplan: In diesem Planungsbestandteil werden alle Zu- und Abflüsse von Zahlungsmitteln der laufenden Geschäftstätigkeit, der Investitionstätigkeit und der Finanzierungstätigkeit erfasst. Hieraus ergibt sich der Finanzmittelbestand zum Anfang und zum Ende der Planperiode. Da in Leipzig auch die Liquidität Bestandteil des Beteiligungscontrollings ist, wird der Liquiditätsplan bereits auf Monatsebene heruntergebrochen.
- Planbilanz: Die Bilanz ist eine Aufstellung zur Herkunft und Verwendung des Unternehmenskapitals. Darin werden das Vermögen (Aktiva) und die Schulden (Passiva) gegenübergestellt.
- Plan haushaltsrelevanter Positionen: In Leipzig haben die Beteiligungsunternehmen eine Darstellung der haushaltsrelevanten Positionen zu erstellen. Damit werden die wesentlichen Verbindungen zwischen Wirtschaftsplanung und städtischem Haushalt gesondert berücksichtigt (z. B. Veränderungen des Eigenkapitals).
- Investitionsplan: Er dient der Erfassung aller im Planungszeitraum zu tätigenden Investitionen. Diese Positionen haben unmittelbaren Einfluss auf den Liquiditätsplan.
- Instandhaltungsplan: Vorgenanntes gilt hier für Instandhaltungen.
- Personalplan: Hier wird die Entwicklung der Beschäftigtenzahl pro Kopf und nach Vollzeitäquivalenten[7] abgebildet. Die zusätzliche Bildung von Durchschnittswerten erlaubt eine Vergleichbarkeit über mehrere Perioden hinweg.

Aus einem Wirtschaftsplan mit derartigen Teilplänen wird ersichtlich, welchen Einfluss die geplante Geschäftsentwicklung auf den Jahreserfolg, das Vermögen, die Finanzlage, den Kapitalbedarf, die Kapitalbeschaffung (auch für die Verwendung der Mittel sowie die eventuell benötigten Zuwendungen aus dem städtischen Haushalt) und die erforderlichen Personalkapazitäten haben wird.

---

[7] Die Beschäftigten eines Unternehmens sind in der Regel nicht alle in Vollzeit tätig, sondern haben unterschiedliche Arbeitszeiten. Mit der Kennzahl Vollzeitäquivalent (VZÄ) werden alle Beschäftigten fiktiv in Vollzeitbeschäftigte umgerechnet.

Eine Besonderheit stellt die zeitliche Perspektive der Wirtschaftsplanung dar: In Ergänzung der gesetzlichen Anforderungen werden nicht nur Werte für das aktuelle Wirtschaftsjahr, das Planjahr sowie drei Folgejahre dargestellt, sondern zusätzlich für das Vorjahr des aktuellen Jahres. Ziel ist die Herstellung einer zusätzlichen Vergleichsperspektive (Abb. 7.5).

7.2.2.2 Vorgaben für das Berichtswesen der Beteiligungsunternehmen

Das standardisierte Berichtswesen der bbvl folgt den Vorgaben der Wirtschaftsplanung. Allerdings enthält die unterjährige Berichterstattung weniger Elemente als die Planung. Bei der Quartalsberichterstattung haben die Beteiligungsunternehmen der bbvl vier Teilberichte zu liefern, die analog den Teilplänen aufgebaut sind:

- Erfolgsbericht (Gewinn- und Verlustrechnung)
- Bericht von Leistungsdaten

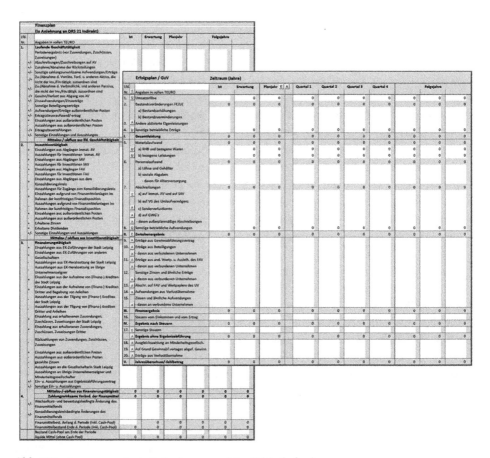

Abb. 7.5 Auszug aus der in Leipzig verwendeten Wirtschaftsplanung

- Liquiditätsbericht
- Bericht Personal

Bei der Berichterstattung zum vierten Quartal sind weitere Bestandteile gefordert:

- vorläufige Bilanz
- Bericht Investitionen
- Bericht haushaltsrelevanter Positionen

Das Beteiligungsunternehmen berichtet der bbvl auf dieser Basis quartalsweise oder halbjährlich. Der Bericht wird durch eine Erläuterung des Unternehmens zu den wesentlichen Plan-Ist-Abweichungen und wichtigen Vorkommnissen im Berichtszeitraum ergänzt. Für die Übermittlung der Daten und Erläuterungen setzt die bbvl den Unternehmen vor Beginn eines jeden Wirtschaftsjahres eine Frist. Diese beträgt zehn Arbeitstage nach Quartalsende, für den Bericht zum Stichtag 31.12. wird eine Frist von zwanzig Arbeitstagen gewährt.

7.2.2.3 Managementreport

Die Informationen, welche die bbvl durch das zuvor dargestellte unterjährige Berichtswesen erhält, werden ausgewertet und für die Entscheidungsträger (Verwaltungsspitze, Verwaltungsausschuss des Leipziger Stadtrats als Beteiligungsausschuss, Mitglieder des Überwachungsorgans) in einem Managementreport zusammengefasst. Die bbvl hat die Zielstellung, den Managementreport innerhalb von fünf Arbeitstagen nach Zulieferung der Daten durch das Unternehmen zu erstellen.

Der Managementreport der bbvl dient als Frühwarnsystem, insbesondere hinsichtlich Plan-Ist-Abweichungen und Jahresprognose. Ziele sind die Einschätzung der aktuellen wirtschaftlichen Lage, die Analyse von Risikopotenzial und Entwicklungstreibern sowie das Aufzeigen von Handlungsbedarf.

Bei der bbvl sind in das quartalsweise Beteiligungscontrolling 27 Unternehmen eingebunden. Darüber hinaus wird für insgesamt 45 Unternehmen ein halbjährlicher Managementreport erstellt.

Die Managementreporte sind einheitlich strukturiert, um den Adressaten die Arbeit mit dem Dokument zu erleichtern. Die nachfolgenden Darstellungen entspringen einem Musterreport mit vollständig fiktiven Angaben, der diesem Leitfaden als Anlage beigefügt ist.[8]

Kopfzeilen des Managementreports: Unternehmensname und Ampelstellung
Der Managementreport ist in der Regel ein zweiseitiger Bericht. Die erste Seite soll dem Adressaten eine schnelle Orientierung verschaffen (Abb. 7.6).

---

[8] Siehe Anlage 8.2 „Muster: Managementreport der bbvl".

MANAGEMENTREPORT
zum 30.09.2020

Städtische Wirtschaft GmbH

Abb. 7.6 bbvl-Managementreport – Unternehmensname und Ampelstellung

Wichtig ist in diesem Zusammenhang insbesondere das Ampelsystem. Die Ampelstellung (Rot – Gelb – Grün) veranschaulicht die Gesamteinschätzung der bbvl zur Situation des Unternehmens hinsichtlich Lage und Risikopotenzial. Sie kann außerdem Handlungsbedarf anzeigen. Für die Ampelstellung existieren qualitative Standards, um vergleichbare Aussagen zu ermöglichen (Abb. 7.7).

Kurzzusammenfassung und Handlungsbedarf

Es folgt eine kurze Gesamteinschätzung der wirtschaftlichen Lage des Unternehmens; hier werden Kernbotschaften aus der Analyse des Zahlenwerks in Abgleich zur Planung dargestellt. Zudem werden wesentliche Risiken und Chancen benannt.

Ferner wird durch die bbvl etwaiger Handlungsbedarf aufgezeigt, der sich aus der aktuellen Situation für das Unternehmen und/oder die Stadt Leipzig ergibt (Abb. 7.8).

Erfolgsbeurteilung

Die Ergebnisentwicklung wird analysiert und die Entwicklungstreiber werden dargestellt. Die bbvl dokumentiert die Analyseergebnisse zum Stichtag und in Bezug auf die Jahresprognose samt ihrer sachlichen Hintergründe.

In der Erfolgsbeurteilung wird sowohl der Berichtszeitraum in Bezug auf das Ist und den Plan betrachtet als auch ein Ausblick hinsichtlich der Erwartung vorgenommen. Referenzpunkt ist immer die Gewinn- und Verlustrechnung (GuV) des Unternehmens.[9] Dabei ist das unterjährige Beteiligungscontrolling vor allem mit Blick auf die GuV unverzichtbar für eine qualifizierte Wirtschaftsplananalyse, da die Planung des Folgejahres in der Regel auf den aktuellen Werten des gegenwärtigen Wirtschaftsjahres beruht. Wenn sich also unterjährig Planabweichungen zeigen, so können die zugrunde liegenden Fragen bezüglich der Wirtschaftsplanung für das Folgejahr beachtet werden.

---

[9]Auch für Zweckverbände, deren Haushaltswirtschaft nach den gesetzlichen Vorgaben für Kommunen geführt wird, erstellt die bbvl unterjährige Managementreports. Der Aufbau ist grundsätzlich analog, allerdings wird bei Zweckverbänden mit einem kommunalen Rechnungswesen auf den Ergebnis- und Finanzhaushalt referenziert.

Ampel	Erläuterung
Rot	Für die nahe Zukunft werden wesentliche Gefahren für das Unternehmen (akute Liquiditätsschwierigkeiten, starke Umsatzeinbrüche etc.) oder die Stadt Leipzig gesehen (z. B. drohende Inanspruchnahme aus Risiken des Unternehmens). Dies löst in der Regel akuten Handlungsbedarf aus.
Gelb	Entweder zeigen sich konkrete Probleme oder aus der aktuellen Entwicklung sind mittel- oder langfristige Risiken abzuleiten.
Grün	Es sind keine Probleme vorhanden; die Entwicklung des Unternehmens verläuft im Wesentlichen planmäßig.

Abb. 7.7 Ampelstellung der Managementreporte der bbvl

Wirtschaftliche Situation des Unternehmens

Die wirtschaftliche Entwicklung des Unternehmens verläuft gegenwärtig stabil und übertrifft die Wirtschaftsplanung. Ein Risiko besteht in Zukunft jedoch in langfristigen Beschaffungsverträgen.

Handlungsbedarf Unternehmen

Die Geschäftsführung sollte ihr Engagement bei der Reduzierung des Betriebsaufwandes bzw. der Anpassung der bestehenden Kundenverträge zur Generierung von Mehreinnahmen intensiv fortsetzen, um sich verschlechternde Jahresergebnisse in den Folgejahren zu vermeiden.

Abb. 7.8 bbvl-Managementreport – Kurzzusammenfassung und Handlungsbedarf

Zur fundierten Erstellung der Managementreporte werden der bbvl von den Leipziger Beteiligungsunternehmen nicht nur Daten übermittelt, sondern auch verbale Erläuterungen und Begründungen zum eigentlichen Zahlenwerk beigefügt. So können aus den Zahlen ablesbare Abweichungen nicht nur aus der Datenauswertung ermittelt, sondern auch im Managementreport begründet und einer gegebenenfalls nötigen Handlungsempfehlung zugeführt werden (Abb. 7.9).

Leistungsdaten

Angaben des Unternehmens zur Leistungserbringung werden bei Bedarf im Managementreport dargestellt und im Zusammenhang mit der Erfolgsbeurteilung ausgewertet, sofern sich nicht eine gesonderte Darstellung anbietet, etwa weil Absatzschwierigkeiten für ein spezielles Produkt bzw. eine spezielle Dienstleistung bestehen. In diesem Fall können auch gesonderte Abbildungen in den Managementreport aufgenommen werden.

Erfolgsbeurteilung

| Erfolgsübersicht | Ist | Geschäftsjahr 2020 | | | kum. Berichtsmonate | | | |
Angaben in T€	Jahr 2019	Plan	Erw.	Abw.	Ist 2019	Plan 2020	Ist 2020	Abw.
Gesamtleistung	111.393	109.751	111.945	2.194	78.656	82.146	83.284	1.138
dav. Umsatzerlöse	93.289	97.957	98.448	491	69.068	73.468	74.136	668
dav. sonst. betr. Erträge	17.957	11.662	13.375	1.713	9.504	8.604	9.049	445
Betriebsaufwand	101.340	87.004	88.848	1.844	61.063	60.890	58.378	-2.512
dav. Materialaufwand	25.251	24.273	26.122	1.849	14.959	15.749	15.420	-329
dav. Personalaufwand	18.167	19.389	18.899	-490	12.386	13.095	12.701	-394
dav. Abschreibungen	28.695	28.171	28.136	-35	21.379	21.159	21.007	-152
dav. sonst. betr. Aufwände	29.227	15.171	15.690	519	12.340	10.887	9.250	-1.637
Finanzergebnis	-1.937	-2.820	-2.705	115	-1.310	-2.841	-1.737	1.104
Steuern v. Einkommen und Ertrag	60	64	64	0	44	48	48	0
Ergebnis nach Steuern	60.835	19.863	20.328	465	16.238	18.367	23.121	4.754
sonstige Steuern	133	136	136	0	95	102	99	-3
Jahresergebnis	60.702	19.727	20.192	465	16.143	3.469	8.194	4.725

Die Städtische Wirtschaft GmbH (StäWi) verzeichnete bis zum Ende des dritten Quartals ein Ergebnis von 8,1 Mio. €, welches um 4,7 Mio. € über dem Wirtschaftsplan liegt. Damit setzt sich der positive Trend der vorherigen Quartale fort. Ursache für die Entwicklung sind neben den gestiegenen Erträgen in Höhe von 1,1 Mio. € – davon 668 T€ aus Umsatzsteigerungen infolge erfolgreicher Kundenakquiseaktionen sowie 445 T€ aus der Auflösung von Sonderposten – vor allem die Einsparungen im Betriebsaufwand. Diese können im Betrachtungszeitraum in allen Aufwandspositionen konstatiert werden. Insgesamt belaufen sich die Einsparungen im Betriebsaufwand auf 2,5 Mio. €.

Es ist hierbei jedoch zu beachten, dass es sich insbesondere bei den reduzierten Betriebsaufwendungen nicht um nachhaltige Einsparungen handelt. Vielmehr wird in der Erwartung zum Jahresende sogar von einer Erhöhung des Betriebsaufwandes um 1,8 Mio. € auf dann insgesamt 88,8 Mio. € ausgegangen. Dies liegt einerseits in der Tatsache begründet, dass geschäftsmodelltypisch wesentliche Aufwendungen erst im vierten Quartal eines jeden Jahres zu Buche schlagen. Andererseits wird sich im vierten Quartal die bereits vorab angekündigte Preiserhöhung des aktuellen Lieferanten eines für die Leistungserbringung der StäWi essenziell Vorproduktes realisieren, wodurch der Materialaufwand stark steigen wird. Trotz der relativ frühzeitigen Kenntnis können seitens der StäWi die erhöhten Aufwendungen jedoch aufgrund bestehender Langfristverträge gegenwärtig nicht an die Kunden weitergereicht werden, sodass zunächst keine korrespondierende Erhöhung der Umsatzerlöse möglich sein wird. Die Umsätze steigen in der Erwartung zum Jahresende nur um 449 T€ an. Der erwartete Anstieg der sonstigen betrieblichen Erträge zum 31.12.2020 liegt in der nunmehr wohl vollziehbaren Auflösung der hohen Rückstellung aus dem die Gesellschaft seit mehreren Jahren begleitenden Rechtsstreit begründet. Insgesamt wird zum Jahresende eine Erhöhung des Jahresergebnisses um 465 T€ auf 20,2 Mio. € erwartet.

Abb. 7.9 bbvl-Managementreport – Erfolgsbeurteilung

Liquiditätsentwicklung
Es erfolgt eine Analyse der stichtagsbezogenen Liquiditätslage und der voraussichtlichen Liquiditätsentwicklung über die nächsten zwölf Monate. Wesentliche Abweichungen oder Entwicklungen werden durch die bbvl angezeigt.

Im Rahmen der Liquiditätsbeurteilung wird über die verfügbaren Finanzmittel der Gesellschaft berichtet. Darüber hinaus nutzt die bbvl die Möglichkeit, die investiven Aktivitäten des Unternehmens mit dem Wirtschaftsplan zu vergleichen. Die im Bericht enthaltenen Darstellungen erfolgen in Leipzig in sehr gestraffter Form, die Berichterstattung der Unternehmen entspricht einer vollständigen unterjährigen Liquiditätsberichterstattung ähnlich der Cashflow-Rechnung zum Jahresabschluss, wobei neben der Betrachtung des Berichtszeitraums auch eine rollierende Vorhersage gefordert ist (Abb. 7.10).

Personalentwicklung
Der enthaltene Personalbericht geht kurz auf die Personalressourcen des Unternehmens und auf wesentliche Aspekte der Personalentwicklung ein. In der Regel wird zudem eine Verbindung zum Personalaufwand gezogen (Abb. 7.11).

7.2.2.4 Planreport und Jahresabschlussreport
Beide Reporte der bbvl dienen der Information der Verwaltungsspitze und des Verwaltungsausschusses des Leipziger Stadtrats als Beteiligungsausschuss. Dabei erfolgt eine stark verdichtete Darstellung der Wirtschaftsplanung und des Jahresabschlusses (der einzelne Bericht umfasst je Unternehmen zwei Seiten) einschließlich komprimierter wirtschaftlicher Daten und die Ampelstellung für ausgewählte Beteiligungsunternehmen.

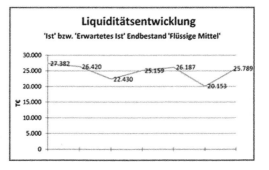

Liquidität

Der Anfangsbestand der liquiden Mittel zum Jahresanfang betrug 26,4 Mio. €. Entsprechend dem üblichen Geschäftsverlauf ergeben sich die dargestellten Schwankungen. Zum Jahresende wird ein Finanzmittelbestand von 26,2 Mio. € erwartet.

Die Fremdkapitalaufnahme zur Durchführung der geplanten Investitionen erfolgt entsprechend dem genehmigten Wirtschaftsplan. Weitere Fremdkapitalaufnahmen sind nicht vorgesehen.

Der Liquiditätsbedarf der Gesellschaft war jederzeit gesichert.

Abb. 7.10 bbvl-Managementreport – Liquiditätsentwicklung

Personalentwicklung

Personal	Ist Jahr 2019	Geschäftsjahr 2020 Plan	Erw.	Abw.	Berichtsmonate Ist 2019	Plan 2020	Ist 2020	Abw.
Beschäftigte (Stichtag)	347	353	352	-1	350	349	354	5
VZÄ (Durchschnitt)	338,84	337,01	338,71	1,70	339,66	334,83	337,28	2,45

Im Bereich Personal ergeben sich geringfügige Abweichungen gegenüber dem Wirtschaftsplan. Insbesondere war es dem Unternehmen mit Blick auf die geplanten Personalaufwendungen in der jüngeren Vergangenheit gelungen, adäquates Personal günstiger einzustellen, als es planerisch unterstellt wurde.

Abb. 7.11 bbvl-Managementreport – Personalentwicklung

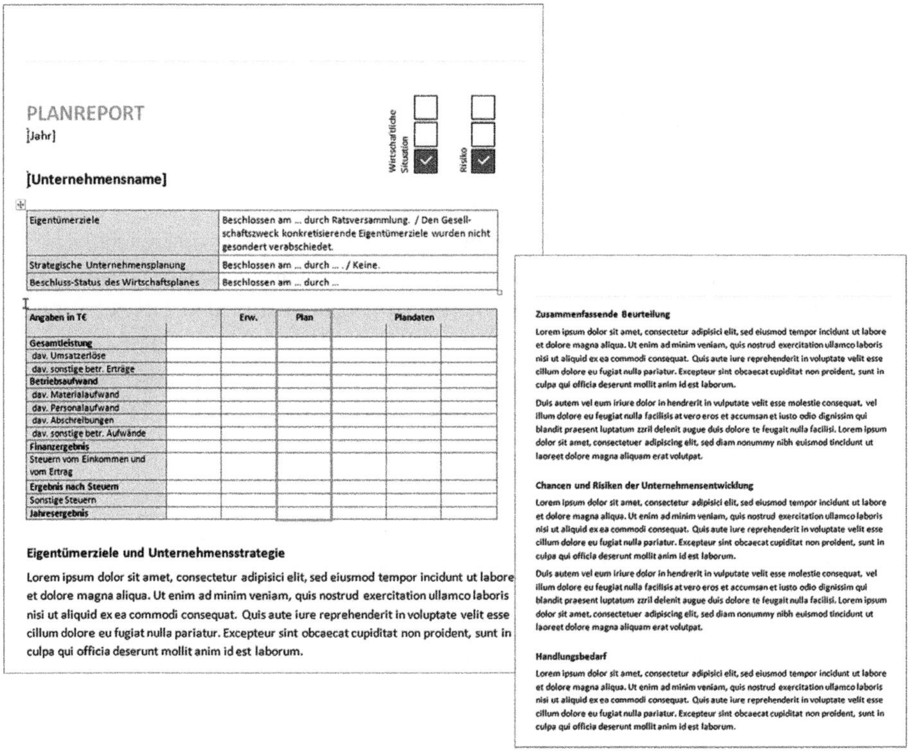

PLANREPORT
[Jahr]

[Unternehmensname]

Wirtschaftliche Situation

Risiko

Eigentümerziele	Beschlossen am ... durch Ratsversammlung. / Den Gesellschaftszweck konkretisierende Eigentümerziele wurden nicht gesondert verabschiedet.
Strategische Unternehmensplanung	Beschlossen am ... durch ... . / Keine.
Beschluss-Status des Wirtschaftsplanes	Beschlossen am ... durch ...

Angaben in T€		Erw.	Plan	Plandaten		
Gesamtleistung						
dav. Umsatzerlöse						
dav. sonstige betr. Erträge						
Betriebsaufwand						
dav. Materialaufwand						
dav. Personalaufwand						
dav. Abschreibungen						
dav. sonstige betr. Aufwände						
Finanzergebnis						
Steuern vom Einkommen und vom Ertrag						
Ergebnis nach Steuern						
Sonstige Steuern						
Jahresergebnis						

Eigentümerziele und Unternehmensstrategie

Lorem ipsum dolor sit amet, consectetur adipisici elit, sed eiusmod tempor incidunt ut labore et dolore magna aliqua. Ut enim ad minim veniam, quis nostrud exercitation ullamco laboris nisi ut aliquid ex ea commodi consequat. Quis aute iure reprehenderit in voluptate velit esse cillum dolore eu fugiat nulla pariatur. Excepteur sint obcaecat cupiditat non proident, sunt in culpa qui officia deserunt mollit anim id est laborum.

Zusammenfassende Beurteilung

Lorem ipsum dolor sit amet, consectetur adipisici elit, sed eiusmod tempor incidunt ut labore et dolore magna aliqua. Ut enim ad minim veniam, quis nostrud exercitation ullamco laboris nisi ut aliquid ex ea commodi consequat. Quis aute iure reprehenderit in voluptate velit esse cillum dolore eu fugiat nulla pariatur. Excepteur sint obcaecat cupiditat non proident, sunt in culpa qui officia deserunt mollit anim id est laborum.

Duis autem vel eum iriure dolor in hendrerit in vulputate velit esse molestie consequat, vel illum dolore eu feugiat nulla facilisis at vero eros et accumsan et iusto odio dignissim qui blandit praesent luptatum zzril delenit augue duis dolore te feugait nulla facilisi. Lorem ipsum dolor sit amet, consectetuer adipiscing elit, sed diam nonummy nibh euismod tincidunt ut laoreet dolore magna aliquam erat volutpat.

Chancen und Risiken der Unternehmensentwicklung

Lorem ipsum dolor sit amet, consectetur adipisici elit, sed eiusmod tempor incidunt ut labore et dolore magna aliqua. Ut enim ad minim veniam, quis nostrud exercitation ullamco laboris nisi ut aliquid ex ea commodi consequat. Quis aute iure reprehenderit in voluptate velit esse cillum dolore eu fugiat nulla pariatur. Excepteur sint obcaecat cupiditat non proident, sunt in culpa qui officia deserunt mollit anim id est laborum.

Duis autem vel eum iriure dolor in hendrerit in vulputate velit esse molestie consequat, vel illum dolore eu feugiat nulla facilisis at vero eros et accumsan et iusto odio dignissim qui blandit praesent luptatum zzril delenit augue duis dolore te feugait nulla facilisi. Lorem ipsum dolor sit amet, consectetuer adipiscing elit, sed diam nonummy nibh euismod tincidunt ut laoreet dolore magna aliquam erat volutpat.

Handlungsbedarf

Lorem ipsum dolor sit amet, consectetur adipisici elit, sed eiusmod tempor incidunt ut labore et dolore magna aliqua. Ut enim ad minim veniam, quis nostrud exercitation ullamco laboris nisi ut aliquid ex ea commodi consequat. Quis aute iure reprehenderit in voluptate velit esse cillum dolore eu fugiat nulla pariatur. Excepteur sint obcaecat cupiditat non proident, sunt in culpa qui officia deserunt mollit anim id est laborum.

Abb. 7.12 Muster eines Planreports

Der Planreport bietet eine aggregierte Analyse der Wirtschaftsplanung des Unternehmens als Steuerungsunterstützung. Er stellt die Trends der strategischen Ausrichtung und der wesentlichen für das Planungsjahr vorgesehenen Maßnahmen dar, die Risikolage sowie den insgesamt abzuleitenden Handlungsbedarf (Abb. 7.12).

Der Jahresabschlussreport fungiert als strategisches Controllinginstrument. Er hat folgende Zielstellungen:

- Zusammenfassung des Jahresabschlusses samt der wesentlichen Wirtschaftsentwicklung und Prüffeststellungen
- Information über die Umsetzung der von der Stadt Leipzig vorgegebenen Eigentümerziele
- Zusammenfassung der wesentlichen Punkte der wirtschaftlichen Entwicklung im abgelaufenen Geschäftsjahr inklusive Risikobewertung durch die bbvl
- Formulierung von Handlungsempfehlungen für die Stadt Leipzig aus Sicht der bbvl (Abb. 7.13).

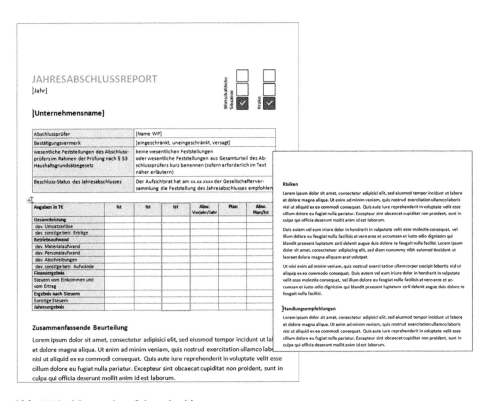

Abb. 7.13 Muster eines Jahresabschlussreports

7.3   Organisation des Beteiligungsmanagements der bbvl

7.3.1   Jährliches Arbeitsprogramm (Grundvertragsvorlage)

Die bbvl wird auf Basis eines Geschäftsbesorgungsvertrages tätig, des *Grundvertrags über Leistungen der Beteiligungsverwaltung* aus dem Jahr 1995.

Auf Basis dieses Vertrages wird jährlich ein Arbeitsprogramm mit dem Oberbürgermeister abgestimmt („Grundvertragsvorlage"), das dem Verwaltungsausschuss als Beteiligungsausschuss des Leipziger Stadtrats zur Kenntnis gegeben wird. Die Grundvertragsvorlage enthält für das jeweilige Wirtschaftsjahr neben Angaben zum aktuellen Umfang des Beteiligungsportfolios unter anderem Vorgaben

- zur Bearbeitungstiefe (Welche konkreten Leistungen werden für welches Unternehmen erbracht?),
- zur Bearbeitung spezieller und aktueller Themen (z. B. bestimmte strategische Schwerpunkte) sowie
- zur Weiterentwicklung der Instrumente des Beteiligungsmanagements.

7.3.2   Kategorisierung der Beteiligungsunternehmen

Aufgrund der unterschiedlichen Bedeutung der Unternehmen wird eine Einteilung in verschiedene Kategorien vorgenommen, die eine prioritätengeleitete und transparente Zuordnung der Leistungen der bbvl zu jedem Beteiligungsunternehmen ermöglicht (Tab. 7.1).

Nicht für alle Unternehmen im Leipziger Beteiligungsportfolio bietet die bbvl das volle Leistungsspektrum an. So werden etwa Managementreporte für Unternehmen der Kategorien A bis C erstellt, Jahresabschluss- und Wirtschaftsplanreporte jedoch nur für die Unternehmen der Kategorien A und B.

Tab. 7.1 Kategorisierung der Unternehmen in Leipzig

Einteilung/ Kriterien	A-Unternehmen	B-Unternehmen	C-Unternehmen	D-Unternehmen	E-Unternehmen
Strategische Bedeutung	hoch	hoch bis mittel	mittel	mittel bis gering	Unternehmen ab der 3. Beteiligungsebene
Wirtschaftliche Bedeutung	sehr hoch	hoch	mittel	gering	
Risiko potenzial	sehr hoch bis hoch	hoch bis mittel	mittel bis gering	mittel bis gering	

Anhand der Grundvertragsvorlage werden die Kategorisierung und damit der Leistungsumfang für alle städtischen Beteiligungsunternehmen festgelegt.

7.3.3   Budgetierung und Zeiterfassung

Zu Beginn jedes Wirtschaftsjahres werden alle Leistungen, die die bbvl als Beteiligungsmanagerin der Stadt Leipzig erbringen soll, geplant und budgetiert, das heißt das finanzielle Volumen des Grundvertrags wird auf die Beteiligungsunternehmen und auf Querschnittsthemen verteilt.

Dabei wird die Kategorisierung der Unternehmen berücksichtigt; für die Kommentierung des Wirtschaftsplans eines A-Unternehmens wird beispielsweise ein höheres Budget bereitgestellt als für ein C-Unternehmen.[10]

Alle Mitarbeiter/-innen der bbvl führen eine Zeiterfassung durch und dokumentieren in einem Projektmanagementsystem die geleistete Arbeitszeit je Beteiligungsunternehmen und Leistungsart. Die erfassten Zeiten, multipliziert mit dem Stundensatz der Person, zeigen den Verbrauch des jeweiligen Budgets an.

Quartalsweise erhält die Stadt Leipzig auf Basis der Zeiterfassung eine Übersicht über den bei der bbvl angefallenen Arbeitsumfang je Leistungsart.

7.3.4   Branchenteams und fachliche Ansprechpartner

Die Betreuung der Beteiligungsunternehmen und das Erbringen der Leistungen im Rahmen des Beteiligungsmanagements erfolgt in Branchenteams, in denen jeweils Unternehmen einer Branche bearbeitet werden. In jedem dieser Branchenteams arbeiten mindestens zwei Berater/-innen. Ihnen obliegt die selbstständige Bearbeitung aller Themen des Beteiligungsmanagements sowie die gegenseitige Qualitätssicherung und Vertretung.

Des Weiteren ist ein „Personalteam" eingerichtet, das sämtliche Geschäftsführerangelegenheiten bearbeitet und somit allein Zugriff auf die Anstellungsverträge der Geschäftsführung hat (den Berater/-innen sind diese nicht bekannt). Dieses Team leistet bei Bedarf für die Branchenteams Zuarbeiten zu Fragen hinsichtlich der Geschäftsführerangelegenheiten.

Daneben sind in der bbvl fachliche Ansprechpartner für diverse Bereiche benannt, um wichtige Querschnittsthemen zu bearbeiten (Kommunalrecht, Steuern, Beihilfenrecht, Vergaberecht etc.). Sie sollen die aktuellen Entwicklungen in ihrem Schwerpunktgebiet beobachten, betroffene Berater/-innen bei Bedarf auf Neuerungen oder Handlungsbedarf aufmerksam machen und die Branchenteams unterstützen.

---

[10] Siehe auch Abschn. 7.3.2 Kategorisierung der Beteiligungsunternehmen.

7.3.5 Leitung Grundvertrag

Zur Koordination aller Leistungen des Beteiligungsmanagements wurde bei der bbvl eine Stelle „Leitung Grundvertrag" eingerichtet. Dieser Person sind folgende Aufgaben zugeordnet:

- Gesamtplanung der Leistungen des Beteiligungsmanagements
- Planung der Weiterentwicklung der Leistungen und Instrumente
- Auswertung der Zeiterfassung bzw. der Plan-Ist-Abweichungen für die einzelnen Leistungsarten
- Klärung von Konflikten der Berater/-innen hinsichtlich Budget, Terminen oder Qualität
- Fortschreibung des *Handbuchs Grundvertrag*, in dem alle Leistungen und Prozesse der bbvl detailliert dargestellt werden
- Entwicklung von Qualitätsstandards für die Leistungserbringung
- Durchführung der Qualitätssicherung

Um diese Aufgaben erfüllen zu können, hat die Leitung Grundvertrag unter anderem folgende Kompetenzen:

- Zeichnungsrecht (Gesamtprokura)
- Budgetierung des Grundvertrages
- Bestimmung der Branchenteams
- Festlegung von Standards
- fachliche Weisungsbefugnis gegenüber Mitarbeitern/-innen im Beteiligungsmanagement

7.3.6 Qualitätssicherung

Der bbvl ist eine hohe Qualität der Leistungen des Beteiligungsmanagements wichtig. Dies meint im Einzelnen:

- Erbringung des Beteiligungsmanagements entsprechend dem vertraglich vereinbarten Leistungsumfang
- Erstellung aller Leistungen in hoher Qualität und mit hoher Termintreue
- Gewährleistung einer hohen Kundenzufriedenheit
- regelmäßige Überprüfung des Beteiligungsmanagements auf Effektivität und Effizienz
- Weiterentwicklung der Instrumente des Beteiligungsmanagements

Die Qualitätssicherung spielt für die Arbeit der bbvl eine zentrale Rolle. Primäres Ziel ist die Realisierung eines durchgängig hohen Qualitätsstandards sowie das Aufspüren und Beseitigen qualitätsmindernder Störungen im Prozess der Leistungserstellung. Qualitätssicherung im Beteiligungsmanagement bezieht sich auf inhaltliche Aspekte, aber auch auf organisatorische und prozessuale Vorkehrungen zur Einhaltung eines hohen Qualitätsniveaus. Von der bbvl wurden folgende Maßnahmen ergriffen:

- **Vier-Augen-Prinzip:**
  Bei der bbvl herrscht ein doppeltes Vier-Augen-Prinzip. Zum einen sorgt die Organisation der Branchenteams[11] dafür, dass jedes Beteiligungsunternehmen von zwei Berater/-innen betreut wird und so der fachliche Austausch und die gegenseitige Qualitätssicherung gewährleistet sind. Zum anderen werden alle wesentlichen Leistungen der bbvl (Mandatsbetreuung, Beteiligungscontrolling etc.) entweder von der Leitung Grundvertrag oder vom Geschäftsführer der bbvl zusätzlich qualitätsgesichert.
- **Handbuch Grundvertrag:**
  Dieses interne Handbuch dient der Information der Mitarbeiterinnen und Mitarbeiter der bbvl. Es enthält die Darstellung aller von der bbvl im Rahmen des Beteiligungsmanagements zu erbringenden Leistungen sowie eine ausführliche Beschreibung aller Prozesse der Leistungserstellung, sämtlicher vorhandener Standards und der Maßnahmen zur Qualitätssicherung.
- **Leitung Grundvertrag:**[12]
  Die Schaffung dieser Position ist inhaltlich nicht zuletzt auf die Qualitätssicherung der Beteiligungsmanagementleistungen ausgerichtet, etwa durch die Überwachung der Einhaltung von Terminvorgaben, Standards und des jährlichen Arbeitsprogramms der bbvl (Grundvertragsvorlage) sowie die direkte Kontrolle von Arbeitsergebnissen der Branchenteams.
- **Zentrale Sachbearbeitung:**
  Innerhalb der bbvl existieren drei kleine Organisationseinheiten, die jeweils für bestimmte Leistungsbereiche des Beteiligungsmanagements zuständig sind: Eine Sachbearbeiterin „Beteiligungsmanagement" verantwortet die komplexen Terminpläne zur Erstellung des Beteiligungsberichts und der Beteiligungscontrolling-Instrumente. Die IT-Abteilung ist für die Weiterentwicklung der von der bbvl entwickelten Datenbank-Lösungen verantwortlich.[13] Drittens übernimmt die Assistenz (Sekretariat) Serviceleistungen für die Berater/-innen, vor allem im Bereich der Beteiligungsverwaltung (Aktualisierung der Stammdatenverwaltung)

---

[11] Siehe auch Abschn. 7.3.4 Branchenteams und fachliche Ansprechpartner.

[12] Siehe auch Abschn. 7.3.5 Leitung Grundvertrag.

[13] Siehe auch Abschn. 7.6 IT-gestützte Beteiligungssteuerung – Anforderungen an Hard- und Software-Lösungen.

und der Mandatsbetreuung (Versendung der Stellungnahmen an die Mandatsträger über den elektronischen Gremiendienst der bbvl). Die jeweilige Spezialisierung und Professionalisierung in diesen Organisationseinheiten trägt zur Verbesserung der Qualität bei.

- **Fachliche Ansprechpartner:**
  Wie oben erläutert,[14] ist die bbvl neben den Branchenteams in Querschnittsbereichen organisiert, die selbst inhaltliche Leistungen erbringen oder die Leistungserbringung der Branchenteams unterstützen. Dadurch ist eine über alle Beteiligungen einheitliche und fachlich hochwertige Betreuung möglich.

7.4   Leipzig als Vorreiterin der kommunalen Beteiligungssteuerung in Deutschland

Erklärtes Ziel der bbvl ist es, der Stadt Leipzig und ihren Entscheidungsträgern das innovativste und effektivste Beteiligungsmanagement im öffentlichen Sektor in Deutschland zu bieten. Seit ihrem Bestehen war die bbvl immer wieder Pionierin und Wegbereiterin und hat im Bereich des Beteiligungsmanagements Instrumente entwickelt, die deutschlandweit Vorreiterstatus hatten und haben:

- Der erste von der bbvl erstellte Beteiligungsbericht der Stadt Leipzig wurde im Jahr 1994 veröffentlicht – er war einer der ersten Beteiligungsberichte in Deutschland überhaupt, zehn Jahre bevor er im Freistaat Sachsen verpflichtend wurde. Der Inhalt des Leipziger Beteiligungsberichts war damals Vorbild für viele andere Beteiligungsberichte. Auch heute bietet der Leipziger Beteiligungsbericht ein höheres Maß an Transparenz als von der Sächsischen Gemeindeordnung gefordert.
- 1994 begann die bbvl mit der Mandatsbetreuung für alle von der Stadt bestimmten Mitglieder in Aufsichtsräten und Überwachungsorganen, also auch für Stadträtinnen und Stadträte. Dies war damals in Deutschland die absolute Ausnahme.
- Im Jahr 1995 hat die bbvl das erste Konzept für ein städtisches Beteiligungscontrolling entwickelt. Es wurde anschließend in Leipzig durch eine Vereinheitlichung des Planungs- und Berichtswesens der städtischen Beteiligungsunternehmen und den Aufbau einer unterjährigen Berichterstattung der bbvl umgesetzt. Unsere Managementreporte[15], mit denen die städtischen Entscheider in Verwaltung und Politik über Lage und Risiken der einzelnen Beteiligungsunternehmen unter anderem mittels einer Ampelsetzung informiert werden, waren Vorbild für vergleichbare Berichte in anderen Städten.

---

[14] Siehe auch Abschn. 7.3.4 Branchenteams und fachliche Ansprechpartner.
[15] Siehe auch Abschn. 7.2.2.3 Managementreport.

- Da am Markt keine entsprechende Softwarelösung vorhanden war, begann die bbvl ab 1995/96, eigene IT-Anwendungen für die Stammdatenverwaltung und das Beteiligungscontrolling kommunaler Unternehmen zu entwickeln. Die IT-Lösungen der bbvl wurden in den folgenden Jahren kontinuierlich weiterentwickelt und sind neben Leipzig erfolgreich in anderen Bundesländern und Großstädten im Einsatz.[16]
- 1996 entwickelte die bbvl erstmals ein umfassendes Konzept zur Einbeziehung der Beteiligungsunternehmen in die Haushaltskonsolidierung der Stadt Leipzig.
- Im Jahr 1997 wurde die städtische Querverbundsholding LVV Leipziger Versorgungs- und Verkehrsgesellschaft errichtet. Die Initiative dazu ging von der bbvl aus und sie konzipierte die Gründung im Rahmen eines Projektauftrags.
- 1998 wurde ein von der bbvl entwickelter Verkehrsleistungsfinanzierungsvertrag zwischen der Stadt Leipzig und den Leipziger Verkehrsbetrieben abgeschlossen. Dieser Vertrag fand bundesweit große Beachtung, nicht zuletzt dank verschiedener Bonus- und Malusregelungen, mit denen der Ausbau des ÖPNV bei gleichzeitiger Kosteneffizienz optimiert werden konnte (Otto et al. 2002, S. 159 f., 252 ff.).
- Mit der Städtischen Klinik Leipzig Südost wurde 1998 das erste Krankenhaus in Deutschland materiell privatisiert – mit der bbvl als alleiniger Transaktionsberaterin. Als sich die Stadt Leipzig entschied, eines ihrer damals drei städtischen Krankenhäuser aufgrund hoher Defizite und eines hohen Instandhaltungsstaus zu veräußern, war dies absolut Neuland. Mit der Transaktion, die auch finanziell sehr erfolgreich war, wurden alle Ziele der Stadt umgesetzt (Tegtmeier 1999).
- 1999 erfolgte der erste „Quantensprung" der IT-Lösungen der bbvl: Seitdem wird für das Beteiligungscontrolling eine operationale Datenbank genutzt.
- Im gleichen Jahr wurde die Leipziger Strombörse LPX (heute EEX) gegründet. Die Idee dazu und die Umsetzung lieferte die bbvl.
- Im Jahr 2000 wurde der Sachsen-Finanzverband (heute Sachsen-Finanzgruppe) errichtet; auch dies ging auf Überlegungen der bbvl zurück.
- 2003 erschien das von der bbvl erarbeitete Handbuch *Beteiligungsmanagement in Kommunen*, das sich schnell zu einem Standardwerk für die öffentliche Beteiligungssteuerung entwickelte (Otto et al. 2002).
- Im gleichen Jahr begann die bbvl, die Steuerung der Geschäftsführerinnen und Geschäftsführer der Leipziger Beteiligungsunternehmen zu optimieren. Seitdem kam es in allen unmittelbaren Mehrheitsgesellschaften zur Anpassung der Altersversorgungsregelungen (finanziell begrenzte Altersversorgungszusagen statt Pensionszusagen auf eine bestimmte Besoldung der Besoldungsgruppe B), zur Einführung und Weiterentwicklung eines Zielvereinbarungsmechanismus und generell zur stärkeren Anbindung der Geschäftsführungen an den Gesellschafterwillen.

---

[16] Siehe auch Abschn. 7.6 IT-gestützte Beteiligungssteuerung – Anforderungen an Hard- und Software-Lösungen.

- Im Jahr 2004 verabschiedete die Leipziger Ratsversammlung ein Konzept zur einheitlichen Steuerung der Eigenbetriebe, das von der bbvl entwickelt wurde.
- 2005 erarbeitete die bbvl Leitlinien zur Auswahl, Bestellung und Anstellung von Mitgliedern der Geschäftsführung städtischer Unternehmen in Leipzig.
- Im gleichen Jahr erfolgte der zweite Entwicklungsschub bei den IT-Lösungen der bbvl: Die Stammdatenverwaltung wurde Web-fähig.
- 2006 erstellte die bbvl die erste „Portfolioanalyse": eine Untersuchung des Beteiligungsportfolios der Stadt Leipzig mit dem Ziel der Darstellung der kommunalen Pflichtigkeit und der Beiträge der Beteiligungsunternehmen zu den strategischen Zielen Leipzigs. Parallel untersuchte die bbvl Privatisierungsmöglichkeiten für die fünf wichtigsten Beteiligungen der Stadt Leipzig.
- Ebenfalls im Jahr 2006 entwickelte die bbvl den ersten Entwurf eines kommunalen Corporate Governance Kodexes für die Stadt Leipzig.
- Seit 2006 organisiert die bbvl regelmäßig Treffen der Geschäftsführerinnen und Geschäftsführer der Leipziger Beteiligungsunternehmen und bietet damit eine Plattform für Kennenlernen, Austausch und Vernetzung.
- Im Jahr 2007 entwickelte die bbvl eine Methodik zur Erstellung von Eigentümerzielen, auf deren Basis die Stadt Leipzig strategische Zielvorgaben für die einzelnen Beteiligungsunternehmen in einer einheitlichen Struktur festlegen kann. Seitdem hat der Leipziger Stadtrat für etliche Unternehmen Eigentümerziele beschlossen.
- 2008/09 unterstützte die bbvl die Stadt Mannheim beim Aufbau eines strategischen Beteiligungsmanagements, bei der Optimierung des Beteiligungscontrollings und der Entwicklung des Mannheimer Corporate Governance Kodexes.
- 2009 erstellte die bbvl ihre zweite „Portfolioanalyse": Ziel war dieses Mal die Darstellung von Privatisierungspotenzial innerhalb des Leipziger Beteiligungsportfolios.
- Für das Geschäftsjahr 2011 wurde erstmals eine mehrjährige Zielvereinbarung mit einem Geschäftsführer in Leipzig unterzeichnet. Mittlerweile bestehen etliche mehrjährige Zielvereinbarungen.
- Im Jahr 2011 begann die bbvl mit der Organisation und Durchführung von „Werkstattgesprächen", zu denen Beteiligungsmanager anderer Städte eingeladen wurden. Die bbvl stellte dort thematischen Input etwa zu Erfolgsfaktoren des Beteiligungsmanagements oder zu Zielvereinbarungen mit den Mitgliedern der Geschäftsführung zur Verfügung und bot den Teilnehmenden inhaltlichen Austausch an.
- Ebenfalls 2011 erfolgte eine umfassende Beihilfenprüfung im Beteiligungsportfolio der Stadt Leipzig durch die bbvl.
- 2013 entwickelte die bbvl die Idee für eine deutschlandweite kommunale Vergütungsstudie, mit der ein Überblick über die Gehaltsstruktur der Mitglieder der Geschäftsführungen öffentlicher Unternehmen hergestellt werden soll, um die Angemessenheit von Geschäftsführervergütungen einschätzen zu können (horizontaler Vergütungsvergleich). Auf dieser Grundlage ist mittlerweile mehrmals eine kommunale Vergütungsstudie erschienen.

- Im Jahr 2014 hat der „elektronische Gremiendienst" der bbvl seinen Dienst aufgenommen. Über dieses Web-Portal werden die Leistungen der bbvl – etwa zur Mandatsbetreuung und die Managementreporte – allen Adressaten schnell und problemlos elektronisch zur Verfügung gestellt.
- Seit 2015 wird allen von der Stadt Leipzig entsandten Aufsichtsratsmitgliedern mit Mandatsantritt ein Aufsichtsratshandbuch der bbvl übergeben. Darin sind unter anderem Fragen der Rechte und Pflichten, der Arbeit im Aufsichtsrat oder der Haftung im Fall von Pflichtverletzungen dargestellt.[17]
- Im Jahr 2016 beschloss die Stadt Leipzig eine Vereinheitlichung der Aufsichtsratsvergütungen und -entschädigungen, die von der bbvl entwickelt wurde.
- Im Jahr 2017 wurde – erstmals in einer deutschen Kommune – ein vertikaler Vergütungsvergleich durchgeführt, der alle wichtigen Beteiligungsunternehmen der Stadt Leipzig umfasst (Tegtmeier 2017). Damit wurde die Grundlage geschaffen, die Angemessenheit der Geschäftsführervergütung künftig auch im Vergleich mit dem Lohn- und Gehaltsgefüge in den betreffenden Unternehmen zu überprüfen und so eine ergänzende Haftungsabsicherung des für die Anstellung zuständigen Unternehmensorgans zu schaffen.
- Seit 2017 beteiligt sich die bbvl im Rahmen des Arbeitskreises Beteiligungsmanagement des Deutschen Städtetages am Aufbau von Unternehmensvergleichen (Benchmarkings) für verschiedene Branchen kommunaler Unternehmen.
- Im Jahr 2021 wurde eine Datenbank freigeschaltet, die von der bbvl zur Umsetzung der oben genannten Unternehmensvergleiche entwickelt worden ist.

7.5   Die bbvl als kommunale Beratungsgesellschaft

Die bbvl ist spezialisiert auf die Steuerungsunterstützung und das Management öffentlicher Beteiligungsunternehmen. Wir sind mit den gesetzlichen, ökonomischen und politischen Bedingungen, unter denen kommunale Gebietskörperschaften und ihre Unternehmen arbeiten, bestens vertraut. Wir kennen die Strukturen, Abläufe und Zwänge sowohl in der Verwaltung als auch in den Unternehmen. Gleichzeitig wissen wir um Rahmenbedingungen, Wettbewerbsstruktur und aktuelle Markttrends in allen Branchen, in denen öffentliche Unternehmen tätig sind. Bei der Suche nach Lösungen im kommunalwirtschaftlichen Alltag kann so neben dem ganzheitlichen Blick eines Generalisten der geschärfte Blick des Branchenkenners eingesetzt werden.

Aus unserer Doppelfunktion – einerseits Beteiligungsmanager, andererseits Beratungsunternehmen – ergeben sich Synergien, von denen sowohl das Beteiligungsmanagement der Stadt Leipzig als auch die weiteren Kunden der bbvl profitieren. Denn

---

[17] Die Gliederung des bbvl-Handbuchs wird in Abschn. 4.4.4.1 Handreichung für Aufsichtsratsmitglieder dargestellt.

unser vielfältiges Wissen können wir gewinnbringend in beiden Geschäftsfeldern ein- und umsetzen. Daher wird die bbvl von ihren Kunden auch als Denkfabrik und Impulsgeber geschätzt.

Als modernes kommunales Beratungsunternehmen erbringen wir vielfältige Beratungsleistungen. Speziell setzen wir folgende Schwerpunkte:

- **Kommunales Beteiligungsmanagement:**
  Wir unterstützen Städte und Landkreise bei der steuerungsorientierten und an die Verhältnisse vor Ort angepassten Optimierung ihres Beteiligungsmanagements. Wir verfügen über weitreichende Erfahrungen in der Konzeption von Beteiligungsrichtlinien und kommunalen Corporate Governance Kodizes und veranstalten regelmäßig Schulungen für Mandatsträger und Aufsichtsratsmitglieder.
- **IT-System der bbvl:**
  Die Auswahl eines IT-Systems für das Beteiligungsmanagement erfordert neben strategischer Weitsicht auch operatives Fachwissen. Bereits 1996 haben wir unsere erste, selbstentwickelte Datenbank zur Stammdatenverwaltung eingeführt. Unser IT-System, das von uns im Rahmen unseres eigenen Beteiligungsmanagements für die Stadt Leipzig tagtäglich aktiv genutzt wird, wurde und wird von uns permanent weiterentwickelt – auch in enger Zusammenarbeit mit unseren Kunden in Kämmereien, Finanzdezernaten und -ministerien. Heute können wir Bundesländern, Städten und Landkreisen ein leistungsfähiges und praxisbewährtes IT-Tool zum Beteiligungsmanagement anbieten, das speziell auf die Bedürfnisse der öffentlichen Hand zugeschnitten und seit Jahren mit großem Erfolg bundesweit im Einsatz ist.
- **Verwaltungsmodernisierung:**
  Um die Leistungen der öffentlichen Verwaltung zu optimieren, gerade auch angesichts der Herausforderungen des zukünftigen Fachkräftemangels, werden adressatengerechte Prozesse und eine effiziente Steuerung immer wichtiger. Als kommunales Beratungsunternehmen haben wir uns auf die Weiterentwicklung verwaltungsinterner Prozesse spezialisiert. Wir bieten über die klassische Organisationsberatung hinaus Leistungen zu Fragen der Haushaltsoptimierung, -konsolidierung und -sicherung an. Zudem haben wir ein seinerzeit bundesweit einmaliges, auf der Doppik basierendes Produktcontrolling-System entwickelt – Hauptziele sind die amtsspezifische Ermittlung steuerungsrelevanter Produkte und die Etablierung eines adressatengerechten Berichtswesens, welches eine einfache, aber wirkungsvolle Steuerung ermöglicht (Bonew und Kubach 2014).[18] Bei der Ermittlung des Personalbedarfes in Verwaltungen wenden wir aufgrund der sich ändernden Rahmenbedingungen und Ansprüche Strategien an, die über die etablierten Standardinstrumente hinausgehen und auf einen Methodenmix setzen (Hübner et al. 2016).

---

[18]Zu Herausforderungen bei der Einführung eines zielorientierten Controllings in Verwaltungen zudem Hübner und Kubach (2016).

- **Kaufmännische Unterstützungsleistungen:**
  Aufgrund der einerseits umfangreichen Kenntnisse und Expertise vieler Mitarbeiter/-innen der bbvl in kaufmännischen bzw. betriebswirtschaftlichen Fragen und andererseits wegen der guten Einblicke über die Beteiligungsunternehmen als solche können wir vielfältige kaufmännische Unterstützungsleistungen anbieten. So unterstützt die bbvl die Beteiligungsunternehmen bzw. deren Mitarbeiter/-innen auch bei operativen kaufmännischen Tätigkeiten. Die Leistungen erstrecken sich beispielsweise auf buchhalterische Arbeiten durch eine Bilanzbuchhalterin, angefangen vom täglichen Buchen bis hin zur Unterstützung bei der Aufstellung eines Jahresabschlusses, oder auf die Begleitung diverser kaufmännischer Angelegenheiten und Prozesse wie die Erstellung von Planungen und unternehmensinterne Controllingaufgaben. Die Anlässe sind verschiedenster Art; häufig besteht der Bedarf wegen akuter oder planbarer personeller Engpässe im jeweiligen Unternehmen.

- **Leihmanagement:**
  Mitarbeiter/-innen der bbvl stehen zudem im Rahmen eines Leihmanagements zur Verfügung, um im operativen Geschäft zu unterstützen bzw. konkrete vakante Positionen – oftmals gehobene bzw. Führungspositionen – für einen bestimmten Zeitraum, etwa bis zur Wiederbesetzung, auszufüllen. Dabei erfolgt in der Regel die Übernahme der fachlichen und finanziellen Verantwortung der jeweiligen Position. Um dies sicherstellen zu können, besitzt die bbvl eine Erlaubnis zur gewerbsmäßigen Überlassung von Arbeitnehmern gemäß § 1 Abs. 1 des Gesetzes zur Regelung der gewerbsmäßigen Arbeitnehmerüberlassung (Arbeitnehmerüberlassungsgesetz).

- **Interne Revision:**
  Die bbvl verfügt über tief greifende Kenntnisse und Erfahrungen im Bereich der Internen Revision. Wir erbringen unabhängige und objektive Prüfungs- und Beratungsleistungen, die darauf ausgerichtet sind, Mehrwerte zu schaffen und Geschäftsprozesse zu optimieren. Hierzu gehören der Aufbau von effektiven und effizienten Revisionsstrukturen, die Prüfung vorhandener Revisionsmechanismen und die Durchführung vollständiger Revisionsprüfungen. Die bbvl orientiert sich dabei an den internationalen Revisionsstandards, am systematisch-risikoorientierten Prüfungsansatz und an diesem zugrunde liegenden COSO-Rahmenmodellen[19]. Besonderes Augenmerk liegt auf der Wirksamkeit des internen Kontrollsystems sowie der Ordnungsmäßigkeit und Wirtschaftlichkeit betrieblicher Prozesse. Wir unterstützen die Unternehmen beim Erreichen ihrer Ziele, indem wir Kontrollen sowie Führungs- und Überwachungsprozesse bewerten und sie verbessern helfen.

- **Organisations- und Personalberatung:**
  Sich wandelnde Markt- und Wettbewerbsbedingungen, geänderte Leistungsanforderungen oder Ressourcenengpässe wirken sich unmittelbar auf die Organisation kommunaler Unternehmen aus. Prozesse und Strukturen anzupassen ist oft mit

---

[19] COSO steht für „Committee of Sponsoring Organizations of the Treadway Commission".

inneren und äußeren Widerständen der Betroffenen verbunden. Als externer Berater begleiten wir Organisationsentwicklungsprozesse mit der nötigen Distanz zum Unternehmen und binden die betroffenen Mitarbeiter/-innen aktiv ein. Unser Leistungsspektrum reicht von Organisationsanalysen und -optimierungen über Prozessberatungen bis hin zur Personalgewinnung und -entwicklung sowie der Durchführung und Begleitung von Tarifverhandlungen.

- **Strategie- und Transaktionsberatung:**
  Als kommunales Unternehmen und Beteiligungsmanager der Stadt Leipzig haben wir die strategischen Herausforderungen der kommunalen Gebietskörperschaften und ihrer Beteiligungen fest im Blick. Wir unterstützen unsere Kunden dabei, politisch vermittelbare strategische Lösungen zu erarbeiten, umzusetzen und in ihrer Wirkung zu kontrollieren. Darunter fallen beispielsweise Strategieentwicklung, Wirtschaftlichkeitsuntersuchung, Unternehmensbewertung und Transaktionsberatung. Wir verstehen uns dabei immer als Berater der kommunalen Seite – daher sind wir explizit „parteiisch" und würden beispielsweise bei der Privatisierung eines öffentlichen Unternehmens niemals die Käuferseite vertreten.

7.6   IT-gestützte Beteiligungssteuerung – Anforderungen an Hard- und Software-Lösungen

Um Beteiligungssteuerung optimal erbringen zu können, ist die Unterstützung durch IT-Lösungen unumgänglich. Die Anforderungen an eine IT-gestützte Beteiligungssteuerung ergeben sich vor allem aus der Größe des Beteiligungsportfolios und dem konkreten Aufgabenspektrum des Beteiligungsmanagements.[20]

Beim Management großer Beteiligungsportfolien, wie es vor allem in Großstädten wie Leipzig und Ministerien anzutreffen ist, bedarf es einer IT-Lösung, welche vollumfänglicheren Anforderungen entspricht. Denn diese Portfolios bestehen aus mehr als zwanzig Unternehmen unterschiedlicher Rechtsformen und Beteiligungsebenen. Zudem besteht hier der Anspruch insbesondere eine proaktive Steuerung. Die Administration der notwendigen Daten und Dokumente macht die Nutzung eines umfassenden IT-Systems notwendig, das die speziellen Aufgaben sowohl der Beteiligungsverwaltung als auch des Beteiligungscontrollings im öffentlichen Sektor vollständig abbildet.

Die von der bbvl verwendete IT-Lösung deckt im Wesentlichen folgendes Leistungsspektrum ab, um allen Ansprüchen an die praktische Unterstützung des Beteiligungsmanagements bei dessen unterschiedlichen Aufgaben und Instrumenten zu erfüllen:

---

[20]Zur Frage des bestehenden Bedarfs und des Umgangs damit Uhlemann (2013).

- **Beteiligungsverwaltung:**
  Für jedes Unternehmen werde alle relevanten Stammdaten, wie Adressen oder Funktions- und Mandatsträger, aktuell, systematisch und vollständig erfasst und ausgewertet. Zudem können unterschiedlichste Dokumente hinterlegt werden. Zudem besitzt die IT-Lösung eine Historienfunktion und bietet auch die Möglichkeit, zu bestimmten Terminen und Dokumenten Erinnerungsfunktionen oder Wiedervorlagen zu aktivieren. Weiterhin erleichtert die Erstellung von Serienbriefen oder Serienmails aus einer Adressverwaltung heraus die Arbeit.
- **Automatisiertes Erstellen des Beteiligungsberichts:**
  Der Beteiligungsbericht einer Kommune erfüllt eine wichtige dokumentarische Funktion. Die von der bbvl genutzte IT-Lösung ermöglicht eine weitestgehend automatisierte Erstellung des Beteiligungsberichtes der Stadt Leipzig.
- **Beteiligungscontrolling:**
  Controlling-Daten aus Wirtschaftsplan, unterjährigem Berichtswesen, Jahresabschluss und sonstigen Quellen können erfasst und vorgehalten werden können. Zudem existieren Funktionen wie automatische Plausibilitätsprüfungen, vordefinierte Kennzahlen oder die Verbindung von Finanz, Leistungs und bei Bedarf auch Benchmark-Daten. Bewertungen des Datenbestands können vorgenommen werden.
- **Geschäftsführerangelegenheiten:**
  Die IT-Lösung gewährleistet die lückenlose Administration der Geschäftsführerverträge. Vergütungen, Fristen und sonstige Einzelheiten könnten zentral verwaltet werden.

Literatur

Beratungsgesellschaft für Beteiligungsverwaltung Leipzig mbH (bbvl) (Hrsg.) 2020. 27. Beteiligungsbericht der Stadt Leipzig, Leipzig: o. A.

Bonew, Torsten, und Michael Kubach. 2014. Optimal steuern statt planlos sparen. *Der Neue Kämmerer* 3 (2014): 4.

Hübner, Annett, und Michael Kubach. 2016. Veränderungen im Denken sind nötig. *Kulturmanagement* 115 (2016): 29–32.

Hübner, Annett, Michael Kubach, und Michael Tirpitz. 2016. Methodenmix sichert die Ermittlung des Personalbedarfs. *Innovative Verwaltung* 6: 22–24.

Otto, Raimund et al., bbvl. 2002. Beteiligungsmanagement in Kommunen, Stuttgart: Deutscher Sparkassenverlag.

Tegtmeier, André. 1999. Privatisierung der Städtischen Klinik Leipzig Südost. Ausweg Aus Einem Finanziellen Dilemma. *Das Krankenhaus* 5 (1999): 303–307.

Tegtmeier, André. 2017. Vertikaler Vergütungsvergleich für Leipzig. In 5. Speyerer Tagung zu Public Corporate Governance Kodex, Speyerer Arbeitsheft Nr. 228, ed. Michèle Morner, Ulf Papenfuß, 183 f.

Uhlemann, Robert. 2013. Beteiligungsverwaltung aus der Steckdose. *Vitako* 3 (1013): 26.

Anlagen

8

8.1 Übersicht Kommunalrecht

In der folgenden Tabelle werden die wesentlichen Regelungsgegenstände der Kommunalverfassungen der folgenden Flächenländer dargestellt (Tab. 8.1 und 8.2):

- Land Baden-Württemberg
- Freistaat Bayern
- Land Brandenburg
- Land Hessen
- Land Mecklenburg-Vorpommern
- Land Niedersachsen
- Land Nordrhein-Westfalen
- Land Rheinland-Pfalz
- Saarland
- Freistaat Sachsen
- Land Sachsen-Anhalt
- Land Schleswig–Holstein
- Freistaat Thüringen

Elektronisches Zusatzmaterial Die elektronische Version dieses Kapitels enthält Zusatzmaterial, das berechtigten Benutzern zur Verfügung steht. https://doi.org/10.1007/978-3-658-34243-2_8

A. Tegtmeier, *Praxisleitfaden Kommunales Beteiligungsmanagement,*
https://doi.org/10.1007/978-3-658-34243-2_8

347

Tab. 8.1 Vorblatt

Gemeindeordnungen der einzelnen Bundesländer (ohne Berlin, Bremen und Hamburg)	Link	Abkürzung
Baden-Württemberg	Gemeindeordnung für Baden-Württemberg	GemO B-W
Bayern	Gemeindeordnung für den Freistaat Bayern	BayGO
Brandenburg	Kommunalverfassung des Landes Brandenburg	BbgKVerf
Hessen	Hessische Gemeindeordnung	HGO
Mecklenburg-Vorpommern	Kommunalverfassung für das Land Mecklenburg-Vorpommern	KV M-V
Niedersachsen	Niedersächsisches Kommunalverfassungsgesetz	NKomVG
Nordrhein-Westfalen	Gemeindeordnung für das Land Nordrhein-Westfalen	GO NRW
Rheinland-Pfalz	Gemeindeordnung	GO R-P
Saarland	Kommunalselbstverwaltungsgesetz	KSVG
Sachsen	Gemeindeordnung für den Freistaat Sachsen	SächsGemO
Sachsen-Anhalt	Kommunalverfassungsgesetz des Landes Sachsen-Anhalt	KVG LSA
Schleswig-Holstein	Gemeindeordnung für Schleswig-Holstein	GO S-H
Thüringen	Thüringer Gemeinde- und Landkreisordnung	ThürKO

Notizen

welche GemO spricht von „wesentliche Erweiterung", welche von „wesentlicher Veränderung"

BaWü, Bay,

weitere landesrechtliche Vorgaben für unterschiedliche Branchen möglich (Sparkassen, Abfall, Abwasser, KKH)

Tab. 8.2 Erfassung GemO Regelung (diese Tabelle ist auch zu finden auf der Produktseite unter www.springer.com)

Bundesland	Baden-Württemberg	Bayern	Brandenburg	Hessen	Mecklenburg-Vorpommern	Niedersachsen	Nordrhein-Westfalen
Kommunalverfassung	GemO BW	BayGO	BbgKVerf	HGO	KV M-V	NKomVG	GO NRW
letzte berücksichtigte Änderung	02-12-2020	14-07-2020	18-12-2020	11-12-2020	23-07-2019	17-02-2021	18-12-2020
Unternehmensgründung Betätigung/Unternehmen							
Unterschied wirtschaftliche und nichtwirtschaftliche Betätigung/Unternehmen	§ 102 Abs. 4	nicht normiert	§ 91 Abs. 1 § 91 Abs. 7	§ 121 Abs. 2 und 3	§ 68 Abs. 1 und 3	§ 136 Abs. 3 und 4	§ 107 Abs. 1 S. 3 und Abs. 2
Unternehmensgründung							
Anforderungen an Errichtung, Übernahme, Unterhaltung, Erwerb, wesentliche Veränderung kommunaler Unternehmen	nicht normiert	nicht normiert	§ 92 Abs. 5 (wesentliche Erweiterung Unternehmensgegenstand)	§ 121 Abs. 6	§ 69 Abs. 1 Nr. 2	§ 136 Abs. 4 S. 4 (nur für bestimmte Unternehmensformen)	§ 107 Abs. 5 § 107a Abs. 4
Besonderheiten: Gutachten Unternehmensgründung, Rechtsformvergleich, Marktanalyse, Chancen und Risiken	nicht normiert	nicht normiert	§ 92 Abs. 3	§ 121 Abs. 6 S. 1	§ 69 Abs. 1 Nr. 2	§ 136 Abs. 4 S. 4 (nur für bestimmte Unternehmensformen)	§ 107 Abs. 5 S. 1 § 107a Abs. 4 S. 1
Besonderheiten: Anhörung Kammern und Verbände bei Unternehmensgründungen	§ 102 Abs. 2 Hs. 2 (Gründung außerhalb Daseinsvorsorge)	nicht normiert	§ 92 Abs. 3 S. 3	§ 121 Abs. 6 S. 2, 3	§ 68 Abs. 7	nicht normiert	§ 107 Abs. 5 S. 2 § 107a Abs. 4 S. 2
Beschlussfassung politischer Vertretungskörperschaft bei Gründung von Beteiligungsunternehmen und Veränderungen auf Ebenen der Beteiligungsunternehmen	§ 102 Abs. 2 Hs. 1 (Gründung außerhalb Daseinsvorsorge)	Art. 32 Abs. 2 S. 2 Nr. 7 und 8	§ 92 Abs. 1 § 96 Abs. 1 Nr. 8	§ 51 Nr. 11 und 12 ungenau: § 127a Abs. 1, 2	§ 22 Abs. 3 Nr. 10 ungenau: § 68 Abs. 7 S. 1	§ 58 Abs. 1 Nr. 11 bis 13	§ 41 Abs. 1 lit. l-n § 108 Abs. 6 S. 1 lit. b
Anzeige- und Genehmigungspflichten gegenüber der Rechtsaufsicht	§ 108 (Vorlage)	Art. 96 (Vorlage)	§ 100 Abs. 1 und 2 (Vorlage und Genehmigung)	§ 127a	§ 56 Abs. 6 Nr. 2 § 77	§ 152 (Vorlage und Genehmigung)	§ 115 (Anzeige)
Schrankentrias							
öffentlicher Zweck	§ 102 Abs. 1 Nr. 1	Art. 87 Abs. 1 S. 1 Nr. 1	§ 91 Abs. 2 Nr. 1	§ 121 Abs. 1 S. 1 Nr. 1	§ 68 Abs. 2 S. 1 Nr. 1 § 75 Abs. 1 S. 1	§ 136 Abs. 1 S. 2 Nr. 1	§ 107 Abs. 1 S. 1 Nr. 1
Breitbandversorgung als öffentlicher Zweck	keine Regelungen	keine Regelungen	§ 2 Abs. 2 S. 1	§ 121 Abs. 2 S. 1 Nr. 2 (keine wirtschaftliche Betätigung)	keine Regelungen	§ 136 Abs. 1 S. 3	§ 107 Abs. 1 (Telekommunikationsnetz)
öffentlicher Zweck und Ertrag für den Haushalt	§ 102 Abs. 3 Hs. 1	Art. 87 Abs. 1 S. 2	§ 92 Abs. 4	§ 121 Abs. 8	§ 68 Abs. 2 S. 2 § 75 Abs. 1 S. 2	§ 149 Abs. 1	§ 109 Abs. 1
Ertrag der Beteiligungsunternehmen für Haushalt der Gemeinde	§ 102 Abs. 3 Hs. 2	nicht normiert	nicht normiert	§ 121 Abs. 8 S. 1 (soweit öffentlicher Zweck erfüllt)	§ 75 Abs. 1 S. 2	§ 149 Abs. 1 (soweit öffentlicher Zweck erfüllt)	§ 109 Abs. 1 S. 2
Bezug zur Leistungsfähigkeit der kommunalen Gebietskörperschaft	§ 102 Abs. 1 Nr. 2	Art. 87 Abs. 1 Nr. 2	§ 91 Abs. 2 Nr. 2	§ 121 Abs. 1 S. 1 Nr. 2	§ 68 Abs. 2 S. 1 Nr. 2 § 69 Abs. 1 Nr. 6	§ 136 Abs. 1 S. 2 Nr. 2	§ 107 Abs. 1 S. 1 Nr. 2 (Leistungsfähigkeit)
Subsidiarität gegenüber den Wirtschaftsaktivitäten Dritter	§ 102 Abs. 1 Nr. 3 (echte Subsidiaritätsklausel außerhalb Daseinsvorsorge)	Art. 87 Abs. 1 S. 1 Nr. 4 (echte Subsidiaritätsklausel außerhalb Daseinsvorsorge)	§ 91 Abs. 3 (einfache Subsidiaritätsklausel, sofern nicht öffentliches Interesse überwiegt)	§ 121 Abs. 1 S. 1 Nr. 3 (echte Subsidiaritätsklausel)	§ 68 Abs. 2 S. 1 Nr. 3 (einfache Subsidiaritätsklausel)	§ 136 Abs. 1 S. 2 Nr. 3 und 3 bis 8 (echte Subsidiaritätsklausel außerhalb bestimmter Branchen)	§ 107 Abs. 1 S. 1 Nr. 3 (einfache Subsidiaritätsklausel außerhalb bestimmter Branchen)

(Fortsetzung)

Tab. 8.2 (Fortsetzung)

besondere Vorgaben für kommunale Unternehmen							
überörtliche Betätigung bzw. Örtlichkeitsgrundsatz	§ 102 Abs. 7	Art. 87 Abs. 2 und 3 (Zulässigkeitsvoraussetzungen)	§ 91 Abs. 4 (Zulässigkeitsvoraussetzungen)	§ 121 Abs. 1a sowie Abs. 5	§ 68 Abs. 2 S. 3	§ 136 Abs. 1 S. 5 bis 8	§ 107 Abs. 3 und 4 (Zulässigkeitsvoraussetzungen); § 107a Abs. 3
Bankwesen und Sparkassen	§ 102 Abs. 5	Art. 87 Abs. 4	§ 92 Abs. 6	§ 121 Abs. 9 sowie § 122 Abs. 6	§ 68 Abs. 5	§ 136 Abs. 6	§ 107 Abs. 6 und 7; § 108 Abs. 7
Unternehmen bestimmter Branchen (Wohnen, Energie etc.)	§ 107 (Energie- und Wasserverträge)	Art. 87 Abs. 2 S. 2 (Energie); Art. 94 Abs. 4 (Wasserversorgung)	§ 91 Abs. 4 Nr. 1 (Energie)	§ 121 Abs. 1a (Energie)	§ 68 Abs. 2 S. 3 (Energie); § 76 (Energieverträge)	§ 136 Abs. 1 S. 3 bis 8 (Energie- und Wasserversorgung, ÖPNV, Telekommunikation); § 148 Abs. 2 (Energie)	§ 107 Abs. 1 S. 1 Nr. 3 und S. 2 (Wasserversorgung, ÖPNV, Telekommunikation); § 107a (Energie); § 108 Abs. 1 S. 1 Nr. 10 (Telekommunikation)
Verbot Monopolmißbrauch	§ 102 Abs. 6	nicht normiert	§ 99	§ 127b	§ 68 Abs. 6	nicht normiert	§ 110
Vorschriften zu einzelnen Rechtsformen							
Regelungen zum Eigenbetrieb	nur spezifische Erwähnung in einigen §§ der GemO; gesondertes Eigenbetriebsgesetz (EigBG) Baden-Württemberg	Art. 88 sowie Eigenbetriebsverordnung (EBV) Bayern	§ 93 sowie Eigenbetriebsverordnung (EigV) Brandenburg	§ 127 sowie Eigenbetriebsgesetz (EigBGes) Hessen	gesondertes Eigenbetriebsverordnung (EigVO M-V) Mecklenburg-Vorpommern	§ 140 sowie Eigenbetriebsverordnung (EigBetrVO) Niedersachsen	§ 114 sowie Eigenbetriebsverordnung (EigBetrVO) für das Land Nordrhein-Westfalen (EigVO NRW)
Anstalt des öffentlichen Rechts (Kommunalunternehmen)	§§ 102a bis 102d	Art. 89 bis 91 sowie Verordnung über Kommunalunternehmen	§ 94 und § 95	§ 126a	§ 70, 70a und 70b	§§ 141 - 147	§ 114 a sowie Kommunalunternehmensverordnung (KUV) Nordrhein-Westfalen
Nachrang der Aktiengesellschaft	§ 103 Abs. 2	nicht normiert	§ 96 Abs. 4	§ 122 Abs. 3 und § 122 Abs. 5	§ 68 Abs. 4 S. 2 (Verbot)	nicht normiert	§ 108 Abs. 4
Subsidiarität von Privatrechtsformen gegenüber öffentlich-rechtlichen Formen	nicht normiert	nicht normiert	nicht normiert	nicht normiert	§ 69 Abs. 1 Nr. 2	§ 136 Abs. 4 S. 4	nicht normiert
Vorgaben für privatrechtliche Unternehmen							
angemessener Einfluss der Gebietskörperschaft	§ 103 Abs. 1 Nr. 3; § 104	Art. 92 Abs. 1 S. 1 Nr. 2; Art. 93	§ 96 Abs. 1 Nr. 2; § 97	§ 122 Abs. 1 S. 1 Nr. 3; § 122 Abs. 5; § 125	§ 69 Abs. 1 Nr. 4; § 71	§ 137 Abs. 1 Nr. 6; § 138	§ 113
Haftungsbegrenzung	§ 103 Abs. 1 Nr. 4	Art. 92 Abs. 1 S. 1 Nr. 3	§ 96 Abs. 1 Nr. 3	§ 122 Abs. 1 S. 1 Nr. 2 und § 122 Abs. 5	§ 69 Abs. 1 Nr. 5	§ 137 Abs. 1 Nr. 2 bis 4	§ 108 Abs. 1 S. 1 Nr. 3 bis 5; § 108 Abs. 6 S. 1 lit. a

(Fortsetzung)

Tab. 8.2 (Fortsetzung)

Ausgestaltung von							
Gesellschaftsvertrag/Satzung privatrechtlicher							
grundsätzliche Vorgaben zu Inhalten der Hinwirkungspflicht	§ 103 Abs. 1 Nr. 2 und 5 / § 103a (GmbH)	Art. 92 Abs. 1 / Art. 94	§ 96 Abs. 1	§ 123 Abs. 2 (Hinwirkung zu §§ 53, 54 HGrG bei Minderheitsbeteiligung und mittelbarer Beteiligung)	§ 69 Abs. 1 Nr. 3, 4 / § 71 Abs. 2 S. 2 / § 73 Abs. 1	§ 137 Abs. 1 / § 138 Abs. 3 S. 1	§ 108 Abs. 1 S. 1 Nr. 6 bis 10 / § 108 Abs. 6 S. 1 lit. b / § 113 Abs. 3
Wirtschafts- und Finanzplanung: Aufstellung	§ 103 Abs. 1 Nr. 5 lit. a	Art. 94 Abs. 1 S. 1 Nr. 1	§ 96 Abs. 4 S. 1 Nr. 6	§ 122 Abs. 4 Nr. 1	§ 73 Abs. 1 S. 1 Nr. 1	nicht normiert	§ 108 Abs. 3 S. 1 Nr. 1 lit. a und b
Jahresabschluss: Aufstellung gemäß Vorschriften HGB für große Kapitalgesellschaften	§ 103 Abs. 1 Nr. 5 lit. b Hs. 1	Art. 91 Abs. 1 / Art. 94 Abs. 1 S. 1 Nr. 2	§ 96 Abs. 1 Nr. 4 (nur Aufstellung gemäß HGB)	§ 122 Abs. 1 S. 1 Nr. 4 i. V. m. § 122 Abs. 5	§ 73 Abs. 1 S. 1 Nr. 2	nicht normiert	§ 108 Abs. 1 S. 1 Nr. 8
Jahresabschluss: Prüfung (§ 53 HGrG)	§ 105 Abs. 1 Nr. 1	Art. 94 Abs. 1 S. 1 Nr. 3	§ 96 Abs. 1 Nr. 5	§ 123 Abs. 1 Nr. 1 / § 123 Abs. 2 (Hinwirkung)	§ 73 Abs. 1 S. 1 Nr. 3 und Abs. 2	§ 158 Abs. 1 und Abs. 3	§ 112 Abs. 1 Nr. 1 und Abs. 2
Jahresabschluss: Feststellung	§ 103 Nr. 4	nicht normiert	nicht normiert	nicht normiert	nicht normiert	nicht normiert	§ 108 Abs. 5 Nr. 1 lit. c
Jahresabschluss: Offenlegung	§ 105 Abs. 1 Nr. 2	nicht normiert	nicht normiert	nicht normiert	nicht normiert	nicht normiert	§ 108 Abs. 3 S. 1 Nr. 1 lit. c
Prüfungsrechte örtlicher und überörtlicher Prüfungsinstanzen	§ 103 Abs. 1 Nr. 5 lit. d	Art. 94 Abs. 1 S. 1 Nr. 4	§ 96 Abs. 1 Nr. 5	§ 123 Abs. 1 Nr. 2 / § 123 Abs. 2 (Hinwirkung)	§ 73 Abs. 1 Nr. 4	§ 158 Abs. 1 S. 5, Abs. 2 und Abs. 3	§ 112 Abs. 1 Nr. 2
der Gesellschafterversammlung vorbehaltene Angelegenheiten	§ 103 a	nicht normiert	nicht normiert	nicht normiert	nicht normiert	nicht normiert	§ 108 Abs. 5 Nr. 1
Organe privatwirtschaftlicher Unternehmen							
Gesellschafterversammlung: Weisungsrecht der politischen Vertretungskörperschaft	§ 104 Abs. 1 S. 3	nicht normiert	ungenau: § 97 Abs. 6 S. 2	§ 125 Abs. 1 S. 4	§ 71 Abs. 2 S. 2	§ 138 Abs. 1 S. 2	§ 113 Abs. 1 S. 2
Gesellschafterversammlung: Einholen von Beschlüssen der politischen Vertretungskörperschaft vor Beschlussfassung in **Gesellschafterversammlung**	nicht normiert	nicht normiert	nicht normiert	nicht normiert	nicht normiert	nicht normiert	§ 108 Abs. 6 / § 111 Abs. 2
Aufsichtsrat: Sachkundeerfordernis für Aufsichtsratsmitglieder	nicht normiert	nicht normiert	§ 97 Abs. 4 S. 1 (Soll-Regelung)	nicht normiert	nicht normiert	nicht normiert	nicht vorgesehen
Aufsichtsrat: Weisungsrecht der politischen Vertretungskörperschaft	ungenau: § 104 Abs. 3	Art. 93 Abs. 2 S. 3	ungenau: § 97 Abs. 6 S. 2	§ 125 Abs. 1 S. 4 i. V. m. § 125 Abs. 2 S. 1	§ 71 Abs. 2 S. 2	nicht normiert	§ 108 Abs. 5 Nr. 2 / § 113 Abs. 1 S. 2
Aufsichtsrat: Berichte an die kommunale Gebietskörperschaft, Umsetzung §§ 394, 395 AktG	nicht normiert	Art. 93 Abs. 2 S. 2	§ 97 Abs. 7	§ 125 Abs. 1 S. 5	§ 71 Abs. 4	§ 138 Abs. 4	§ 113 Abs. 5
§§ 394, 395 AktG (explizite Nennung)	nicht vorhanden	nicht vorhanden	nicht vorhanden	nicht vorhanden	nicht vorhanden	nicht vorhanden	nicht vorhanden
Aufsichtsrat: kommunalrechtliche Haftungsfreistellung	§ 104 Abs. 4	Art. 93 Abs. 3	§ 97 Abs. 6	§ 125 Abs. 3	§ 71 Abs. 3	§ 138 Abs. 6	§ 113 Abs. 6

(Fortsetzung)

Tab. 8.2 (Fortsetzung)

Reichweite der Vorgaben der Kommunalverfassung auch auf mittelbare Beteiligungen	§ 105 Abs. 2 S. 1 (BB) § 105a (allgemein)	Art. 94 Abs. 2 S. 2	Art. 96 Abs. 1 Nr. 8	§ 122 Abs. 5	§ 69 Abs. 2 § 73 Abs. 1 S. 2	§ 137 Abs. 2	§ 108 Abs. 2 und 6 § 113 Abs. 1 bis 3 § 115 Abs. 2
Beteiligungsmanagement							
Aufgaben des Beteiligungsmanagements	indirekt § 103 Abs. 3	nicht normiert	§ 97 Abs. 5 § 98	nicht normiert	§ 75a	§ 150	nicht normiert
Beteiligungsbericht	§ 105 Abs. 2 bis 4	Art. 94 Abs. 3	§ 91 Abs. 6 (sowie die darin verwiesenen Regelungen)	§ 123a	§ 73 Abs. 3 und 4	§ 151	§ 117
Qualifizierung kommunaler Mitglieder in Aufsichtsräten	nicht normiert	nicht normiert	§ 97 Abs. 4 S. 2	nicht normiert	nicht normiert	nicht normiert	nicht normiert
weitere interessante Regelungen	§ 103 Abs. 1 Nr. 1 (Aufwandsdeckung durch Umsatzerlöse) § 103 Abs. 3 Satz 1 (**nachhaltige** Erfüllung öffentlicher Zweck) § 105 Abs. 2 Nr. 3 (Organgesamtbezug e in BB) § 106 (Sonderregelung für Veräußerungen)	Art. 94 Abs. 1 S. 1 Nr. 5 iVm Art. 94 Abs. 3 S. 2 (Veröffentlichung Bezüge analog 285 Nr. 9 HGB, auch in BB) Art. 95 Abs. 1 (Grundsatz der **Wirtschaftlichkeit** und Sparsamkeit) Art. 95 Abs. 2 (Aufsaugungsverbot **lokale Wirtschaft** -> **Drittschutzklausel**)	§ 91 Abs. 6 (Nachweis **dauerhafte** Erfüllung der gesetzlichen Anforderungen im BB) § 91 Abs. 7 (Halten von Anteilen ≠ **wirtschaftliche Betätigung**)	§ 121 Abs. 1b (**Drittschutzcharakter** Subsidiarität) § 121 Abs. 7 (regelmäßige Prüfung **der stetigen** Einhaltung öffentlicher Zweck und Subsidiarität) § 123a Abs. 2 S. 2-4 (Veröffentlichung Organgesamtbezuge in Beteiligungsbericht) § 124 (Sonderregelung für	keine zusätzlichen Regelungen	§ 148 zu Umwandlungen + Veräußerung § 158 Abs. 4 (Verzicht auf Jahresabschluss-prüfungen)	§ 108 Abs. 1 S. 1 Nr. 9 sowie Abs. 2 und Abs. 2 (Offenlegungen von Vergütungen sowie weiterführende Regelungen) §§ 108a und 108b (**Arbeitnehmer-mitbestimmung in fakultativen AR**) § 111 (Veräußerungen)
Gültigkeit GemO-Regelungen für LKr	ja § 48 LKrO BW	ja Art. 8 Abs. 1 LKrO Bay	ja § 131 Abs. 1 BbgKVerf	ja § 52 HKO	§ 122 KV M-V	ja gesammte Regelungen gelten nach § 1 für Gemeinden, Samtgemeinden, Landkreise und die Region Hannover	in KrO NRW zahlreiche Verweise GO NRW

(Fortsetzung)

Tab. 8.2 (Fortsetzung)

Bundesland	Rheinland-Pfalz	Saarland	Sachsen	Sachsen-Anhalt	Schleswig-Holstein	Thüringen
Kommunalverfassung	GemO RP	KSVG Saarland	SächsGemO	KVG LSA	GO S-H	ThürKO
letzte berücksichtigte Änderung	17-12-2020	08-12-2020	16-12-2020	15-12-2020	07-09-2020	11-06-2020
Unterschied wirtschaftliche und nichtwirtschaftliche Betätigung/Unternehmen	§ 85 Abs. 4	§ 108 Abs. 2	§ 94 a Abs. 3	nicht normiert	§ 101 Abs. 4	nicht normiert
Unternehmensgründung						
Anforderungen an Errichtung, Übernahme, Unterhaltung, Erwerb, wesentliche Veränderung kommunaler Unternehmen	§ 92 Abs. 1	§ 108 Abs. 5	§ 95 Abs. 2	§ 135 Abs. 1	§ 102 Abs. 1 S. 2	nicht normiert
Besonderheiten: Gutachten Unternehmensgründung, Rechtsformvergleich, Marktanalyse, Chancen und Risiken	§ 92 Abs. 1	§ 108 Abs. 5 S. 1	§ 95 Abs. 2	§ 135 Abs. 1	§ 102 Abs. 1 S. 2	§ 71 Abs. 2 Nr. 4 S. 3
Besonderheiten: Anhörung Kammern und Verbände bei Unternehmensgründungen	nicht normiert	§ 108 Abs. 5 S. 2	§ 94a Abs. 1 S. 2	nicht normiert	nicht normiert	nicht normiert
Beschlussfassung politischer Vertretungskörperschaft bei Gründung von Beteiligungsunternehmen und Veränderungen auf Ebenen der Beteiligungsunternehmen	§ 91	§ 35 S. 1 Nr. 19 und 20	§ 28 Abs. 2 Nr. 15	§ 45 Abs. 2 Nr. 8 und 9	§ 28 Nr. 17 bis 19	§ 74 Abs. 1 und 2
Anzeige- und Genehmigungspflichten gegenüber der Rechtsaufsicht	§ 92 Abs. 2	§ 118 (Anzeige und Befreiung)	§ 102 (Vorlage und Genehmigung)	§ 135 Abs. 2 und 3 (Vorlage, Anzeige)	§ 108 (Anzeige)	§ 72
Schrankentrias						
öffentlicher Zweck	§ 85 Abs. 1 S. 1 Nr. 1; § 87 Abs. 1 S. 1 Nr. 1; § 87 Abs. 4 S. 1	§ 108 Abs. 1 Nr. 1	§ 94a Abs. 1 S. 1 Nr. 1; § 94a Abs. 4	§ 128 Abs. 1 S. 1 Nr. 1; § 128 Abs. 2	§ 101 Abs. 1 Nr. 1; § 102 Abs. 2 S. 1 Nr. 1	§ 71 Abs. 2 S. 1 Nr. 1
Breitbandversorgung als öffentlicher Zweck	§ 85 Abs. 1 S. 1 Nr. 3	keine Regelungen	keine Regelungen	§ 128 Abs. 2	keine Regelungen	keine Regelungen
öffentlicher Zweck und Ertrag für den Haushalt	§ 85 Abs. 3	§ 108 Abs. 3 S. 3; § 116	§ 94a Abs. 4	§ 128 Abs. 1 S. 2	§ 107	§ 75 Abs. 1 bis 3
Ertrag der Beteiligungsunternehmen für Haushalt der Gemeinde	§ 85 Abs. 3 S. 1	§ 116 Abs. 1 S. 2	§ 94a Abs. 4	nicht normiert	nicht normiert	§ 75 Abs. 1
Bezug zur Leistungsfähigkeit der kommunalen Gebietskörperschaft	§ 85 Abs. 1 S. 1 Nr. 2	§ 108 Abs. 1 Nr. 2	§ 94a Abs. 1 S. 1 Nr. 2	§ 128 Abs. 1 S. 1 Nr. 2 (Leistungsfähigkeit)	§ 101 Abs. 1 Nr. 2 (Leistungsfähigkeit)	§ 71 Abs. 2 S. 1 Nr. 2
Subsidiarität gegenüber den Wirtschaftsaktivitäten Dritter	§ 85 Abs. 1 S. 1 Nr. 3 (echte Subsidiaritätsklausel außerhalb bestimmter Branchen)	§ 108 Abs. 1 Nr. 3 (echte Subsidiaritätsklausel)	§ 94a Abs. 1 S. 1 Nr. 3 (einfache Subsidiaritätsklausel)	§ 128 Abs. 1 S. 1 Nr. 3 (einfache Subsidiaritätsklausel)	§ 101 Abs. 1 Nr. 3 (einfache Subsidiaritätsklausel)	§ 71 Abs. 2 S. 1 Nr. 4 (echte Subsidiaritätsklausel außerhalb Daseinsvorsorge)

(Fortsetzung)

Tab. 8.2 (Fortsetzung)

besondere Vorgaben für kommunale						
überörtliche Betätigung bzw. Örtlichkeitsgrundsatz	§ 85 Abs. 2 und 2a (Zulässigkeitsvoraussetzungen)	§ 108 Abs. 4 (Zulässigkeitsvoraussetzungen)		§ 128 Abs. 3 bis 5	§ 101 Abs. 2 und 3	§ 71 Abs. 5
Bankwesen und Sparkassen	§ 85 Abs. 5	§ 108 Abs. 7 § 110 Abs. 2	§ 94a Abs. 6	§ 128 Abs. 6	§ 101 Abs. 6	§ 71 Abs. 4 § 73 Abs. 2
Unternehmen bestimmter Branchen (Wohnen, Energie etc.)	§ 85 Abs. 1, 2 und 2a (Energie, Wasserversorgung, Telekommunikation, ÖPNV) § 87 Abs. 1 S. 3 (Krankenhäuser) § 88 Abs. 5 S. 3 (Energie) § 92 Abs. 1 S. 4 (Energie) § 92 Abs. 2 (Energie)	nicht normiert	§ 94a Abs. 2 (Wohnen) § 97 (Versorgungsunternehmen)	§ 128 Abs. 3 (Energie) § 135 Abs. 1 S. 6 (Energie)	§ 101a (Energie)	§ 71 Abs. 2 S. 2 und Abs. 5 S. 3 (Energie)
Verbot Monopolmißbrauch	§ 85 Abs. 7	nicht normiert	nicht normiert	§ 132	§ 109	§ 77
Vorschriften zu einzelnen Rechtsformen						
Regelungen zum Eigenbetrieb	§ 86 sowie Eigenbetriebs- und Anstaltsverordnung (EigAnVO) Rheinland-Pfalz	§ 109 sowie Eigenbetriebsverordnung (EigVO) Saarland	§ 95a sowie Sächsische Eigenbetriebsverordnung (SächsEigBVO)	§ 128 Abs. 1 S. 1, § 129 Abs. 1 Nr. 1 sowie Eigenbetriebsgesetz (EigBG) und Eigenbetriebsverordnung (EigBVO) Sachsen-Anhalt	§ 106 sowie Eigenbetriebsverordnung (EigVO) Schleswig-Holstein	§ 76 sowie Thüringer Eigenbetriebsverordnung (ThürEBV)
Anstalt des öffentlichen Rechts (Kommunalunternehmen)	§§ 86a und 86b sowie Eigenbetriebs- und Anstaltsverordnung (EigAnVO) Rheinland-Pfalz	nicht vorgesehen	nicht vorgesehen	§ 128 Abs. 1 S. 1, § 129 Abs. 1 Nr. 1 sowie Anstaltsgesetz (AnstG) Sachsen-Anhalt	§ 106a sowie Landesverordnung Kommunalunternehmen als AöR (KUVO) Schleswig-Holstein	§ 76a bis §76c sowie Thüringer Kommunalanstaltsverordnung (ThürAVO)
Nachrang der Aktiengesellschaft	§ 87 Abs. 2	nicht normiert	§ 96 Abs. 2	nicht normiert	§ 102 Abs. 4	nicht normiert
Subsidiarität von Privatrechtsformen gegenüber öffentlich-rechtlichen Formen	nicht normiert	nicht normiert	nicht normiert	§ 129 Abs. 1 Nr. 1	§ 102 Abs. 1 S. 1	nicht normiert
Vorgaben für privatrechtliche Unternehmen						
angemessener Einfluss der Gebietskörperschaft	§ 88	§ 110 Abs. 1 Nr. 3 § 114	§ 96 Abs. 1 Nr. 2 § 98	§ 129 Abs. 1 Nr. 3 § 131 Abs. 1 § 131 Abs. 3 i. V. m. § 131 Abs. 1	§ 102 Abs. 2 S. 1 Nr. 3 § 104 und 4	§ 73 Abs. 1 S. 1 Nr. 2 ungenau: § 74
Haftungsbegrenzung	§ 87 Abs. 1 S. 1 Nr. 4 bis 6	§ 110 Abs. 1 Nr. 2	§ 96 Abs. 1 Nr. 3	§ 129 Abs. 1 Nr. 4 bis 6	§ 102 Abs. 2 S. 1 Nr. 1	§ 73 Abs. 1 S. 1 Nr. 3 bis 5

(Fortsetzung)

Tab. 8.2 (Fortsetzung)

Ausgestaltung von						
grundsätzliche Vorgaben zu Inhalten und Hinwirkungspflicht	§ 87 Abs. 1 S. 1 Nr. 2, 3, 7 und 8; § 87 Abs. 1 S. 2; § 87 Abs. 3; § 89 Abs. 6 S. 1 Nr. 1; § 89 Abs. 7 S. 1 Nr. 1	§ 110 Abs. 1 Nr. 4; § 111	§ 96 Abs. 1 Nr. 1; § 96a	§ 129 Abs. 1 Nr. 2 und 3; § 133 Abs. 1 Nr. 3 und Abs. 2	§ 102 Abs. 2, 3 und 5	§ 73 Abs. 1 S. 2 und 3
Wirtschafts- und Finanzplanung: Aufstellung	§ 87 Abs. 1 S. 1 Nr. 7 lit. a	§ 111 Abs. 1 Nr. 3	§ 96 Abs. 1 Nr. 5	§ 133 Abs. 1 Nr. 1	§ 102 Abs. 2 S. 1 Nr. 7	nicht normiert
Jahresabschluss: Aufstellung gemäß Vorschriften HGB für große Kapitalgesellschaften	§ 89 Abs. 6 S. 1 Nr. 1 (Aufstellung wie Eigenbetriebe oder gemäß HGB); § 89 Abs. 7 S. Nr. 1 (Hinwirkung)	§ 110 Abs. 1 Nr. 4	§ 96a Abs. 1 Nr. 8	§ 133 Abs. 1 Nr. 3; § 133 Abs. 2 (Hinwirkung)	§ 102 Abs. 2 S. 1 Nr. 6	§ 75 Abs. 4 S. 1 Nr. 1
Jahresabschluss: Prüfung (§ 53 HGrG)	§ 89 Abs. 6 S. 1 Nr. 3 (Hinwirkung); § 89 Abs. 7 S. 1 Nr. 4 a (Hinwirkung)	§ 111 Abs. 1 Nr. 4 lit. a	§ 96a Abs. 1 Nr. 7	§ 133 Abs. 3	nicht normiert	§ 75 Abs. 4 S. 1 Nr. 3
Jahresabschluss: Feststellung	nicht normiert	nicht normiert	nicht normiert	nicht normiert	nicht normiert	nicht normiert
Jahresabschluss: Offenlegung	§ 87 Abs. 3 Nr. 2; § 90 Abs. 1	nicht normiert	nicht normiert	§ 130 Abs. 1 (Eigenbetriebe, AöR); § 133 Abs. 1 Nr. 2 (Privatrechtsformen)	nicht normiert	§ 75 Abs. 4 S. 1 Nr. 2
Prüfungsrechte örtlicher und überörtlicher Prüfungsinstanzen	§ 89 Abs. 6 S. 1 Nr. 2 (Hinwirkung); § 89 Abs. 7 S. 1 Nr. 3 (Hinwirkung)	§ 111 Abs. 1 Nr. 4 lit. b	§ 96a Abs. 1 Nr. 12	§ 133 Abs. 3	nicht normiert	§ 75 Abs. 4 S. 1 Nr. 4
der Gesellschafterversammlung vorbehaltene Angelegenheiten	§ 87 Abs. 3 Nr. 1	§ 111 Abs. 1 Nr. 2	§ 96a Abs. 1 Nr. 2	nicht normiert	§ 102 Abs. 2 S. 1 Nr. 5	§ 73 Abs. 1 S. 2
Organe privatwirtschaftlicher Unternehmen						
Gesellschafterversammlung: Weisungsrecht der politischen Vertretungskörperschaft	§ 88 Abs. 1 S. 6; § 88 Abs. 5 S. 2	§ 114 Abs. 1 S. 2 und Abs. 4	§ 98 Abs. 1 S. 5 und 6	§ 131 Abs. 1 S. 6	§ 25 Abs. 1	ungenau: § 74 Abs. 3 S. 2
Gesellschafterversammlung: Einholen von Beschlüssen der politischen Vertretungskörperschaft vor Beschlussfassung in **Gesellschafterversammlung**	§ 88 Abs. 5	nicht normiert	nicht normiert	nicht normiert	nicht normiert	ungenau: § 74 Abs. 1
Aufsichtsrat: Sachkundeerfordernis für Aufsichtsratsmitglieder	nicht vorgesehen	nicht normiert	§ 98 Abs. 2 S. 4 (Muss-Vorschrift)	§ 131 Abs. 3 i. V. m. Abs. 1 S. 3 (Soll-Vorschrift)	nicht normiert	nicht normiert
Aufsichtsrat: Weisungsrecht der politischen **Vertretungskörperschaft**	§ 87 Abs. 3 Nr. 3; § 88 Abs. 5 S. 2	§ 114 Abs. 1 S. 2 und Abs. 4	nicht normiert	§ 131 Abs. 1 S. 6 i. V. m. Abs. 3	§ 25 Abs. 1; § 102 Abs. 2 S. 1 Nr. 3	ungenau: § 74 Abs. 3 S. 2

(Fortsetzung)

Tab. 8.2 (Fortsetzung)

Aufsichtsrat: Berichte an die kommunale Gebietskörperschaft, Umsetzung §§ 394, 395 AktG (explizite Nennung) §§ 394, 395 AktG	§ 88 Abs. 5 S. 3 (gilt für Energiebereich)	§ 115 Abs. 1	§ 96a Abs. 1 Nr. 4, § 98 Abs. 1 S. 7 und Abs. 3	§ 131 Abs. 1 S. 7 und Abs. 3 S. 1	§ 104 Abs. 1 S. 3	nicht normiert
Aufsichtsrat: kommunalrechtliche Haftungsfreistellung	nicht vorhanden	nicht vorhanden	nicht vorhanden	nicht vorhanden	nicht vorhanden	nicht vorhanden
Reichweite der Vorgaben der Kommunalverfassung auch auf mittelbare Beteiligungen	§ 88 Abs. 6	§ 114 Abs. 5	§ 98 Abs. 4	§ 131 Abs. 4	§ 25 Abs. 3	§ 74 Abs. 3
Beteiligungsmanagement						
Aufgaben des Beteiligungsmanagements	§ 87 Abs. 1 S. 2; § 89 Abs. 7 S. 2; § 91 (Voraussetzungen)	§ 111 Abs. 3; § 112	§ 96 Abs. 1; § 96a Abs. 1 Nr. 13	§ 129 Abs. 2	§ 102 Abs. 1; § 104 Abs. 1; § 108 Abs. 2	§ 73 Abs. 1 S. 2 und 3; § 74 Abs. 1 S. 2; § 74 Abs. 2; § 75
Beteiligungsbericht	indirekt § 85 Abs. 3 S. 1	nicht normiert	§ 99	§ 130 Abs. 4	§ 109a	nicht normiert
	§ 90 Abs. 2, 3	§ 115 Abs. 2 und 3	§ 96a Abs. 1 Nr. 9; § 99 Abs. 2 bis 4	§ 130 Abs. 2 und 3	§ 45 c (nicht so genannt; Besonderheiten)	§ 75a
Qualifizierung kommunaler Mitglieder in Aufsichtsräten	nicht normiert	nicht normiert	§ 98 Abs. 5	nicht normiert	nicht normiert	nicht normiert
weitere interessante Regelungen	§ 85 Abs. 6 (Übertragung von Aufgaben auf juristische Personen des Privatrechts) § 91a (Veräußerungen)	§ 108 Abs. 6 (Pflicht zur regelmäßigen Prüfung materieller Privatisierungen) § 113 (Sonderregelung für Veräußerungen)	§ 101 (Konzessionsverträge)	§ 134 (Veräußerung)	§ 102 Abs. 2 S. 1 Nr. 8 und Abs. 3 (Vergütungsveröffentlichung) § 103 (Sonderregelung für Veräußerungen) § 105 (Genossenschaften, privatrechtliche Vereinigungen)	§ 75 Abs. 2 Nr. 3 (Vergütungsveröffentlichung) § 71 Abs. 3 (Verbot Aufsaugungswirkung -> **Drittschutz**)
Gültigkeit GemO-Regelungen für LKr	ja § 57 LKO	ja § 189 KSVG	ja § 63 SächsLKrO	gesamte Regelungen gelten nach § 1 KVG LSA für Gemeinden, Verbandsgemeinden und Landkreise	ja § 57 KrO	ja (Kommunalverfassung) § 114

8.2   Muster: Managementreport der bbvl

MANAGEMENTREPORT

zum 30.09.2021

Städtische Wirtschaft GmbH

Wirtschaftliche Situation des Unternehmens

Die wirtschaftliche Entwicklung des Unternehmens verläuft gegenwärtig stabil und übertrifft die Wirtschaftsplanung. Ein Risiko besteht in Zukunft jedoch in langfristigen Beschaffungsverträgen.

Handlungsbedarf Unternehmen

Die Geschäftsführung sollte ihr Engagement bei der Reduzierung des Betriebsaufwandes bzw. der Anpassung der bestehenden Kundenverträge zur Generierung von Mehreinnahmen intensiv fortsetzen, um sich verschlechternde Jahresergebnisse in den Folgejahren zu vermeiden.

Erfolgsbeurteilung

| Erfolgsübersicht | Ist | Geschäftsjahr 2021 | | | kum. Berichtsmonate | | | |
Angaben in T€	Jahr 2020	Plan	Erw.	Abw.	Ist 2020	Plan 2021	Ist 2021	Abw.
Gesamtleistung	111.393	109.751	111.945	2.194	78.656	82.146	83.284	1.138
dav. Umsatzerlöse	93.289	97.957	98.448	491	69.068	73.468	74.136	668
dav. sonst. betr. Erträge	17.957	11.662	13.375	1.713	9.504	8.604	9.049	445
Betriebsaufwand	101.340	87.004	88.848	1.844	61.063	60.890	58.378	-2.512
dav. Materialaufwand	25.251	24.273	26.122	1.849	14.959	15.749	15.420	-329
dav. Personalaufwand	18.167	19.389	18.899	-490	12.386	13.095	12.701	-394
dav. Abschreibungen	28.695	28.171	28.136	-35	21.379	21.159	21.007	-152
dav. sonst. betr. Aufwände	29.227	15.171	15.690	519	12.340	10.887	9.250	-1.637
Finanzergebnis	-1.937	-2.820	-2.705	115	-1.310	-2.841	-1.737	1.104
Steuern v. Einkommen und Ertrag	60	64	64	0	44	48	48	0
Ergebnis nach Steuern	60.835	19.863	20.328	465	16.238	18.367	23.121	4.754
sonstige Steuern	133	136	136	0	95	102	99	-3
Jahresergebnis	60.702	19.727	20.192	465	16.143	3.469	8.194	4.725

Die Städtische Wirtschaft GmbH (StäWi) verzeichnete bis zum Ende des dritten Quartals ein Ergebnis von 8,1 Mio. €, welches um 4,7 Mio. € über dem Wirtschaftsplan liegt. Damit setzt sich der positive Trend der vorherigen Quartale fort. Ursache für die Entwicklung sind neben den gestiegenen Erträgen in Höhe von 1,1 Mio. € – davon 668 T€ aus Umsatzsteigerungen infolge erfolgreicher Kundenakquiseaktionen sowie 445 T€ aus der Auflösung von Sonderposten – vor allem die Einsparungen im Betriebsaufwand. Diese können im Betrachtungszeitraum in allen Aufwandspositionen konstatiert werden. Insgesamt belaufen sich die Einsparungen im Betriebsaufwand auf 2,5 Mio. €.

Es ist hierbei jedoch zu beachten, dass es sich insbesondere bei den reduzierten Betriebsaufwendungen nicht um nachhaltige Einsparungen handelt. Vielmehr wird in der Erwartung zum Jahresende sogar von einer Erhöhung des Betriebsaufwandes um 1,8 Mio. € auf dann insgesamt 88,8 Mio. € ausgegangen. Dies liegt einerseits in der Tatsache begründet, dass geschäftsmodelltypisch wesentliche Aufwendungen erst im vierten Quartal eines jeden Jahres zu Buche schlagen. Andererseits wird sich im vierten Quartal die bereits vorab angekündigte Preiserhöhung des aktuellen Lieferanten eines für die Leistungserbringung der StäWi essenziell Vorproduktes realisieren, wodurch der Materialaufwand stark steigen wird. Trotz der relativ frühzeitigen Kenntnis können seitens der StäWi die erhöhten Aufwendungen jedoch aufgrund bestehender Langfristverträge gegenwärtig nicht an die Kunden weitergereicht werden, sodass zunächst keine korrespondierende Erhöhung der Umsatzerlöse möglich sein wird. Die Umsätze steigen in der Erwartung zum Jahresende nur um 449 T€ an. Der erwartete Anstieg der sonstigen betrieblichen Erträge zum 31.12.2021 liegt in der nunmehr wohl vollziehbaren Auflösung der hohen Rückstellung aus dem die Gesellschaft seit mehreren Jahren begleitenden Rechtsstreit begründet. Insgesamt wird zum Jahresende eine Erhöhung des Jahresergebnisses um 465 T€ auf 20,2 Mio. € erwartet.

Liquidität

Der Anfangsbestand der liquiden Mittel zum Jahresanfang betrug 26,4 Mio. €. Entsprechend dem üblichen Geschäftsverlauf ergeben sich die dargestellten Schwankungen. Zum Jahresende wird ein Finanzmittelbestand von 26,2 Mio. € erwartet.

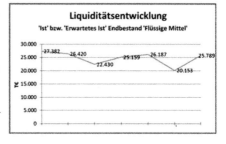

Die Fremdkapitalaufnahme zur Durchführung der geplanten Investitionen erfolgt entsprechend dem genehmigten Wirtschaftsplan. Weitere Fremdkapitalaufnahmen sind nicht vorgesehen.

Der Liquiditätsbedarf der Gesellschaft war jederzeit gesichert.

Personalentwicklung

Personal	Ist Jahr 2020	Geschäftsjahr 2021			Berichtsmonate			
		Plan	Erw.	Abw.	Ist 2020	Plan 2021	Ist 2021	Abw.
Beschäftigte (Stichtag)	347	353	352	-1	350	349	354	5
VZÄ (Durchschnitt)	338,84	337,01	338,71	1,70	339,66	334,83	337,28	2,45

Im Bereich Personal ergeben sich geringfügige Abweichungen gegenüber dem Wirtschaftsplan. Insbesondere war es dem Unternehmen mit Blick auf die geplanten Personalaufwendungen in der jüngeren Vergangenheit gelungen, adäquates Personal günstiger einzustellen, als es planerisch unterstellt wurde.

Literatur

Ade, Klaus. 1997. *Handbuch Kommunales Beteiligungsmanagement*. Stuttgart: Boorberg.

Appel, Helga. 2017. § 3 Arbeitnehmer, § 98 Betriebsübergang/Umwandlung und Betriebsverfassung. In Arbeitsrecht. Handbuch für die Praxis, Hrsg. von Michael Kittner, Bertram Zwanziger, Olaf Deinert, und Johannes Heuschmid, 15 ff., 1782 ff. Frankfurt a. M.: Bund-Verlag.

Ascheid, Reiner, Ulrich Preis, und Ingrid Schmidt, Hrsg. 2017. *Kündigungsrecht. Großkommentar zum gesamten Recht der Beendigung von Arbeitsverhältnissen*. München: Beck.

Bachert, Robert, und Dietmar Vahs, Hrsg. 2007. *Change management in nonprofit-organisationen*. Stuttgart: Schäffer-Poeschel.

Banner, Gerhard, und Christoph Reichard, Hrsg. 1993. Kommunale Managementkonzepte in Europa. Anregungen für die deutsche Reformdiskussion. Köln: DeutscherGemeindeverlag.

Bauer, Hartmut, Christiane Büchner, und Lydia Hajasch, Hrsg. 2012. Rekommunalisierung öffentlicher Daseinsvorsorge. Potsdam: Potsdam Univ.-Verl.

Baumbach, Adolf, und Alfred Hueck, Hrsg. 2017. *GmbHG. Kommentar.* München: Verlag C.H. Beck.

Becker, Ralf. 2015. Personengesellschaften. In *Rechtspraxis der kommunalen Unternehmen*, Hrsg. von Gabriele Wurzel, Alexander Schraml, und Ralph Becker, 225–238. München: Beck.

Beratungsgesellschaft für Beteiligungsverwaltung Leipzig mbH (bbvl). 2015. *Handbuch für Aufsichtsratsmitglieder in Eigen- und Beteiligungsgesellschaften der Stadt Leipzig*. Leipzig: o. A.

Beratungsgesellschaft für Beteiligungsverwaltung Leipzig mbH (bbvl), Hrsg. 2020. 27. Beteiligungsbericht der Stadt Leipzig. Leipzig: o. A.

Berlo, Kurt und Oliver Wagner. 2013. Stadtwerke-Neugründungen und Rekommunalisierungen: Energieversorgung in kommunaler Verantwortung; Bewertung der 10 wichtigsten Ziele und deren Erreichbarkeit; Sondierungsstudie. Wuppertal: Wuppertal Institut für Klima, Umwelt, Energie.

Bernhardt, Marion, und Martin Bredol. 2015. Rechtsfragen zu Organstellung und Anstellungsvertrag von Geschäftsführern einer paritätisch mitbestimmten GmbH. *NZG – Neue Zeitschrift für Gesellschaftsrecht* 11 (2015): 419–424.

Böcker, Philipp, und Christoph Poertzgen. 2013. Der insolvenzrechtliche Überschuldungsbegriff ab 2014. Perpetuierung Einer Übergangsregelung Statt Neuanfang. *Gmbhrundschau* 1 (2013): 17–22.

Bonew, Torsten, und Michael Kubach. 2014. Optimal steuern statt planlos sparen. *Der Neue Kämmerer* 3 (2014): 4.

Bremeier, Wolfram. 1997a. Erfahrungen mit der Privatisierung in Ostdeutschland. *Zeitschrift Für Öffentliche Und Gemeinwirtschaftliche Unternehmen (ZögU)* 2 (1997): 213–221.

© Der/die Herausgeber bzw. der/die Autor(en), exklusiv lizenziert durch Springer Fachmedien Wiesbaden GmbH, ein Teil von Springer Nature 2021
A. Tegtmeier, *Praxisleitfaden Kommunales Beteiligungsmanagement*,
https://doi.org/10.1007/978-3-658-34243-2

Bremeier, Wolfram. 1997b. Wettbewerb und Wettbewerbsfähigkeit in verschiedenen Bereichen der Wirtschaft aus kommunaler Sicht. *Zeitschrift Für Öffentliche Und Gemeinwirtschaftliche Unternehmen (ZögU)* 3 (1997): 330–335.

Bremeier, Wolfram. 1998. Kommunales Beteiligungsmanagement. Konzeptionen und Erfahrungen. In *Organisationswandel öffentlicher Aufgabenwahrnehmung*, Hrsg. von Dietrich Budäus, 287–317. Baden-Baden: Nomos.

Bremeier, Wolfram. 1999. Steuerung kommunaler Unternehmen. *Socialmanagement* 1 (1999): 10–13.

Bremeier, Wolfram, und Torsten Hammer. 1998. Rechtsformen städtischer Beteiligungen (Teil 4). Über die Grenzen. Der Zweckverband. *der gemeinderat* 7–8 (1998): 44 f.

Bremeier, Wolfram, und Gundula Ritschel. 1998. Rechtsformen städtischer Beteiligungen (Teil 1). Auf eigenen Füßen. Die Kommunalwirtschaft. *der gemeinderat* 4 (1998): 52 f.

Bremeier, Wolfram, Hans Brinckmann, und Werner Killian. 2006. Public Governance kommunaler Unternehmen. Vorschläge zur politischen Steuerung ausgegliederter Aufgaben auf der Grundlage einer empirischen Erhebung. Düsseldorf: Hans-Böckler-Stiftung.

Budäus, Dietrich. 1993. Kommunale Verwaltungen in der Bundesrepublik Deutschland zwischen Leistungsdefizit und Modernisierungsdruck. In *Kommunale Managementkonzepte in Europa. Anregungen für die deutsche Reformdiskussion*, Hrsg. von Gerhard Banner und Christoph Reichard, 163–176. Köln: Deutscher Gemeindeverlag.

Bundeskartellamt. 2015. Bundeskartellamt und Stadtwerke Leipzig einigen sich auf Senkung der Fernwärmepreise, Pressemitteilungen des Bundeskartellamtes. https://bit.ly/2TyMEvB. Zugegriffen: 11. Sept. 2020.

Bundeskartellamt. 2016. Wasserbericht des Bundeskartellamtes, Pressemitteilungen des Bundeskartellamtes. https://bit.ly/2zlnfwW. Zugegriffen: 11. Sept. 2020.

Bundesministerium der Finanzen. 2009. Grundsätze guter Unternehmens- und Beteiligungsführung im Bereich des Bundes. Public Corporate Governance Kodex des Bundes (PCGK). Hinweise für gute Beteiligungsführung bei Bundesunternehmen Berufungsrichtlinien. https://bit.ly/2Ixjrcg. Zugegriffen: 11. Sept. 2020.

Büsching, Knut, Jens Homann, und Thomas Wiese. 2012. *Das Europäische Beihilfenrecht. Ein Leitfaden für die Praxis.* 4. Auflage Berlin: o. A.

Cronauge, Ulrich, und Stefanie Pieck. 2016. *Kommunale Unternehmen.* Berlin: Erich Schmidt Verlag.

Deutscher Städtetag. 2009. Eckpunkte für einen Public Corporate Governance Kodex (PCGK) für kommunale Unternehmen. https://bit.ly/2KnqFn8. Zugegriffen: 11. Sept. 2020.

Deutscher Städtetag. 2017. Gute Unternehmenssteuerung. Strategien und Handlungsempfehlungen für die Steuerung städtischer Beteiligungen. Köln: Deutscher Städtetag.

Europäische Kommission. 2005. Entscheidung der Kommission vom 28.11.2005 über die Anwendung von Artikel 86 Absatz 2 EG-Vertrag auf staatliche Beihilfen, die bestimmten mit der Erbringung von Dienstleistungen von allgemeinem wirtschaftlichem Interesse betrauten Unternehmen als Ausgleich gewährt werden (K[2005] 2673). Brüssel.

Europäische Kommission. 2011. Beschluss der Kommission vom 20.12.2011 über die Anwendung von Artikel 106 Absatz 2 des Vertrags über die Arbeitsweise der Europäischen Union auf staatliche Beihilfen in Form von Ausgleichsleistungen zugunsten bestimmter Unternehmen, die mit der Erbringung von Dienstleistungen von allgemeinem wirtschaftlichem Interesse betraut sind (K[2011] 9380). Brüssel.

Europäische Kommission. 2013. Leitfaden zur Anwendung der Vorschriften der Europäischen Union über staatliche Beihilfen, öffentliche Aufträge und den Binnenmarkt auf Dienstleistungen von allgemeinem wirtschaftlichem Interesse und insbesondere auf Sozialdienstleistungen von allgemeinem Interesse (SWD[2013] 53 final/2). Brüssel.

Europäische Kommission. 2014. Leitlinien für staatliche Beihilfen zur Rettung und Umstrukturierung nichtfinanzieller Unternehmen in Schwierigkeiten (2014/C 249/01). Brüssel.

Europäische Kommission. 2015/16. General Block Exemption Regulation (GBER). Frequently Asked Questions, Brüssel.

Europäische Kommission. 2016. Bekanntmachung der Kommission zum Begriff der staatlichen Beihilfe im Sinne des Artikels 107 Absatz 1 des Vertrags über die Arbeitsweise der Europäischen Union (2016/C 262/01). Brüssel.

Fabry, Beatrice. 2011. Organisationsformen öffentlicher Unternehmen. In *Unternehmen der öffentlichen Hand*, hrsg. von Beatrice Fabry und Ursula Augsten, 35–83. Baden-Baden: Nomos.

Fabry, Beatrice, und Ursula Augsten, Hrsg. 2011. *Unternehmen der öffentlichen Hand*. Baden-Baden: Nomos.

Freie und Hansestadt Hamburg. 2004a. Mitteilung des Senats an die Bürgerschaft: Teilprivatisierung des LBK Hamburg. Bürgerschaft der Freien und Hansestadt Hamburg, Drucksache 18/849 vom 07.09.2004.

Freie und Hansestadt Hamburg. 2004b. Gesetz zur Errichtung der Betriebsanstalt LBK Hamburg (LBKBetriebG) vom 17.12.2004. In *Hamburgisches Gesetz- und Verordnungsblatt Teil I, 54/2004*, 487–491.

Freie und Hansestadt Hamburg. 2020. Hamburger Corporate Governance Kodex (HCGK). http://www.beteiligungsbericht.fb.hamburg.de/Download/HamburgerCorporateGovernanceKodexab2020.pdf. Zugegriffen: 11. Sept. 2020.

Gaß, Andreas. 2015. Kommunalrechtliche Rahmenbedingungen. In *Rechtspraxis der kommunalen Unternehmen*, Hrsg. von Gabriele Wurzel, Alexander Schraml, und Ralph Becker, 51–120. München: Beck.

Gesellschaft für öffentliche Wirtschaft, Hrsg. 2008. *Corporate Governance in der öffentlichen Wirtschaft*. Berlin: BWV.

Goldmann, Andreas, Michael Tirpitz, und Robert Uhlemann. 2018. Mammutaufgabe Umsatzsteuer. *Der Neue Kämmerer* 1 (2018): 15.

Hellermann, Johannes. 2012. Handlungsformen und Handlungsinstrumentarien wirtschaftlicher Betätigungen. *Handbuch Kommunale Unternehmen*, Hrsg. von Werner Hoppe, Michael Uechtritz, und Hans-Joachim Reck, 129–214. Köln: Verlag Dr. Otto Schmidt KG.

Heybrock, Hasso, Hrsg. 2010. *Praxiskommentar zum GmbH-Recht*. 2. Auflage. Bonn: ZAP.

Hoppe, Werner, Michael Uechtritz, und Hans-Joachim Reck, Hrsg. 2012. *Handbuch Kommunale Unternehmen*. Köln: Verlag Dr. Otto Schmidt KG.

Hübner, Annett, und Michael Kubach. 2016. Veränderungen im Denken sind nötig. *Kulturmanagement* 115 (2016): 29–32.

Hübner, Annett, Michael Kubach, und Michael Tirpitz. 2016. Methodenmix sichert die Ermittlung des Personalbedarfs. *innovative Verwaltung* 6 (2016): 22–24.

Institut für den öffentlichen Sektor e. V. 2007. Anforderungen und Gestaltungsmerkmale für ein erfolgreiches Beteiligungsmanagement von Kommunen. *Public Governance, Frühjahr* 2007: 6–15.

Jung, Burkhard. 2013. Strategische Steuerung kommunaler Unternehmen in bewegten Zeiten. *Public Governance*, Herbst 2013, S. 4 f.

KGSt. 1985a. Kommunale Beteiligungen I. Steuerung und Kontrolle der Beteiligungen, Bericht 8/1985, Köln: Kommunale Gemeinschaftsstelle für Verwaltungsmanagement (KGSt) – Verband für kommunales Management.

KGSt. 1985b. Kommunale Beteiligungen II. Organisation der Beteiligungsverwaltung, Bericht 9/1985, Köln: Kommunale Gemeinschaftsstelle für Verwaltungsmanagement (KGSt) – Verband für kommunales Management.

KGSt. 1986a. Kommunale Beteiligungen III. Verselbstständigung kommunaler Einrichtungen? Entscheidungshilfen, Bericht 7/1986, Köln: Kommunale Gemeinschaftsstelle für Verwaltungsmanagement (KGSt) – Verband für kommunales Management.

KGSt. 1986b. Kommunale Beteiligungen IV. Verselbstständigung kommunaler Einrichtungen? Arbeitshilfen, Bericht 8/1986, Köln: Kommunale Gemeinschaftsstelle für Verwaltungsmanagement (KGSt) – Verband für kommunales Management.

KGSt. 1988. Kommunale Beteiligungen V. Prüfung der Beteiligungen, Bericht 15/1988, Köln: Kommunale Gemeinschaftsstelle für Verwaltungsmanagement (KGSt) – Verband für kommunales Management.

KGSt. 2012. Steuerung kommunaler Beteiligungen, Bericht 3/2012, Köln: Kommunale Gemeinschaftsstelle für Verwaltungsmanagement (KGSt) – Verband für kommunales Management.

Kittner, Michael, Bertram Zwanziger, Olaf Deinert, und Johannes Heuschmid, Hrsg. 2017. *Arbeitsrecht. Handbuch für die Praxis.* Frankfurt a. M.: Bund-Verlag.

Hessen, Land. 2015. *Handbuch Europäisches Beihilferecht für Kommunen und kommunale Unternehmen.* Hrsg. von Hessisches Ministerium für Wirtschaft, Energie, Verkehr und Wohnen. Wiesbaden: o. A.

Lenk, Thomas, Oliver Rottmann, und Romy Albrecht. 2011. Renaissance der Kommunalwirtschaft. Rekommunalisierung öffentlicher Dienstleistungen. In *Public Sector. Eine intersektorale Studie.* München, Leipzig: Kompetenzzentrum für Öffentliche Wirtschaft und Daseinsvorsorge an der Universität Leipzig und HypoVereinsbank.

Lutter, Marcus, und Peter Hommelhoff. 2012. GmbH-Gesetz. Kommentar, Köln: Verlag Dr. Otto Schmidt KG.

Lutter, Marcus, Gerd Krieger, und Dirk A. Verse. 2014. Rechte und Pflichten des Aufsichtsrats. Köln: Verlag Dr. Otto Schmidt KG.

Müller, Volkmar. 2007. Infrastrukturfinanzierung mittels Public Private Partnership (PPP). *KommunalPraxis Spezial* 2 (2007): 76–79.

Naendrup, Christoph. 2015. Kartell- und Wettbewerbsrecht. In *Rechtspraxis der kommunalen Unternehmen,* Hrsg. von Gabriele Wurzel, Alexander Schraml, und Ralph Becker, 549–602. München: Verlag C.H. Beck.

Oberfinanzdirektion Nordrhein-Westfalen. 2014. Besteuerung der juristischen Personen des öffentlichen Rechts. Arbeitshilfe. Köln.

Oberfinanzdirektion Nordrhein-Westfalen. 2014. Besteuerung der juristischen Personen des öffentlichen Rechts. Arbeitshilfe. Köln: o. A.

Von Obstfelder, Volkmar. 1998. Das Beteiligungsmanagement in der Freien und Hansestadt Hamburg. In *Organisationswandel öffentlicher Aufgabenwahrnehmung,* Hrsg. von Dietrich Budäus, 311–345. Baden-Baden: Nomos.

Otto, Raimund et al., bbvl. 2002. *Beteiligungsmanagement in Kommunen.* Stuttgart: Deutscher Sparkassenverlag.

Otto, Raimund, Robert Müller-Török, und Nadin Wild. 2004. Kommunale Krankenhäuser. Die Krise Als Chance Zur Strategischen Neuausrichtung Nutzen. *Verwaltung & Management* 2 (2004): 78–83.

Papenfuß, Ulf, und Marcel Aufenacker. 2011. Organisationsmodelle und Personaleinsatz im öffentlichen Beteiligungsmanagement. Eine Analyse auf Grundlage von Experteninterviews in 75 deutschen Großstädten. *Zeitschrift für öffentliche und gemischtwirtschaftliche Unternehmen (ZögU)* 1 (2011): 25–51.

Porter, Michael E. 1980. *Competitive strategy.* New York: Free Press.

Regierungskommission Deutscher Corporate Governance Kodex. 2018. Deutscher Corporate Governance Kodex (DCGK). https://bit.ly/2QkYOtv. Zugegriffen: 11. Sept. 2020.

Renner, Evelin, Volkmar Müller, und Ulrike Schneider. 2006. Forderungsverbriefung für Krankenhäuser. *Verwaltung & Management* 3 (2006): 160–165.

Richardi, Reinhard, Hrsg. 2018. *Betriebsverfassungsgesetz. Kommentar.* München: Verlag C.H. Beck.

Richter, Peter. 2007. *Die Bedeutung der kommunalen Wirtschaft. Eine vergleichende Ost-West-Analyse.* Berlin: edition sigma.

Röber, Manfred. 2008. Die Sphäre des Politischen. Ein blinder Fleck in der Public Corporate Governance? *Public Corporate Governance. Bestandsaufnahme und Perspektiven. Beiheft der Zeitschrift für öffentliche und gemischtwirtschaftliche Unternehmen (ZögU)* 36 (2008): 57–68.

Röber, Manfred. 2012a. Institutionelle Differenzierung und Integration im Kontext des Gewährleistungsmodells. In Institutionelle Vielfalt und neue Übersichtlichkeit. Zukunfts-perspektiven effizienter Steuerung öffentlicher Aufgaben zwischen Public Management und Public Governance, 15–27, Hrsg. von Manfred Röber. Berlin: BWV.

Röber, Manfred. 2012b. Rekommunalisierung lokaler Ver- und Entsorgung. Bestandsaufnahme und Entwicklungsperspektiven. In *Rekommunalisierung öffentlicher Daseinsvorsorge,* Hrsg. von Hartmut Bauer, Christiane Büchner, und Lydia Hajasch, 81–98. Potsdam: Universitätsverlag Potsdam.

Ronellenfitsch, Michael. 2012. Voraussetzungen und Grenzen der materiellen Privatisierung. In *Handbuch Kommunale Unternehmen,* Hrsg. von Werner Hoppe, Michael Uechtritz, und Hans-Joachim Reck, 55–62. Köln: Verlag Dr. Otto Schmidt KG.

Ronellenfitsch, Michael, und Lisa Ronellenfitsch. 2012. Voraussetzungen und historische Entwicklung privatwirtschaftlicher Betätigung der Kommunen. In *Handbuch Kommunale Unternehmen,* Hrsg. von Werner Hoppe, Michael Uechtritz, und Hans-Joachim Reck, 1–15. Köln: Verlag Dr. Otto Schmidt KG.

Rumsch, Stefan. 1998. Rechtsformen städtischer Beteiligungen (Teil 6). Vielfältige Vorteile. Public Private Partnership. *der gemeinderat* 10 (1998): 48 f.

Ruter, Rudolf X., und Markus Häferle. o. J. Der Wechsel des Abschlussprüfers in Unternehmen der öffentlichen Hand als Bestandteil einer effektiven Corporate Governance? https://bit.ly/2DC1vQo. Zugegriffen: 11. Sept. 2020.

Schäfer, Michael. 2014. *Kommunalwirtschaft. Eine gesellschaftspolitische und volkswirtschaftliche Analyse.* Wiesbaden: Springer Gabler.

Schäfer, Ute. 2008. Die komparativen Besonderheiten des Leipziger Corporate Governance Kodex für eine zielführende und wirkungsvolle Beteiligungssteuerung und Unternehmensführung. In *Corporate Governance in der öffentlichen Wirtschaft,* Hrsg. von der Gesellschaft für öffentliche Wirtschaft, 83–96. Berlin: Berlin: Bundesverband Öffentliche Dienstleistung.

Schäfer, Ute, und Sabine Michel. 2007. Praxisbeispiel SAH Leipzig gGmbH. In *Change management in nonprofit-organisationen,* hrsg. von Robert Bachert und Dietmar Vahs, 112–116. Stuttgart: Schäffer-Poeschel.

Schaub, Günter, Ulrich Koch, und Rüdiger Linck, Hrsg. 2002. *Arbeitsrechts-Handbuch. Systematische Darstellung und Nachschlagewerk für die Praxis.* München: Verlag C.H. Beck.

Schmidt, Karsten, und Marcus Lutter, Hrsg. 2010. *Aktiengesetz. Kommentar.* Köln: Verlag Dr. Otto Schmidt KG.

Seibt, Christoph H. 2010a. § 76 Leitung der Aktiengesellschaft. In *Aktiengesetz. Kommentar,* Hrsg. von Karsten Schmidt und Marcus Lutter, 1041–1060. Köln: Verlag Dr. Otto Schmidt KG.

Seibt, Christoph H. 2010b. § 77 Geschäftsführung. In: *Aktiengesetz. Kommentar,* Hrsg. von Karsten Schmidt und Marcus Lutter, 1060–1075. Köln: Verlag Dr. Otto Schmidt KG.

Senatsverwaltung für Finanzen Berlin. 2015. Hinweise für Beteiligungen des Landes Berlin an Unternehmen. https://www.berlin.de/sen/finanzen/vermoegen/downloads/beteiligungshinweise_dezember-2015-satzung-17-9-2020.pdf. Zugegriffen: 05. Aug. 2021.

Siegels, Jörg. 2012. Konzernrecht. In *Handbuch Kommunale Unternehmen,* Hrsg. von Werner Hoppe, Michael Uechtritz, und Hans-Joachim Reck, 564–643. Köln: Verlag Dr. Otto Schmidt KG.

Smend, Axel, und Christian Ziche. 2013. Vorsorge treffen. Die Verpflichtung des Aufsichtsrats auf das Interesse der Gesellschafterkommune in der Eigengesellschaft. In *Unternehmensrelevantes Recht. Jahrbuch 2013,* Hrsg. von Deutscher AnwaltSpiegel, 36–39. Frankfurt a. M.: F.A.Z.-Institut für Management-, Markt- und Medieninformationen GmbH.

Stadt Leipzig. 2013. Leipziger Corporate Governance Kodex. Richtlinien für Unternehmenssteuerung und Unternehmensführung der Stadt Leipzig. https://publicgovernance.de/media/PCGK_Leipzig_2013.pdf. Zugegriffen: 05. Aug. 2021.

Tegtmeier, André. 1999. Privatisierung der Städtischen Klinik Leipzig Südost. Ausweg Aus Einem Finanziellen Dilemma. *Das Krankenhaus* 5 (1999): 303–307.

Tegtmeier, André. 2008a. Beteiligungsunternehmen durch Zielvorgaben steuern. *Der Neue Kämmerer, Jahrbuch* 2008:77–80.

Tegtmeier, André. 2008b. Kommunale Wirtschaft – Wie steuern? *DEMO* 5 (2008): 36–38.

Tegtmeier, André. 2017. Vertikaler Vergütungsvergleich für Leipzig. In *5. Speyerer Tagung zu Public Corporate Governance Kodex, Speyerer Arbeitsheft Nr. 228,* Hrsg. Michèle Morner und Ulf Papenfuß, 183 f. Speyer: Deutsche Universität für Verwaltungswissenschaften.

Tegtmeier, André, und Raimund Otto. 1998. Rechtsformen städtischer Beteiligungen (Teil 3). Vier Organe. Der Eigenbetrieb. *der gemeinderat* 6 (98): 50 f.

Uechtritz, Michael, Olaf Otting, und Udo H. Olgemöller. 2012. Kommunalrechtliche Voraussetzungen für die wirtschaftliche Betätigung. In *Handbuch Kommunale Unternehmen,* Hrsg. von Werner Hoppe, Michael Uechtritz, und Hans-Joachim Reck, 63–128. Köln: Verlag Dr. Otto Schmidt KG.

Uhlemann, Robert. 2013. Beteiligungsverwaltung aus der Steckdose. *Vitako* 3 (1013): 26.

Verband kommunaler Unternehmen (VKU). 2018. *Zahlen, Daten, Fakten 2018. Kommunale Ver- und Entsorgungsunternehmen in Zahlen.* Berlin: Verband kommunaler Unternehmen e. V.

von Eiff, Wilfried. 2012. Wettbewerbsstrategie. Bedeutung Des Porter-Ansatzes Für Kliniken. *Health & Care Management* 5 (2012): 14–17.

Vossen, Reinhard. 2017. Neuntes Buch Sozialgesetzbuch. Rehabilitation und Teilhabe behinderter Menschen. In *Kündigungsrecht. Großkommentar zum gesamten Recht der Beendigung von Arbeitsverhältnissen,* Hrsg. von Reiner Ascheid, Ulrich Preis, und Ingrid Schmidt, 2011–2016. München: Verlag C.H. Beck.

Weber, Michael, und Christian Haase. 1997. Die Liberalisierung des deutschen Strom- und Gasmarktes. *Sachsenlandkurier, Zeitschrift Des Sächsischen Städte- Und Gemeindetages* 6 (1997): 289–294.

Weber, Michael, und Christian Haase. 1998a. In weiter Ferne (zur Energierechtsnovelle Gas). *Der Gemeinderat* 2 (1998): 12 f.

Weber, Michael, und Christian Haase. 1998b. Rechtsformen städtischer Beteiligungen (Teil 5). Beschränkte Haftung. Die GmbH. *Der Gemeinderat* 9 (1998): 50.

Weber, Michael, und Dirk Mrowka. 1998c. Rechtsformen städtischer Beteiligungen (Teil 2). Geringe Bedeutung. Der Regiebetrieb. *der gemeinderat* 5 (98): 66 f.

Weiblen, Willi. 2011. Beteiligungscontrolling und -management. In *Unternehmen der öffentlichen Hand,* Hrsg. von Beatrice Fabry und Ursula Augsten, 596–658. Baden-Baden: Nomos.

Wissenschaftlicher Dienst des Bundestages. 2017. Ausarbeitung Energieleitungsbau und Grundstücksentschädigung. https://www.bundestag.de/resource/blob/504120/a03df8de59ce072d1ca7bb867add70d6/WD-7-015-17-pdf-data.pdf. Zugegriffen: 05. Aug. 2021.

Wurzel, Gabriele, Alexander Schraml, und Ralph Becker, Hrsg. 2015. *Rechtspraxis der kommunalen Unternehmen.* München: Verlag C.H. Beck.

Ziche, Christian, und Daniel Herrmann. 2014. Weisungsrechte gegenüber Aufsichtsratsmitgliedern in Satzungen kommunaler Eigengesellschaften in der Rechtsform der GmbH. *Die Öffentliche Verwaltung* 3 (2014): 111–117.

Zöllner, Wolfgang, und Alfred Hueck. 2017. GmbHG § 37. In *GmbHG. Kommentar,* Hrsg. von Adolf Baumbach und Alfred Hueck. München: Verlag C.H. Beck.

Zitierte Urteile

Bundesarbeitsgericht (BAG), Beschluss vom 21.06.1989, 7 ABR 58/87.
Bundesarbeitsgericht (BAG), Beschluss vom 20.11.1990, 1 ABR 87/89.
Bundesarbeitsgericht (BAG), Urteil vom 04.08.1981, 1 ABR 106/79.
Bundesarbeitsgericht (BAG), Urteil vom 22.07.2014, 1 ABR 93/12.
Bundesfinanzhof (BFH), Urteil vom 22.08.2007, I R 32/06.
Bundesfinanzhof (BFH), Urteil vom 10.05.2017, I R 93/15.
Bundesfinanzministerium (BMF), Nichtanwendungserlass vom 07.12.2007, BStBl I 2007.
Bundesgerichtshof (BGH), Urteil vom 29.05.1989, II ZR 220/88.
Bundesgerichtshof (BGH), Urteil vom 23.11.1998, II ZR 70/97.
Bundesgerichtshof (BGH), Urteil vom 18.11.1999, C 107/98.
Bundesgerichtshof (BGH), Urteil vom 16.07.2007, II ZR 3/04.
Bundesgerichtshof (BGH), Urteil vom 16.03.2009, II ZR 280/07.
Bundesgerichtshof (BGH), Urteil vom 21.06.2010, II ZR 24/09.
Bundesgerichtshof (BGH), Urteil vom 24.01.2012, II ZR 119/10.
Bundesgerichtshof (BGH), Urteil vom 13.06.2012, I ZR 228/10.
Bundesgerichtshof (BGH), Urteil vom 09.10.2012, II ZR 298/11.
Bundesgerichtshof (BGH), Urteil vom 15.11.2016, II ZR 217/15.
Bundesverwaltungsgericht (BVerwG), Urteil vom 31.08.2011, 8 C 16.10.
Europäischer Gerichtshof (EuGH), Entscheidung vom 24.07.2003, C-280/00.
Oberlandesgericht (OLG) Brandenburg, Urteil vom 17.02.2009, 6 U 102/07.
Oberlandesgericht (OLG) Frankfurt, Urteil vom 18.02.1994, 10 U 16/93.
Oberlandesgericht (OLG) Karlsruhe, Urteil vom 25.10.2016, 8 U 122/15.
Oberlandesgericht (OLG) München, Beschluss vom 05.03.2012, 31 Wx 47/12.
Verwaltungsgericht (VG) Köln, Urteil vom 10.12.2014, 4 K 948/14.
Verfassungsgerichtshof (VfGH) des Freistaates Sachsen, Urteil vom 20.05.2005, 34-VIII-04.

Printed by Printforce, the Netherlands